"十二五"普通高等教育本科国家级规划教材

江苏省精品教材

国际经济学

(第四版)

主　编　张为付
副主编　宣　烨　杜运苏

更多教学资源请扫码

南京大学出版社

图书在版编目(CIP)数据

国际经济学 / 张为付主编. —4版. —南京:南京大学出版社,2022.3(2024.7重印)

ISBN 978-7-305-25549-6

Ⅰ.①国… Ⅱ.①张… Ⅲ.①国际经济学-教材 Ⅳ.①F11-0

中国版本图书馆 CIP 数据核字(2022)第 049050 号

出版发行	南京大学出版社
社　　址	南京市汉口路 22 号　邮　编　210093
出 版 人	金鑫荣

书　　名	国际经济学
主　　编	张为付
责任编辑	王日俊

照　　排	南京紫藤制版印务中心
印　　刷	南京百花彩色印刷广告制作有限责任公司
开　　本	787×1092　1/16　印张 21　字数 527 千
版　　次	2022 年 3 月第 4 版　2024 年 7 月第 2 次印刷
ISBN	978-7-305-25549-6
定　　价	55.20 元

网址:http://www.njupco.com
官方微博:http://weibo.com/njupco
微信服务号:njuyuexue
销售咨询热线:(025)83594756

* 版权所有,侵权必究
* 凡购买南大版图书,如有印装质量问题,请与所购图书销售部门联系调换

第四版前言

本教材入选"十二五"普通高等教育本科国家级规划教材以后,被多所院校选用,得到了众多读者、专家的厚爱与指教,就书中存在的不足和问题提出了很多宝贵意见,作者在此表示深深的感谢。

近年来,国际经济学领域发生了巨大变化,"逆全球化"兴起,国际经贸规则、区域经济一体化等出现了一系列新情况,这些都促使作者着手本书的新一轮修订工作。为了保持教材的延续性、传统性和规范性,此次修订基本保持原书的基本结构与内容体系,原有的章节安排没有进行大的调整。我们主要在以下两个方面进行了修订:

一是对教材的部分内容进行了更新和调整。例如,《国际收支和国际投资头寸手册》(第六版)正式实施,国际收支和国际投资的记账方法和科目均发生了较大变化,本书的第十章按照新版手册进行了重新编写。作为我国签署的规模最大、含金量最高的自贸协定,《区域全面经济伙伴关系协定》(RCEP)已于2022年1月1日生效,将深刻影响"双循环"新发展格局。因此,本次修订对相关章节的内容进行了更新。

二是将国际经济学新理论研究及时反映出来。国际经济学领域不断有各种理论推陈出新,成果丰硕,部分成果已经形成了成熟的、标准化的研究框架,我们对原教材中一些基本理论的后续发展给予了适当的补充和评述。

本次修订由张为付教授负责设计。其中,张为付负责第一章的修订;张菁负责第二章、第三章的修订;谢正勤和张为付负责第四章、第十一章的修订;张玉和负责第五章、第八章的修订;李宏亮和宣烨负责第六章、第九章的修订;陈小文负责第七章、第十四章的修订;杜运苏负责第十章、第十二章的修订;张莉和张为付负责第十三章、第十五章的修订。

尽管我们修订工作的目标是追求完善,但由于时间仓促,加之编者水平有限,书中错误和纰漏在所难免,恳请各位专家学者不吝赐教。

编者

2022年1月

目　录

第一章　绪　论 ………………………………………………………………………… 1
　　第一节　国际经济学的研究内容 ……………………………………………… 2
　　第二节　国际经济学的历史演进 ……………………………………………… 3
　　第三节　国际经济学与其他相关学科关系 …………………………………… 7
　　第四节　国际经济学的研究方法 ……………………………………………… 8
第二章　古典贸易理论 ………………………………………………………………… 11
　　第一节　绝对优势理论 ………………………………………………………… 11
　　第二节　比较优势理论 ………………………………………………………… 13
　　第三节　比较优势理论的现代分析 …………………………………………… 19
第三章　新古典贸易理论 ……………………………………………………………… 31
　　第一节　基本概念 ……………………………………………………………… 31
　　第二节　要素禀赋理论及其证明 ……………………………………………… 34
　　第三节　要素价格均等化定理 ………………………………………………… 38
　　第四节　里昂惕夫之谜与新要素贸易理论 …………………………………… 42
第四章　新贸易理论 …………………………………………………………………… 50
　　第一节　产业内贸易理论 ……………………………………………………… 51
　　第二节　产品生命周期理论 …………………………………………………… 62
　　第三节　国家竞争优势理论 …………………………………………………… 67
第五章　保护贸易理论 ………………………………………………………………… 72
　　第一节　重商主义 ……………………………………………………………… 72
　　第二节　保护幼稚工业理论 …………………………………………………… 74
　　第三节　实行保护贸易政策的论据 …………………………………………… 84
　　第四节　超保护贸易理论 ……………………………………………………… 87
　　第五节　普雷维什的"中心—外围"理论 …………………………………… 90
　　第六节　战略性贸易理论和管理贸易理论 …………………………………… 93

第六章　国际贸易政策与措施 98
   第一节　国际贸易政策 98
   第二节　国际贸易政策措施：关税壁垒 101
   第三节　国际贸易政策措施：非关税壁垒 114
   第四节　其他贸易政策措施 120

第七章　GATT 与 WTO 127
   第一节　关贸总协定的产生与发展 127
   第二节　世界贸易组织 133
   第三节　中国的复关与入世 143

第八章　区域经济一体化 148
   第一节　区域经济一体化概述 148
   第二节　区域经济一体化的基本形式及其理论 152
   第三节　区域经济一体化的实践 157
   第四节　区域经济一体化的影响 165
   第五节　中国与区域经济一体化 168

第九章　跨国公司与要素跨国流动 175
   第一节　跨国公司与国际资本流动 176
   第二节　国际技术转移 189
   第三节　国际劳动力迁移 195

第十章　国际收支 200
   第一节　国际收支及国际收支平衡表 200
   第二节　国际收支的平衡与失衡 208
   第三节　我国的国际收支平衡表分析 210

第十一章　汇率与汇率决定理论 215
   第一节　外汇汇率 215
   第二节　外汇市场的功能 219
   第三节　外汇交易 221
   第四节　汇率决定理论 228

第十二章　国际收支调节机制 240
   第一节　国际收支调节的弹性分析法 240
   第二节　国际收支调节的乘数分析法 245
   第三节　国际收支调节的吸收分析法 251
   第四节　国际收支调节的货币分析法 255

第十三章　开放经济下的宏观经济均衡 266
   第一节　开放条件下的政策目标与政策工具 266
   第二节　$IS-LM-BP$ 模型 273

第三节　固定汇率制度下的宏观经济政策 …………………………………… 278
　　第四节　浮动汇率制度下的宏观经济政策 …………………………………… 283
　　第五节　开放条件下国内外失衡的调整与国际协调 ………………………… 287
第十四章　国际货币体系 ………………………………………………………… 293
　　第一节　金本位制 ……………………………………………………………… 293
　　第二节　布雷顿森林体系 ……………………………………………………… 297
　　第三节　牙买加体系 …………………………………………………………… 301
第十五章　世界经济危机与国际经济 …………………………………………… 307
　　第一节　世界经济危机 ………………………………………………………… 307
　　第二节　2008 年美国金融危机 ……………………………………………… 311
　　第三节　美国金融危机的影响 ………………………………………………… 315
　　第四节　美国金融危机的启示及国际经济格局的变化 ……………………… 317
参考文献 ………………………………………………………………………… 322

第一章

绪 论

> **本章学习重点**
> 1. 国际经济学的研究内容
> 2. 国际经济学的发展
> 3. 国际经济学的研究方法

虽然每个人对全球化都有不同的感受与评价,但谁也不会否认自己正处于全球经济高度融合、国际交流得到极大发展的时代。我国自1978年实行改革开放政策以来,尤其是加入WTO后,国际化程度不断提高。日常生活中,我们可以接触到来自其他经济体的各种消费产品,包括各种食品、衣物、日用品,再到手机、电脑、汽车。那么,我们为什么不自己生产所有的产品与服务呢?媒体报道说美国人非常希望人民币升值,因为美国人认为这将有助于减少其对中国的巨额贸易逆差。那么,我国货币的汇率与美国的贸易赤字又有什么关系呢?《区域全面经济伙伴关系协定》(RCEP)的成功签署,并于2022年1月1日开始生效将带来哪些机遇和挑战?在这个国际经济交往日益密切的时代里,需要运用国际经济学的基本知识对这些现象进行分析与解释,对国际经济学的学习比以往任何时候都重要。

国际经济学是经济学的一个重要分支。它以国与国之间的经济活动和国际经济关系为分析对象,研究生产要素和资源在世界范围内的优化配置、国际经济分工、国际经济关系对经济分工的影响等问题。由于国与国之间有着不同的历史文化、政治制度、经济体制、货币、资源禀赋、法律条文,这些国家之间的差异会对生产要素和产品的流动产生影响,而研究这些影响便是国际经济学的主要任务。

如同任何学科一样,国际经济学将为你提供一个独特的视角,让你对世界经济的运行有更加深入的了解。在学完本书后,你将可以回答以下问题:为什么要进行国与国之间的商品和服务的分工生产与贸易?这种分工与贸易会对一国的经济发展和该国要素收入产生什么样的影响?为什么有的国家又会对国际分工与贸易加以限制?在开放经济条件下一个经济体的收支平衡构成是什么,采取什么样的措施来平衡国际收支?一个国家的货币与其他国家的货币交换比率是如何决定的?货币供给和价格水平之间存怎样的联系？如何制定宏观开放经济政策等。

第一节 国际经济学的研究内容

一、国际经济学的定义

在国际经济学的发展过程中，曾有不少学者从不同角度对国际经济学下过定义。第尔伯特·斯奈德的定义为：国际经济学主要研究国际经济关系，其中包括国际分工，国际商品交换，国际劳动力和资本流动数量、原因、过程及其趋势，不同经济制度、不同发展程度的各国之间的经济关系等。美国著名国际经济学家查尔斯·金德尔伯格的定义是：作为经济学科的分支，国际经济学主要是考察各国之间的经济活动和经济关系。当代国际经济学界的领军人物保罗·克鲁格曼则认为，国际经济学研究的主体是主权国家之间的经济交往所引发的种种问题。

从这些定义中不难看出，尽管它们在表述上各有侧重，但都没有离开国际经济关系和国际经济活动这两个基本问题。国际经济关系是指国家之间各种经济关系的总和，它包括各国之间的经济往来、经济合作、经济一体化和利益分配等。国际经济活动是指国家之间的商品和服务的交换，技术转移，货币、资本和劳动力的移动以及国际生产等。国际经济活动是国际经济关系的媒介，国际经济关系通过国际经济活动得以体现出来，因此，对国际经济关系的研究必须从国际经济活动入手。

与国内经济活动不同，国际经济活动因其在独立的主权国家（地区）间进行而使其具有独特性：

一是国家（地区）会对货物、服务和生产要素的国际流动实行某些限制，而一般不限制其在国内各地区之间的流动。

二是产品和要素的国际流动也会因语言、风俗、习惯和政治、法律制度的不同受到某些阻碍，而在国家内部的区域间流动则较少受这些因素的影响。

三是国际经济活动中使用不同的货币，货币间的兑换比率存在不确定性，而一国之内通常仅允许一种货币流通。

最后，在经济全球化的今天，各个主权国家（地区）从本国（地区）利益出发的政策常常会影响其他国家（地区）的利益，这使得国际政策协调显得尤为重要。国际货币基金组织、世界贸易组织等国际组织在这方面做出了一定的贡献，但其影响力易受到政府政策的影响。

这种国际经济活动的独特性和由此反映出的错综复杂的国际经济关系决定了国际经济学研究内容的独特性。鉴于以上分析，我们可以认为国际经济学是以经济学的一般理论为基础，以国际贸易、国际金融、国际要素流动和国际生产关系为主题，以理论和政策分析为手段，研究国际经济关系和国际经济活动的经济学科，是整个经济学体系的有机组成部分。

二、国际经济学的研究内容

对于国际经济学研究的主要内容，各种代表性的教科书有不同的体系或表述。比如，克鲁格曼、奥伯斯法尔德所著《国际经济学：理论与政策（第6版）》一书认为国际经济学研究七大主题：贸易所得、贸易模式、贸易保护、国际收支平衡、汇率决定、国际政策协调和国际资本市场。萨尔瓦多所著《国际经济学基础》一书则将国际经济学研究的主要问题归结为国际贸易理论、国际贸易政策、国际收支平衡、外汇市场和开放经济宏观经济学五大类问题。普格尔、林德特所著《国际经济学（第11版）》一书主要研究了国际贸易理论、国际贸易政策、外汇市场、开放经济中的宏观经济政策、要素流动五部分内容。于永达等著《国际经济学新论》则以集聚优势理论为主线从生产优势与国际贸易、金融优势与国际金融、战略优势与国际经济战略三方面创新性地整合研究了国际经济相关理论。

国际经济学的研究内容伴随国际经济实践活动的发展而不断丰富，具有动态性。但一般来说，国际经济学的主要内容包括：国际贸易纯理论研究、国际贸易政策研究、国际收支研究、外汇理论研究、国际金融体系研究、生产要素的国际间流动研究、跨国公司研究、经济发展与对外经济关系研究、经济一体的理论与实践研究、开放经济条件下宏观调控研究、国际经济组织与经济一体化研究等。

本书内容分为两大部分：第一部分为国际贸易理论与政策，包括古典国际贸易理论、新古典贸易理论、新贸易理论、保护贸易理论、国际贸易政策与措施、GATT与WTO、经济一体化、跨国公司与要素跨国流动等内容；第二部分为开放条件下的宏观经济，包括国际收支、汇率与汇率决定理论、国际收支调节机制、开放经济下的宏观经济均衡、国际货币体系、世界经济危机与国际经济等。

第二节　国际经济学的历史演进

国际经济学理论渊源久远，对国际经济的研究可以追溯至亚当·斯密、李嘉图为代表的古典经济学说中的国际贸易理论，其比较利益的思想是现代国际经济分析的起点。古典经济学说之后的"边际革命"在一定程度上为现代国际经济学的形成提供了重要方法。

现代意义上的国际经济学是在传统的国际贸易和国际金融理论的基础上发展起来的一门系统的和独立的理论，大约出现在20世纪40年代，即以凯恩斯为代表的新古典主义学派兴起后不久。多年来，国际经济学研究吸引了国内外许多经济学者的关注，并不断得以发展，新的方法和学说层出不穷。国际经济学的一般理论包括国际贸易理论和政策（贸易基础、贸易条件以及贸易利益的分配）、国际金融理论和国家货币政策（汇率理论与制度、国际收支调节理论与政策，以及国际货币体系）、国际要素流动（资本和劳动力的国际流动以及跨国公司理论）等。最近几十年来，在经济学家的推动下，国际经济学一般理论的各个方面均获得了长足的发展。

一、国际贸易理论的发展

国际贸易理论经历了从古典贸易理论到新古典贸易理论，从新古典贸易理论到新贸易理论，从新贸易理论到异质性企业贸易理论四个发展阶段。这一发展过程是伴随着对现实经济发展现象的解释而不断向前推进的。

国际贸易理论发展的第一个阶段是古典贸易理论，它是在批判重商主义基础上产生的。重商主义出现并流行于15世纪末至17世纪，重商主义将金银货币看作财富的唯一形态，国家的一切经济活动的目的就是为了赚取金银。由于任一时点上金银总量是固定的，一个国家获利就意味着另外一国受损。18世纪末，重商主义的贸易观点遭到了古典经济学派的挑战。以英国资产阶级经济学家亚当·斯密为奠基人的古典自由贸易理论认为国际分工可以提高生产率，如果每个国家都生产并出口自己最具竞争力的商品，则参与国际贸易的国家都可以获利，提高社会福利。这也有力地批判了重商主义者的贸易互损性，提出了分工贸易的互利性观点，这就是绝对优势理论。

绝对优势理论的缺陷在于无法解释一国在任何商品生产上都不具有绝对优势却仍和别国发生贸易的情况，即无法解释贸易的普遍存在性。其后，英国资产阶级经济学家大卫·李嘉图在绝对优势理论的基础上提出了比较优势理论，这一理论扩展了国际贸易的基础，赋予古典贸易理论新的活力，提出了分工与贸易普遍存在性的观点。

比较优势理论虽然指出比较优势的产生缘于各国劳动生产率的差异，但并没有解释产生这种差异的原因。瑞典经济学家赫克歇尔和俄林对古典贸易理论进行了进一步探索，分析了比较优势的来源，形成了目前我们所熟知的要素禀赋定理或赫克歇尔—俄林定理，使得国际贸易理论进入新古典阶段。该定理研究了比较优势产生的基础以及在此基础上形成的分工与贸易格局。在赫克歇尔—俄林理论的基础上，经济学家们反过来又分析了分工与贸易对要素收入的影响，形成了一些重要理论和推论，如要素价格均等化定理、斯托尔帕—萨缪尔森定理、罗伯津斯基定理等，使国家的要素禀赋与分工贸易的相互关系更加明了清晰，从而推动了国际贸易理论更深入发展。值得注意的是，不论是古典贸易理论还是新古典贸易理论，都是建立在严格的假设前提之下的，如市场完全竞争、规模报酬不变、生产要素国际上不能自由流动而在国内部门间可以自由流动等，这些假设明显与现实社会经济发展现状不符。

在对古典以及新古典贸易理论的基本假设不断放松的基础上，经济学家又分析了规模经济、不完全竞争、技术差距等对国际分工与贸易影响，形成了如产业内贸易理论、产品生命周期理论等新贸易理论，更好地解释了国际经济交往中新的分工与贸易现象，完善并发展了国际贸易理论。但需要指出的是，新贸易理论是对传统分工贸易理论的补充与完善，并不是对传统分工贸易理论的否定或替代。两者只是在解释对象和理论基础上有些区别，它们之间并不能相互替代，而是体现出互补性。古典贸易理论、新古典贸易理论和新贸易理论相关问题会在后面各个章节中具体阐述。

进入21世纪，国际贸易研究从国家和行业层面深入到企业层面，Melitz(2003)开创性地建立了异质性企业贸易模型，此后，国际经济学家掀起了从企业层面研究国际贸易问题的热潮。由于异质性企业贸易模型涉及大量的数理推导，适合研究生阶段学习，本教材虽然在部分内容上会有所涉及，但采取大部分本科教材的做法，没有将其单独作为一章。

二、国际金融理论的发展

国际贸易理论的演进具有清晰的线条和路径，而国际金融涉及问题广泛，金融衍生产品种类繁多，所以，国际金融理论发展的路径较为复杂。在长期的理论与实践发展过程中，国际金融理论不断推陈出新，特别是近三十年来，国际金融理论成为国际经济学重要领域之一。

休谟的理论在一个相当长的时期内一直是国际金融领域内的主导理论。在金本位时期，人们极其自然地把没有金银的国际流动作为国家经济外部平衡的重要标志。在两次世界大战的间隔期间，为取得外部平衡，许多国家对浮动汇率和直接控制国际收支进行了广泛的实验。与此同时，国际金融领域内关于国际资本流动的讨论日益增多，但大多数观点认为，国际资本流动附属于古典的国际收支调整机制。两次世界大战间发生的事件，使得国际金融理论明显避开了对构成古典模型基础的国际收支调节机制的关注，而将重点转移到国际收支平衡与国内经济条件之间的相互作用上。

20世纪60年代初，蒙代尔更新了国际收支调整的观点。在蒙代尔的模型中，货币部门被放在了首要位置，国际收支中的资本项目占据了重要地位。他提出了当国内外平衡目标冲突时资本流动性的存在，并指明了在固定汇率下可能发生的政策两难问题及解决办法，即同时采用针对外部平衡的货币政策和针对内部平衡的财政政策就能够同时达到两个目标。这一主张的关键在于扩张性的货币政策和财政政策都起到增加产出的作用，但对国际收支资本项目有不同的效应：货币扩张引起资本流出，而财政扩张引起资本流入。因此，借助这两个独立的工具能够同时达到内外部平衡。

伴随20世纪70年代货币主义的兴起，涌现了一些极有价值的开放经济的动态模型。其中，国际收支货币分析方法强调实行平衡效果和长期国际收支平衡；资产组合模型阐明了货币与经济增长的关系，指出了财富积累中资产的存量与流量的不同，并吸收了宏观经济学中理性预期的一些基本思想。

在这些模型中，外部平衡的内在动态机制由财富推动，其中财富不仅包括实际货币余额，也包括外国资产，可能还涉及物质资本与人力资本。在充分就业与价格弹性的前提下，每一种国际资产存量结构决定一个短期均衡，而这个短期均衡则由资本市场和商品市场的均衡条件决定。均衡财富水平和实际利率决定国内外的消费水平，但不一定需要国际收支经常项目的短期平衡。

20世纪80年代,研究者借助储蓄和投资理论中所使用的跨时期分析方法,对开放经济动态变化过程的分析已日益普遍。这一新发展的动力主要来源于20世纪80年代的债务危机所引发的有关发达国家与发展中国家之间贸易资产形式这个极其重要的问题,因为无论是古典分析,还是凯恩斯主义的分析都不能为这个问题提供合理的解释。特别是第一次石油危机后,外国银行对发展中国家贷款激增,引起了对这些国家将无法承受外债负担的忧虑。重新估量发展中国家债务水平的需要,自然引出了不同时期最优国际收支经常项目逆差这一概念。在有关外部平衡的跨时模型中,一国随时间推移而不断变化的消费和投资机会由跨时预算约束来描述,这些约束确定了一国能够向国外借款和放款的条件。在这类模型中,外部平衡被定义为是维持与预期的跨时预算约束相一致的、稳定的最佳消费水平的国际收支经常项目状况。

国际金融理论的发展一直是围绕着"外部平衡"这一核心问题展开的。在古典贸易理论中,贸易平衡被看作是一个先决条件,但现实中,国际贸易不平衡现象普遍存在,所以,国际金融理论的发展反映了时代发展的要求。随着理论研究的目标和分析方法的演变,国际金融理论不断向前发展并逐步完善。

三、要素国际流动理论的发生与发展

在研究和分析国际分工与贸易理论时,一般都假定生产要素在国际上不能自由流动,在国内不同生产部门间可以自由流动。但是在日益全球化的背景下,与商品和服务的跨国流动一样,生产要素的国际流动已经成为国际经济活动的正常现象。国际要素流动主要包括国际劳动力要素流动、资本要素流动、技术要素流动等。

从世界经济发展历史来看,劳动力要素的国际流动具有悠久的历史,其发生与发展大体可以分为三个阶段:① 19世纪中叶以前,发达国家的殖民扩张引发的大规模人口迁移。15世纪以来,大量的非洲人被贩卖到美洲,有大部分黑人奴隶在运输途中死亡,但是到达目的地的人口数量也超过了1000万,大量的人口买卖与转移成为北美国家劳动力要素的重要来源。② 19世纪下半叶到第一次世界大战前资本主义工业革命时期。伴随欧洲资本主义工业革命的发生与发展,对劳动力需求增加,在经济自由主义思潮的影响下,欧洲国家间的人口开始大规模迁移。在1900—1910年间,欧洲国家间的移民人口达到900万,平均每年大约有100万。其中,英国工业化鼎盛时期所需的劳动力至少一半是由外来移民构成,与此同时,欧洲又有大量人口移民到美国,形成了一个新的移民国家。③ 第二次世界大战后的劳动力流动多元化时期。第二次世界大战前后,国际劳动力的流动开始进入一个新的高潮。为了躲避战乱、迫害、贫困、饥饿等,欧洲和亚洲的大量人口进行大规模的转移。在二战后的工业化过程中,新兴国家的发展也促进了世界范围内的移民。经过二战后的重建和此后多年的发展,世界上已经形成以北美劳动力市场、中东劳动力市场和欧洲劳动力市场为代表的国际劳动力流动市场。

国际资本流动包括国际资本的间接与直接投资两种基本方式,由于国际间接投资与在国内投资没有实质区别,所以,仅仅将其视为一种纯粹的借贷关系,国际直接投资则成为研究的主要内容。世界对外直接投资最早发生于殖民地时代,表现为殖民宗主国对殖民地国的单向资本输出与工业原材料的输入,欧洲殖民宗主国是世界对外投资的单极主体;发展于资本主义工业革命时期,表现为资本主义工业国对发展中国家的资本输出,欧洲与美国构成世界对外投资的双极主体;壮大于第二次世界大战之后的美国经济强大和欧洲经济复苏时期,表现为美国由战前的最大债务国转变为国际直接投资的最大资本来源国;多元化于20世纪80年代后,表现为日本经济的崛起和东亚新兴经济体的经济复兴,世界更多的国家和地区加入国际直接投资活动,美国在国际直接投资中的地位下降,国际直接投资在区域上呈现多元化,产业上呈现多层次化趋势。

科学技术作为生产要素的一种,可以通过许可贸易和直接进入的方式实现跨国流动,但由于其具有公共产品的性质和技术贸易市场的不完全性,所以,伴随资本要素的跨国流动成为技术要素国际流动的主要方式。类似于国际分工与贸易理论,国际技术要素流动理论也以比较优势、技术生产禀赋、技术差距和国际生产综合等为基础,伴随着分工贸易理论的发展而不断发展。

第三节　国际经济学与其他相关学科关系

一、国际经济学与西方经济学关系

国际经济学是从西方经济学中发展出来的,建立在传统国际贸易与国际金融理论基础上的一个分支学科,是微观与宏观经济学发展到一定阶段的产物。西方经济学在学科体系上分为两大部分,即微观经济学与宏观经济学;而国际经济学在学科体系上也分为两大部分,即国际贸易理论部分与国际金融理论部分。

在研究对象上,西方经济学是一门研究稀缺资源如何进行合理配置的理论经济学;而国际经济学则运用西方经济学基本理论,研究资源在国际范围内的配置以及随资源配置而产生的福利变化,是一门融理论和应用于一体的学科。在研究范围上,西方经济学中的微观经济学部分主要研究生产者、消费者个体的经济效应最大化行为;而国际经济学的国际贸易部分则主要研究国际贸易的动因、格局、利益和政策等,既研究贸易个体层面的微观行为,也研究国家层面的宏观政策。西方经济学中的宏观经济学部分主要研究国民经济总量问题,如经济增长速度、社会就业量、物价水平等;而国际经济学则是研究开放条件下国民经济运行问题,所以贸易与经济增长关系、国际货币储备、汇率决定等成为其研究主要对象。

二、国际经济学与世界经济学关系

两者都是从西方经济学中发展起来的相互交叉、相互融合但又有区别的学科分支,它们均以国际分工和世界市场的形成与发展为背景,研究国际经济分工关系,在研究内容和研究方法上两者有许多相似之处。

从研究对象来看,国际经济学主要研究国际经济分工关系,世界经济学的研究对象是国际生产关系,特别是国别经济的异同。从研究内容来说,国际经济学主要涉及国际贸易理论与国际金融理论两大问题,研究主题比较集中。而世界经济学除了上述内容外,还涉及更宏观的问题,如世界市场问题、国别经济问题、世界能源问题、世界生态资源保护问题等,研究主题比较宽泛。从研究方法来说,国际经济学侧重于现代经济学的数理分析,而世界经济学则侧重于历史比较、逻辑分析,研究方法比较抽象。

三、国际经济学与马克思主义政治经济学的关系

国际经济学与马克思主义政治经济学既存在共性,也存在差异。国际经济学是在西方经济学的基础上发展起来的,而西方经济学与马克思主义政治经济学都是在研究社会化大生产和市场经济的基础上产生的,两者的理论基础、研究视野都有共同之处。比如马克思主义政治经济学的研究目的是揭示生产关系及其发展规律,为建立与生产力发展相适应的生产关系提供理论支持,为更好地解放和发展社会生产力服务,而国际经济学的研究目的也是为了提高整个世界的经济运行效率,发展生产力。经济学的发展实质上也是一个综合复杂、不断发展的过程,经济学的各种理论被兼收并蓄地容纳进国际经济学框架里,这其中也包括马克思主义的政治经济理论,所以说在研究目的上,马克思政治经济学与国际经济学有一定的共性。

国际经济学与马克思政治经济学也存在差异性。国际经济学所研究的都是经济活动,包括产品和劳务的生产、交换、流通、分配等问题,研究生产和流通过程中经济利益和行为主体之间的关系,探索商品经济与市场运行机制、运行规律、资源配置、分配制度、宏观与微观的市场调控方法。而马克思政治经济学研究的目的是揭示资本主义社会经济运行过程中的内在矛盾,进而揭示资本主义产生、发展和灭亡的规律,从而揭示资本主义社会为社会主义所代替的历史必然,具有阶级性。从本质特征上说,马克思主义政治经济学是"经济哲学""历史哲学",是站在人类社会发展规律的历史高度来研究经济问题。马克思政治经济学采用历史唯物主义的方法,从历史与哲学的视野研究资本主义社会经济关系的产生、发展和灭亡的运动规律。尽管它深入到了资本主义的微观领域,比如剩余价值的生产过程、资本主义再生产过程、流通过程等,但是其目的并不在于为资本主义市场经济的运行提供一种有效的模式或解决方案,而是始终围绕着一贯主题,即科学分析资本主义经济制度的历史暂时性与过渡性,然而国际经济学并不具有这样的特征。

第四节 国际经济学的研究方法

国际经济学是建立在经济学基本理论基础上的经济学分支学科,以国际经济关系为

研究对象。这种国际经济关系并不指某些具体的个别国家之间的经济关系,而是指一般意义上的国家之间的经济关系,即具有理论抽象性的国际经济关系。和大多数经济学科分支一样,宏观微观的分析方法同样也适用于国际经济学,但是国际经济学作为相对独立的一个经济学分支学科,其研究方法也有自身特点。总的来说,国际经济学的研究方法主要有以下几种。

一、宏观分析与微观分析相结合方法

国际经济学的微观部分主要涉及国际市场的商品与服务的生产分工、贸易、价格形成、贸易收益分配、分工效率和福利等。在研究方法上主要采用微观分析基本工具,如供求曲线、生产可能性曲线、无差异曲线等。宏观研究部分主要涉及国际分工与国内经济发展关系、国际收入与国内收入关系、国际收入各部分间关系、国际收支的调节、国际收支均衡过程等。在研究方法上主要采用宏观分析工具,如国民收入恒等式、货币方程式、货币乘数等。

二、定性分析与定量分析相结合方法

定性分析主要是强调事物之间的结构相关关系,定量分析主要是对事物数量关系的变换进行分析。运用定量分析方法对假设进行实证研究是国际经济学研究方法中的一个主要特点,里昂惕夫运用投入产出法对要素禀赋中的理论假设进行检验就是一个典型例子。在定性分析的基础上,现代国际经济学的研究越来越注重建立复杂的数量经济模型验证理论假设,评价政策的有效性。

国际经济学综合运用政治经济学和计量经济学的定性与定量研究方法,其中定性分析强调国际经济中的结构性联系,定量分析强调国际经济数量关系的变化规律与规模。

三、规范研究与实证研究相结合方法

规范研究是以一定价值判断和理论假设为基础,提出一定的原则作为分析处理经济数据和经济关系的标准,并根据这些标准研究主体的经济行为。国际经济关系作为国际经济学的研究对象是由国与国之间的一项项具体的经济交往活动建立起来的。同时,国际经济学的研究是建立在对历史经验与数据的总结与分析基础之上,所以国际经济学比较注重对国际经济关系的历史资料分析和数据资源的开发与计算,还会涉及对特定地区、特定产业的实证比较。

四、静态分析与动态分析相结合方法

国际经济学的静态分析主要是比较静态分析,强调在其他要素不变情况下,某一种要素的变化对经济分工关系影响的分析,或对不同阶段的一些既定结果进行比较分析,如比较优势理论就属于静态分析。动态分析主要强调对事物的变化过程以及各个变量对过程的影响进行分析,如技术差距理论、生命周期理论等。动态分析方法比较符合经济运行的变化规律，但是由于考虑过多的经济变量参数可能会使分析复杂多变，而静态分析更有利于明晰各变量的作用。

五、理论分析与政策应用相结合方法

国际经济学是集理论分析与政策应用于一体的经济学科，理论分析是为政策应用作服务，所以与微观和宏观经济学相比，其理论分析的政策内涵更加丰富。国际经济学的理论分析更加贴近现实经济状况，而其政策研究很好地接受理论分析的成果，所以无论是国际贸易政策还是国际收支、国际经济调节政策都具有一定的现实意义和可操作性。

基本概念

国际经济学（international economics）
国际贸易（international trade）
国际金融（international finance）
国际分工（international division）
封闭经济（closed economy）
开放经济（open economy）

复习思考题

1. 国际经济学的研究内容是什么？
2. 国际经济学的研究对象是什么？它与西方经济学有什么区别？
3. 国际经济学的研究方法有哪些？尝试与其他学科研究方法进行比较。
4. 论述国际经济学的发生和发展过程。
5. 简要论述国际经济学与其他相关学科的联系和区别。

第二章

古典贸易理论

本章学习重点
1. 重商主义
2. 绝对优势
3. 比较优势
4. 成本递增下的贸易基础和贸易利益
5. 国际价格的一般均衡分析

在谈到国际贸易时,首先要回答两个基本问题:不同国家为什么要进行贸易?各个国家根据什么原则来进行贸易?古典的国际贸易理论试图对这些问题作出回答。最早的国际贸易理论学说可追溯到17世纪的重商主义学说(该学说理论将在第五章第一节详述)。该学说主张尽量扩大出口并抑制进口,因为贸易盈余会使得金银等贵金属流入本国,使国家更加富强。重商主义学说认为贸易是一种零和博弈,而亚当·斯密开创的古典贸易理论对重商主义贸易思想进行了批判,证明了国际贸易是双赢博弈。斯密的绝对优势理论认为如果每个国家都专门生产自己有绝对优势的产品,并进行交换,那么就都可以从中获益。大卫·李嘉图则在斯密的绝对优势理论的基础上提出了比较优势理论,更全面地解释了贸易产生的基础和贸易模式的形成,奠定了现代国际贸易理论发展的基石。

第一节 绝对优势理论

基于重商主义的国际贸易活动不具有可持续性,因为其认为国际贸易是一种零和博弈。但事实上,国际贸易活动发展迅速。那么,国际贸易蓬勃发展的动力究竟何在?有没有可能存在一种使双方都得利的贸易模式呢?英国古典经济学家亚当·斯密(Adam Smith)提出绝对优势理论(absolute advantage theory),对国际贸易的根本动力进行了初步解释。他在《国民财富的性质和原因的研究》(简称《国富论》)一书中提出国际贸易并不是一种零和博弈,通过分工和国际贸易,双方都可以获得额外的收益,这一理论开创了国际贸易分工理论的辉煌时代。

一、绝对优势理论提出的历史背景

18世纪末,英国的经济力量已超过欧洲大陆的两个对手——法国和西班牙。英国的产业革命运动开始展开,经济实力不断增强,新兴的资产阶级迫切要求在国民经济各个领域迅速发展资本主义。当时在重商主义制度下建立起来的经济特权和垄断制度已经暴露出效率低下和严重浪费等弊端;仍存在于乡间的行会规章制度严重限制了生产者和商人的正常活动;重商主义提倡的极端保护主义则从根本上阻碍了对外贸易的扩大,使得新兴资产阶级很难从海外获得生产所需的廉价原料,其产品也难以占领更大的海外市场。

斯密站在新兴资产阶级的立场上,在1776年发表的《国富论》一书中,批判了重商主义,创立了自由主义经济理论。在国际分工和国际贸易方面提出了以绝对优势为基础的自由贸易,认为国际贸易并不是一种零和博弈,国际贸易能使双方都获益。

二、绝对优势理论的主要内容

中国古代牛郎和织女的爱情故事一直为人们津津乐道,而在他们生活中也存在着分工:擅长织布的织女在家里只负责织布,不用跟着牛郎一起去放牛;而擅长放牛的牛郎也不用待在家里帮织女织布。他们都只做自己擅长的事情,这种有效率的分工保证了牛郎和织女在当时的物质条件约束下过上了温饱的生活。

斯密认为这种适用于一国内部不同个人或家庭之间的分工模式,也同样适用于各国之间。实际上,如果一国在一种商品的生产上相对于另一国更有效率(或具有绝对优势),而在另一种商品的生产上效率更低(或具有绝对劣势),那么,每一个国家都能通过专业化生产其具有绝对优势的产品并与其他国家交换其具有绝对劣势的部分产品而获得利益。这就是亚当·斯密的绝对优势理论,该理论强调只有自由贸易才能更好地增加一国的财富。

重商主义者主张政府干预经济,用政府这只"看得见的手"对国家贸易活动进行调节。而绝对优势理论则说明市场这只"看不见的手"同样可以在国际市场上进行调节,因为对自身利益的追求会导致一国根据自己的专长进行专业化分工,生产并与其他国家交换其所需商品和劳务。

三、绝对优势理论的分析

有两个国家A国和B国,分别生产两种商品X和Y。A国生产每单位X需要2小时的劳动,B国需要4小时,A国生产效率较高,因此,A国在生产X上具备绝对优势。B国生产每单位Y只需1小时,而A国需要4小时,B国效率更高,因此,B国在生产Y上具有绝对优势。如果两国专门生产自己拥有绝对优势的产品，即A国专门生产X，B国专门Y，然后进行交换，那么，两个国家都可以获益，如表2.1.1所示。

表 2.1.1　A、B两国的分工情况表

	A国	B国
每单位X所需劳动(小时)	2	4
每单位Y所需劳动(小时)	4	1

若两国间有交换活动，情况则完全不同。比如，A国用1单位X向B国换取1单位Y。由于A国自己生产1单位Y需要4小时，而生产1单位X只需要2小时，所以通过交换A国相当于节约了2小时的劳动，而A国用这节约出来的时间可以生产出1单位X。也就是说，通过交换A国可以获利2小时劳动或者1单位X。对于B国同样如此，B国将获得额外的3小时劳动或者3单位Y。这表明贸易活动后，A国多消费1个X，B国多消费3个Y。

四、绝对优势理论的评价

首先，斯密对社会经济现象的研究重点从流通领域转为生产领域，从生产入手对贸易展开研究，这与重商主义相比是一大进步。

其次，关于分工能够提高劳动生产率的观点，虽然经历了200多年的历史，仍具有重大的现实意义。

最后，首次论证了贸易双方都能从国际分工与贸易中获利的思想，即国际贸易可以是双赢的局面而非重商主义所表达的"零和博弈"，从而开创了对国际贸易活动的经济学分析。

但是，绝对优势理论本身也有一定的局限性。它只能对国际贸易中的一小部分做出解释，说明的只是国际贸易中的一种特殊情形。在现实生活中，有的国家并没有任何一种产品的生产处于绝对有利的地位，但是这些国家依然成为国际贸易的参与者，生产力落后的发展中国家也常常和美国这样的发达国家进行贸易往来，这又作何解释呢？这就需要新的理论来解释国际贸易行为。

第二节　比较优势理论

一、比较优势理论提出的历史背景

在大卫·李嘉图所处的时代，英国新兴资产阶级和地主阶级的斗争主要体现在《谷物法》是否废除上，《谷物法》是维护地主贵族阶级利益的法令。《谷物法》规定，必须在国内谷物价格上涨到限额以上时才准进口，而且这个价格限额要不断地提高。《谷物法》限制了英国对谷物的进口,使国内粮价和地租长期保持在很高的水平上。这对英国工业资产阶级非常不利。因为一方面,国内居民对工业品的消费因粮食开支增加而相应减少;另一方面,工业品成本因谷价上涨而提高,削弱了工业品的国际竞争力。同时,限制谷物进口会招致国外报复,这不利于英国工业品的出口。李嘉图站在新兴资产阶级立场上,主张废除《谷物法》,取消对谷物进口的限制。他继承了斯密的国际贸易思想,倡导自由贸易。

李嘉图于1817年发表的《政治经济学及赋税原理》提出了比较优势理论,进一步扩大了国际贸易的基础。根据比较优势理论,几乎所有国家都可以从自由贸易中获利,从而为废除《谷物法》提供了理论基础。

比较优势理论(comparative advantage theory)弥补了亚当·斯密绝对优势理论留下的理论空白,它的提出是西方传统国际贸易理论体系建立的标志,具有划时代的意义。大卫·李嘉图也因此被称为资产阶级古典经济学集大成者。

二、比较优势理论的内容

亚当·斯密认为由于自然禀赋和后天的条件不同,各国均有一种产品生产效率高于他国而具有绝对优势,按绝对优势原则进行分工和交换,各国均获益,证明了贸易的互利性。但事实上我们发现,很多产品的出口国在该种产品的生产上可能并不具有斯密所描述的那种绝对优势。大卫·李嘉图发展了亚当·斯密的观点,认为即使一国在所有商品的生产上都不具有绝对优势,仍可以参与国际分工,从国际贸易中获利。

即使一国在两种商品的生产上都效率较低,没有任何绝对优势,仍有可能存在互利贸易:该国可以专门生产并出口其绝对劣势相对较小的商品(这就是其具有比较优势的商品),同时进口其绝对劣势相对较大的商品(这是其具有比较劣势的商品),这一原理就是比较优势理论,其核心是"两优取其重,两劣取其轻"。

(一)李嘉图模型的假设条件

比较优势理论是在一系列严格的假定前提下展开说明的,基本的李嘉图模型在古典经济学范式下有一系列假设条件:

(1) 世界上只有两个国家(A国和B国)、两种商品(X和Y);
(2) 模型中采用劳动价值论,商品的相对价值仅取决于它们的相对劳动投入量;
(3) 生产要素在一国国内可以在不同的行业中自由流动,而在国与国之间不能自由流动;
(4) 生产成本不变,即当产量发生变化时产品的生产成本不会发生变化;
(5) 虽然不同国家之间存在着技术水平差异,但各国的技术水平都是给定的;
(6) 两国进行自由贸易,运输成本为零;
(7) 经济在充分就业状态下运行;
(8) 生产要素市场和产品市场是完全竞争市场,政府对经济活动没有任何干预。

在这个模型中只有两个国家、两种商品,是为了便于分析说明,这很容易推广到多种商品、多个国家。采用劳动价值论意味着只有劳动这一种生产要素,不考虑自然资源、资本的影响,而且劳动是同质的。后面几条假设意味着,随着时间的推移,两国的比较优势不会发生变化,也不存在垄断势力和政府对经济运行的干扰和影响。

(二) 比较优势原理

比较优势原理可以用表2.2.1分析。表2.2.1和表2.1.1的区别在于B国生产1单位X的时间从4小时变成1.6小时,生产1单位Y的时间从1小时变成0.8小时,现在B国在两种商品的生产上都具有绝对优势。从绝对优势理论的角度看,两国间不存在贸易基础。但是,比较优势理论认为两国间仍可以进行贸易。

分析两国的生产率可以看出,A国生产X商品的劳动生产率是B国的4/5,生产Y商品的劳动生产率是B国的1/5。可见A国在商品X的生产上劣势较小,在商品Y的生产上劣势较大,因此,A国在X商品的生产上具有比较优势。同时,B国在Y商品的生产上优势更大,因此,B国拥有生产Y商品的比较优势。根据比较优势原理,A国应专门生产并出口X,B国应专门生产Y,这样两国都可以获得收益。

表2.2.1 比较优势理论下两国的分工情况表

	A国	B国
生产1单位X所需劳动时间	2小时	1.6小时
生产1单位Y所需劳动时间	4小时	0.8小时

为了说明这一点,我们先讨论自给自足的情况下,国内商品的相对价格。在A国,1单位的X可以换取0.5单位的Y,即$1X=0.5Y$,在B国有$1X=2Y$。在开放经济条件下,假设A国用1单位的X和B国交换1单位的Y,那么,A国将获利0.5单位Y或者2小时的劳动,B国获利0.5单位X或者0.8小时的劳动。

实际上,只要两国的交换比率符合$0.5Y<1X<2Y$,就可以实现互惠贸易。并且,交换比率越接近$1X=0.5Y$(A国国内交换比率),B国的贸易所得就越大,A国的所得就越小;交换比率越接近$1X=2Y$(B国国内交换比率),A国的贸易所得就越大,B国的所得就越小。

(三) 比较优势的例外

当两个国家的内部交换比率相同时,与另一国相比,其中一国在两种商品上的比较劣势将相等,此时就不存在比较优势。

例如,将上例改为B国生产1个单位X需1个小时,生产1个单位Y需2个小时,那么B国在生产两种商品上的效率都是A国的两倍,我们无法在"两优之中取其重",也无法在"两劣之中取其轻"。因为在两种商品上两个国家的优劣程度一样,这两个国家在没有贸易时两种商品的交换比率也相同。那么,这两个国家将无法通过分工与贸易方式节约劳动。

但这只是比较优势的一个例外,只具有理论上的意义。在现实世界中,一个国家生产成千上万种商品,不同国家之间这些商品相对价格都相同的概率几乎为零。因此,在现实世界中,一个国家与其他国家相比,必然在一些商品上处于相对优势地位,而在另一些产品上有相对劣势。

(四)比较优势理论的货币模型

比较优势理论的论述是以物物交换为前提,但是在现实生活中商品都以货币结算。当商人和消费者在选择来自不同国家的商品时,并不是考虑哪个国家在哪种商品上具有比较优势,而是在同等质量的前提下选择价格最低的商品。实际上,我们只要将前面例子中的劳动时间转化成货币模型就可以解决这个问题。假设 A 国每小时工资为 20 元人民币,B 国为 10 美元,两国情况如表 2.2.2 所示。

表 2.2.2 比较优势的货币模型

	A 国(人民币)	B 国(美元)
X 商品的价格	40	16
Y 商品的价格	80	8

当美元和人民币的比价维持在 2.5 元人民币<1 美元<10 元人民币范围内时,A 国出口 X 进口 Y,B 国出口 Y 进口 X,两国具有贸易的基础。而当 1 美元兑换少于 2.5 元人民币时,B 国 X 商品的价格以人民币表示其价格要小于 40 元人民币,Y 商品的价格要小于 20 元,即 A 国在两种商品上的价格都要超过 B 国,A 国只进口不出口,B 国只出口不进口,这种汇率是无法持续的。而 1 美元能兑换超过 10 元人民币时,则情况正好相反,B 国 X 商品的价格要大于 160 元人民币,Y 商品的价格要大于 80 元人民币,A 国在两种商品的价格上都要低于 B 国,A 国只出口不进口,B 国只进口不出口,这种汇率也无法持续,就失去贸易的基础。因此,两种货币的比价满足 2.5 元人民币<1 美元<10 元人民币时,才可能贸易。例如,1 美元兑换 5 元人民币时,B 国两种商品价格以人民币表示为 X 商品为 80 元,Y 商品为 40 元。则 A 国在具备比较优势的 X 商品上价格低于 B 国,而 B 国在具备比较优势的 Y 商品上价格低于 A 国。最终,两国出口各自具备比较优势的产品,进口不具备比较优势的产品。

三、基于机会成本理论对比较优势理论的进一步分析

(一)用机会成本理论证明比较优势原理

机会成本是指每生产一单位某种产品所必须放弃的另一种产品的最大生产量。用机会成本原理解释的比较优势理论也被称为比较成本原理,它说明了当一国在一种商品的生产上有较低的机会成本时,该国在该商品的生产上就有比较优势,而在另一种商品上处于比较劣势。

从上文的例子中我们可以看出,贸易前两国国内生产同一种产品的绝对成本(即劳动生产率的倒数——生产 1 单位产品需要消耗劳动力的小时数)并不能决定一国的贸易

模式,贸易模式和贸易所得最终取决于生产每种产品的机会成本。A 国每生产 1 单位 X 必须放弃 0.5 单位 Y,而 B 国每生产 1 单位 X 必须放弃 2 单位 Y,A 国生产 X 的机会成本更小,因而分工生产并出口 X,这个结论和我们之前基于劳动价值论得出的结论一致。实际上,引入机会成本的概念可以使我们放松李嘉图模型的第二个假设。由于劳动既不是生产中唯一投入的生产要素,也常常不是同质的,因此,放松这个假设可以大大增加比较优势理论的适用性与说服力。

(二) 生产可能性曲线

机会成本可以用生产可能性曲线加以说明。生产可能性曲线(production possibility curve,PPC)也称生产可能性边界(production possibility frontier,PPF),它是指一国以最高的生产率充分利用其资源时所能生产的不同产量的所有组合。任何一个国家的资源都是有限的;生产可能性曲线上各点表示的是在有限资源约束下,一国可能生产出的两种产品的最大产量组合。图 2.2.1 表示的是两国的生产可能性曲线和贸易后的消费可能性线。

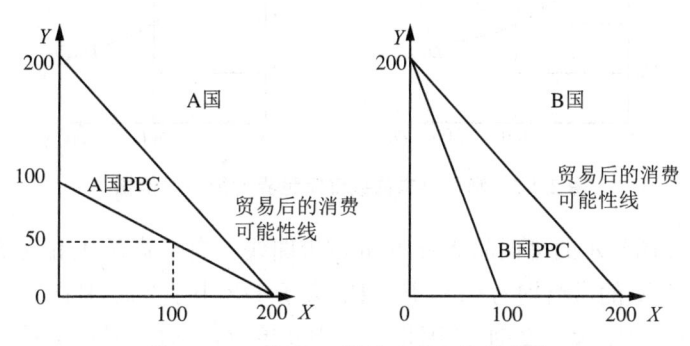

图 2.2.1 A 国和 B 国的生产可能性曲线

在既定的技术、要素水平下,如果 A 国只生产 X,那么可以生产出 200 单位 X;如果只生产 Y,那么可以生产出 100 单位 Y;A 国也可以两种商品都生产,如果 A 国生产 100 单位 X,那么其将可以利用其余资源生产 50 单位 Y。依此类推。这些产品组合构成了左图的 A 国生产可能性曲线。同理,右图的 B 国生产可能性曲线也可以照此得到。在生产可能性曲线以内的点代表尚有资源未被充分利用,而在生产可能性曲线以外的点则表示超过了既定的资源条件下所允许的生产范围,因此,厂商必然在生产可能性曲线上生产。

生产可能性曲线斜率的绝对值表示生产每单位 X 的机会成本。由于生产的机会成本一直保持不变,所以两国的生产可能性曲线都是直线,这和李嘉图模型中假设(4)对应。另外,A 国的生产可能性曲线斜率比 B 国更加平缓,表明 A 国生产每单位 X 的机会成本小于 B 国。

在没有国际贸易的情况下,一国可以消费商品的组合受到该国生产能力的限制,因此一国的生产可能性曲线同时也是其消费可能性曲线。但是,当开展了国际贸易以后,按照比较成本原理,A 国专门生产 X,B 国专门生产 Y。A 国最多可以生产 200 单位 X,

B国可以生产200单位Y,这意味着如果按照1∶1的比例进行交换,A国最多可以消费200单位Y,而不是贸易前的100单位;B国最多可以消费200单位X,而不是贸易前的100单位。国际贸易使得两国的消费可能性曲线外移,超过了生产可能性曲线可以提供的消费组合,表明通过专业化生产,两国的福利都得到了提高。

四、贸易时商品价格的确定

在之前的分析中我们只是假设了一个可行的交换比例,并没有讨论两国的交易价格是如何确定的。由于两国市场都是完全竞争的,所以生产成本就构成了商品价格。因此,两国的交换比例就是世界均衡相对商品价格 P_X/P_Y,而这可以利用供求曲线来确定。

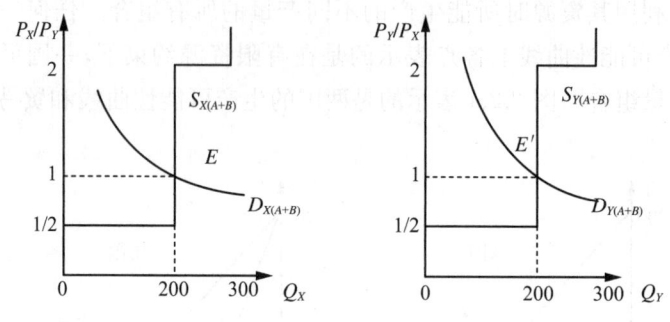

图 2.2.2　利用供求曲线确定世界均衡相对价格

图 2.2.2 中左图显示的是商品 X 的世界供求曲线。当商品 X 的相对价格 P_X/P_Y 小于 1/2 时,两国对 X 的供给均为 0;当 P_X/P_Y 大于 1/2 小于 2 时,B 国不会提供 X,A 国供给 200 单位;P_X/P_Y 大于 2 时,B 国将提供 100 单位,此时世界供给量为 300 单位,这也是世界最大供给量;当 P_X/P_Y 等于 1/2 时,A 国对生产 X 持无所谓的态度,可能提供的范围为 0~200;P_X/P_Y 等于 2 时,B 国对生产 X 持无所谓的态度,可能提供的范围为 0~100。这些条件构成了世界供给曲线 S_X。S_X 与由 A、B 两国需求共同构成的世界需求曲线 D_X 相交于均衡点 E,决定了 X 的均衡价格为 $P_X/P_Y=1$,世界均衡产量为 200 单位且都由 A 国生产。

对图 2.2.2 中右图商品 Y 的总供给、总需求的分析也是如此。商品 Y 的最终均衡交换价格为 $P_Y/P_X=1$,均衡产量为 200 单位且都由 B 国生产。

五、比较优势理论的评价

(一)比较优势理论的贡献

比较优势理论的提出奠定了国际贸易理论分析的基本框架,后来出现的各种国际贸易理论大都可以视为比较优势理论的继承和发展。

首先,比较优势理论给出了各国可以普遍遵循的参与国际贸易的依据。绝对优势理论无法说明当一个国家在所有的商品上生产效率都低于别国时能否参与国际贸易,而比较优势理论则认为只要国家间生产商品的相对成本存在差异,任何一个国家就都有参与国际贸易的基础。一个国家无论多么落后，总能找到成本比较低的生产部门，从而可以把这样的产品推向国际市场，获得出口商品的能力。这为发展中国家参与国际贸易并从中获取利益，提供了理论依据。从发达国家角度讲，一个国家无论怎么先进，总存在相对落后的经济部门，把资源集中到相对优势的生产部门，然后进行国际交换，也会获得比自给自足条件下更高的福利。

其次，从历史上看，比较优势理论对推动英国走向自由贸易起了巨大的作用。李嘉图的比较成本理论提出之后，在社会上产生了很大的影响，最终促成了英国国会废除《谷物法》，这为英国日后成为世界经济中心奠定了重要的基础。

（二）比较优势理论的局限

当然比较优势理论上也存在不足之处。比较优势的理论分析和政策上的争议主要在于比较优势理论只是静态的分析而不是动态的分析。

当不同国家商品的成本比率一定时，比较优势理论告诉人们国际贸易模式的选择，一国如何通过成本比较来选择进口什么商品，出口什么商品。也就是说，比较优势理论是关于现有的既定条件下的国际分工理论，其贸易利益是一种静态的利益。然而，这种利益是否符合一个国家的长期利益呢？比较优势理论没有对此做出应有的回答。

这个问题对于发展中国家来说具有重大的现实意义。发展中国家成本比较低的商品，往往是技术比较落后的、大量使用劳动力生产出来的商品，或者主要是耗费大量资源生产出来的商品，即劳动密集型或资源密集型产品。出口这类商品虽然在经济上是有利的，但通常会遇到两个非常突出的矛盾：一是需求有限，价格偏低；二是会造成生产国的产业结构滞后，对国民经济的长远发展不利。简单地按照比较优势理论行事，发展中国家面临的困境恐怕会日益严重，这是比较优势理论受批评最多的地方。因此，将比较成本理论动态化是国际贸易问题研究中人们一直在努力的课题之一。

第三节　比较优势理论的现代分析

本节我们将放宽李嘉图模型中机会成本固定的假设，分析机会成本递增情况下一国在贸易发生前的均衡状态。通过对一国孤立均衡的研究来揭示该国的比较优势和比较优势所决定的贸易基础，并进一步讨论可能的贸易模式和贸易所得。然后将进一步讨论一种特殊的情形，即当两国除了偏好不同以外其他情况完全一样时有没有可能发生贸易。最后，我们将通过局部均衡分析和一般均衡分析来研究国际均衡价格的确定，在分析过程中将引入一种全新的分析工具——提供曲线。

一、机会成本递增条件下的生产可能性曲线

（一）生产可能性曲线的形状

在以上所讨论的模型中，一直假定机会成本是不变的。然而现实情况是，随着某一

种产品产量的增加,每多生产 1 单位该产品所要承担的机会成本是递增的。这是因为在同一种商品的生产过程中同一种要素的质量是不断变化的。比如,当 X 商品的产量相对较少时,投入 X 生产中的要素是效率最高、最适合生产 X 的要素,此时增加 1 单位 X 的生产要求从 Y 的生产中转移出的要素相对较少。当 X 的产量已经很大时,最适合生产 X 的要素已经被用完,这时将不得不开始使用效率相对较低且不太适合的要素生产 X,这要求更多要素从 Y 的生产转向 X 的生产。因此,随着 X 的产量增加,每增加 1 单位 X 的生产要求放弃的 Y 就会增加。另一方面,当 X 的产量相对较小,Y 的产量相对较大时,在 Y 的生产上一定使用了效率相对较低且不太适合的要素,这时要素的转移对 Y 产量的影响较小。而当 Y 的产量较小时,用来生产 Y 的要素是效率较高且比较适合该商品生产的要素,这时要素转移对产量的影响较大。这就表明,当生产越来越多的 X 时,每增加 1 单位 X 的生产所要放弃的 Y 会越来越多。递增的机会成本反映在以 X 的产量为横轴,以 Y 产量为纵轴的坐标平面上就是一条凹向原点的生产可能性曲线。

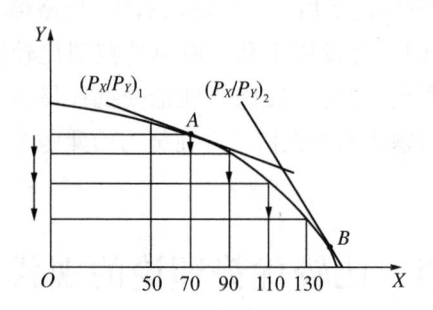

(二) 生产可能性曲线的基本特征

在上一节,我们已经了解生产可能性曲线切线斜率的绝对值就等于生产 X 的机会成本,那么,凹向原点的生产可能性曲线就表明生产 X 的机会成本是递增的。如图 2.3.1 所示,在一国凹向原点的生产可能性曲线上从点 A 到点 B 的移动过程中,随着 X 商品的产量增加,切线的斜率越来越大,同时,每增加 1 单位 X 商品的生产所放弃的 Y 商品的数量也不断增加。

图 2.3.1 生产可能性曲线

基于所有市场都是完全竞争的这一假设,可知厂商的利润为零,从而商品的价格都等于生产成本,故生产 X 的机会成本等于 X 与 Y 的相对价格 (P_X/P_Y),且等于生产可能性曲线切线斜率的绝对值。

二、社会无差异曲线

社会无差异曲线,也叫消费无差异曲线,表示可以使一个社会或国家产生同等满足的两种商品的各种消费组合。不同的国家因为需求偏好不同,它们社会无差异曲线的形状也不同。同一个国家内部不同的社会无差异曲线之间互不相交。但是如果将不同国家的无差异曲线放在同一个坐标系内,那么,两国不同的无差异曲线是可能相交的。

图 2.3.2 给出了 A 国的三条无差异曲线。曲线Ⅲ位置最高,它代表了最高的满足程度,曲线Ⅱ次之,曲线Ⅰ在三条无差异曲线中离原点最近,代表的满足程度最低。观察这组无差异曲线上的各点可知,A 国在 N 点和 A 点得到了同等的满足,因为这两点都在同一条无差异曲线Ⅰ上。T 点和 H 点代表更高的满足水平,因为这两点都落在更高的无差异曲线Ⅱ上。

值得注意的是,图中的社会无差异曲线向下倾斜且凸向原点,斜率为负。社会无差异曲线向下倾斜是因为如果这个国家要获得相同的满足水平(即保持在同一条无差异曲线上),那么在消费更多的 X 的同时,就必须减少 Y 的消费。所以,随着 A 国在无差异曲线上的消费点从 N 往右向 A 移动,它就不得不消费更少的 Y。

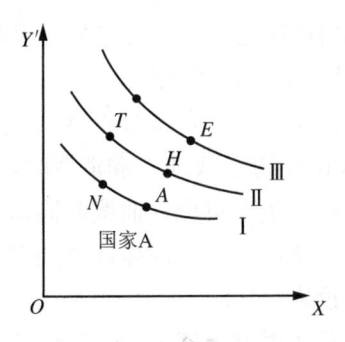

图 2.3.2 社会无差异曲线

一国为保持在原来的社会无差异曲线上,增加 1 单位 X 的消费而必须放弃的 Y 的数量就是 X 对 Y 的边际替代率(marginal rate of substitution,MRS)。随着消费组合中 X 数量的增加,X 对 Y 的边际替代率不断递减。这是因为当一个国家消费的 X 商品越多,其所能消费的 Y 商品就越少,那么,多消费 1 单位 Y 商品的效用就会越来越大,该国为了消费 1 单位的 X 愿意放弃的 Y 就会越来越少。X 对 Y 的边际替代率等于社会无差异曲线上当前消费组合处的切线斜率的绝对值。因此,无差异曲线切线的斜率也是不断递减的,这意味着社会无差异曲线是凸向原点的。

三、一国孤立状态下的均衡

现在来讨论一国在孤立状态下(即在没有贸易的条件下),生产可能性曲线(代表了一国的供给)和社会无差异曲线(代表了一国的需求)的相互作用是怎样决定其国内均衡点或社会福利极大化的点的。

在没有贸易的情况下,如果一国的生产点达到了在资源和生产力约束下所可能达到的最高水平的无差异曲线时,该国就达到了均衡状态。此时,在均衡点社会无差异曲线与生产可能性曲线相切,两曲线共有切线的斜率就是该国国内商品的均衡相对价格。A 国和 B 国在贸易发生前的均衡状态如图 2.3.3 所示。

在没有贸易的情况下,A 国的无差异曲线与生产可能性曲线切于点 A,A 国在点 A 生产并消费,此时的两种商品的相对价格 $P_A = 1/2$。B 国的生产可能性曲线与无差异曲

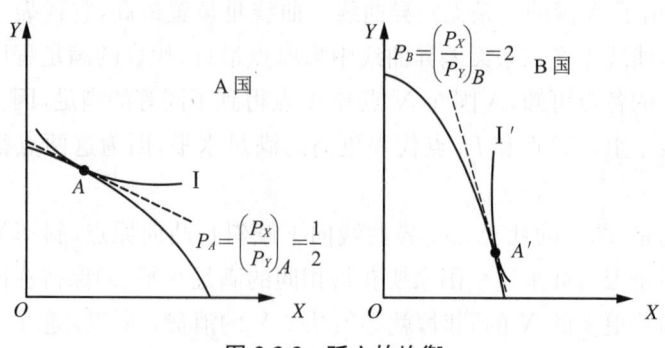

图 2.3.3 孤立的均衡

线切于点 A'，B 国在 A' 生产和消费，此时的市场均衡的相对价格 $P_B=2$。A 国在 X 商品上具备比较优势；B 国在 Y 商品具备比较优势。

如图所示，无差异曲线 I 是 A 国生产可能性曲线所能达到的最高无差异曲线。因此，在没有贸易的情况下，当 A 国在切点 A 生产和消费时，该国就处于均衡状态，并实现了国民福利最大化。无差异曲线与生产可能性曲线共同切线斜率的绝对值就是 A 国的孤立均衡相对价格，即 $P_A = P_X/P_Y = 1/2$。同样，B 国在切点 A' 实现了均衡，这时 $P_B = P_X/P_Y = 2$ 即为国内均衡相对价格。

因为社会无差异曲线凸向原点并且互不相交，因此，在生产可能性曲线上只存在唯一一个这样的切点。更低的无差异曲线上的均衡点是可能的，但没有实现社会福利的最大化。另一方面，该国在现有资源和技术条件下，也不可能达到更高的无差异曲线。

四、成本递增条件下贸易的基础

通过分析一国孤立状态下的均衡，我们发现在 A 国 X 对 Y 的相对均衡价格是 $P_A = P_X/P_Y = 1/2$，在 B 国是 $P_B = P_X/P_Y = 2$。两国商品相对价格的差异反映了它们各自所具备的比较优势，形成了国际贸易的基础。与 B 国相比，A 国的 X 商品相对更便宜，从而具有比较优势；与 A 国相比，B 国的 Y 商品相对更便宜，从而 B 国在 Y 商品上具有比较优势。

在没有贸易的情况下，A 国和 B 国国内 X 对 Y 的相对价格的差异构成了两国贸易的基础。在开放贸易后，各国将增加生产并出口本国具有比较优势的产品。如图 2.3.4 所示，A 国将沿生产可能性曲线从点 A 向右移动，B 国从点 A' 向左移动。贸易使得两国国内价格趋于一致。当最终价格确定在 $P_{A'} = P_{B'} = 1$ 时，A 国在点 B 生产，B 国在点 B' 生产，两国消费者分别在点 E 和点 E' 消费。这时 A 国出口 X 商品的数量 CB 正好等于 B 国进口 X 商品的数量 $C'E'$。A 国进口 Y 商品的数量 CE 正好等于 Y 国出口 Y 商品的数量 $C'B'$。

在两国开展贸易后，A 国将出口 X 商品，B 国将出口 Y 商品。这种贸易行为将导致 A 国国内的 X 商品价格上升而 Y 商品价格下降，同时导致 B 国国内的 Y 商品价格上升而 X 商品价格下降。A 国厂商将沿着生产可能性曲线增加 X 商品的生产，减少 Y 商

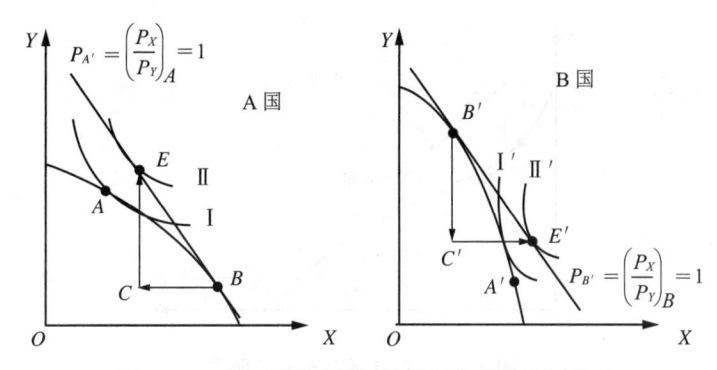

图 2.3.4 成本递增条件下的贸易基础和贸易利益

的生产;B 国厂商将增加 Y 商品的生产,并减少 X 商品的生产。

最终,A 国将专业化生产 X 商品,B 国将专业化生产 Y 商品,这种分工直到两国相对价格相等时才会停止。当最终的相对价格确定在 $P_{A'}=P_{B'}=1$ 时,A 国厂商在点 B 生产并达到均衡,此时 A 国生产了更多的 X 商品,而减少了 Y 商品的生产。B 国的生产组合从原来的点 A' 转向点 B',该国在贸易后生产了更多具备比较优势的 Y 商品,而减少了不具备比较优势商品 X 的生产。

在贸易前,如图 2.3.4 所示,A 国在生产可能性曲线上的 A 点生产和消费,达到的社会福利水平为无差异曲线 I 所代表的水平,开展国际贸易后 A 国在 B 点生产。因为存在贸易,A 国可以用在点 B 上所生产出来的产品组合以 $P_{A'}=1$ 的价格与 B 国交换,因此它可以在通过点 B 的斜率为 1 的切线上消费。该切线可以达到更高的无差异曲线 II,这时它与无差异曲线的切点为 E,即消费者将在点 E 消费,此时消费效应高于贸易之前。

可见,贸易使得 A 国可以在生产可能性边界以外的区域消费,并获得更高的效用水平。从无差异曲线 I 到无差异曲线 II 所表示的福利增加,即为 A 国所获得的贸易利益。同样,B 国一开始在点 A' 上生产消费,贸易后在点 B' 生产,并可以在点 E' 消费。从无差异曲线 I' 到无差异曲线 II' 的移动表明,贸易后 B 国消费者也获得了更高的满足程度。因此,贸易使两国的福利水平都获得了提高。

五、交易所得和分工所得

A、B 两国所获利益实际上由两部分构成:交易所得和分工所得。交易所得指的是贸易后由于商品的相对价格发生变化所引起的消费量的增加。分工所得是因专业化生产引起的消费量的增加,它等于贸易的总利益减去交易所得。

我们以 A 国为例,如图 2.3.5,当价格发生变化后,假定 A 国仍然在 A 点生产。因为可以在国际市场上以 $P'_A = P'_B = 1$ 的价格从国际市场上交换产品,所以 A 国可以在通过 A 点的斜率绝对值为 1 的线上消费,这时可能达到的最高社会无差异曲线为曲线 II,二者相切于 T 点。A 点到 T 点所代表的社会福利的变化即为交易所得。实际上,当价格发生变化后均衡的产出点移动到了 B 点。A 国在 B 点上生产,A 国可以在通过 B 点的

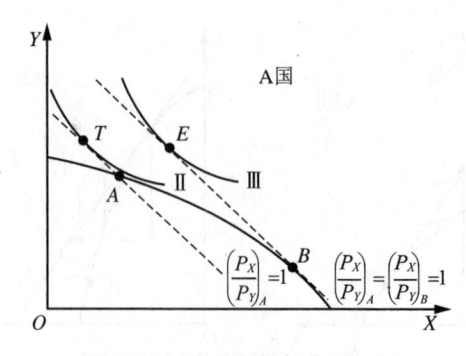

图 2.3.5 交易所得与分工所得

切线上消费,这时生产可能性曲线可以达到的最高无差异曲线为曲线Ⅲ,二者切于 E 点。扣除了由于价格变动引起的变化后,从 T 点到 E 点即为分工所得,消费者福利从无差异曲线Ⅱ增加到无差异曲线Ⅲ。

六、基于不同偏好的贸易

在图 2.3.4 中,由于 A、B 两国的生产可能性曲线和社会无差异曲线都不同,造成了在贸易前两国商品相对价格的差异。这种差异形成了两国各自的比较优势,也就是说,比较优势的产生是由于生产和消费两方面的原因。

然而,在成本递增的情况下,即使两国在生产方面完全一致(生产可能性曲线完全相同),只要消费者的消费偏好存在差异,两国也能形成各自的比较优势,并通过国际分工和贸易获益。

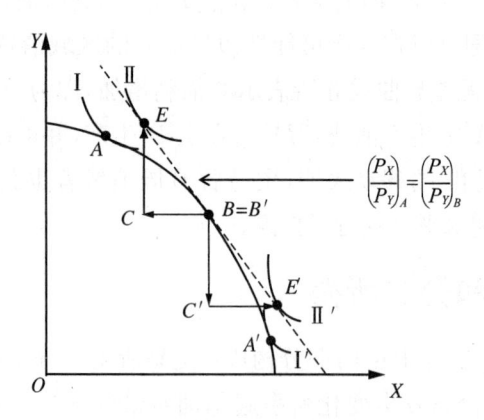

图 2.3.6 基于不同偏好的贸易

我们可以图 2.3.6 来说明基于不同偏好的贸易。由于两国在生产方面不存在差异,可以用同一条生产可能性曲线来表示两国的生产情况。在图中,由于两国的消费偏好存在差异,在没有贸易的情况下,A 国在 A 点达到均衡,此时商品的相对价格为 P_A;B 国在点 A' 达到均衡,均衡相对价格为 P_B。开展贸易前,A 国 X 商品的价格较低,A 国在 X 商品上具有比较优势;B 国在 Y 商品上价格较低,B 国在 Y 商品的生产上具有比较优势。

随着贸易的展开,A 国将增加 X 商品的生产,减少 Y 商品的生产,即沿着生产可能性曲线向下移动。B 国将增加 Y 商品的生产,减少 X 商品的生产,即沿着生产可能性曲线向上移动。当两国的相对价格相等时,两国的贸易达到平衡。此时 A 国在 B 点生产,E 点消费;B 国在 B' 点生产,在 E' 点消费。因为两国生产可能性曲线相同,又有相同的相对价格,两国的生产点 B 点和 B' 点重合。这时 A 国出口 X 商品的数量 BC 正好等于 B 国进口 X 商品的数量 $C'E'$,B 国出口 Y 商品的数量 $B'C'$ 正好等于 A 国进口 Y 商品的数量 CE。贸易后两国的福利都增加,A 国从无差异曲线 Ⅰ 上升到无差异曲线 Ⅱ,B 国从无差异曲线 $Ⅰ'$ 上升到无差异曲线 $Ⅱ'$。因此,即使两国生产方面不存在任何差异,只要消费方面存在差异,互利贸易也可以展开。

七、贸易利益的分配——国际价格的确定

(一)国际价格与贸易利益

在前面的分析中我们假定一个贸易的最终相对价格,但回避了如何得到该价格的问题,而相对价格最终会关系到两国贸易利益的大小。如在表 2.2.1 的模型中,当国际市场相对价格 $P_X/P_Y=1$ 时,A 国每多生产 1 单位 X 商品通过国际交换可以获得额外的 0.5 单位 Y;B 国每多生产 1 单位 Y 通过国际交换可以多获得 0.5 单位 X。现在假设 X 商品价格有所上升或者 Y 商品价格有所下降,两种商品的相对价格变为 $P'_A=P'_B=1.2$ 时,A 国出口 1 单位 X 可以换 1.2 单位 Y,每多生产 1 单位 X 就可以获得额外的 0.7 单位 Y,贸易利益增加。而此时,B 国每多生产 1 单位 Y 用于出口只能换到 0.83 单位 X,净收益只有 0.33 单位 X,贸易利益减少。这就表明,当国际市场价格发生变化时,必然引起国际贸易的利益在贸易伙伴国间重新分配。一国贸易利益增加的同时,必然引起另一国的贸易利益减少。从贸易利益的分配视角来说,在生产确定情况下,国际贸易不再是一种双赢的博弈,而是一种零和博弈。国际价格的高低将决定各国从贸易中获得利益的大小。下面我们将从局部均衡和一般均衡两个角度来分析国际均衡相对价格的确定。

(二)国际价格的局部均衡分析

在图 2.3.7 中,左图、中图和右图分别为 A 国、国际市场和 B 国 X 商品的供给和需求情况。在 A 国的 X 商品市场上,没有发生贸易时,A 国将在 A 点组织生产和消费,这时的均衡价格为 0.5 元。在 B 国的 X 商品市场上,没有贸易的情况下,B 国将在 B 点组织生产和消费,这时的均衡价格为 1.5 元。当两国贸易后,因为 A 国 X 商品的价格相对较低,所以 A 国在 X 商品上具有比较优势,A 国应该出口 X 商品,B 国应进口 X 商品。当价格高过 0.5 元时,A 国供给大于需求,其差额构成了 X 商品在国际市场上的供给量。将该价格以上供给量反映在 X 商品国际市场的价格与数量的平面上,得到 X 商品在国际市场的供给曲线 S_X。当价格低于 1.5 元时,B 国对 X 商品的需求量大于其国内供给量,其差额最终构成了 X 商品在国际市场上的需求曲线 D_X。此时,在国际市场上供给曲线 S_X 与需求曲线 D_X 的交点即为国际市场的均衡点,X 商品相对价格为 $P_A=P_B=$

1,为国际市场的均衡价格,A国出口X商品的数量正好等于B国进口的数量。

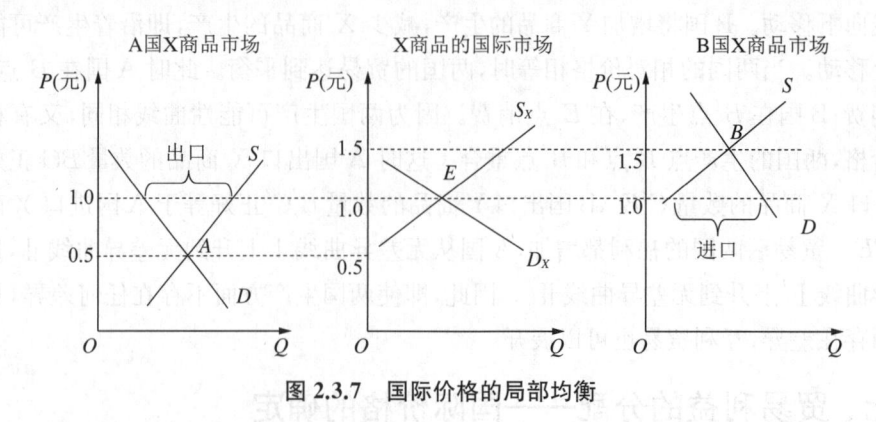

图 2.3.7 国际价格的局部均衡

(三)国际价格的一般均衡分析

前面我们仅从一种商品的供给和需求情况分析了国际价格的形成,但这种分析还很不全面,因为一种商品的价格形成还受到其他商品价格的影响。这就需要用一般均衡的方法分析国际价格的形成。

1. 提供曲线

提供曲线是由两名英国经济学家阿尔弗雷德·马歇尔(Alfred Marshall)、伊西德罗·埃奇沃思(Ysidro Edgeworth)于20世纪初共同提出的。

提供曲线(offer curves)也称相互需求曲线(reciprocal demand curves),反映一国为进口需要的某一产品而愿意出口另一商品的数量。从另一个角度看,提供曲线也反映了在不同价格水平下一国愿意进口和出口的商品数量。

2. 提供曲线的形状

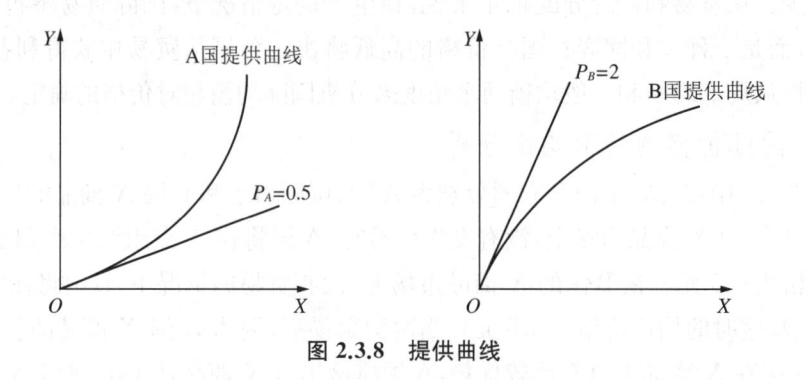

图 2.3.8 提供曲线

如图2.3.8所示,如果把A国和B国在不同价格下愿意出口和进口数量反映在两种商品数量的平面上,就得到了两国的提供曲线。曲线上的每一点和原点连线的斜率就表示了不同的相对价格水平。左图中,A国的提供曲线是向右上方倾斜的不断递增的曲线,这表示,随着A国出口X商品的数量增加,每增加一个单位X商品的出口要求换回Y商品的数量不断增加。右图中,B国提供曲线是递减地增加,这表示随着B国出口Y

商品的数量增加，B国每多出口一个单位的 Y 商品，要求换回 X 商品的数量不断增加。A、B 两国都是随着出口数量的增加要求换回更多的进口商品，这是由于当一国出口商品的数量增加，该国存有的出口品数量减少，再增加一个单位的出口，消费者损失的满意程度增加，所以要求换回更多的进口商品。另一方面，随着进口数量增加，消费者从每多进口一个单位的进口品中所获得满意程度不断减少，这也使得该国要求换回更多的进口商品。

另外需要注意的是，A 国的提供曲线在其国内交换线的上方，这表示 A 国只有在 $P_X/P_Y>0.5$ 的情况下才愿意出口 X 商品。该国交换线上方的每一点所代表的 1 单位 X 换回 Y 的数量大于 0.5 单位 Y，即两种商品的相对价格大于 0.5。B 国的提供曲线在其国内交换线的下方，在 B 国国内交换线下方的每一点都表示了两种商品的相对价格都要小于 2，这表示 B 国只有在 $P_X/P_Y<2$ 的情况下才愿意出口 Y 商品。

3. 提供曲线的推导

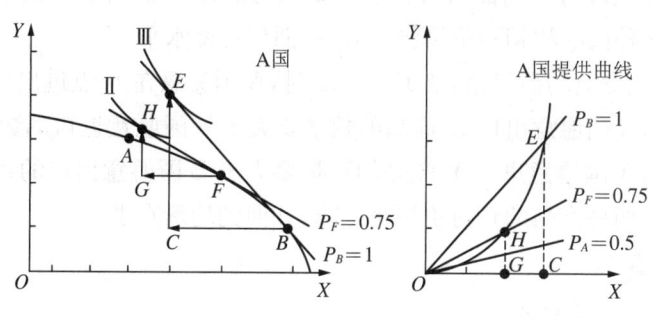

图 2.3.9　提供曲线的推导

我们可以通过一国的生产可能性曲线、无差异曲线以及可能的相对价格推导出该国的提供曲线。以 A 国为例，如图 2.3.9，起初 A 国在 A 点生产消费，贸易后商品相对价格变化 $P_F=P_X/P_Y=0.75$，A 国将在 F 点生产，H 点消费。这时，A 国出口 FG 数量的 X 商品，进口 GH 数量的 Y 商品，我们把这种数量关系反映在右面的图上得到 H 点。当发生进一步贸易后，价格变为 $P_B=P_X/P_Y=1$ 时，A 国在 B 点生产，E 点消费。这时 A 国出口了 BC 数量的 X 商品，进口 CE 数量的 Y 商品，同样我们也可把这种进出口商品数量反映在右图上，我们得到 E 点。只要在左图中找到不同可能贸易价格下 A 国进出口商品数量的关系，并反映在右图上就能得到完整的 A 国的提供曲线。同样的方法可以得到 B 国的提供曲线。

4. 均衡价格的形成

将两国的提供曲线反映在同一张图上，就可以得到均衡的价格和贸易数量。当两国的提供曲线相交时，交点所代表的价格即为均衡价格。此时，两国的贸易达到平衡，除了该点以外的任何一点两国的贸易都不能达到平衡。

如图 2.3.10 所示，A、B 两国的提供曲线最终交于 E 点，这时均衡的价格水平为 $P_E=P_X/P_Y=1$，在 E 点上两国的贸易达到平衡。当价格偏离均衡的价格时，如 $P_D=0.8$

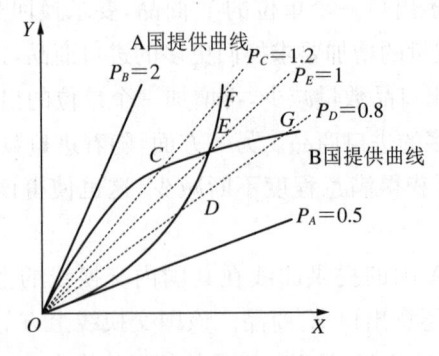

图 2.3.10 国际价格的一般均衡

时,A 国愿意在 D 点进出口,B 国愿意在 G 点进出口。从 X 商品来看,在 D 点上 A 国愿意出口 X 商品的数量要小于 B 国愿意进口 X 商品的数量,X 商品价格将上升。从 Y 商品来看,A 国愿意进口的 Y 商品数量要小于 B 国愿意出口 Y 商品的数量,Y 商品的价格将下降。最终,两种商品的相对价格将上升,并回到均衡水平。

如果价格向上偏离均衡价格,如 $P_C=1.2$ 时,A 国愿意在 F 点进出口,B 国愿意在 C 点进出口。这时,A 国愿意出口 X 商品的数量要大于 B 国愿意进口的数量,X 商品的价格将下降。同时,A 国愿意进口 Y 商品的数量要大于 B 国愿意出口的数量,Y 商品的价格将上升。最终,两种商品的相对价格将下降,并回到均衡水平。

(四) 贸易条件

1. 贸易条件与贸易利益

前面我们讨论了国际价格的形成,国际价格关系到参与贸易的国家从贸易中获得利益的大小。所谓贸易条件是一个国家以出口交换进口的条件,即两国进行贸易时商品的交换比率。我们可以用价格来表示贸易条件,这种贸易条件就是一国所有出口商品价格与所有进口商品价格的比率。当比率上升时,意味着出口同样多的商品可以换回更多的进口商品,这个国家的贸易条件改善了,该国在贸易中可以获得更多的贸易利益。反之,则这个国家的贸易条件恶化,该国在贸易中获得的贸易利益减少。由于现实生活中参与国际交换的商品种类很多,且价格水平也在不断变化,因此,这种贸易条件通常用出口商品价格指数与进口商品价格指数之比,即贸易条件指数来表示。

2. 贸易条件指数的种类

(1) 商品贸易条件指数

商品贸易条件指数,又称价格贸易条件指数或纯贸易条件指数,是一定时期内一国出口商品价格指数与进口商品价格指数之比。它表示一国每出口一单位商品可以获得多少单位的进口商品。以 P_X 表示出口商品价格指数,P_M 表示进口商品价格指数,则商品贸易条件指数 T 为:

$$T=(P_X/P_M)\times 100$$

如果商品贸易条件指数大于 100,表明同等数量的出口商品换回了比基期更多的进口商品,贸易条件得到改善;如果商品贸易条件指数小于100,则表明贸易条件恶化。需要注意的是,在现实经济生活中,一国的进出口商品结构有时会发生较大的变动,比如以前进口的商品现在转变为出口,就可能对商品贸易条件产生很大影响。因此,这种指数的有效性只限于不发生结构变动的一定时期内。还需注意的是,当一国出口商品的生产效率提高引起出口商品价格下降,贸易条件指数下降,这也不能表示这个国家贸易条件恶化,反而这个国家的贸易条件在改善,因为随着生产效率的提高可以用更少的劳动换回比以前更多的进口品。

(2) 要素贸易条件指数

将商品贸易条件与要素生产率结合起来考察,可以得到要素贸易条件指数。如果只是考察贸易条件与一国出口商品生产部门要素生产率的关系,那就是分析单要素贸易条件状况;如果同时考察进出口商品生产部门要素生产率对贸易条件的影响,那就是分析双要素贸易条件状况。

单要素贸易条件指数是一定时期内一国出口商品生产部门要素生产率指数与同期商品贸易条件指数的乘积。以 Z_X 代表一国出口商品生产部门要素生产率指数,则单要素贸易条件指数 S 为:

$$S = (P_X/P_M) \times Z_X \times 100$$

单要素贸易条件指数体现了该国出口商品中每单位国内生产要素所得到的进口商品数量的变化。当该指数上升时,表示单位国内生产要素所得到的进口商品数量增加,反之则减少。

而双要素贸易条件指数不仅考虑了出口生产要素生产效率,还考虑了其他国家在生产本国进口品的要素生产效率。双要素贸易条件指数 D 为:

$$D = (P_X/P_M)(Z_X/Z_M) \times 100$$

其中,Z_M 代表进口商品要素生产率指数。当指数 D 上升时,表示国内每单位生产要素换回他国的生产要素增多,该国贸易条件改善,反之则恶化。这反映了进出口国的贸易竞争,实质上是劳动生产率的竞争这一现实。劳动生产率水平的高低是决定一国商品国际竞争力的关键,也是影响一国分享贸易利益多少的主要因素。

(3) 收入贸易条件指数

收入贸易条件指数表示一国利用出口所得到的支付进口的能力。以 Q_X 代表出口数量指数,则收入贸易条件指数 J 的计算公式为:

$$J = (P_X/P_M)Q_X \times 100$$

其中,Q_X 代表出口数量指数。当该指数上升时,表示该国对外支付能力的增强,可以购买更多的进口商品,收入贸易条件改善。反之,表示对外支付能力变弱,收入贸易条件恶化。

基本概念

绝对优势(absolute advantage)
比较优势(comparative advantage)
社会无差异曲线(community indifference curve)
分工所得(gains from specialization)
交易所得(gains from exchange)
提供曲线(offer curves)
贸易条件(terms of trade)

复习思考题

一、论述题

1. 比较优势理论在哪些方面优于绝对优势理论？
2. 比较优势原理的例外是什么？普遍性如何？
3. 一国机会成本与生产可能性曲线之间的关系如何？比较在固定成本和机会成本递增下，生产可能性曲线的形状。
4. 为什么在机会成本递增条件下会出现不完全分工？固定成本下和递增成本下得出的结论有什么区别？

二、作图题

1. 孤立均衡的相对商品价格表示什么？在各个国家这个相对价格是如何确定的？
2. 什么是交易所得？什么是分工所得？作图分析。
3. 用成本递增条件下的生产可能性曲线和无差异曲线，作图分析比较优势的贸易基础和贸易利益。
4. 用图2.3.9的方法推导B国的提供曲线。

三、计算题

生产每单位X需投入$2L,6K$；生产每单位Y需投入$4L,2K$。开展国际贸易前，A国每单位劳动价格为100元，每单位资本价格20元；B国每单位劳动价格为60美元，每单位资本价格20美元。用比较优势理论分析两国将如何分工。

第三章

新古典贸易理论

本章学习重点
1. 要素禀赋理论
2. 要素价格均等理论
3. 新要素理论
4. 里昂惕夫之谜

通过前面的学习我们已经了解到,绝对优势理论证明了两国间分工与贸易具有互利性,比较优势理论证明了两国间的分工与贸易具有普遍存在性,那么,这种广泛存在的比较优势又是如何产生的呢?在李嘉图的比较优势模型中假设劳动是唯一的生产要素,这就暗示各国在各种产品生产中劳动生产率的差异是产生比较优势的唯一原因。这与国际经济发展现实并不相符,例如日本从中国大量进口木材,这并不是因为中国工人生产木材的相对效率比日本工人高,而是因为日本国土狭小,林业资源相对中国来说更加稀缺。因此,想要更合理地解释国际贸易的基础,还必须引入更多的生产要素来解释比较优势的来源。

本章将所有生产要素都简化为劳动力和资本两种基本形态,分析不同国家所拥有要素的相对优势对国际间分工与贸易格局的影响。然后再讨论国际分工与贸易是如何反过来影响不同生产要素的收入。

瑞典经济学家伊莱·赫克歇尔和他的学生伯尔蒂·俄林在20世纪初首先研究了不同国家间资源的相对差异和国际分工与贸易的关系,形成了国际贸易领域内的重要理论——要素禀赋理论,这一理论也被称为赫克歇尔—俄林(H-O)理论。

第一节 基本概念

一、要素密集度

要素密集度(factor-intensity)指在生产某种产品的过程中所需投入的生产要素的组

合或比例,这是一个相对的概念,与所使用的生产要素的绝对量无关。在衡量一种产品的要素密集度时,重要的是一单位要素所需要匹配的另一种要素的量,而不是生产这种产品所需的两种要素绝对数量。

无论要素的相对价格如何变动,如果在一种产品 X 的生产中两个国家所使用的劳动对资本的比率都大于生产另一种产品 Y 时所使用的劳动对资本的比率,那么就称 X 产品为劳动密集型产品,而另一种产品 Y 就是资本密集型产品。

例如,在生产个人电脑过程中,投入的资本与劳动力比率 K/L 大于粮食生产中 K/L 的比率,个人电脑就是资本密集型产品,粮食就是劳动密集型产品。需要注意的是在生产个人电脑的过程中,每单位劳动所匹配的资本大于生产粮食的过程中每单位劳动匹配的资本,而不是生产个人电脑所需资本的绝对数量大于生产粮食时所需资本的绝对数量。

我们可以用 w 代表劳动的价格——工资,r 代表资本的价格——利率,那么劳动相对于资本的价格就是 w/r,同样道理,资本的相对价格就是 r/w。用 X 代表粮食,Y 代表个人电脑,K/L 代表生产过程中所使用的资本—劳动比率。如图 3.1.1 所示,我们可以看到在任意的 w/r 下,$(K/L)_X < (K/L)_Y$,也就是说给定任意的要素相对价格,在生产个人电脑过程中所投入的资本对劳动比率都比生产粮食时要高。在这种情况下,我们说个人电脑是资本密集型的产品,粮食是劳动密集型的产品。另外,当 w/r 升高,即劳动的相对价格上涨时,生产产品 X 和产品 Y 的 K/L 都随之上升,也就是说,在生产每一单位产品时都比之前使用了更多的资本,更少的劳动。这是因为当一种要素变得更加昂贵时,追求利润最大化的厂商自然会寻求用另一种生产要素来替代这种要素。

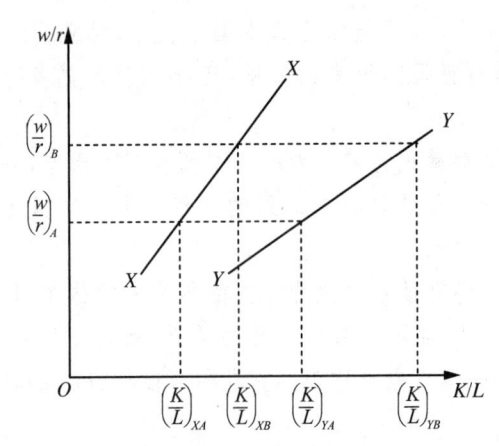

图 3.1.1 在任意的相对要素价格下,生产 X 商品所使用的资本—劳动比率始终小于 Y 商品

现在我们可以定义 $(w/r)_A$ 为 A 国国内劳动对资本的相对价格,$(w/r)_B$ 为 B 国国内劳动对资本的相对价格。A 国生产每单位 X 产品和 Y 产品时所用的资本对劳动比率分别为 $(K/L)_{XA}$、$(K/L)_{YA}$,B 国生产每单位 X 产品和 Y 产品时所用的资本对劳动比率分别为 $(K/L)_{XB}$、$(K/L)_{YB}$。

从上述的分析我们已经知道,国内资本相对价格更便宜的 B 国在生产两种产品时,资本与劳动投入都比 A 国高。可是为什么 B 国资本的相对价格会比 A 国便宜呢?当了解要素丰裕度的概念后,我们将会知道 B 国的初始要素禀赋条件和对要素的需求共同决定了 B 国要素的相对价格。

二、要素丰裕度

要素丰裕度(factor abundance)又称要素禀赋,是用来衡量一国所拥有资源情况,即该国要素禀赋水平的指标。需要注意的是,要素丰裕度也是一国与另一国要素禀赋水平比较的相对概念,而不是指各国所拥有要素的绝对数量。要素丰裕度可以用要素实际数量和要素的价格两种方法来定义。

在第一种方法中,如果一个国家 A 可用总资本(K)和可用总劳动数量(L)的比率$(K/L)_A$ 大于另一国家 B 的这一比率,那么就称国家 A 为资本丰裕型的国家。由于此时另一国家 B 可用劳动总量和可用资本总量的比率必然大于国家 A 的这一比率,因此,另一国家 B 必然是劳动丰裕型的国家。实际上,在只有两个国家、两种生产要素的情况下,当其中一个国家是资本丰裕型国家时,另一个国家就必然是劳动丰裕型国家,反之也成立。

必须再次强调的是,当我们说一个国家资本丰裕、另一个国家劳动丰裕时,这只能说明这个国家所拥有的资本对劳动的比率大于另一个国家,而不能说明这个国家可用的资本的绝对实物数量大于另一个国家,即使一个国家可用资本的绝对实物数量小于另一个国家,它仍有可能是资本丰裕的。

例如,以 K 代表资本,L 代表劳动,若 A 国拥有 60 个 K 和 50 个 L,而 B 国拥有 100 个 K 和 40 个 L,虽然 A 国拥有劳动的绝对数量 50 个 L 大于 B 国所拥有的 40 个 L,但是我们不能由此而立即断定 A 国是劳动丰裕型的,B 国是资本丰裕型的,而要对两国 K/L 的值进行比较。由于 A 国 K/L 的值为 1.2,小于 B 国 K/L 的值 2.5,所以可以说,B 国是资本丰裕型的国家,而 A 国是劳动丰裕型的国家。

在第二种方法中,如果 A 国国内资本的价格(利率 r)和劳动的价格(工资 w)之间的比率小于 B 国国内的这一比率,则 A 国就是资本丰裕型的。同样,对要素丰裕度的价格定义只涉及两国要素相对价格水平的比较,即使一国国内的利率大于另一国,它仍有可能是资本丰裕型的。

例如,设 A 国国内资本的利率 r 为 5 美元,劳动的价格 w 为 4 美元,B 国国内利率 r 为 6 美元,工资 w 为 12 美元,虽然 A 国资本的绝对价格 5 美元小于 B 国的资本价格 6 美元,但不能据此判断 A 国是资本丰裕型的,B 国是劳动丰裕型的,而应该比较两国要素国内相对价格的大小。在这个例子中,由于 A 国 $w/r=0.8$,B 国 $w/r=2$,$(w/r)_A < (w/r)_B$,所以劳动力相对便宜的 A 国是劳动丰裕型国家,而资本相对便宜的 B 国是资本丰裕型国家,即 $(r/w)_A > (r/w)_B$。

虽然这两种方法都可以用来对一国的要素丰裕度做出定义,但二者还是有区别的。实物定义只考虑了一国可提供的要素相对数量的多少,并没有考虑对要素的需求;而价格定义则同时反映了需求和供给两方面的情况。

我们可以想象这样一种情况：A国可利用的劳动和资本之比大于B国，根据实物定义，我们可以认为A国是劳动丰裕型国家，但如果A国国民对劳动密集型产品的偏好远远强于B国国民对这一产品的偏好，这将导致A国对于劳动的派生需求远远大于B国的这一需求，这样A国国内劳动的相对价格就很可能高于B国劳动的相对价格。根据价格定义，A国又变成了资本丰裕型的国家，B国相应变成劳动丰裕型的国家。可以看到，在这种情形下，两种定义方法出现了矛盾，但在正常市场供求关系下，两者是一致的。

由于赫克歇尔—俄林理论以两国的需求偏好相同为理论假设，所以无论用哪种方法定义都可以得出相同的结论，即资本和劳动数量的相对比值更大的国家，其国内劳动和资本价格的比率一定也比另一国更小。

三、要素禀赋理论

要素禀赋理论，也称 H-O 理论，主要是考察各国要素禀赋的差异对国际贸易模式的影响。这一理论认为，一国应当出口在生产过程中密集使用其相对丰裕和廉价生产要素的产品，进口在生产过程中密集使用其相对稀缺和昂贵生产要素的产品。

运用要素密集度和要素丰裕度的概念，我们可将要素禀赋理论概括为：劳动丰裕型国家应当出口劳动密集型产品，进口资本密集型产品；资本丰裕的国家应当出口资本密集型产品，进口劳动密集型产品。

第二节 要素禀赋理论及其证明

一、要素禀赋理论的一般均衡框架

要素禀赋理论（factor-endowment theory）强调国家间的要素禀赋条件是导致国与国之间产品相对价格差异原因之一。要素禀赋理论所描述的要素禀赋差异最终决定贸易模式的过程可以用以下框架（图3.2.1）进行说明。

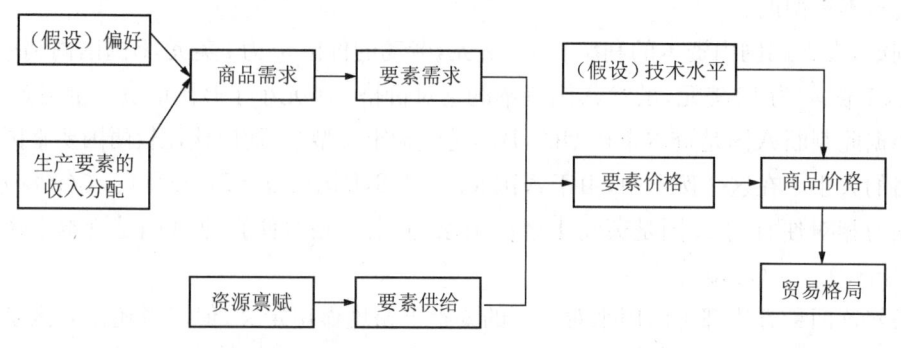

图 3.2.1　要素禀赋差异决定贸易模式的过程图

从逻辑框架可以发现,作为一国比较优势体现的产品相对价格决定于要素价格和生产技术,若假定生产技术相同,则要素价格成为商品价格的决定因素。而要素的价格取决于要素的市场需求和供给,其中,对要素的需求是对产品最终需求的派生需求,对产品的最终需求决定于社会对产品的需求偏好和生产要素的收入分配情况。若假定需求偏好相同,则要素的市场供给就成为决定要素价格的因素,而要素供给则体现了一国的资源禀赋状况,所以,要素禀赋理论就是分析不同国家的要素供给如何决定国家间的分工与贸易的。

实际上,上述分析过程也可以简化为:在给定相同的产品外部需求偏好和生产技术条件下,不同国家在资源相对丰裕度上的差异决定了产品的相对价格,从而决定国家间的分工与贸易模式,这就是要素禀赋理论的核心观点。

二、要素禀赋理论的基本假设

如同任何理论一样,为了简化分析和方便掌握,要素禀赋理论做了如下一系列假设:

(1) 贸易中只有两个国家(A国与B国)、两种产品(X与Y)和两种生产要素(劳动L和资本K);

(2) 两国在产品生产中都使用相同的技术,这样两国同一产品的生产函数相同;

(3) 两国对同一产品的需求偏好相同,这样就可以用同一组无差异曲线来表示两国的消费偏好,排除了因需求偏好差异引致贸易可能;

(4) 两国在生产中均为不完全分工,也就是说,在两国进行贸易以后,两国仍然会同时生产两种产品,只是此时国内两种产品的生产比例已经发生了变化;

(5) 两国的市场都是完全竞争的,即两国的要素市场和产品市场都具有完全竞争的市场结构;

(6) 两国的资源都得到了充分的利用;

(7) 两国间的贸易是平衡的,即每一国的进口总额都刚好等于其出口总额,不存在贸易逆差或顺差;

(8) 生产要素在一国国内各部门间可以自由流动,但在国与国之间不能自由流动;

(9) 没有运输成本、关税或任何其他影响国际贸易自由进行的障碍;

(10) 两国两种产品的生产都是规模报酬不变的;

(11) 不存在要素密集度逆转,即若产品X在A国是劳动密集型产品,则在B国也是劳动密集型产品,Y产品也同样。

在以上假设中,假设1和假设11都涉及两个重要的概念:要素丰裕度和要素密集度,这两个概念对于理解要素禀赋理论是十分关键的。

三、要素禀赋理论数理与解析证明

(一) 要素禀赋理论的数理证明

为了简化分析,用一个具体例子来证明该理论的正确性。假设A国和B国以相同的投入比例使用K和L两种生产要素生产X和Y两种产品。由于A、B两国的初始要素

禀赋存在着差异,这种差异将决定两国的分工。两国的具体生产要素投入比例和要素价格情况如下:

		要素投入比例		要素价格 (单位:美元)		单位产品成本 (单位:美元)
		K	L	K	L	
A 国	X 产品	1	3	5	1	8
	Y 产品	7	1			36
B 国	X 产品	1	3	1	2	7
	Y 产品	7	1			9

到目前为止,我们已经学习了比较优势理论,所以首先利用比较优势理论来判断两国的分工与贸易格局。

在 A 国生产产品 X 和 Y 的成本分别为:
$$P_X = 1 \times 5 + 3 \times 1 = 8 \quad P_Y = 7 \times 5 + 1 \times 1 = 36$$

在 A 国生产 X、Y 两种产品的相对成本为:
$$\left(\frac{P_X}{P_Y}\right)_A = \frac{8}{36} = \frac{2}{9}$$

同样,在 B 国生产两种产品的相对成本为:
$$\left(\frac{P_X}{P_Y}\right)_B = \frac{7}{9}$$

显然有:
$$\left(\frac{P_X}{P_Y}\right)_A < \left(\frac{P_X}{P_Y}\right)_B$$

根据比较优势原理,A 国应该分工生产并向 B 国出口 X 产品,同时 B 国应该生产并出口 Y 产品。

那么,根据要素禀赋理论所得出的结论是否与比较优势所得出的结论一致呢?下面进行判断。

在 A、B 两国两种要素的相对价格分别为:
$$\left(\frac{r}{w}\right)_A = 5 \quad \left(\frac{r}{w}\right)_B = \frac{1}{2}$$

显然有:
$$\left(\frac{r}{w}\right)_A > \left(\frac{r}{w}\right)_B$$

根据国家要素丰裕度的判断可知,A 国是劳动力丰裕型的国家,B 国是资本丰裕型的国家。

对于生产产品 X 来说,其要素投入比例为:
$$\left(\frac{K}{L}\right)_X = \frac{1}{3}$$

生产 Y 产品的资本与劳动投入比率为:

$$\left(\frac{K}{L}\right)_Y = 7$$

显然有：
$$\left(\frac{K}{L}\right)_X < \left(\frac{K}{L}\right)_Y$$

根据产品要素密集度的判断可知，X 是劳动密集型产品，Y 是资本密集型产品。按照要素禀赋（H-O）理论得出，劳动丰裕的 A 国应该分工生产并向 B 国出口 X 产品，同时 B 国应该分工生产并出口 Y 产品。这一结论与利用比较优势理论得到的结果一致。

（二）要素禀赋理论的解析证明

要素禀赋定理也可以比较方便地用图形来解析说明，在前面的一系列假设条件下，资本丰裕型国家的生产可能性曲线会相对偏向代表资本密集型产品的坐标轴，而劳动丰裕型国家的生产可能性曲线相对偏向代表劳动密集型产品的坐标轴。现在可以将这两条形状各异的生产可能性曲线与两个国家相同的需求偏好（可以用相同的一组无差异曲线来表示）结合起来。生产可能性曲线代表了两个国家的产品供给条件，无差异曲线代表了两国对产品的消费需求，二者相结合就可以得到两组在没有任何国际贸易发生的情况下的各国国内相对价格。

如图 3.2.2 所示，A 国的生产可能性曲线和消费无差异曲线相切于 A 点，A 点就是 A 国产品生产点和消费点，经过该点的切线斜率的绝对值可以看作 A 国 X 产品对 Y 产品的相对价格 $(P_X/P_Y)_A$。同样，B 国的生产可能性曲线和无差异曲线相切于 B 点，B 国在 B 点处组织生产，经过该点切线斜率的绝对值就等于 B 国 X 产品对 Y 产品的相对价格 $(P_X/P_Y)_B$。可以看出，A 国的切线斜率绝对值小于 B 国的切线斜率绝对值，其国内劳动密集型产品 X 的相对价格 $(P_X/P_Y)_A$ 小于 B 国国内的价格 $(P_X/P_Y)_B$，这就产生了进行

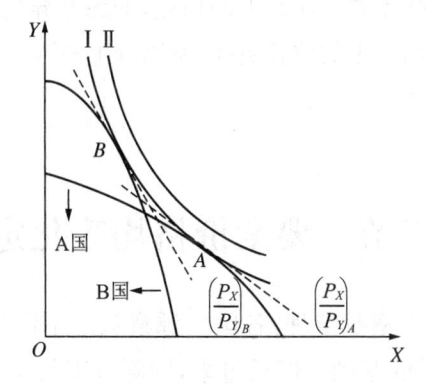

图 3.2.2　A、B 两国国内相对价格的差异提供了国际贸易的基础

国际贸易的基础。由于 $(P_X/P_Y)_A < (P_X/P_Y)_B$，即 $(P_Y/P_X)_B < (P_Y/P_X)_A$，所以 A 国在产品 X 上具有比较优势，而 B 国在产品 Y 上具有比较优势。根据比较优势理论，A 国可以分工生产 X，B 国分工生产 Y，然后 A 国用一部分 X 产品与 B 国的 Y 产品进行交换。由于发生贸易后，A 国 Y 产品的供应将增加，B 国 X 产品的供应将增加，于是在 A 国国内

Y产品的相对价格将下降,B国X产品的相对价格将下降,两国产品的国内价格将在交换的过程中逐渐趋近。这种有利于双方的贸易将一直进行至两国产品的相对价格相等时为止。由于假设世界上只有两个国家,所以此时的交换价格就是国际价格。

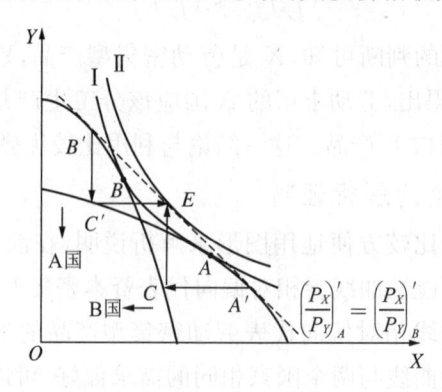

图 3.2.3　分工与贸易使两国达到更高的消费水平

图 3.2.3 说明了 A、B 两国进行国际贸易后的状况。由于我们假设发生贸易时两国的贸易是平衡的,且两国在生产中均为不完全分工,所以此时 A 国在生产相对较多的 X 产品用于国内消费和出口的同时也生产一部分 Y 产品,同样 B 国也同时生产两种产品。在图中就表现为 A 国从 A 点出发到 A′点为止,B 国从 B 点出发到 B′点为止,此时两国的生产可能性曲线和同一条相对价格线相切。A 国出口 A′C 的产品 X 与 B 国交换 B′C′ 的产品 Y。图中 A′C 代表 A 国 X 产品的出口,C′E 代表 B 国对 X 的进口,A′C=C′E；B′C′代表 B 国对 Y 的出口,CE 代表 A 国对 Y 的进口,B′C′=CE。两国的最终消费组合为与相对价格线相切的那条无差异曲线上的切点,即无差异曲线 II 上的点 E。由于无差异曲线 II 的位置比无差异曲线 I 的位置更高,所以分工和国际贸易使 A 国和 B 国的消费相对于贸易前都得到了改善。

第三节　要素价格均等化定理

根据前一节所讲的要素禀赋定理,各国资源禀赋的不同导致了商品相对价格的差异,形成了国际分工与贸易的基础。但反过来,国际分工与贸易对各国的要素价格有没有影响呢？本节将要介绍要素价格均等化定理(factor-price equalization theorem),这一定理是要素禀赋理论的重要推论之一,说明了国际分工与贸易通过影响商品的相对价格变动,进而引起各国生产要素的重新配置和价格变动,最终使得各国的要素价格相对与绝对均等。

要素价格均等化理论首先是由俄林提出的,但是由于影响市场价格的因素复杂多变和生产要素在不同部门不能充分流动等原因,他认为生产要素价格完全相同几乎是难以想象的,所以,俄林认为生产要素价格均等化只是一种趋势。1941年,斯托尔帕和萨缪尔森在他们合作完成的论文《实际工资和保护主义》中明确地将要素收益与产品价格直接联系起来,证明了要素价格均等化理论,得出了"斯托尔帕—萨缪尔森(SS)定理"。在1948年、1949年,萨缪尔森分别发表了《国际贸易和要素价格均等化》和《再论生产要素价格均等化》,在赫—俄理论的基础上进一步发展了要素价格均等化理论,所以要素价格均等化定理又被称为赫—俄—萨(H-O-S)定理。

一、要素价格与商品价格

在完全竞争假设条件下,生产要素在每一部门的报酬等于其边际产品的价值,即等于其边际产出与产品价格的乘积,在生产均衡时,生产要素在所有部门的报酬是相同的。假设商品 X 是劳动密集型产品,商品 Y 是资本密集型产品,则在均衡状态下劳动力和资本的价格分别为:

$$w_X = P_X \times MPL_X = P_Y \times MPL_Y = w_Y \quad (3.1)$$

$$r_X = P_X \times MPK_X = P_Y \times MPK_Y = r_Y \quad (3.2)$$

如果商品 X 的相对价格上升,则产品 X 生产部门资本和劳动的报酬与 Y 部门不再保持一致,于是长期内要素将从资本密集型行业 Y 向劳动密集型行业 X 流动。作为劳动密集型产品 X 需要的劳动要素相对较多,资本要素相对较少,但是从资本密集型行业释放出来的生产要素中资本要素相对较多,劳动要素相对较少,与生产 X 产品所需求的要素比例不匹配,于是,要素市场上就出现了劳动的超额需求与资本的超额供给状况,所以劳动力价格将会上涨,而资本价格将会下跌。由于劳动变得比较昂贵,资本变得相对便宜,于是各行业在生产中所使用的资本、劳动投入比例也将发生变化,将会用相对便宜的资本要素替代一部分变得相对昂贵的劳动要素。

从上述分析可以看出,商品 X 相对价格的上升会导致它所密集使用的生产要素——劳动力名义价格的上升,同时引发另外一种要素——资本的名义价格下降。但是名义价格不能说明实际价格的变化,只有将要素名义价格的变化与商品价格加以对比之后才能说明要素实际价格的变化,从式(3.1)、(3.2)可以得出实际价格表达式:

$$w/P_X = MPL_X \quad w/P_Y = MPL_Y$$

$$r/P_X = MPK_X \quad r/P_Y = MPK_Y$$

商品 X 相对价格上升使两个行业投入的资本对劳动比率上升,根据边际收益递减规律,当资本对劳动比率上升时,由于劳动相对于资本的投入减少,劳动的边际生产力 MPL 提高。同理,资本的边际生产力 MPK 降低,即商品 X 的相对价格上升后,劳动的实际价格或报酬上升,资本的实际价格或报酬下降。于是可以得出以下结论:

斯托尔帕—萨缪尔森定理(the Stolper-Samuelson theorem):某个产品相对价格上升将导致生产这一产品密集使用生产要素的实际价格或报酬增加,而另一种生产要素的实际价格或报酬下降。

斯托尔帕—萨缪尔森定理中某商品相对价格上升的原因可以是多方面的,但是从

H-O理论视角来看，则可以引出另一个重要结论：国际分工与贸易会使一国出口商品相对价格上升，从而会提高该国丰裕要素的实际收入，降低稀缺要素的实际收入。

二、要素价格均等化定理

由上述分析可以看出，A国与B国进行贸易后，A国商品X的相对价格上升，生产X所密集使用的生产要素劳动力的价格也上升，而资本的价格下降；同理，在B国，贸易后X的相对价格趋于下降，于是与A国相反，B国的资本价格上升，劳动价格下降。随着贸易的进行，两国间生产要素的价格差异会不断缩小，最终达到均等。这就是萨缪尔森在赫—俄理论基础上得出的重要结论：要素价格均等化定理，也叫赫—俄—萨（H-O-S）定理。

要素价格均等化定理（factor price equalization theorem）：国际分工与贸易会导致贸易各国同质生产要素获得相同的相对与绝对收入。

我们理解该定理时必须注意它是在H-O理论的基础上提出的，所以要素均等化定理也必须遵守H-O理论所有的假设条件。

要素价格均等化定理表明，在自由贸易条件下，参与贸易的两国不仅产品的相对价格相等，而且同质生产要素的相对价格和绝对价格都会相等。也就是说，两国工人会获得同样的工资，资本（或土地）会获得同样的利润（或地租），其间接推论是产品的国际间流动可以替代要素的国际间流动。

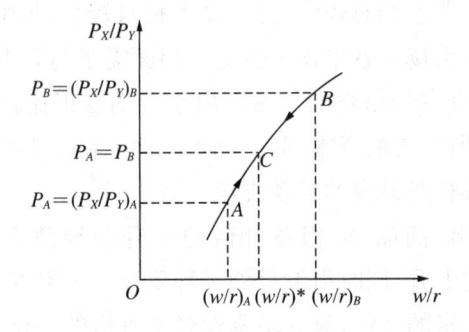

图3.3.1　贸易发生后，商品相对价格趋近，最终在C点相等，此时相对要素价格也相等

如图3.3.1所示，以A、B两国为例，在贸易之前，A国X产品的相对价格低于B国，B国Y产品的相对价格低于A国，构成了两国间贸易的基础。当两国开展贸易后，A国分工生产X产品，并减少Y产品的产量，因此，对生产X产品时密集使用的劳动力要素的相对需求就会上升，从而工资有所提高，对资本的相对需求下降，从而利息率降低。B国所发生的一切恰好与A国相反，B国分工生产Y产品，减少X产品的生产量，以至于生产Y产品密集使用的资本要素相对需求上升，使利息率提高，对劳动力要素相对需求的减少导致工资下降。因此，国际贸易提高了原本价格较低的生产要素的价格，降低了两国国内原本价格较高的生产要素的价格，缩小了同质生产要素的价格差异，为要素价格的均等提供了空间。

这个过程可以简单地用图 3.3.2 表示：

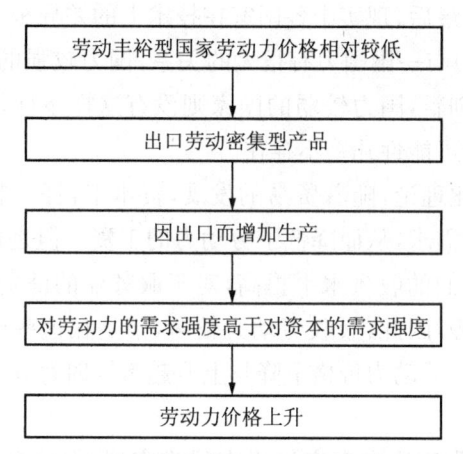

```
┌─────────────────────────────────┐
│ 劳动丰裕型国家劳动力价格相对较低 │
└─────────────────────────────────┘
              ↓
    ┌───────────────────┐
    │ 出口劳动密集型产品 │
    └───────────────────┘
              ↓
    ┌───────────────┐
    │ 因出口而增加生产 │
    └───────────────┘
              ↓
┌───────────────────────────────────┐
│ 对劳动力的需求强度高于对资本的需求强度 │
└───────────────────────────────────┘
              ↓
      ┌─────────────┐
      │ 劳动力价格上升 │
      └─────────────┘
```

图 3.3.2　劳动力丰裕国家的出口导致其劳动力价格上升演进图

在各国增加出口产品产量的同时，出口产品的相对价格也在发生变化，如图 3.3.1 所示：横轴表示劳动力与资本的价格比 w/r，纵轴是 X、Y 两种产品的价格比 P_X/P_Y。A 国劳动丰裕，劳动力的价格——工资率 w 比较低，w/r 因此也比较低，其分工生产 X 产品的价格主要是由生产 X 密集使用的劳动力要素的价格决定的，因此，当劳动力价格上升时，X 的相对价格也会上升，也就是说 w/r 与 P_X/P_Y 呈现出如图所示的正比关系。在图中，A 国的 w/r 与 P_X/P_Y 位于曲线较低的 A 点，B 国位于较高的 B 点。贸易发生后，$(P_X/P_Y)_A$ 上升，$(P_X/P_Y)_B$ 下降，两国的相对价格最终在 C 点相等，此时要素相对价格也相等。

要素价格绝对均等意味着贸易会使两国同质的劳动力实际工资率相等，两国同质的资本实际利率相等，本章附录将会给出要素价格绝对相等的证明。

三、对要素价格均等定理的评价

如果要素价格均等化定理真的能实现，则各国生产要素就没有必要进行国际流动，只要通过自由贸易，各国的劳动、资本和土地就都可以获得完全相等的报酬。这样一来，国际间的贫富差距，比如美国、日本、印度、越南等国间的劳动者收入水平的差距将会消失，这无疑对世界经济发展有着重要的意义。但国际经济发展的现实并非如此，这是为什么呢？

要素价格均等化定理是 H-O 理论的一个重要推论，这一推论成立的前提也受到 H-O 理论各个假定的制约，其中比较重要的三个假设：一是各国拥有完全竞争的市场结构，并且国家间也是完全竞争的；二是国家之间没有任何贸易壁垒；三是国家间具有相同的生产技术。

上述三个假设在现实经济生活中很难满足。首先，大量垄断和寡头出口企业的存在打破了国家间完全竞争的假设；其次，受自然和技术条件的约束，运输成本对贸易有阻碍作用。各个国家参加国际贸易的产品并不是该国全部产品，而是部分产业的部分产品，并没有实现完全分工；第三，国际间的贸易保护主义严重破坏了"自由贸易"的假定。关税、配额、补贴、倾销等关税和非关税贸易壁垒都对产品的成本造成影响,从而导致最终贸易的价格也不会相等;最后,现实中各国家在技术上的差异根本无法满足"生产技术相同"的假定。研发(R&D)与一国国力有很大的关系,国力较强的政府重视研发并进行大量投资促进技术进步与创新,国力较弱的国家则没有这样条件,再加上一些国家的技术垄断,国家间技术相同的可能性几乎不存在。

根据要素价格均等化理论,随着贸易的发展,资本丰裕的国家由于进口劳动密集型产品,会减少对劳动力的需求,从而降低了劳动力的工资。但是现实中,资本丰裕国家由于经济和贸易的发展,人们的收入水平提高,对于服务业的消费越来越多。而服务业的劳动生产率提高相对缓慢,因此,吸收劳动力较多,于是在这些资本丰裕的国家里,劳动力的工资又有上升趋势。劳动力价格下降与上升趋势同时存在,是对要素价格均等化理论的挑战。

虽然要素价格均等化理论在现实世界中很难实现,但这毫不影响这一定理的正确性,如同俄林所坚持认为的:要素价格均等化是一种趋势。各种阻碍世界要素价格均等化因素的存在,刺激了生产要素的国际流动,为研究要素国际流动留下了空间。

第四节 里昂惕夫之谜与新要素贸易理论

一、里昂惕夫之谜(Leontief paradox)

二战结束后,美国显然是资本丰裕型国家,所以从理论上说,美国应该出口资本密集型产品,进口劳动密集型产品。但当美国经济学家里昂惕夫利用投入产出表计算美国在1947年每100万美元进口替代品和出口品中劳动力和资本的数量,并比较两类产品的要素密集度时,却吃惊地发现美国进口的是资本密集型产品,出口的却是劳动密集型产品,与H-O理论预期的结果相反。里昂惕夫的这一研究发现引起了人们对H-O理论的怀疑,他的研究结论被称为"里昂惕夫之谜"。

表3.4.1给出了美国每100万美元进口替代品和出口产品所需的资本和劳动数量,以及进出口产品的资本/年人工比率。在里昂惕夫的数据中,1947年美国进口替代品的资本/年人工比率是18180美元,而出口品的资本/年人工比率是14010美元。用后者去除以前者,里昂惕夫得出进口的资本/年人工比率相对于出口为1.30。由于美国是资本丰裕型国家,但美国的进口替代品比其出口商品的资本密集程度更高,这样就与H-O理论产生了矛盾。如果使用1951年的贸易数据,进口的资本/劳动比率相对于出口降为1.06,而且在除去自然资源产业后,这一比率降为0.88(消除了上述矛盾)。使用1958年的投入需求和1962年的贸易数据,鲍温德得出美国的进口/出口的资本/劳动比率为1.27,除去自然资源产业后,这一比率降至1.04,再加上人力资本后,这一比率降至0.92(再一次消除了矛盾)。

表 3.4.1　美国每 100 万美元出口产品和进口替代品的资本和劳动需求

项　　目	出口产品	进口替代品	进口/出口
里昂惕夫(1947 年投入需求,1947 年贸易)			
资本(美元)	2550780	3091339	
劳动力(年人工)	182	170	
资本/年人工(美元)	14010	18180	1.30
里昂惕夫(1947 年投入需求,1951 年贸易)			
资本(美元)	2256800	2303400	
劳动力(年人工)	174	168	
资本/年人工(美元)	12977	13726	1.06
资本/年人工(美元)(不含自然资源)			0.88
鲍德温(1958 年投入需求,1962 年贸易)			
资本(美元)	1876000	2132000	
劳动力(年人工)	131	119	
资本/年人工(美元)	14200	18000	1.27
资本/年人工(美元)(不含自然资源)			1.04
资本/年人工(美元)(不含自然资源,包括人力资源)			0.92

尽管里昂惕夫的检验结论与 H-O 理论不符,但他并没有去推翻 H-O 模型,而是尽力去解释造成这一结果的原因。

里昂惕夫认为造成这一结果的原因是各国劳动素质差异较大,即要素是非同质的。1947 年时,在相同资本配合下美国工人劳动生产率是外国工人的 3 倍,如果把美国劳动数量乘 3 后再与其国内可用资本比较,就会发现美国其实是一个劳动丰裕型国家。但是这个结论并没有被广泛接受,因为若美国劳动生产率比外国高,同样其资本的劳动生产率也高于其他国家,这样一来,美国的要素禀赋不会有太大的变化。后来,里昂惕夫本人也否定了这个解释。

二、对里昂惕夫之谜的解释

从要素禀赋理论出现以来,该理论一直被公认为是国际贸易理论的主流,对现实国际分工有较强的解释能力。但里昂惕夫之谜打破了这种局面,它引起了经济学家对要素禀赋和相关理论的重新思考。在经济学家的深入研究中,一方面致力于解释里昂惕夫之谜形成的原因,从而进一步验证 H-O 理论适用范围;另一方面则扩展和完善了要素禀赋理论,并针对国际贸易发展新趋势提出了新的国际贸易理论。

在解释里昂惕夫之谜的过程中,一些西方经济学者打破了 H-O 理论的二元要素论,试图从更广的范围里探寻影响国际贸易的其他要素,赋予了生产要素以更丰富的新内涵，扩展了生产要素的外延，这就形成了新要素理论。他们认为，生产要素不仅是 H-O 理论所说的劳动和资本，还包括技术、人力资本、研究与开发、信息等新型生产要素。新要素理论试图从更宽的视野解释里昂惕夫之谜，并从新要素的角度说明国际贸易的基础和贸易格局的变化，下面介绍几种比较普遍的解释。

（一）统计误差说

最早解释里昂惕夫之谜的是统计误差说，由于里昂惕夫使用的是美国 1947 年的数据，有人认为离二战结束太近，贸易数据不够典型。后来，里昂惕夫使用美国 1951 年的数据又进行了计算，结论仍然为美国出口的是劳动密集型产品。此外，美国经济学家鲍德温用 1958 年和 1962 年的数据验证，其他国家的经济学家纷纷对本国数据进行检验，大多数都存在里昂惕夫之谜。

（二）人力资本要素说

所谓人力资本是指资本与劳动力结合而形成的一种新的生产要素，人力资本是对人力投资的结果。西方经济学家认为，各国劳动力要素生产率的差异实质上就是人力技能的差异，因而技能也是一种生产要素，而且是越来越重要的生产要素，人力技能又可称为人力资本。

人力资本要素说是二战后国际贸易理论中新要素理论的主要内容之一。该理论认为，一些国家引进外国资本，重视对物质资本的投资，而忽视对人力投资的投资，致使人的能力没有与物质资本并进，而仅仅增加非人力资本的劳动力要素，资本吸收率必然低下，从而影响到生产要素的效率，进而影响一国的比较优势。

具体地说，人力资本理论把劳动分为两大类：一类是简单劳动，即无须经过专门培训就可以胜任的非技术性体力劳动；另一类是技能劳动，即必须经过专门培训形成一定的劳动技能才能胜任的技术性劳动。要对劳动者进行专门培训，就必须进行投资，因此，体现在劳动者身上的、以劳动者的数量和质量表示的就是人力资本。由于人力资本投资持续时间不同、投资形式存在差别及投资领域不一致（即教育培训的具体内容和项目不同）等原因，造成了劳动力素质的差别，从而使人力资本作为一种特殊资本在生产过程中的效力有所不同。

人力资本的投资形式通常包括：正规的学校教育、在职的岗位培训、合理的人员配置、必备的卫生与营养条件、休养生息的外部环境以及与上述各项投资形式相关的其他投资形式。人力资本的投资和其他投资一样，既需要时间也需要资源，人力资本投资的效果实际上就是人力资本效用发挥的程度。衡量人力资本投资效果的方法主要有以下几种：

一是收入报酬计算法。即以工资差别反映各劳动者的人力资本的差异，计算非技术或非教育劳动的工资差别，并以适当的贴现率将其折算为工资。比如凯能(Kenen)就以 9% 的贴现率将技能劳动超过非技能劳动的工资资本化，即把它作为实物资本的一部分，并和实物资本相加，得出资本总量，用以解释里昂惕夫之谜。

二是以所有的要素报酬为基础,运用要素收入数据计算人力资本、实物资本和初级劳动的报酬,衡量人力资本的效果,这实际上也是一种收入报酬估价法。

三是成本计算法。这种方法把投在劳动者身上的全部教育、培训费用和所放弃的全部收益相加,得出人力资本的全部成本,用以衡量人力资本的效用及其差别。

人力资本禀赋状况对国际贸易格局、流向、结构和利益等方面具有重要的影响作用。人力资本论者基辛(Kessing)、凯能等认为,资本充裕的国家同时也是人力资本充裕的国家。因此,这些国家的比较优势实际是人力资本的充裕,这是它们参与国际分工和国际贸易的基础,在贸易结构上表现为这些国家往往出口人力资本要素密集的产品。就像美国相对充裕的要素不是物质资本,而是人力资本,相对稀缺的是非熟练劳动,这就决定了美国贸易结构。例如,先进的通信设备、电子计算机等都属于技能密集型产品,而不再是传统的资本密集型产品。

(三) 研究与发展(R&D)要素说

西方经济学家格鲁勃(W.H.Gruber)、梅达(D.Mehta)、弗农(R.Vernon)及基辛等人在研究技术要素、人力资本要素对贸易格局影响的同时,进一步研究了推动技术进步的研究与发展要素与贸易的关系,提出了研究与发展(research and development,R&D)要素论。

该理论认为,研究与发展要素是使产品在国际市场上具有竞争力,使企业产品具有优势的重要因素。研究表明,产品竞争力强、产品出口额占总出口额比重大的行业或产业其投入的研究与发展类经费占其销售额的比重较大,其科学家和工程师数量占该部门或产业全部就业人员的比例也大。

基辛对研究与发展要素对一国贸易格局的影响进行了验证。他以美国占 10 个主要工业发达国家不同部门出口总额的比重代表竞争能力,分析研究与发展要素与出口竞争力的关系。结果表明,从事研究与发展活动的高质量劳动力要素比重越大的部门,其国际市场竞争力就越强。格鲁勃和弗农也进行了类似的研究工作。他们根据 1962 年美国 19 个产业的有关资料进行了分类比较,并对研究与发展费用占整个销售额的百分比以及科学家、工程师占整个产业全部雇用人员的比重进行排列。结果发现,运输、电器、仪器、化学和非电器机械这五大产业名列前茅,这五大产业的研究与发展费用占 19 个产业的 78.2%,科学家和工程师占 85.3%,销售量占 39.1%,而出口量占 72%。

这些研究表明,一个国家出口产品的国际竞争力和该种产品的研究与发展要素密集度之间存在着很高的正相关关系。一个国家越重视研究与发展,这个国家投入到研究与发展活动中的资金就越多,其生产的产品的知识与技术密集度就越高,在国际市场竞争中就越有利。

(四) 信息要素说

所谓信息要素是指来源于生产过程之外的并作用于生产过程的能带来利益的信号的总称。信息要素是无形的、非物质的,它区别于传统生产要素,是生产要素观念上的大变革。西方经济学家认为,股票是财产的象征符号,而信息则是一种重要的生产要素。随着现代社会的发展,市场在世界范围内的拓宽以及各种经济贸易交往活动的日益频繁,社会每时每刻都在产生着巨量的信息。这些信息都在不同的方面、不同的程度上影响社会经济活动,影响企业生产经营的决策和行为方式,甚至有时还决定着企业的命运。

西方经济学家认为,在现代经济生活中,企业除了需要土地、劳动和资本这些传统生产要素以外,更需要信息要素。随着经济全球化和全球信息化进程的加快和深入,世界经济正在从以物质生产为主要特征的工业经济跨入以信息和知识生产为特征的知识经济。生产要素不再是只包含资金和劳动的二元结构,信息要素成为经济增长的主要推动力之一。

信息是一种能够创造价值并能进行交换的无形资源,是现代生产要素的组成部分,其本身同时又是可以交换的产品,是一种软要素,而且是一种无限的资源。占据信息意味着比较优势的改变,可以促进一国贸易格局的变化。因此,信息利用的状况能够影响一个国家的比较优势,从而改变一国在国际分工和国际贸易中的地位。该理论目前虽然并不很完善,但代表着重要的发展方向。

信息新要素学说对第三次科技革命所带来的世界经济飞速发展和世界贸易格局的革命性改变,在理论上给予了新的解释。它突破了生产要素的限制,赋予了生产要素以更丰富的新含义,并扩展了生产要素的范围,使对国际贸易的分析更接近现实,也进一步促进了世界经济的发展。

(五)贸易保护说

贸易保护说被认为是解释里昂惕夫之谜的另一工具。H-O理论结论和推论的假设前提是自由贸易,但是现实中,由于运输成本、关税壁垒以及其他非关税壁垒的影响,使得各国的贸易模式有别于H-O理论的结论。美国是资本丰裕国家,自由贸易将会提高资本所有者的实际收入,降低劳动所有者的实际收入,因此,劳动所有者更倾向于贸易保护。美国对劳动密集型产品的进口所实行的贸易壁垒,降低了进口产品的劳动密集度,这在一定程度上解释了里昂惕夫之谜。

(六)要素密集度颠倒

要素密集度颠倒也称要素密集度逆转,是指如果一种产品在一个国家是劳动密集型产品,在另一个国家是资本密集型产品,这就发生了要素密集度逆转。或者,当要素的相对价格发生变化时,产品的要素密集度也发生了变化,也称发生了要素密集度逆转。

如在中国,个人电脑是典型的资本密集型产品,粮食是典型劳动密集型产品。而在美国,由于美国劳动力的相对价格比中国劳动力的相对价格要高,因而美国将自然而然地在个人电脑和粮食的生产中尽量用相对便宜的资本去替代相对昂贵的劳动。但是,由于电脑的生产工艺决定了在电脑的生产过程中无法再用资本大规模地去替代本来就很少的劳动力,例如原来在生产电脑的一道工序中需要两个工人来监管流水线和进行相关作业,即便此时劳动力价格大幅上涨,厂商也很难通过增加机器设备的使用而裁减员工,所以个人电脑的要素密集度在两个国家都没有发生改变。但在粮食产品的生产过程中美国却可以用资本购买机器,通过机械化生产大量替代劳动力,这样在美国,粮食很可能是资本密集型产品,这就是发生了要素密集度的逆转。

里昂惕夫用进口替代品测算美国进口产品在贸易伙伴国的要素密集度可能会导致误差,产生里昂惕夫之谜。

基本概念

要素密集度(factor-intensity)
要素丰裕度(factor-abundance)
生产可能性曲线(production possibility curve)
社会无差异曲线(community indifference curve)
产品相对价格(relative commodity price)
要素价格均等(factor-price equalization)
H－O理论(Heckscher-Ohlin theory)
要素禀赋理论(factor endowment theory)
斯托尔帕—萨缪尔森定理(Stolper-Samuelson theorem)
里昂惕夫之谜(Leontief paradox)
人力资本(human capital)
研究与开发(research and development)

复习思考题

1. H－O理论的主要内容是什么?并用计算方法证明。
2. 要素价格均等化定理的主要内容是什么?为什么在现实中没有发生?
3. 什么是要素密集度逆转?试着举个例子。
4. H－O－S理论的主要内容是什么?
5. 新要素理论与H－O理论是怎样的关系?
6. 里昂惕夫之谜的内容及解释。
7. 举例说明研究与发展(R&D)要素说在国际贸易中的地位。
8. 根据第二章计算题数据,运用H－O理论分析两国如何分工。

附录：要素相对价格均等化的数学方法证明

1. 要素价格相对均等化证明

对 A、B 两国进行分析，X 为劳动密集型产品；Y 为资本密集型产品；L 为劳动力要素投入量；K 为资本要素投入量；w 为工资；r 为利息率；A 国是劳动力丰裕型国家；B 国是资本丰裕型国家；S 表示生产某种产品所需要的资本与劳动力的比例；Q 表示两国劳动力要素与资本要素的价格比。

根据欧拉定理，A 国生产产品 X 的单位成本为：

$$P_{AX} = L_X \times w_A + K_X \times r_A = L_X w_A \left(1 + \frac{K_X \times r_A}{L_X \times w_A}\right)$$

令 $S_X = K/L$，$Q_A = w_A/r_A$

则 $P_{AX} = L_X w_A \left(1 + \dfrac{S_X}{Q_A}\right)$

同理

$$P_{AY} = L_Y w_A \left(1 + \frac{S_Y}{Q_A}\right)$$

$$P_{BX} = L_X w_B \left(1 + \frac{S_X}{Q_B}\right)$$

$$P_{BY} = L_Y w_B \left(1 + \frac{S_Y}{Q_B}\right)$$

两国相对价格差 $\dfrac{P_{AX}}{P_{AY}} - \dfrac{P_{BX}}{P_{BY}} = \dfrac{L_X(1+S_X/Q_A)}{L_Y(1+S_Y/Q_A)} - \dfrac{L_X(1+S_X/Q_B)}{L_Y(1+S_Y/Q_B)}$

$$= \frac{L_X[(S_X - S_Y)/Q_A + (S_Y - S_X)/Q_B]}{L_Y(1 + S_Y/Q_A)(1 + S_Y/Q_B)}$$

上式分子分母同时乘以 $Q_A Q_B$ 得出：

$$\frac{P_{AX}}{P_{AY}} - \frac{P_{BX}}{P_{BY}} = \frac{L_X(S_X - S_Y)(Q_B - Q_A)}{L_Y(Q_A + S_Y)(Q_B + S_Y)} \tag{1}$$

由于生产不同的产品 X 和 Y 需要的资本与劳动量的比值不同，即 $S_X \neq S_Y$，而当国际贸易发生后，两国产品的相对价格将会趋于一致并最终与世界价格相等，于是 $\dfrac{P_{AX}}{P_{AY}} = \dfrac{P_{BX}}{P_{BY}}$ 即 $\dfrac{P_{AX}}{P_{AY}} - \dfrac{P_{BX}}{P_{BY}} = 0$，又（1）式中分母明显不会为零且分子上 $S_X \neq S_Y$，所以当两国相对价格相等时，$Q_A = Q_B$，即两国要素相对价格相等。

2. 要素价格绝对相等证明

要素价格绝对相等意味着贸易使得两国劳动的实际工资率相等，资本的实际利率也相等。要证明此结论也需要用到欧拉定理和克拉克法则，欧拉定理指的是规模报酬不变并且一切产品刚好被完全消费的条件下，某种产品的产量等于投入的各生产要素的数量与其边际生产力乘积之和。如产品 X 的产量等于劳动力的投入量与劳动力边际成本的

乘积加上投入的资本量与资本边际生产力的乘积,即:
$$X = MPL \times L + MPK \times K$$

其中,MPL 是劳动力的边际生产力,MPK 是资本的边际生产力。克拉克法则指的是要素报酬与其边际生产力相等,即劳动力实际工资与其边际生产力相等,资本的实际利息率与资本的边际生产力相等,即:
$$w = MPL$$
$$r = MPK$$

则有:
$$X = w \times L + r \times K$$

整理可得:
$$w = \frac{X}{L} - \frac{r \times K}{L} = \frac{X}{L} - \frac{r \times K}{L \times w} \times w$$

移项可以得出:
$$w\left(1 + \frac{r \times K}{w \times L}\right) = \frac{X}{L}$$

于是有:
$$w = \frac{X/L}{1 + \frac{r}{w} \times \frac{K}{L}}$$

由此可以看出,决定劳动力工资 w 的有 X/L、r/w 和 K/L,其中 X/L 是 X 的产量与劳动力数量的比率即劳动生产率,H－O 模型假设中有两国生产技术与规模报酬不变,所以劳动生产率在两国是相等的 $(X/L)_A = (X/L)_B$;r/w 即两种生产要素的相对价格,前面已经证明贸易会使两国相对要素价格相等,所以 $(r/w)_A = (r/w)_B$;K/L 是生产 X 所投入的资本与劳动比例,由于两国技术相同,生产 X 需要的资本与要素的比率也相同,即 $(K/L)_A = (K/L)_B$。既然决定劳动力工资的三个方面 X/L、r/w 和 K/L 在两国都相等,则可以得出两国的劳动力绝对价格最终相等,同理可以证明资本要素绝对价格在两个国家贸易中最终也相等。

第四章

新贸易理论

> **本章学习重点**
> 1. 产业内贸易理论
> 2. 产品生命周期理论
> 3. 国家竞争优势理论

二战结束后世界经济以前所未有的速度高速增长,许多新的国际贸易现象如雨后春笋纷纷出现。同类产品以及发达国家之间的贸易量大大增加,同一行业间既有出口又有进口,并且原来进口某些高科技产品的国家开始生产并出口,而最初出口的创新国反而成为这些产品的进口国,产业领先地位在不断转移。这些现象用传统的贸易理论难以解释。

古典贸易理论与新古典贸易理论都认为各国技术水平差异或要素禀赋差异导致的生产成本差异是贸易的基础,它们都假定市场完全竞争、产品的规模报酬不变、两国需求偏好相同、技术水平不变,另有运输成本为零等,没有考虑规模经济、运输成本、企业战略行为、技术创新与转移时滞等因素。这些假设与战后国际贸易现实严重不吻合,使得古典和新古典贸易理论只能解释现代贸易模式的一部分。新的国际贸易现实迫切需要新的理论来说明和指导。20 世纪 60 年代以来,以克鲁格曼为代表的一批经济学家依据当今国际贸易的现实,拓展了贸易理论的研究领域,提出了一系列新的理论和模型,如产业内贸易理论、林德(Linder)的"需求偏好相似"理论、战略性贸易理论、对产品研发到销售环节进行分工的产品内分工理论、国家竞争优势理论等,形成国际贸易理论新的研究视野。

新贸易理论的出现大大丰富和发展了传统的国际贸易理论。从分析层面而言,传统贸易理论着眼于国家层面,研究国家间要素禀赋的不同造成的产业间比较优势的不同,而新贸易理论深入到产业内贸易的中观层次、产品内贸易等微观层面。新贸易理论从不同视角研究引起贸易的不同因素,拓展了贸易理论研究范围,在理论构建上,新贸易理论之间从不同假设前提出发,因此,新贸易理论之间是互补的。但是由于分析工具、理论基础等差异,目前还没有对新贸易理论进行综合统一的理论范式。

第一节 产业内贸易理论

产业是一个"集合"的概念,是一种同一属性的生产经营活动、同一属性的产品和服务、同一属性的企业的集合。产业内贸易(intra-industry trade)是指一个国家在出口某类产品的同时又进口同类产品。这里的同类产品是指按国际贸易标准分类(SITC)至少前3位数相同的产品,即至少属于同类、同章、同组的商品。它们既出现在一国的进口项目中,又出现在该国的出口项目中。

产业内贸易兴起于二战后发达国家之间的双向贸易,随着贸易、投资自由化和市场一体化趋势的发展,产业内贸易逐渐活跃起来。20世纪60年代以后,世界贸易绝大部分是发生在偏好、技术和禀赋都比较相似的发达国家之间,而差异比较大的发达国家和发展中国家之间的贸易在世界贸易中的比重不断下降;另一方面,国际贸易流量中,产业内贸易已成为主流。到20世纪70年代末,发达国家和新兴国家贸易中有一半左右为产业内贸易;到90年代,其产业内贸易接近60%。在当今全球贸易中,大约1/4是由产业内部的双向贸易构成的。

传统的贸易理论以规模收益不变和完全竞争为前提,它认为,一国必然出口相对丰裕要素密集型产品而进口本国相对稀缺要素密集型产品。两国之间只存在产业间贸易,并且在一定范围内,两国要素禀赋相对差异越大,贸易量越大。当两国要素禀赋无相对差异时,不存在相互贸易。产业内贸易则是基于现实情况以规模经济和不完全竞争为前提,引入了差异产品的概念,它主要解释发生在发达国家之间的贸易。

国际贸易现实总是推动贸易理论发展,早在20世纪60年代中期,一些经济学家就已经注意这种现象并开展研究。1962年,密契里在计算了36个国家5大类商品的进出口差异指数后,进一步指出:就一般情况而言,高收入国家的进出口商品结构呈明显的相似性,而大多数发展中国家则相反。小岛清在研究发达国家间贸易格局时也注意到高度发达的、类似的工业化国家之间横向制成品贸易的迅速增长,认为产业内贸易现象背后必然包含着一种新的原理。20世纪70年代以后,人们渐渐认识到存在着多种引起产业内贸易的原因。产业内贸易不仅可以用要素禀赋相近的国家之间的产品差异和规模经济加以说明,也可以发生在要素禀赋相异的国家之间。

格鲁贝尔和劳埃德是对产业内贸易理论进行较为系统研究的开拓者。他们于1975年出版的《产业内贸易:差别化产品国际贸易的理论与度量》是产业内贸易研究由经验研究转向理论研究的重要标志。他们将产业内贸易分为三种类型:第一类是消费上的替代性商品,即对消费者来说,这类商品替代性比较强,例如,化纤类服装与天然棉类服装;第二类是生产中投入系数相似的商品,即要素密集度比较相似的商品,例如,焦油与汽油;第三类是既具有消费替代性又具有技术类似性的商品。其中,第一类商品的产业内贸易早在20世纪60年代就已经由林德提出的重叠需求理论给予解释。对于单纯第二类商品的产业内贸易,有学者指出这并不与要素禀赋理论相冲突,它完全可以用修正后的要素禀赋理论来加以解释。对于第三类商品的产业内贸易,格鲁贝尔和劳埃德则认为只有规模经济和产品差别化才能解释,而这又与传统的贸易理论相抵触,因而需要一种新的贸易理论来解决这一问题,产业内贸易理论由此应运而生。

一、产业内贸易的理论基础

(一)产业内贸易的分工依据

1981年,克鲁格曼对新贸易理论和传统的贸易理论进行了综合研究,发表了《产业内分工与贸易收益》,认为产业内贸易的性质取决于各国要素禀赋的相似程度,国家之间要素禀赋越相似,产业内贸易比重就越高。产业内贸易理论认为,相当一部分的国际贸易特别是经济特征相似的发达国家之间的贸易,其产生的主要原因是规模经济即规模报酬递增所形成的国际分工而不是国家之间资源禀赋的差异。规模经济使得生产成本降低,可使企业专注于大规模生产某种类型产品。而收入相似的发达国家中人们的需求结构相似,为了满足消费者需求的多样化必然要大力发展产业内贸易。另外,某些历史性偶然因素也是形成国际劳动分工的一个重要因素。某个地方可能是某个产业的发源地而并非最优的生产地,但规模经济使得这个产品在那个地方发展壮大起来。例如,一国开始时期在带有外部规模经济的行业上起步较早,由于其行业规模相对较大,因而具有成本上的优势,那么在国际分工中该国可凭借成本上的优势将这一行业留在国内,或限制他国的进入。

规模经济何以能成为国际贸易的动因?表4.1.1列出了某一假想行业的投入产出关系,且该产品的生产只需要劳动这一种投入。表中显示生产10件产品需要15小时的劳动,而生产25件产品需要30小时。规模经济表现在,劳动投入增加1倍,产出却增加了1.5倍。同样,从每单位产品所需的平均劳动量中也可以发现这一点:产量是5件时,每件的平均劳动投入为2小时,而当产量为25件时,平均劳动投入却只要1.2小时。

表4.1.1 一个具有规模经济行业的投入产出关系

产出	总劳动投入	平均劳动投入
5	10	2
10	15	1.5
15	20	1.33
20	25	1.25
25	30	1.2
30	35	1.167

假定世界上只有美国和英国,两国具有生产这种产品的同样技术,最初都生产10个单位。根据上表,该产量在每个国家均要15小时的劳动投入,即全世界用30个小时来生产20单位的产品。现在假定该新产品的生产集中到美国,美国投入30个小时的劳动

就能生产出 25 件产品。显然,生产集中使世界能以同样的劳动投入多产出 25% 的产品。

若美国在这种产品上生产有优势,为了扩大生产,美国必须缩减或放弃其他产品的生产来使劳动力转移;放弃的产品将在英国生产。为了利用规模经济,每个国家必须集中生产有限类别的产品,那么每种产品的生产规模均能比以往各国什么都生产时要大得多,世界也因此而生产出更加丰富多样的产品。有了差异产品同时消费者又希望能消费花色繁多的商品,于是国际贸易发生:它使各国既能利用规模经济来生产有限类别的产品,同时又不牺牲消费的多样性。事实上,国际贸易增加了可供消费的商品种类。[①]

上述例子充分说明作为规模经济的结果,互利性的贸易是如何开始的。规模经济必然导致一个不同于完全竞争的市场结构,各国用比以往更有效的规模来专业化生产有限类别的产品;同时,它们之间的相互贸易又使得消费所有产品成为可能。

(二)产业内贸易利益的来源以及利益分配

根据比较优势理论,在完全竞争条件下,贸易利益来自资源再配置所带来的效率改善。但在规模经济存在的情况下,国际贸易的作用在于使一国市场扩大,这产生了两种积极效应:一是通过厂商产量的提高实现规模经济利益;二是增加产品的品种数量。从整个社会福利提高的来源看,贸易利益要体现为两方面:一是生产成本的降低,使消费者可以以更低价格购买消费品;二是产品品种的增加,使消费者有更多的选择,带来更多的满足。

不完全竞争下贸易利益的另一种来源为贸易能改变独家垄断的市场结构,竞争促使资源更合理地配置。以相互倾销模型为例,假设两个国家在某个相同部门各有一家厂商,在封闭情况下两国的市场都是完全垄断的。如果现在允许商品在两个国家间自由流动(但不允许返销),那么在没有合谋的前提下,每个厂商都会发现增加生产,将一部分产品销售到对方国家,既可以分享对方市场所存在的垄断利润,又不影响自己在本国市场上的利润所得。于是,两国之间便产生了产业内贸易,而且这种产业内贸易还是发生在产品完全同质的行业内。在这种情况下,我们可以发现,国际贸易使得两国的市场均由完全垄断转变为寡头垄断,与贸易前相比,贸易虽然不能完全消除市场扭曲,但寡头垄断市场毕竟要比完全垄断市场效率高,贸易的竞争促进效应可更清楚地显现出来。

(三)贸易保护政策产生的可能性

克鲁格曼还提出产业内贸易理论可以为贸易保护政策提供新的依据。传统的贸易理论是自由贸易的主要理论依据;产业内贸易理论虽然也认为,在报酬递增的条件下贸易的好处要大得多,但是,它也表明一国有可能利用出口补贴和临时性关税等措施在一定程度上改变国际分工,使其有利于实行贸易保护主义的国家。在传统的国际贸易模型中,关税等贸易保护措施会导致进口产品价格上涨,从而同时影响外国生产者与本国消费者,提高关税通常不是一件好事。但新贸易理论认为关税等贸易保护措施有它们独到的好处,当然贸易保护政策会使世界市场分割成许多小市场,导致各国不能按照比较优势进行分工,而且也不能形成规模经济。但是,对单独一国来说,贸易保护会使某个产业

---

① 保罗·克鲁格曼,茅瑞斯·奥伯斯法尔德.国际经济学.北京:中国人民大学出版社,1998.

利润增加,能更快地形成规模经济,进而也降低了国内消费品价格。

二、产业内贸易的测度

一国到底是产业间贸易还是产业内贸易居主导,可以通过产业内贸易指数来衡量。产业内贸易指数(intra-industry trade index)的计算公式如下:

$$IIT = 1 - \frac{|X-M|}{|X+M|}$$

其中,X 和 M 分别代表一个产业(或同类产品)的出口额和进口额。由上述公式可知,IIT 指数的值介于 0~1 之间。如果某产业只有进口或只有出口,其产业内贸易指数为零;如果某产业既有出口又有进口,产业内贸易指数则大于零。IIT 指数的大小在很大程度上取决于如何定义一个产业或产品,产业或产品定义越宽泛,产业内贸易量越大,IIT 指数的值就会越大。如果将标准国际贸易分类中的"饮料与烟草"定为一类,与将饮料和烟草分为两类相比,会出现更多的产业内贸易。假设一个国家出口饮料、进口烟草,使用较粗的分类,就有产业内贸易;使用更细的分类,就没有产业内贸易。

美国经济学家贝拉瑟在上述公式的基础上于 1986 年提出了更具普遍性的产业内贸易指数计算方法:

$$IIT = 1 - \frac{\sum |X_i/X - M_i/M|}{\sum (X_i/X + M_i/M)}$$

其中,X_i/X 和 M_i/M 分别代表 i 类产品的出口价值、进口价值占该国出口和进口总值的比重,$|X_i/X - M_i/M|$ 表示该类商品出口和进口份额之差的绝对值。IIT 指数的值介于 0~1 之间,如果每一行业商品只出口或只进口,IIT 指数为 0,即不存在产业内贸易;如果每一产业商品的出口和进口相等,IIT 指数等于 1;如果 IIT 指数大于 0,表明肯定有些商品同时进口和出口,这就是产业内贸易。IIT 指数值越大($|X_i/X - M_i/M|$ 越小),产业内贸易越发达。

表 4.1.2 2010—2019 年中国与部分发达国家产业内贸易指数

国别	2010年	2011年	2012年	2013年	2014年	2015年	2016年	2017年	2018年	2019年
中美	0.2429	0.2527	0.2417	0.2566	0.2603	0.2473	0.2534	0.2506	0.2437	0.2806
中日	0.7538	0.7895	0.7653	0.7152	0.7193	0.7183	0.7454	0.7850	0.8032	0.7750
中韩	0.6825	0.6838	0.6596	0.6393	0.6604	0.6985	0.7248	0.7236	0.7179	0.7834

数据来源:根据 UN Comtrade 数据库计算而得。

表 4.1.2 列出中国与美、日、韩三国的产业内贸易指数。从数值来看,中日、中韩产业内贸易水平很高,每年的数值都大于 0.60。其中,中日 10 年间有 6 年的产业内贸易指数

超过 0.75，处于 Scott William Fausti 认为的"强烈产业内贸易趋势"阶段[①]。而中美产业内贸易水平很低，只有 0.25 左右。从增长趋势看，中美、中日产业内贸易水平较为平稳，而中韩产业内贸易水平呈波动中上升趋势，到 2019 年其产业内贸易指数甚至达到 10 年以来最大值，超过中日成为第一。

三、产业内贸易理论的主要模型

（一）法维尔模型（新 H-O 模型）

由法维尔（Falvey）建立的新 H-O 模型与传统 H-O 理论偏离最小，该模型仍可称为 2×2×2 模型，即两个国家、两种要素和两种产品的情况。法维尔模型的假如下：

(1) 产业供应不同质的垂直差异性产品；
(2) 产业市场是完全竞争的；
(3) 劳动要素是同质的，可以在产业间流动；但资本不同质，不能在产业间流动；
(4) 产品质量 α 是连续变量，质量高低取决于资本用量大小；
(5) 不存在规模经济；
(6) 没有技术差异；
(7) 自由贸易并且没有运输成本。

模型推导步骤：在完全竞争条件下产品价格等于成本，有下列等式成立：

$$P_1(\alpha) = C_1(\alpha) = W_1 + \alpha R_1$$
$$P_2(\alpha) = C_2(\alpha) = W_2 + \alpha R_2$$

上面的两式是产品成本函数，字母下标的 1、2 表示两个不同的国家，W 表示劳动力的工资报酬，R 表示特定资本的报酬，α 表示质量的差异。生产不同质量的单位产品成本用一单位劳动和 α 单位资本来表示，质量越高产品的 α 参数越大，所需要的资本数量越大。

在该模型中，企业生产的不再是同质产品，而是不同质量水平的垂直差异产品。垂直差异用资本投入不同数量表示，产业内部是完全竞争的，没有技术差异，没有规模经济，一国资源禀赋决定了劳动报酬 W 和资本报酬 R。首先假定国家 1 的资本比国家 2 丰裕，则 $R_1 < R_2$；国家 2 相对于国家 1 是劳动丰裕的国家，即 $W_1 > W_2$；根据要素丰裕度的价格定义必有 $R_1/W_1 < R_2/W_2$。

在自由贸易和没有运输成本条件下，依据赫克歇尔—俄林定理，国家 1 为降低生产成本，必然大量使用资本而少使用劳动力，从而生产高质量产品；国家 2 则正好相反。那么，两国如何确定不同质量产品分工的临界质量水平？因为产品质量是连续的，总有一种质量产品其单位成本在两国都相同。利用下列等式确定临界质量水平 α_0：

$$W_1 + \alpha_0 R_1 = W_2 + \alpha_0 R_2$$

---

① Scott William Fausti 在其文章"*NAFTA intra-industry trade in agricultural food products*"中将产业内贸易水平根据 GL 指数大小划分为四个阶段：$0 \leqslant GL \leqslant 0.25$ 为强烈产业间贸易趋势；$0.25 < GL \leqslant 0.50$ 为微弱产业间贸易趋势；$0.50 < GL \leqslant 0.75$ 为微弱产业内贸易趋势；$0.75 < GL \leqslant 1$ 为强烈产业内贸易趋势。当贸易阶段处于"强烈产业内贸易趋势时"，出口不超过进口的 1.67 倍或相反。

$$\alpha_0 = \frac{W_1 - W_2}{R_2 - R_1}$$

用线性价格 — 质量关系线也可以给出质量分工临界点 α_0。在价格 — 质量线中,工资率是截距,资本租金是斜率,$R_2 > R_1$,随着 α 质量上升,P_2 线比 P_1 线陡峭。从经济学意义上来说,质量上升意味着生产中每单位劳动必须结合更多的资本,国家 2 相对于国家 1 是资本相对缺乏的,因此,资本价格高于国家 1;$R_2 > R_1$,成本上升幅度高于国家 1,两条线交点说明质量 α_0 的产品在两国生产成本相同。以 α_0 为分界点将连续质量的产品分为两个子集,质量小于 α_0 产品由国家 2 生产,质量大于 α_0 产品由国家 1 生产。

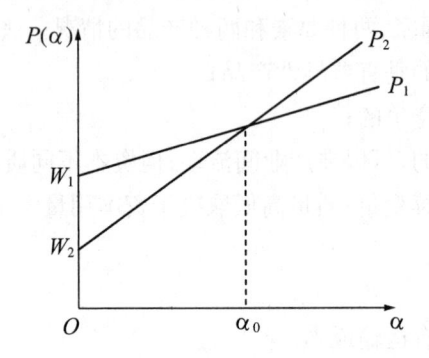

图 4.1.1　国家生产垂直差别产品的比较优势

相对于传统 H-O 理论,法维尔模型只是修改了产品同质性假设,引入了垂直性差异产品,并将垂直性差异与资本投入量联系起来,在修改后的 H-O 框架内虽然没有规模经济假设,但利用要素禀赋差异也可以较好说明产业内贸易现象。

（二）新张伯伦模型

传统贸易理论无法解释发生在要素禀赋相似的发达国家之间的产业内部贸易,克鲁格曼利用张伯伦模型,从规模经济和产品差异化出发来解释产业内贸易。新张伯伦模型假设有：① 商品的需求替代弹性不变；② 每个国家只有劳动力要素,且劳动要素具有规模经济的生产函数；③ 张伯伦模型中由于产品差异化,每个企业面临向下倾斜的需求函数,但超额利润会吸引新企业进入导致超额利润消失；④ 不同种类产品有很强的替代性,企业可以自由进出产业。具体分析如下：

（1）生产函数如下：

$$l_i = \alpha + \beta x_i \quad \alpha, \beta > 0$$

每类商品生产函数具有同样的 α, β,即生产 X_i 数量的产品需要 l_i 数量的劳动力,厂商可选择任意产品进行生产,生产任一种产品对厂商而言是对称的、无差别的,平均成本随产量上升而下降。由于 $\alpha > 0$,生产中存在规模经济[①]。

（2）每个消费者效用函数相同,商品间替代弹性是常数,商品对于消费者而言是对称

---

① 保罗·克鲁格曼.国际贸易新理论.北京：中国社会科学出版社,2001.

的，Dixit-Stiglitz 构造的 CES 效用函数主要表示产品差异化。[①] 消费的品种越多，总效用增加越多，效用函数有：

$$U = \sum_{i=1}^{n} v(c_i) = \sum_{i=1}^{n} c_i^{\rho} \quad 0 < \rho < 1 \quad v' > 0, v'' < 0$$

(3) 每单位劳动的工资率为 w，商品品种 i 的价格为 p_i，则每个厂商的利润就是：

$$\pi = p_i \times x_i - w(\alpha + \beta x_i)$$

(4) 厂商最大化决策。在垄断竞争市场结构中，每个厂商面临的是向右下方倾斜的需求曲线，根据利润最大化的一阶条件，只要求出需求曲线的价格弹性就可给出最大化定价。

$$p_i \left(1 - \frac{1}{e_i}\right) = \beta w$$

从假设可知效用函数决定了不同商品需求曲线是相同的，因为厂商具有同样 β、w、e_i 的参数，每个厂商的价格是一样的。

(5) 产业在自由进出假设条件下，厂商长期均衡利润为零，即 $\pi_i = 0$，从而确定每种商品产量。长期均衡条件下厂商生产数量公式为：

$$x_i = \frac{\alpha}{p_i/w - \beta}, \quad p_i = w\left(\frac{\alpha}{x_i} + \beta\right)$$

由于每个厂商只生产一种商品获得规模经济，并且生产函数一样，在此公式中 α、β、w、p 对所有厂商是相同的，从而对于所有厂商：$x_i = x, l_i = l, p_i = p$。

(6) 在充分就业条件下，确定生产商品种类：

$$n = \frac{L}{l} = \frac{L}{\alpha + \beta x}$$

上述结论是在封闭经济条件下得到的，如果另一个国家如同镜像般具有同样的偏好与技术，不存在禀赋差异，具有 L^* 劳动要素总量，垄断竞争均衡条件下，生产产品种类如下：

$$n^* = \frac{L^*}{\alpha + \beta x}$$

克鲁格曼认为个人消费者会追求效用最大化，即使贸易后的实际收入不变，但是两国消费者可以扩大消费选择，消费集合扩大为 $n + n^*$，新效用函数为：

$$U = \sum_{i=1}^{n} v(c_i) + \sum_{i=n+1}^{n+n^*} v(c_i)$$

贸易后消费者收入不变，价格指数不变，因而消费总量不变，但是水平相似商品数量增多，给了消费者多样化选择，消费者减少了单个商品的消费量，同时将消费范围扩张到 $n + n^*$ 种商品，消费效用增加[②]。

[①] 迪克特和斯帝格利茨（Dixit and Stiglitz, 1977）发现即使两国初始条件相同没有外生比较优势，但若存在规模经济，两国仍可选择不同专业进行生产交换并互利。迪克特和斯帝格利茨模型也称为 D-S 模型。

[②] 杨小凯.经济学原理.北京：中国社会科学出版社, 1998.

两国厂商生产中 $n+n^*$ 商品如果存在重合,企业会选择生产与其他厂商有差异的产品,根据生产函数假设,不同商品生产函数相同,因此,这种生产转换是没有成本的。此外,由于存在规模经济和垄断竞争,最终均衡结果只能是一个企业生产一种产品,因此长期均衡中生产商品种类就会达到理论上的最大值 $n+n^*$,每个企业生产商品数量在贸易前后没有变化。

新张伯伦模型在推导差异化产品的需求价格弹性时,利用的是 Dixit-Stiglitz 模型中的结论。假定差异化产品的种类足够多,忽略单个产品的价格变化对于差异化产品组的影响,由此得到 $D-S$ 模型的需求价格弹性公式:

$$e_i = \frac{1}{1-\rho}$$

直接由 CES 效用函数的替代弹性得到企业面对的需求曲线价格弹性。已逝经济学家杨小凯曾指出,$D-S$ 模型忽略了差异化产品的交叉价格弹性的影响,不能预见通过国际贸易增加差异化产品的种类。因为 n 是内生变量,不能先验假定 n 足够大,克鲁格曼的结论无法由 $D-S$ 模型得到。

克鲁格曼利用新张伯伦模型将产业组织理论分析运用到国家贸易领域,在产品水平差异化和规模经济假设下,即使在没有要素禀赋差异、需求偏好和技术一致的国家间也可以发生产业内贸易。通过自由贸易将两国相同产业归并统一,贸易利益来自国际市场可以提供更多多样化的水平差异化选择,两国消费者在收入不变条件下,可以消费更多种类商品,提高消费效用。

该模型可以确定贸易总量,但是无法确定贸易的商品种类,即不能确定哪个国家生产哪种类型的产品并出口,所以贸易模式无法确定。这与上一节所讲的新赫克歇尔—俄林模型中的确定产品贸易模式是有很大差别的。克鲁格曼建立的新张伯伦模型,由于模型假定两国产业镜像般对称,在运用时受到很大限制,但该模型中包含着消费者会从更大范围多样化消费中受益的命题具有重要的理论和实践价值。

(三)林德重叠需求模型

由瑞典经济学家林德(B.Linder)提出的重叠需求理论(overlapping demand theory),又称偏好相似理论(preference similarity theory),从需求的角度探讨了产业内贸易发生的原因。新古典贸易理论认为偏好不同国家之间产生贸易的可能性大,而林德认为两国之间贸易关系的密切程度是由两国相似的需求结构与收入水平决定的,国家之间需求相似度越高,潜在贸易的可能性越大。

重叠需求理论与要素禀赋理论有各自不同的适用范围。概括而言,要素禀赋理论主要用来解释发达国家与发展中国家之间的产业间贸易;而重叠需求理论则适用于解释发达国家之间的产业内贸易,即制造业内的一种水平式贸易。林德认为消费者的收入水平和需求结构决定了厂商的生产方向和内容,如果两国的平均收入水平相近,则两国的需求结构必定相似,厂商就可以出口产品开展贸易;反之,两国需求结构必定存在显著的差异,国外有效需求就少。

在图 4.1.2 中,横轴表示一国的人均收入水平(Y),纵轴表示消费者所需要的各种商品的品质等级(Q)。所需的商品越高档,其品质等级越高。人均收入水平越高,则消费者所需商品的品质等级也就越高,二者的关系由图中的 OR 线表示。

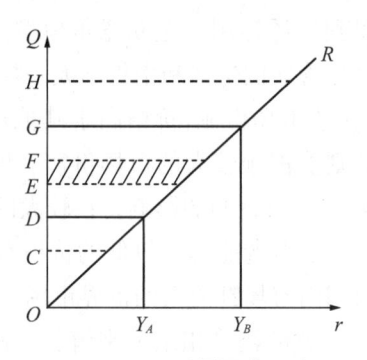

图 4.1.2　重叠需求理论

现在假设 A 国的人均收入水平为 Y_A,B 国为 Y_B。A 国所需商品的品质等级处于以 D 为基点,上、下限点分别为 F、C 的范围内。B 国所需商品的品质等级处于以 G 为基点,上、下限点分别为 H、E 的范围内。两范围的交集为 E、F 之间的阴影部分,是两国的共同需求。F 点以上,对于 A 国来说质量太高档,不能购买;E 点以下,对于 B 国来说质量太低劣,不愿购买。

A 国的品质等级处于 C 和 E 之间的商品、B 国的品质等级处于 F 和 H 之间的商品,均只有国内需求,而没有来自国外的需求,所以不可能成为贸易品。但在 E 和 F 之间的商品,在两国都有需求,即存在所谓的重叠需求。这种重叠需求是两国开展贸易的基础,品质处于这一范围内的商品,A、B 两国均可输出或输入。

由图 4.1.2 可知,当两国的人均收入水平越接近时,重叠需求的范围就越大,两国重复需要的商品都有可能成为贸易品。所以,两国的收入水平越相似,贸易关系也就可能越密切;反之,如果收入水平相差悬殊,则两国之间重复需要的商品就可能很少,甚至不存在,因此贸易的密切程度也就越小。

从贸易发生的原因上来说,由收入水平接近而产生的国家间的重叠需求为各国企业提供了市场空间,满足重叠需求必然是差异化产品。产品差异化导致了收入接近的国家之间既进口又出口同类产品的产业内贸易,因此,需求接近和产品差异化是贸易基础。

从收入接近和产品差异化的角度,该理论主要适用于发达国家之间的工业制成品贸易,因为初级产品的贸易是由自然资源的禀赋不同而引起的。所有初级产品的需求与收入水平无关,它的贸易可以在收入水平相差很大的国家间进行。而工业产品的设计、外观、品牌等产品特性差异较明显,其消费结构与一国的收入水平有很大的关系,所以工业品之间的贸易也就与国家的经济发展水平、个人收入水平密切相关。发达国家的人均收入水平较高,他们之间对工业品的重叠需求范围较大,因此,工业品的贸易应主要发生在收入水平比较接近的发达国家之间,是水平差异产品间的贸易。

（四）相互倾销模型

在不完全竞争情况下，超额利润或垄断利润的存在使得商品价格高于边际成本和平均成本，厂商面临向右下方倾斜的需求曲线。近年来，建立在垄断竞争假设之上的垄断竞争模型在国际贸易分析中得到广泛运用。垄断竞争模型假定某一行业的所有厂商的需求曲线、成本函数完全一致（尽管他们生产和销售不太一样的产品）。如果 n 家厂商制定相同的价格，则每家分享 $1/n$ 的市场份额；价格高于其他厂商平均水平的厂商只能有较少的份额；相反，价格定得低则能占领较大的市场份额。该模型通过确定厂商数 n 和它们的平均价格 P 来分析国际贸易对它们的影响。在较大的市场中，通常会有更多的厂商，且每个厂商有更高的销售量，消费者能够以较低的价格获得更丰富的商品。因此，国际贸易可以创造出一个比任何国内市场都要大的世界市场。

垄断竞争模型将产品差异与规模经济相结合来解释二战后国际贸易的新格局。首先，产品有差异使得厂商在确定其产品价格时具有一定的垄断力量，但又不能完全垄断，总是存在功能相同的其他替代品与其竞争，因此，产品差异造成了垄断竞争的市场格局；其次，产品的差异又与规模经济密切相关。各国生产者为了利用规模经济，降低产品的单位生产成本，仅选择少数集中最能反映国内大多数人消费偏好的差异产品进行生产，而国内少数人的偏好则通过进口来满足。这样，厂商不仅提高了生产效率，降低了成本，消费者也能从更便宜、更广泛的选择中获利。

在不完全竞争的市场环境中，对于同一种产品垄断厂商常常针对不同的消费者制订不同的价格水平来追求利润最大化，这被称为价格歧视，其中最常见的形式是出口倾销。垄断厂商为了追求利润最大化，会在保持国内垄断高价的前提下，以低于国内市场价格的方式大量出口，争夺国外市场。当然，这一倾销策略获得成功必须具备以下条件：第一，国内市场必须是不完全竞争的，倾销出口企业是价格的制订者而不是价格的接受者；第二，国内市场与国外市场必须充分分隔，不会出现低价回购现象；第三，垄断出口企业面临的国外需求弹性大于国内的需求弹性，即国外需求曲线比国内需求曲线更加平缓。

在图 4.1.3 中，假定垄断出口厂商面临着不变的边际成本 MC，国内需求曲线为 D_d，国内边际收益曲线是 MR_d，国外进口需求曲线是 D_f，国外市场的边际收益曲线是 MR_f。

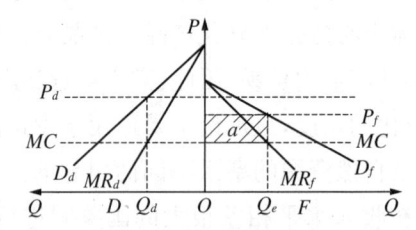

图 4.1.3 垄断厂商出口倾销的经济学基础

垄断厂商根据边际收益等于边际成本（$MR=MC$）定价。国内的竞争小，需求曲线 D_d 陡峭，定价为 P_d；在国际市场有很多的厂商及相似替代品，竞争激烈，需求曲线 D_f 向下倾斜相对平缓，所以定的价格 $P_f < P_d$，但仍然大于边际成本 MC。阴影部分为垄断厂

商在国外以低价获得的额外利润。

在图 4.1.3 中,我们可以看到 D_d 的斜率大于 D_f 的斜率即国内需求弹性小于国外进口需求弹性,这是因为在国内市场厂商独家垄断,面临的相似产品的竞争小,市场份额大;而在国际市场上有更多相似的产品,垄断出口企业要面临更多的竞争。无论在哪个市场,垄断企业需要根据边际收益等于边际成本($MR=MC$)这一利润最大化原则来确定生产量和销售量。此时,国内产销量是 Q_d,价格为 P_d。如果垄断出口企业以低于国内市场价格 P_d,但高于边际成本 MC 的价格水平 P_f 出口产品,出口数量为 Q_e,那么在国外市场上,该垄断厂商就可以获得阴影部分 a 的额外利润。垄断者在需求弹性越低的国家定价越高。

布兰德和克鲁格曼于 1983 年建立了相互倾销模型,这个模型假设两国厂商的状态完全对称:两国相同行业分别有一个完全垄断厂商,并且生产同质产品,它们具有相同的边际收益曲线(MR_d 和 MR_f 的斜率相同)和相同的国内市场需求曲线(D_d 与 D_f 的斜率相同),同时它们的边际成本(MC)也相同。在此假定条件下,贸易前,两国的最优价格和产量分别相同,$Q_d=Q_f$。若扩大产量、增加销售,将导致价格下降,利润减少,所以贸易前厂商都限制国内市场的销售量。如图 4.1.4,即使运输成本是零,也不会发生国际贸易。

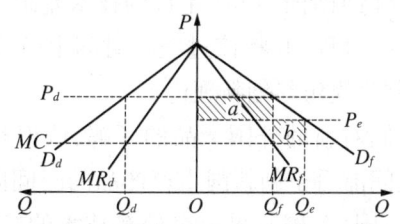

图 4.1.4 相互倾销的国际贸易可能性

国内、国外的两个垄断厂商生产同质产品,具有相同的边际收益曲线(MR_d 和 MR_f 的斜率相同)、相同的国内市场需求曲线(D_d 与 D_f 的斜率相同)、相同的边际成本 MC。所以,国内、国外产品价格皆为 P_d,产量 $Q_d=Q_f$。若本国厂商扩大生产和销售会导致本国价格下跌;若以 P_e 的价格出售到国外($MC<P_e<P_d$),则国外价格降到 P_e,本国垄断企业就会获得额外的总利润净增加区域 b,同时,国外厂商损失了总利润区域 a。

但两个厂商都有向国外出口产品的动机。如果本国垄断企业能够以低于国内价格,但高于边际成本的 P_e 价格出口销售 Q_e 数量的商品,国外市场的价格就会全面下跌到 P_e 水平。本国垄断企业就可以获得额外的总利润净增加区域 b 所代表的面积,而外国垄断企业的总利润损失是面积 a。显然这是损人利己的经营策略,如果两国的垄断企业都知道这种经营策略,就会出现相互倾销的局面。他们会通过出口倾销增加自己的利润总额,并把价格全面下跌的消极影响留给对方。这样做的结果是相同商品的双向国际运输和国际贸易,两个垄断厂商相互承担了降低销售价格的负面影响。

这种建立在相互倾销基础上的贸易现象是有可能发生的,但是否值得提倡和鼓励那就需要分析相互倾销过程中,垄断企业的利润损失之和是否小于由于竞争加剧和价格下降带来的消费者福利的提高和资源配置效率提高之和。如果前者大于后者,这种贸易不值得提倡;如果前者小于后者,这种贸易就值得提倡。[①]

第二节 产品生命周期理论

前面对国际贸易给出的解释有一个共同之处,即技术水平一定并且保持不变。但在一个动态的世界里,国家之间的技术差异很大,高科技日新月异,会产生新的生产方法,从而形成新的产品以及实现产品的改良。这些因素很大程度上影响了比较优势和贸易模式。

一、技术差距论

技术差距理论(technological gap theory)是 H-O 理论的动态扩展,它在 H-O 理论的假设条件上将技术也作为一种生产要素纳入其中,因而国家之间的动态技术差异也成为国际贸易产生的原因之一。技术差距论揭示了技术差异国家之间的贸易来源,即拥有技术领先优势的国家出口技术密集型产品,而技术落后国家从进口到模仿的时间滞后越长,则贸易持续时间越长。波斯纳于 1961 年首创技术差距论,该理论关注技术落后国家对先进技术学习模仿滞后的过程,并将该过程在时间上分为需求滞后、反应滞后和掌握滞后三个阶段,因此又被称为模仿与创新理论。

需求时滞指的是由于人们对新的外国产品的了解、认识和需求有一定的时间周期,使得该国对新产品需求的时间滞后于创新国生产产品的时间间隔。假设有两个国家,一个是技术的"中心",即为创新国(A 国);另一个处在技术的"边缘",称为模仿国(B 国)。图 4.2.1 中,新产品于 t_0 点在技术领先的 A 国家开始生产,在模仿国掌握这项技术之前,A 国具有技术领先优势;t_1 点开始 B 国消费者出现对该产品的需求,于是国际贸易产生,A 国出口,B 国进口。$t_0—t_1$ 这一期间即表示需求滞后(demand lag),即 B 国在 A 国推出新产品后经过一段时间才产生需求,从 t_1 点开始 A 国的生产和出口同时增加。

反应和掌握时滞则指新产品在进口国需求逐渐增大后,进口国认识到本国生产该产品的必要性以及掌握到达创新国生产该产品的同一技术水平的时间。这段时间持续到进口变为零。对于 B 国来说,从新产品刚开始推出到本国开始生产($t_0—t_2$)为反应期间,这段时间 B 国处在相当于 A 国在 t_0 时的状况。过程中,专利权的转让、技术合作或对外投资等从 A 国向 B 国进行梯度转移。当 B 国利用技术转移过程中的示范效应并加以研发逐渐掌握新产品的生产技术,同时以本国低劳动成本优势开始扩大生产,B 国进入了掌握时滞阶段。随着 B 国生产的增加,A 国的生产和出口减少,最后在 t_3 点 B 国进口(A 国出口)为零,开始转为出口。

[①] 赵春明.国际贸易学.北京:石油工业出版社,2003.

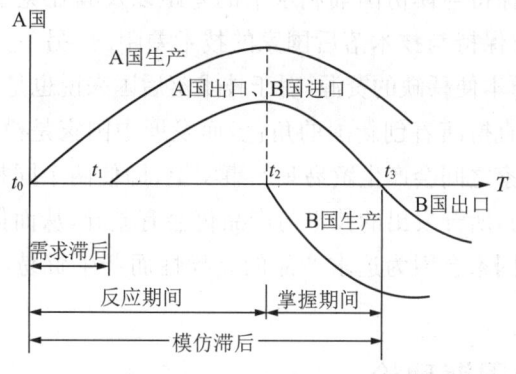

图 4.2.1 技术差距论模型

A国是生产创新国，B国是模仿国。t_0—t_1这一期间表示需求滞后，即B国在A国推出新产品后经过一段时间才产生需求，从t_1点开始A国的生产和出口同时增加。从新产品刚开始在A国推出直到它开始在B国生产(t_0—t_2)为B国的反应期间。新产品流入市场后需求逐渐增加，这让B国的生产商感到不能再按照旧的方法生产老产品，要进行调整生产新产品，这个过程为反应时滞。从B国开始生产到达到与A国同一技术水平，国内生产扩大，进口放慢逐渐缩为零的时间间隔(t_2—t_3)为掌握时滞。区间t_0到t_3是整个模仿滞后过程，其中t_1—t_3是A、B两国的贸易期间。

技术差距论解释了为什么具有相似要素禀赋和需求偏好的国家之间也能产生贸易，即便创新国没有生产该产品所需的密集要素方面的明显优势，仍然可以凭借领先的技术优势，出口相关产品，获得贸易利润。因为其他国家对这种产品产生需求的时间(需求滞后)小于其掌握相关技术生产这种产品满足需求所要的时间(模仿滞后)。当创新国对新产品的技术优势消失，由此引起的贸易也就结束了。从动态条件角度，科技发达的国家在适宜的条件下可以不断地进行再创新再出口的过程，而技术落后国家也可以重复模仿的过程，那么，技术发达国家创新速度与技术落后国家模仿速度之间必须存在一定关系。两者速度决定技术差距是否可持续，决定动态化过程是否可持续，克鲁格曼对此进行了深入分析。

克鲁格曼首先假定存在许多产品，技术创新是一个持续不断的过程，并且技术进步全是开发新产品而不是提高老产品的生产率。另外，它涉及对资源配置、世界收入的影响，使之动态化地解释了技术差距下创新国和模仿国的贸易获得。他假定创新国和模仿国具有相同的柯布—道格拉斯偏好，即每个产品的消费份额都为一个常数，具体到每个国家的产品，消费份额将随这个国家所生产产品的档次上升而扩大。当不发达国家国内技术进步提高了它在所有行业的生产率，则该国从本次技术进步中获得利益，并且生产率提高的最大受益者是从事某些技术密集型行业；同时，发达国家从中等技术含量的产品价格下降中也得到了好处。但如果技术进步是发生在后进国家，技术落后国家的模仿速度超过技术创新国创新速度，那么技术差距被逐步缩小到零，发达国家实际上从贸易中没有获利。一方面，不发达国家会因此减少进口，并依靠其廉价的劳动力优势降低新产品价格。因此，为了保持与模仿国福利水平的差距以及其在竞争中的优势地位，创新国势必需要不断创新以保持与技术落后国家的技术差距。[①] 另一方面，如果该产品需要密集使用技术落后国原本便稀缺的资源，对于技术落后国来说也是不利的。

目前，发达国家一直扮演着创新国的角色，而发展中国家是模仿国。技术差距造成南北贸易，那么发达国家之间会产生贸易吗？事实上，即使两个同是发达国家，在技术开发方面具有相同的能力，所开发出的技术与产品仍会有差异，从而促成国际贸易的产生。因此，技术水平接近的国家会因为追求产品的差异性而产生贸易，这也解释了发达国家之间的产业内贸易。

二、产品生命周期理论

产品生命周期（product life cycle）原是销售学概念，指一工业产品从完成试制、投放到市场开始，直到最后被淘汰出市场为止的全部过程所经历的时间。弗农认为商品与生物一样存在一个出生、成长、衰老的过程，于1966年创立了经济学上的产品生命周期理论。它和技术差距论放松了传统比较优势理论的假设条件，将技术作为重要的外生变量，着重考虑技术进步和技术扩散对产品生产国际化转移的影响。

弗农把产品生命周期分为四个阶段，即创新阶段、成长阶段、成熟阶段和衰退阶段，各阶段在要素特性、产地特性、成本和价格以及进出口格局方面具有以下特征：

1. 创新阶段

从要素特性看，由于技术尚需改进，产品尚未定型，要素比例、工艺流程、规格划定等需不断调整，因而需要科学家、工程师和其他高度技术熟练工人的大量劳动，产品是技术密集型的。

从产地特性看，由于新产品的设计和设计的改进要求靠近市场，而且价格高昂，因而新产品只能在收入水平高的创新国生产。

从成本和价格特性看，由于这时没有竞争者，又没有相似的替代品，研究与开发需大量投入，产品的生产成本比较高，产品的价格相应也较高。

从进出口格局看，制造新产品的企业垄断着世界市场，高价格的产品只在创新国销售。这一阶段，没有国际贸易。

2. 成长阶段

从要素特性看，到这一阶段，技术已经定型，技术诀窍扩散到国外，仿制开始，技术垄断优势开始丧失。由于产品开始转入正常生产，只需使用熟练劳动力和扩大生产规模即可。因此，这时产品由技术密集型变为资本密集型。

从产地特性看，其他发达国家进口的增加、市场的扩大，一方面诱使进口国的厂商仿制，另一方面创新国从事新产品制造的企业开始在东道国设立子公司从事生产，以防丢失市场。生产同时在创新国和其他发达国家进行。

---

① 保罗·克鲁格曼.国际贸易新理论.北京：中国社会科学出版社，2001.

从成本和价格特性看,这一时期由于其他发达国家的厂商不需像创新国一样在创新阶段投入大量的研究与开发费用,因此,生产成本降低。由于产品有了广泛的市场,参加竞争的厂商数目增加,消费需求的价格弹性上升,厂商只有降低价格才能扩大销路。因此,这阶段产品成本价格比第一阶段下降。

从进出口格局看,这一阶段,其他发达国家的进口企业及创新国的子公司开始生产这种产品并逐步占领市场,创新国对这些国家的出口增加到峰值后逐渐减少。同时,虽然东道国的厂商在本国生产新产品的成本能和创新国企业的产品相竞争,但由于生产规模尚小,再加上关税、运费后,使其产品无法在第三国市场上与创新国产品相竞争。所以,在这一阶段,创新国同时对其他发达国家和其他发展中国家市场出口。

3. 成熟阶段

从要素特性看,这一阶段,产品已经基本标准化,不仅一般发达国家已完全掌握该种生产技术,而且一些发展中国家也开始掌握这种生产技术,资本和劳动要素优势发挥同等作用。

从产地特性看,产品产地开始向一般发达国家、甚至发展中国家依次转移,范围不断扩大。

从成本和价格特性看,由于其他发达国家厂商产量不断上升,经验不断积累,加之工资水平较创新国低,所以成本进一步下降。

从进出口格局看,这阶段由于一般发达国家成本降低的程度抵补了向国外出口产生的关税和运费,能够和创新国产品在第三国市场上进行竞争,并逐渐取代创新国产品。因而,其他发达国家到了净出口阶段。

4. 衰退阶段

从要素特性看,因技术、生产设备的标准化,技术和资本已逐步失去了重要性,这时产品的比较优势主要决定于劳动力成本的高低。因此,产品变为劳动密集型的。

从产地特性看,发展中国家因为劳动力便宜,在生产这类产品上具有优势,因此,生产逐渐转移到发展中国家。同时,一般发达国家凭借生产规模也能使生产成本大幅下降,因此仍能从事生产。

从进出口特性看,到这一阶段,创新国出口极度萎缩。创新国要挽救颓势,就要提高和改进技术,使产品升级换代,但与其这样做,不如将这些标准化产品转移到技术水平低、劳动力便宜的发展中国家生产,自己转而研发新产品。这样,创新国变为产品的净进口国,产品的生命周期在创新国结束。

弗农用产品生命周期概念解释美国制造业产品的出口:第一阶段,新产品首先出现在技术发达的美国,美国在出口市场具有垄断地位。第二阶段,西欧国家也开始生产,产品设计和生产逐渐标准化。随后,美国向西欧国家的出口会减少。第三阶段,西欧国家在其他出口市场开始替代美国产品。第四阶段,发展中国家产品获得足够竞争力,开始向美国市场出口。

以上四个阶段的发展可以通过图 4.2.2 产品生命周期模型[①]来表示:

---

① 国彦兵.西方国际贸易理论:历史与发展.杭州:浙江大学出版社,2004.

图 4.2.2 中，t 表示时间，纵轴原点以上表示净出口，原点以下表示净进口；横轴代表整个产品生命周期。t_0 为美国新产品开始生产的时间，t_1 为美国开始出口和西欧国家开始进口的时间，t_2 是发展中国家开始进口的时间，t_3 是西欧国家开始出口的时间，t_4 为美国开始进口的时间，t_5 是发展中国家开始出口的时间。美国作为创新国由出口到进口，西欧和发展中国家作为模仿国从进口到出口，新技术和新产品如同波浪般在传递和扩散中向前发展和推进。

此产品经过以上阶段完成了它的生命周期，但在全世界内这一过程还没有结束，它会继续从欧洲、日本向世界其他发展中国家逐步转移，直至该产品生产完全转移到发展中国家，欧洲、日本也成为纯进口国。与此同时，这种产品在美国进入标准化后，美国又会重新研制开发更新的产品，从而开始进行另一场类似的生命周期历程，周而复始。近年来，新技术的扩散滞后期大大缩减，新产品的生命周期变得越来越短。

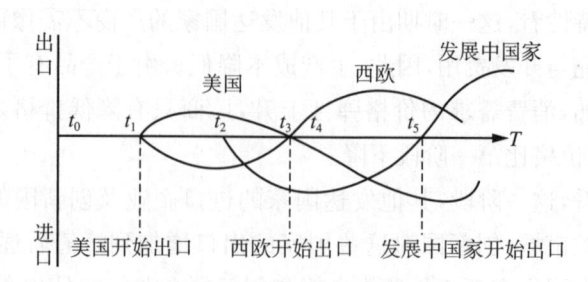

三、产品生命周期模型的新发展

这一模型在 1967 年被贺希进一步补充和发展。贺希从产品生命周期理论出发，考察了各国工业的潜在竞争能力，划分出了三组国家：

A 组：以美国为代表的最发达的工业化国家；

D 组：以荷兰、瑞士为代表的较小的工业发达国家；

L 组：以印度、土耳其为代表的已经开始工业化的发展中国家。

贺希认为这三类国家各自具有自己的特点，这就使得他们在产品生命周期的不同阶段上处于优势地位，可以据此进行专业化生产和国际贸易。[①]

A 组国家有能力生产各个阶段上的产品，并且其拥有雄厚的管理、资金、研发能力和广阔的国内市场，因此，在创新产品和成长产品的生产上更具有优势。

D 组的优势体现在研制新产品的开发阶段上，这些国家具有相对丰富的人力资本和科学研究实力，但国内市场较狭窄，企业不能扩大生产，实现规模经济。进入产品的成长期后，其优势会逐渐下降，到了成熟期则完全消失。

L 组国家在成熟阶段产品的生产上具有优势。在此阶段，生产过程已经定型，技术

[①] 国彦兵.西方国际贸易理论：历史和发展.杭州：浙江大学出版社，2004.

也已成熟和普及，只要具有熟练劳动力就可以进行生产。虽然这时这种产品还属于资本密集型商品，但廉价劳动力可以弥补资本的不足，甚至还具有相对优势。此外，由于这种成熟产品的市场已经被开发出来，出口也相对容易。

贺希将H-O模型和产品生命周期理论联合在了一起，把科技人员、管理、外部经济效益和非熟练劳动等四个因素引入了国际贸易论的分析中，将比较优势理论动态化了。他认为随着产品生命周期的不断发展，比较利益会在各国之间进行移动，每个国家只在同一产品的不同阶段上具有比较利益，而不能永远垄断某一产品的比较利益。这包含了产品内分工的思想，大大发展了国际贸易理论。

第三节　国家竞争优势理论

20世纪90年代，波特在《国家竞争优势》一书中，把国内竞争优势理论运用到国际竞争领域，提出了著名的波特"钻石"体系理论，即国家竞争优势理论，主要研究一个国家为什么能在某一领域取得领先地位。

一、国家竞争优势理论的核心思想

波特认为，国家竞争优势实质上指一国产业的国际竞争优势。国家竞争优势理论要解决的核心问题是为什么一国会出现那些拥有国际竞争优势的产业并保持住这种优势。一个国家要想在激烈的国际市场竞争中保持住竞争优势，就必须要有生产力发展水平上的优势；而要保持较高的生产力发展水平，该国就要有适宜的创新机制和充分的创新能力。创新机制由微观、中观和宏观三个层面的竞争机制构成。

（一）微观竞争机制

企业具有活力和不断创新的能力是国家保持竞争优势的基础。企业应该在研究、开发、生产、销售、服务等方面和环节上不断进行创新，才能使企业具有长期的竞争优势与盈利能力。

（二）中观竞争机制

波特认为，产业因素与区域因素也在很大程度上影响着企业的盈利与发展。一个企业在其经营与创新的过程中不仅受制于企业内部因素，而且受制于企业的前向、后向和旁侧关联产业的辅助与影响，同时还受制于企业的区域战略与政策。企业应把自己的不同部门（如设计、原料、部件、组装、销售部门等）依据资源合理配置原理设立在恰当的地区，以此来降低经营成本，提高产品竞争力。

（三）宏观竞争机制

波特认为，一个国家的经济环境对企业的竞争优势乃至对国家的竞争优势有着相当大的影响。这其中起决定影响作用的因素有四项，即生产要素条件、国内需求条件、相关支持产业竞争力以及企业战略、结构与竞争。这四项因素互相发生作用,共同决定国家竞争优势。这就是波特的"国家竞争优势四因素模型",又称钻石体系。

二、国家竞争优势钻石体系

波特总结出一国能在某种产业中取得国家竞争优势四项关键因素,加之两项辅助要素,它们之间彼此互动形成完整的钻石体系。

国家竞争优势是钻石体系中的各个要素互相牵动,彼此长时间强化而衍生出来的,如图4.3.1所示。

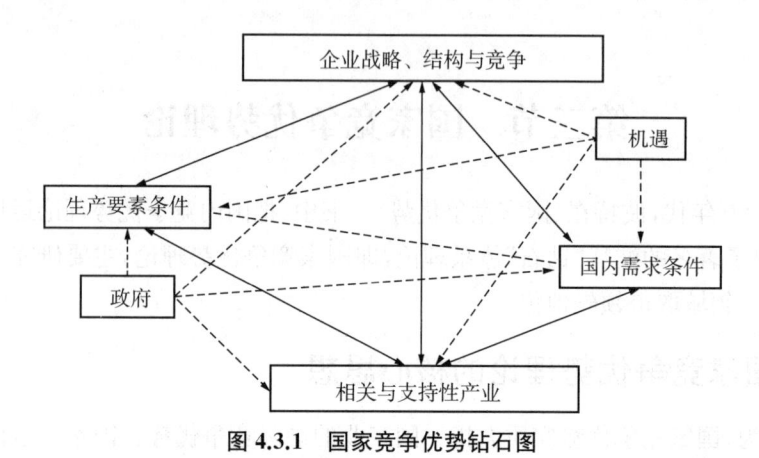

图 4.3.1 国家竞争优势钻石图

(一) 钻石体系的关键要素

1. 生产要素条件

它是指影响竞争力的各种资源状况,包括自然的与后天的、物质的与精神的。波特根据等级将生产要素细分为初级生产要素和高级生产要素。初级生产要素包括自然资源、气候、地理位置、人口等,高级生产要素包括通信设施、掌握高级技术的熟练劳动力、科研设施和技术诀窍等。高级生产要素是个人、公司和政府投资的结果,其对竞争优势最重要。一个国家想要经由生产要素建立起产业强大而持久的竞争优势,则必须发展高级生产要素。

2. 国内需求条件

国内需求条件主要指本国对该产品的需求情况。波特认为,产品的最初销售一般都是在本国,国内买方市场的培育是获取国家竞争优势的重要途径。国内买方与公司在地理、文化上接近,他们最容易使公司感觉到最新的、最高层次的需求,并在买方压力下比国外竞争者更快创新,提供更先进的产品,并确立产品质量、性能和服务方面的高标准,从而赢得竞争优势,形成生产和消费良性循环。相反,如果国内买方要求越低,则越容易使厂商安于现状,产品质量和服务水平提高得越慢。例如,日本的照相机购买者十分精明,使得日本相机在国际上具有很强的竞争力;芬兰的诺基亚和瑞典的爱立信手机曾在世界处于领先地位,得益于斯堪的纳维亚国家的消费者对此领域的产品要求高。国内需求的重要性对国家竞争优势无可替代,国内需求在生产者决策中居重要地位,市场需求越苛刻、越高级,产业的竞争力越高。

3. 相关与支持性产业

相关与支持性产业是指国内是否具备有国际竞争力的供货行业和相关产业。相关产业或辅助产业对高级生产要素的投入所产生的效益可以波及另一产业,从而帮助该产业在国际市场上确定竞争地位。相关产业必须是领先的或一流的。如果相关行业比较发达,则有紧密合作的可能、互补产品的需求拉动、企业优良的信息环境等。一国在国际市场具有竞争力的成功产业一般是由很多相关产业组成的一个产业群。如美国在半导体工业的领先地位为其在计算机和其他技术先进的电子产品方面的成功提供了基础;瑞士在制药业方面的成功与其过去染料工业的国际性成功密切相关;日本电子工业和家电工业的发达,使其不仅在固有的传统优势产品上一直处于领先地位,如电视机、摄像机、照相机等,而且能不断推出各种极具竞争优势的新产品,如 VCD、DVD 以及各种类型的游戏机和游戏软件。

4. 企业战略、结构与竞争

企业战略、结构与竞争主要是指企业管理、价值观念、发展战略,包括企业在一个国家的战略及组织管理形态,以及国内市场竞争对手的表现等。国家发展目标、企业目标、个人事业目标、民族荣耀与使命感对提升国家竞争优势是重要的。此外,同业竞争能促使企业彼此竞相降低成本,是提供竞争优势升级的一条新途径。竞争对手越趋集中,竞争越激烈,竞争效果也越好。国内竞争最终迫使国内企业寻求全球市场并力求成功。只有经过国内激烈竞争的检验,企业才能赢得国际竞争优势。

(二) 钻石体系的辅助要素

在国家环境与企业竞争力的关系上,还有机会和政府两个变数,构成国家竞争优势钻石体系中的辅助要素。

1. 机遇

机遇是可遇而不可求的有利状态。它包括:基础科技的发明创新;传统技术出现断层,如生物科技;生产成本突然提高,如能源危机;全球金融市场或汇率的重大变化;全球或区域市场需求激增;外国政府的重大决策;战争,等等。这些机遇因素可能为调整产业结构、一国企业超越另一国企业提供机会。

2. 政府

政府的作用在于对四种要素的影响。波特强调政府不可能通过政策扶持创造有竞争力的产业,而应选择提高生产率的制度、政策和法律,为企业创造有利的环境。政府与其他关键要素之间的关系既非正面,也非负面。例如,政府的补贴、教育和资金市场的政策等会影响到生产要素,对国内市场的影响也很微妙。政府被定位于平衡干预与放任之间的角色。政府在有些方面(如贸易壁垒、定价等)应该尽量不干预;而在另外一些方面(如确保强有力的竞争、提供高质量的教育与培训等),政府则要扮演积极的角色。

三、国家竞争优势的动力系统

钻石体系中的各关键要素交互作用,形成自我强化的体系,进而带动国家竞争优势。这种动力系统会使竞争优势诞生、进化、升级并持续发展。例如,关键要素的影响力和强化力也会导致产业集群的出现,并带动国内各产业集群之间形成互动机制。

(一) 钻石体系内的提升动力

(1) 生产要素的提升动力。国家竞争优势须借由高级、专业型的生产要素才能达成,而创造、提升该种要素的动力来自钻石体系中其他关键要素对国家竞争优势的影响程度。

(2) 国内需求条件的提升动力。激烈的国内市场竞争会提升国内市场水平,产生教育客户的效果。客户因此要求更高,他们的角色也更加明显。

(3) 相关与支持性产业的提升动力。下游客户的竞争激烈,会给上游供应商施加压力,所以供应商必须不断创新、发展和升级,这也就带动了上游产业的竞争。

(4) 企业战略、结构与竞争的提升动力。企业卷入竞争大战之后,会自然而然被刺激去创造像挑剔型客户、精致型供应商等关键要素,也唯有如此,才可能建立竞争优势。

(二) 基于产业集群的国家竞争优势提升

钻石体系的基本目的就是推动一国的产业竞争优势趋向集群式分布,呈现由客户到供应商的垂直关系,或由市场、技术到营销网络的水平关联。

产业集群是指经营同一种产业的一群公司在地理上集中在一起。它是国际竞争优势产业的一个共同特征。国家竞争优势的关键要素会组成一个完整的系统,是形成产业集群现象的主要原因。

四、简要评价

(一) 贡献

(1) 获得竞争优势和保持竞争优势是企业发展的动力。国家竞争优势源于各种因素的综合。

(2) 具有国家竞争优势与产品竞争力的企业将推动国际贸易发展。

(3) 竞争优势的取得需要根据经济环境和经济发展的情况循序渐进地进行。

(二) 不足

波特的钻石体系理论的研究方法大多是综述性的,实际考察和量化分析存在一定的困难。

基本概念

产业内贸易(intra-industry trade)
规模经济(economies of scale)

不完全竞争(imperfect competition)
产业内贸易指数(intra-industry trade index)
相互倾销(reciprocal dumping)
技术差距理论(technological gap theory)
产品生命周期理论(product life cycle theory)
国家竞争优势(competitive advantage of nations)
钻石模型(Diamond Model)

复习思考题

1. 总结产业内贸易理论或模型与产业间贸易理论或模型的共同点和不同点。
2. 产业细分程度与计算的产业内贸易指数大小的关系如何？
3. "新赫克歇尔—俄林模型"是通过改变哪些假定条件，使其能够解释产业内贸易现象的？
4. 根据克鲁格曼提出的"新张伯伦模型"，为什么两个完全相同的国家能够开展产业内贸易？这种国际贸易的福利效应如何？
5. 相互倾销模型的经济基础是什么？
6. 根据技术差距模型，国际贸易是如何产生的？
7. 产品生命周期各阶段有哪些特征？
8. 钻石体系中的关键要素如何决定国家竞争优势？
9. 政府要素在提升国家竞争优势中如何发挥作用？

第五章

保护贸易理论

本章学习重点

1. 保护幼稚工业理论
2. 适度保护的含义
3. 战略性贸易理论

最早的国际贸易理论就是保护贸易理论(theory of trade protection)——重商主义，它产生于资本原始积累时期。到了资本主义自由竞争时期，与李嘉图的比较优势理论相对应，产生了李斯特的幼稚产业保护理论。到了垄断资本主义时期，产生了凯恩斯的超贸易保护主义理论。二战后，与发展中国家追求经济独立自主的呼声相适应，普雷维什的"中心—外围"理论应运而生。到 20 世纪 80 年代，随着国际竞争日趋激烈，发达国家之间贸易摩擦日益增多，战略贸易理论、管理贸易理论等新的理论也出现了。

第一节 重商主义

15—17 世纪，西欧处于资本原始积累时期，代表商业资本利益的经济思想和政策体系的重商主义应运而生。当时，封建主义自然经济基础逐渐瓦解，资本主义商品经济迅速发展，货币成为全社会各个阶层普遍追求的东西，成为财富的代表形态。商业资本与高利贷资本占据统治地位，商业成为利润和财富的源泉，因而在这一社会背景下，以流通领域为研究对象，认为利润来自流通领域，而与生产过程无关的重商主义(mercantilism)应运而生。

一、重商主义的主要观点和流派

重商主义者认为，货币(金银)是财富的唯一形态，一国金银货币拥有量的多寡反映了该国的富裕程度和国力的强弱，因此，一切经济活动的目的就是为了获取金银货币。那么，怎样才能尽可能多地获取金银货币呢？实际上有三条途径：一是开采金矿、银矿，二是暴力掠夺,三是通过商业(对外贸易)去赚。金矿、银矿是自然矿藏,是自然禀赋,不是每个国家都有的。事实上,资本原始积累时期西方金银货币的主要来源是抢劫,特别是对美洲印第安人的掠夺。当然,作为学者不需要研究怎样抢劫,他们能研究的是怎样通过商业(对外贸易)去赚,因此,所谓重商主义实际上就是重对外贸易。很明显,只有保持贸易顺差,才能在国内积累金银货币。又由于在一定时期内全世界金银货币的数量是一定的,一国获取金银货币数量多,另一国必然就少。因此,国家之间的贸易利益是根本对立的,国际贸易是零和博弈,一国所得必为它国所失,从而政府必须干预对外贸易,以保持贸易顺差。

重商主义分为两个发展阶段,大约15世纪至16世纪中叶为早期重商主义阶段,16世纪下半叶至17世纪为晚期重商主义阶段。

早期重商主义代表人物是英国人威廉·斯塔福。他认为金银货币是唯一的财富,任何商品进口都会使货币流出,减少本国货币拥有量,从而减少本国的财富。因此,一国在对外贸易中尽可能多出口少进口,多卖少买,最好只卖不买。只有这样,一国才能迅速增加货币,积累财富,同时,该理论还绝对禁止金银外流。由于早期重商主义把眼光盯在货币收支上,故又称重金主义或货币差额论。

但是,货币是国际间商品流通的手段,各国都限制金银外流,其结果是窒息了贸易,阻碍了金银的流入,而且货币只有在运动中、流通中才能增值,于是早期重商主义发展成晚期重商主义。晚期重商主义代表人物是英国人托马斯·孟,其代表作《英国得自对外贸易的财富》被认为是重商主义的"圣经"。与以守财奴的眼光看待货币的早期重商主义者不同,他们用资本家的眼光看待货币,开始把金银和商品联系起来,指出"货币产生贸易,贸易增多货币",主张适当的进口和金银输出,以便扩大出口,但必须遵循一条原则,即卖给外国人的商品总值应大于购买他们的商品总值,保证贸易顺差。并不要求对每一个国家的贸易都有顺差,而只要有总的顺差就行了,从而增加货币的流入量,增加本国财富。因此,晚期重商主义又称贸易差额论,是真正的重商主义。

二、重商主义的政策主张

重商主义根据自己对财富和贸易的理解,提出一系列关于贸易政策方面的主张,对后世产生了深远的影响。由于当时西欧各国具体情况不同,各国所奉行的政策也不尽一致,但综观这些政策都有一个共同点,即属于奖出限入的保护贸易政策。这些政策措施主要有:

(一) 严格管制金银货币

早期重商主义者严禁金银出口,这个禁令流行于16—17世纪的西班牙、葡萄牙、荷兰、英国、法国等国。西班牙执行最久,也最严格,输出金银货币或金块、银块甚至可以判处死刑。英国规定凡是英国出口商只能到国外指定的地点进行交易,并规定每次出售英国商品所得的货币必须包括一部分外国货币或金银,以便运回本国;对外国商人则规定必须将出售货物所得的全部金银用于购买英国当地商品,在英国花费掉,以避免金银外流。

（二）实行对外贸易垄断，独占殖民地贸易与航运

16世纪，葡萄牙国王直接掌握并垄断对东方的贸易，西班牙王室则垄断与美洲殖民地的贸易，不许外国人插手经营。1600年，英国授予东印度公司贸易独占权，垄断英国与远东（主要是印度与中国）的贸易，开组织海外公司之先河。1651年，英国通过了《航海法》，该法案规定，一切输入英国的货物必须用英国船只载运或原出口国船只装运；对亚洲、非洲及北美的贸易必须由英国或殖民地的船只载运。

（三）限制进口

重商主义者禁止进口奢侈品，对一般制成品的进口无一例外地征收重税，往往高到让人不能购买的地步，但对原料进口则免税，鼓励加工后再出口。

（四）促进出口

重商主义者鼓励商品出口，特别是制成品的出口，对本国商品的出口给予补贴，降低或免除出口关税。实行出口退税，即在出口后，把对出口商品的原料所征税款退回给出口厂商，但禁止重要原料的出口。

（五）管制本国工业，鼓励和扶持本国幼弱工业的发展

根据当时的制造业还是以手工劳动为主的特点，重商主义者提出了鼓励工业发展的具体建议：奖励人口生育，以扩大劳工来源；实行低工资政策以降低生产成本；通过《职工法》，鼓励外国技工的移入，同时禁止本国熟练技工外流；通过《行会法》，鼓励国内工厂手工业的发展等。

除此之外，英国在1660—1689年间通过《谷物法》来限制粮食的进口。

三、对重商主义的评价

重商主义的理论和政策在历史上曾经起到过进步的作用，它促进了资本的原始积累，推动了资本主义生产方式的发展。不仅如此，重商主义的思想和政策主张一直影响着后来的经济学家和各国的外贸政策。人们从凯恩斯的外贸理论和政策主张中，从日本、美国等发达国家的外贸政策中，不难看见重商主义思想的影子，以致有人称之为"新重商主义"。但它对社会经济现象的探索只局限于流通领域，而未深入到生产领域，因而还不是真正的科学。马克思指出："真正的现代经济科学，只是当理论研究从流通过程转向生产过程时才开始"。[①]

第二节 保护幼稚工业理论

最早提出保护幼稚工业(infant industry)学说的是美国独立后第一任财政部部长汉

[①] 马克思,恩格斯.马克思恩格斯全集.北京：人民出版社,1974.第25卷.

密尔顿。当时,美国政治上虽然独立,但在经济上依然落后,国内产业结构以农业为主,工业发展十分落后,仅限于农产品加工和手工产品的制造。北方工业资产阶级要求实行保护关税政策,以独立地发展本国经济;而南方种植园主则主张自由贸易,用小麦、棉花等农林产品去交换英、法等国的工业品。在此背景下,汉密尔顿代表工业资产阶级的愿望和要求,于1791年12月向国会提交了《关于制造业的报告》,明确提出实行保护关税,发展制造业的主张。但是将保护贸易理论系统化的则是德国的弗里德里希·李斯特,他在《政治经济学的国民体系》(1841年)中,建立了一套以生产力理论为基础,以保护关税制度为核心,为后进国家服务的保护贸易理论。

李斯特早年信奉李嘉图的思想,鼓吹自由贸易,但是后来李斯特发现德国的国情与英国不同,如果推行自由贸易,德国的工业将没有发展的机会,德国将永远无法强大,只能成为英国的附庸。由于封建势力的强大和顽固等原因,当19世纪上半期英国完成工业革命,法国近代工业也有长足发展的时候,德国还是个政治上分裂、经济上落后的农业国。德意志诸侯割据,贸易壁垒林立,商品从普鲁士到瑞士要经过10个诸侯国,海关要征收10次税,货币要兑换10次,人员要签证10次,市场不统一,经济就无法发展。因此,德国资产阶级对内要求废除关卡,统一国内市场;对外要求高筑关税壁垒,保护本国工业。李斯特代表德国资产阶级的利益,一方面周游列国,游说各诸侯国撤除关卡,统一国内市场;另一方面在与英国古典学派的论战中系统地提出了保护贸易理论。

一、对自由贸易理论的批判

(一)普遍的自由贸易理论是无边无际的世界主义经济学

自由贸易理论完全忽视了国家的存在,不考虑如何满足国家的利益,而以所谓增进全人类利益为出发点。

李斯特认为,在不存在一个"世界范围的共和国"或一个包括一切国家在内的世界联盟作为持久和平的保证时,国家之间、民族之间充满了利益矛盾、冲突乃至战争。因此,对每一个国家来说,民族利益高于一切,每个国家制定贸易政策时都把本国利益放在首位,而不考虑对外国的影响。事实上当年英国工业不发达的时候,也实行过保护贸易政策。现在英国古典学派提倡自由贸易,是因为英国已经完成工业革命,工业无比强大,推行自由贸易可以使其工业品占领整个世界,只利于英国而不利于其他国家,特别是工业发展落后的国家。其他国家的工业将被迅速摧毁,从而丧失发展壮大的机会。因此,自由贸易理论和政策不适合经济落后的国家,它们应该实行保护贸易政策,使本国工业有一个从弱到强、从小到大的成长机会;当经济上赶上或超过先进国家时,自由贸易才有可能,并能从中获得利益。可见,要以国家经济学取代英国古典学派的世界主义经济学。

(二)自由学派只考虑交换价值和眼前利益

自由学派只考虑通过对外贸易增进财富,只看到眼前利益,而没有考虑到国家的精神和政治利益、长远利益以及国家的生产力。发展生产力才是制定国际贸易政策的出发点。

英国古典学派的自由贸易理论是建立在价值理论之上的,李斯特提出了生产力理论来代替古典学派的价值理论,并以此作为保护贸易学说的理论基础。

李斯特认为,财富本身和创造财富的能力即财富生产力是有根本区别的。财富本身固然重要,但是创造财富的能力即财富生产力更加重要。他写道:"财富生产力比之财富本身,不晓得要重要多少倍。它不但可以使已有的和已经增加的财富获得保障,而且可以使已经消失的财富获得补偿。个人如此,拿整个国家来说更是如此"。① 李斯特还强调指出:"生产力是树之本,可以由此而产生财富的果实,因为结果子的树比果实本身价值更大。力量比财富更加重要,因为力量的反面——软弱无能——足以使我们丧失所有的一切,不但使我们既得的财富难以保持,就是我们的生产力量、我们的文化、我们的自由,甚至我们国家的独立自主,都会落到在力量上胜过我们的那些国家手里"。② 因此,一国制定外贸政策,首先要考虑是否促进国内生产力的发展,而不是从交换中获得多少财富。

根据生产力理论,李斯特认为落后国家实行保护贸易政策是抵御外国竞争、促进国内生产力发展的必要手段。在保护贸易政策实行之初,国内生产成本较高,效率较低,消费者利益受损,但消费者暂时做出牺牲是必要的,因为这是发展本国工业的一个条件。当本国工业成长起来后,价格就会下降,消费者的损失会得到充分补偿。短期的损失所赢得的力量永远可以产生难以估量的价值。落后国家要进入先进工业国的行列,就必须放弃眼前按比较优势进行分工所能获得的贸易利益,限制国外廉价的先进商品进口,付出本国福利水平暂时下降的代价,使本国工业有一个从弱到强、从小到大的成长机会,才可能使本国摆脱附庸的经济地位,跻身于先进工业国的行列。

(三)普遍的自由贸易理论是狭隘的本位主义和个人主义

鼓吹狭隘的个人利益,抹杀国家利益,认为个人利益与国家利益总是一致的,是古典学派反对国家干预经济活动(包括外贸)的原因之一。李斯特认为,国家利益独立于私人利益,国家的存在是个人与社会全体的安全、福利、进步以及文化等的第一条件。私人利益应当从属于国家利益,而且私人利益与国家利益并不总是一致的,追求私人利益并不一定促进整个社会利益,而牺牲私人利益却有可能对国家利益有利。古典学派把私人利益与国家利益混为一谈,提倡自由贸易,反对任何贸易限制,从经济强国的角度看是正确的,是符合其自身利益的。因为当时英国的私人资本无比强大,根本不需要政府扶持就可以打遍天下无敌手,它所需要的只是普遍的自由贸易,让别国打开大门,开放市场。但是如果把自由贸易原则强加到落后国家身上,反对任何贸易保护的做法就非常荒谬了。落后国家政府为了整体利益实行保护贸易政策,实际上也是为

---

① 弗里德里希·李斯特.政治经济学的国民体系.北京:商务印书馆,1961.
② 弗里德里希·李斯特.政治经济学的国民体系.北京:商务印书馆,1961.

个人投资提供保护,为本国商品提供市场,因此也符合个人利益。他以风力和人力在森林成长中的作用来比喻国家在经济发展中的重要作用。他说:"经验告诉我们,风力会把种子从这个地方带到那个地方,因此荒芜原野会变成稠密森林,但是要培养森林因此就静等着风力作用,让它在若干世纪的过程中来完成这样的转变,世界上岂有这样愚蠢的办法?如果一个植树者选择树秧,主动栽培,在几十年里达到了同样的目的,这倒不算是一个可取的办法吗?历史告诉我们,有许多国家就是由于采取了那个植树者的办法,胜利实现了它们的目的"。[1]

(四)保护贸易政策只是一种手段,是为了培养自由竞争的能力

李斯特明确指出:"国际贸易的自由和限制,对于国家的富强有时有利,有时有害,是随着时间的不同而变化的"。[2] 因此,要根据本国经济发展的不同阶段而选择不同的贸易政策。

李斯特把各国经济成长分为五个阶段:原始未开化时期、畜牧业时期、农业时期、农工业时期、农工商业时期。当一个国家由未开化阶段转入畜牧业、转入农业、进而转入工业与海运事业的初期发展阶段时,应当与先进的国家进行自由贸易,这样会对经济发展和社会进步起强有力的刺激作用。当一个国家已经跨过工业发展的初级阶段,已经具备建成一个工业国的精神和物质的必要条件,只是由于还存在着一个比它更先进的工业国家的竞争力量阻碍其发展时,才需要实行保护贸易政策,以便筑一道"防火墙",使国内工业有成长的条件。而当工业化完成,国内工业品已经具备国际竞争能力时,该国就进入了农工商业发展阶段,故应实行自由贸易政策,以享受自由贸易的最大利益,刺激国内产业的进一步发展。

根据李斯特的分析,当时英国已经处在农工商业阶段,工业竞争力世界最强,主张自由贸易理所当然。而德国当时处在第四阶段即农工业时期,工业还处于建立和发展时期,还不具备国际竞争能力,因此必须实行保护贸易政策。

二、关于保护贸易的具体政策主张

(一)保护对象

李斯特认为农业不需要保护。着重农业的国家,人们偏于守旧,缺乏创新和冒险精神;而着重工商业的国家则不然,人们充满进取精神,偏于创新,整个社会富有朝气和活力。李斯特虽然主张对国内工业保护,但是并不主张对所有工业品都采取高度保护措施,而是要区别对待。一国工业虽然弱小,但在没有强有力的竞争者时,也不需要保护。只有刚刚开始发展且受到国外强有力竞争威胁的有前途的幼稚工业,才需要保护。对于奢侈品,只要征很低的关税,因为该类商品进口总值不大,一旦发生战争影响进口也不会造成大的影响,征税过高反而会刺激走私。而对那些国民经济具有重要意义的部门要特别注

---

[1] 弗里德里希·李斯特.政治经济学的国民体系.北京:商务印书馆,1961年.
[2] 弗里德里希·李斯特.政治经济学的国民体系.北京:商务印书馆,1961年.

意保护,包括建立及经营需要大量资本、大规模机械设备以及大量劳动力、生产主要生活必需品的部门。因为此类产品价值巨大,在国民经济中比重很大,该类产业的发展能带动一国生产力的巨大进步,解决大量人口就业,刺激资本积累和人才培养,还有利于保持国际收支平衡。至于对机械设备的进口,则应免税或低税,因为机械设备是工业的"母机",限制国外机械设备的进口,实际上会阻碍国内工业的发展。国内不能提供的原料也应免税或低税进口。

（二）保护时间

保护期限最长不超过30年,在这个期限内仍然不能成长起来的产业,政府就不应该继续保护。

（三）保护手段

以禁止输入与征收高额关税为主要手段。李斯特指出,要达到保护目的,对某些工业品可以实行禁止输入。在一般情况下,如果某种产业不能在比原来高40%—60%的保护关税下长期存在下去,这种产业就没有前途,因而不应给予保护。而保护的程度应随不同的发展阶段以及不同的行业而定,没有哪个是绝对有利或绝对有害的。

一般说来,在工业发展初期,决不可把税率定得太高,因为税率太高会中断国内外的经济联系,妨碍资金、技术和企业家精神的引进,这必然对落后国家不利。正确的做法是从国内工业起步阶段开始征税,并且应当随着国内（或从国外引进）的资本、技术和企业家精神的增长而逐步提高关税；当国内工业开始具备国际竞争力时,再逐步降低关税。总之,一国保护税率应该有两个转折点,即由低到高然后又由高到低。关税税率一经确定就不要轻易变动,以免引起混乱。

三、对李斯特保护贸易理论的评价

李斯特第一个创立了系统的保护贸易理论,对德国经济的发展做出了极大贡献,使德国迅速跃为世界强国,同时也为全世界落后国家走上工业化道路提供了重要理论依据。因为李斯特的保护思想和政策主张反映的是,经济落后国家独立自主地发展民族工业的正当要求与愿望,它是落后国家进行经济自卫并通过经济发展与先进国家相抗衡的学说,对发展中国家的经济发展起了积极作用。

但是要注意,保护贸易政策只是落后国家跃居先进工业国的必要条件,而非充分条件。以美国、德国为例,它们的成功除了实行保护贸易政策外,还与以下因素有关:政府高度重视教育和科研,提高国民文化素质；抓住第二次产业革命的历史机遇；英国推行全球性的自由贸易政策,对美、德没有采取严厉的报复措施；竞争对手较少,世界上实现工业化的国家还是少数,有大量落后的国家及殖民地为其提供原料市场等。

李斯特的保护贸易理论为多数落后国家所采用,但是成功的国家寥寥无几,除了早期的美国、德国外,后来只有韩国、日本等少数国家。这其中原因很多,过度保护是一个重要原因,过度保护使国内企业陷入了"落后——保护——再落后——再保护"的恶性循

环,因此,要进行适度保护(appropriate protection)。适度保护的含义包括以下几方面:

(一)保护的范围要适度

对一国经济发展具有关键性影响的产业才值得保护,要有所为,有所不为,不要广泛地进行贸易限制以试图建立全面的工业体系,对小国更是如此,因为小国资源有限。瑞士、瑞典、芬兰等小国之所以能位于发达国家之列,主要是因为其少数产业在国际上居于优势地位,如瑞士的金融、钟表、制药、化工等产业,瑞典的信息、医疗、汽车等产业,芬兰的信息、造船、造纸等产业都名扬世界,而这些国家都没有健全的工业体系。另外,需要保护的产业现阶段还要面临严酷的竞争。

(二)保护的标准要适度

进口关税税率只能让国内先进企业生存和发展,要能有效地阻止大量低效的中小企业的进入;保护关税税率不宜高于同类国家的平均水平,并力争降低,即不应当使所有进入该产业的企业都能从市场上获得利润,而应当是成本比较低的企业才能获利,劣势企业亏损,从而优胜劣汰,资源向少数优势企业集中;关税税率要根据国内外的情况不断降低,使被保护的企业时刻感受到竞争的压力,只有压力才能有效地迫使其前进。通俗地说,保护程度要控制在既不要隔断国内外竞争联系,又不能使国内企业被竞争冲垮的地步。保护成功的标志是涌现出一批世界著名企业,如瑞士的雀巢、罗氏、瑞银,瑞典的爱立信、沃尔沃,芬兰的诺基亚都名列世界 500 强。

适度的保护关税率可用下列公式来表示:

$$t' = \left(\frac{C_h}{C_f} - 1\right) \times 100\%$$

上式中,C_h 代表应受保护的产业国内企业的平均生产成本,C_f 代表与受保护产业直接竞争的国外企业的平均生产成本,t' 代表适度保护关税的税率,其取值范围应大于或等于零。

(三)保护的时间要适度

李斯特提出保护期限以 30 年为限的时代背景是 19 世纪 40 年代。现在技术进步越来越快,芯片每 18 个月就前进一代。保护期限过长,不但其他国家不答应,而且被保护产业还未发展成熟即遭淘汰。WTO 在推进贸易自由化时给予发展中国家幼稚产业保护期最长是 12 年。

当然,也有人完全反对李斯特的观点。美国经济学家克鲁格曼就认为,比较优势的建立是水到渠成的事,试图现在就进入未来才有比较优势的产业并非总是好事。保护制造业本身没有什么好处,除非保护本身会使制造业更具竞争力。有些所谓的幼稚工业经过保护取得了成功,但很可能是"假幼稚工业",即它们是与保护无关的因素获得成功的,或者说,没有保护也能成长起来,社会却为此无端付出了代价。

四、保护贸易理论的发展

自李斯特提出保护幼稚产业以后,经济学家又对保护贸易理论作了以下几方面的补充和发展:一是如何确定幼稚产业的具体标准;二是对本国失去优势地位的产业寻找保护"论据";三是为贸易保护主义寻找各种"借口"。

(一)关于幼稚产业选择的标准

如何选择幼稚产业是保护贸易理论中悬而未决的一个问题,经济学家们提出了各种各样的标准。较有代表性的观点有以下两个标准。

1. 成本差距标准

英国经济学家约翰·穆勒支持自由贸易,但是他赞成幼稚产业保护论。至于如何确定幼稚产业,穆勒提了三条标准:

(1)正当的保护时限只限于从国外引进产业的学习掌握过程,过了这个期限就应取消保护。

(2)保护对象只应限于过了一段时间之后没有保护也能生存的产业。

(3)最初为比较劣势的产业经过一段时间保护后,有可能变为比较优势的产业。

此后,巴斯塔布尔(C.F.Bastable)又补充了两条标准:

(1)被保护的产业经过一段时间以后,能够成长自立。

(2)被保护产业将来所能带来的利益必须超过现在保护所造成的损失,即要考虑保护的成本与收益问题。

肯普(Kemp)则把两者结合起来,称之为"穆勒—巴斯塔布尔选择准则",并又补充了一个标准:只有先行企业在学习过程中取得的成果对国内其他企业具有外溢效应时,才值得保护。因为开创一个新的产业,先行企业要冒很大的风险,投资大,风险高,而一旦成功则容易被其他企业模仿,原先的企业无法获得足够的利润补偿所冒的风险。也就是说,幼稚产业要具有显著的外部效应。肯普标准可采用图 5.2.1 表示如下:

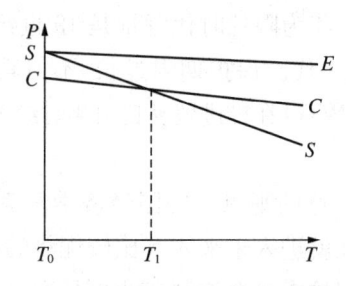

图 5.2.1 幼稚产业成本变化趋势

其中,P 表示价格(成本),T 表示时间,CC 代表国际产品的价格(成本)随时间推移的发展趋势。如果国内被保护产业的价格(成本)随时间推移按 SE 曲线发展,即与国际成本差距越来越大,则该产业不值得保护;反之,如果按 SS 曲线发展,即与国际成本差距越来越小,并有可能低于国际成本,则该产业才值得保护。开始税率可定在 SC/CT_0,随着国内外成本差距的缩小,逐步降低税率,到 T_1 时降为零。

显然刚开始无法用这个标准选择幼稚产业,只能当一个产业保护一段时间后用此标准判断值不值得继续保护下去。况且即使被保护产业与国际成本差距越来越大,也不能轻易得出放弃保护的结论,要分析具体原因,对症下药。

2. 要素动态禀赋标准

日本经济学家小岛清对穆勒等人的标准提出了自己的看法,认为这只是根据个别企业或个别产业的利弊得失来判断的,其研究方法不合理。他认为应该根据要素禀赋比率和比较成本的动态变化,选择一国经济发展中应该保护的幼稚产业。具体地说,若一国对某产业的保护,使该国的要素禀赋发生有利于该产业成为具有比较优势产业的变化,则该产业就是有前途的,值得保护。要素禀赋变化的原因有三:

(1) 所保护的产业有利于利用潜在资源。如果一国实际拥有某种产品密集使用的要素而未被充分利用,保护和发展该产业就可以大量使用这些被闲置的资源,从而获得良好的经济效果。

(2) 所保护的产业提高了要素利用率。如果被保护的产业成长起来以后,能对其密集使用的要素加以大规模的节约,从而在既定的要素存量下实现产量的增长,那么,该产业就能自给有余,还可以出口。

(3) 所保护的产业增加了要素存量。被保护产业发展起来后,刺激了该产品密集使用要素的开发及供给。如果该要素供给具有规模经济或者技术进步迅速,则要素禀赋就会发生有利于被保护产业获得比较优势的变化。

小岛清标准可以图 5.2.2 表示如下:

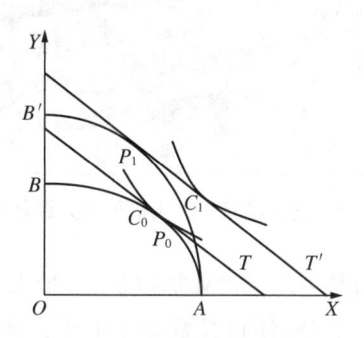

图 5.2.2 要素禀赋动态变化与幼稚产业保护

起初,该国生产可能性曲线为 AB,若国际贸易条件为 T,则该国的生产均衡点在 P_0 点,消费均衡点在 C_0 点,显然该国出口 X 产品,进口 Y 产品,Y 产业为幼稚产业。如果政府对 Y 产业保护,使本国的要素禀赋发生变化,导致生产可能性曲线由 AB 变成 AB'。如果国际贸易条件仍为 T(T' 平行于 T),则该国的生产均衡点在 P_1 点,消费均衡点在 C_1 点,显然该国出口 Y 产品,进口 X 产品。Y 产业成为出口产业,说明保护成功了。

在经济全球化条件下选择幼稚产业又面临新的困难,主要是当代国际分工深化,从产业间分工发展到产业内分工,再发展到产品上分工和工序上分工。一个产品往往是多个国家合作的结果,从而企业、产品的国籍日益模糊,"民族产业"的含义发生了变化,此时,一国很难区分民族企业与外国企业、民族产品与外国产品。如波音747飞机的制造需要450万余个零部件,可这些零部件的绝大部分并不是由波音公司内部生产的,而是由65个国家中的1500个大企业和15000个中小企业提供的。波音大约在全球100多个国家和地区拥有超过5200家供应商,这些供应商是在对质量、发货准时性、成本和客户满意度等方面进行严格挑选后被评定出来的。波音公司于2007年7月8日推出的波音787,机身70%以上的制造工作外包,并且让所有的供应商负责零件的工程设计,这在历史上也属首次。日本公司和意大利公司设计使用复合材料的机身和机翼;俄罗斯则提供关键的工程人才,设计钛合金的飞机部件;中国加工波音787飞机的尾翼;西雅图的生产基地将精力集中在飞机的整体组装上。

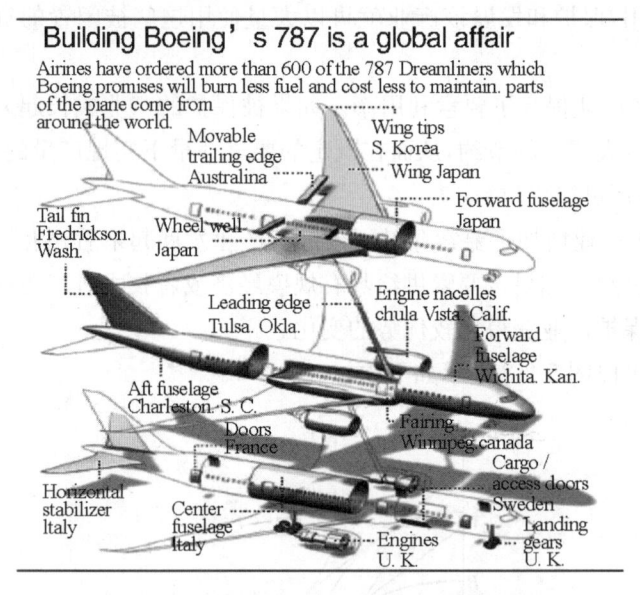

图 5.2.3　波音最新 787 飞机部件来源示意图

政府如果出于民族利益对某一幼稚产业加以保护,最大得益者很可能是进入该产业的外资企业。这种保护限制了竞争,使得外资企业能够以落后的技术垄断东道国市场,获得超额利润。我国就有过此类深刻的教训。20世纪80年代,我国为了发展轿车工业,实行"以市场换技术"的政策,只允许德国大众汽车公司与我国合资,严格限制轿车进口和其他外资进入,结果德国大众以过时的车型"桑塔纳"垄断我国轿车市场达10年之久,反而严重阻碍了我国汽车工业的发展。90年代中期之后,我国逐步放宽外资进入许可,日本、韩国、美国等大量汽车公司进入我国投资,竞争日趋激烈,迫使它们竞相向我国转让先进的车型与技术,有的甚至与发达国家同步。通过"以夷制夷",我国的轿车工业自90年代中期以后迅速发展。可见,在经济全球化条件下,"民族产业"、幼稚产业需要通过开放、竞争和合作才能得到发展,消极保护只能造成落后。

还有，政府不要试图追求拥有一个产业的完整产业链，即被保护产业的零部件都自己生产，自给自足，这是做不到的，也是不必要的。要与时俱进，善于利用各国的优势转包生产零部件，本国掌握核心环节即可。我国C919国产大飞机就是如此。

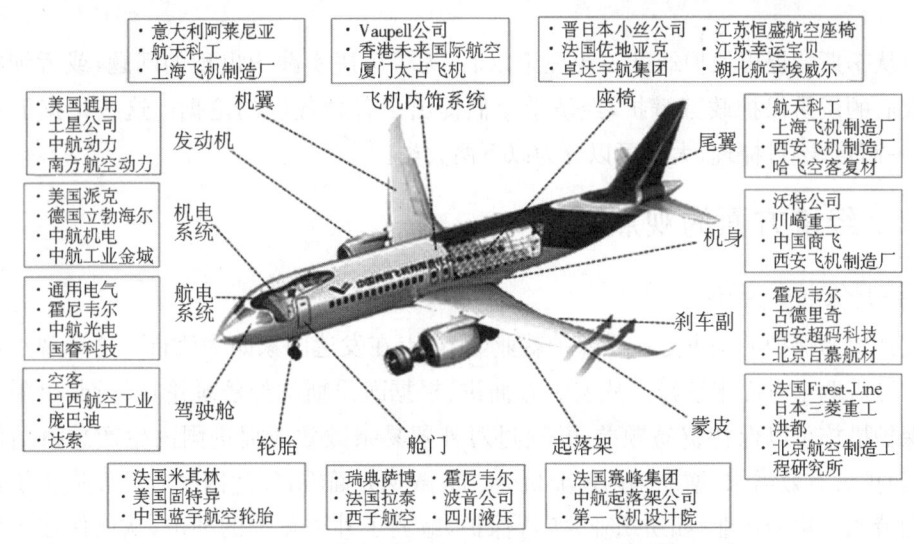

图 5.2.4　我国 C919 国产大飞机部件来源示意图

另外，幼稚产业发展具有不确定性。某一产业可能在其他国家经过一段时期保护后成长起来，但是别国的经验只能借鉴，不能复制或照搬，因为涉及幼稚产业成功发展的因素很多，除了经济因素外，还有各种社会因素、文化因素等，而目前的研究并没有穷尽这些因素。因此，上述幼稚产业的选择标准仅供参考。

（二）关于保护手段的选择

传统的幼稚产业保护理论都主张通过进口关税限制国外同类产品的进口，以达到保护本国工业的目的。但是，后来经济学家认为，最佳策略的选择应该遵循特效法则，即应选择对期望实现的目标最直接有效的方法。例如，为了减少社会犯罪，通过限制人口增长也能取得一定的效果，但这显然不符合特效法则，而通过加强法治打击犯罪要有效得多。同理，经济学家认为，既然保护幼稚产业的目的是为了促进国内生产，而不是减少国内消费，最佳的策略应是采取生产补贴鼓励国内生产，而不是通过关税限制进口。

另外，对于具有显著外溢效应的产品（如高科技产品）限制进口，不仅会带来直接的经济利益损失，还会阻碍整个社会的进步。例如，限制计算机及其软件的进口，不仅会使本国消费者蒙受损失，而且会阻碍计算机的普及使用，拖延整个社会的进步，这种损失是无法估量的。因此，日本通产省很早就开始把限制进口的手段从关税改为优惠贷款、补贴等手段来促进本国计算机工业的发展，取得了良好的效果。

但是，采用关税限制进口，政府可以获得收入，而采用生产补贴手段不但失去收入，还要增加支出。因此，在实践中，多数政府特别是发展中国家政府倾向于采用关税限制进口，往往导致弊大于利的后果。

第三节 实行保护贸易政策的论据

自从李斯特提出保护幼稚工业理论以后,为了解决实践中出现的问题,或者纯粹是为了政府的贸易保护政策辩护,经济学家们提出了各种各样的论据。这些论据五花八门,不一而足,经过梳理,大致可以分为以下两大类。

一、经济方面的观点

(一)保护就业论

支持贸易保护的理由之一是保护就业,此观点在发达国家颇为流行。这个观点可从宏观和微观两个方面来解释。从宏观方面讲,根据凯恩斯的经济理论,实行奖出限入的贸易保护措施可以保持贸易顺差,并通过对外贸易乘数效应促进国内生产总值倍数增加,从而扩大有效需求,增加国内就业机会。从微观方面看,发达国家对已经失去了比较优势的劳动密集型产业(如纺织业)实行保护,减弱了外国竞争的冲击,从而保住了该行业的就业机会。

从静态的观点看,贸易保护在短期对增加就业有积极作用。但是,从长期、动态的观点看,该理论存在很多问题。首先,一国通过保护限制进口,导致贸易伙伴的出口相应减少,其进口能力相应下降,结果影响到实行贸易保护国家的出口。其次,易受其他国家的报复。在国际贸易中,一国的出口就是另一国的进口。一国通过奖出限进来增加国内就业,等于输出失业,转嫁困难,其他国家为了维护自身利益,往往采取报复措施限制进口,结果是两败俱伤。最后,从长期看,一国必须有进口才能维持出口的扩张。贸易保护的结果往往是增加了一个部门的就业,却减少了另一个部门的就业,使资源利用效率降低,消费者利益受损,福利水平下降。

(二)维护公平竞争论

维护公平竞争也是许多西方发达国家用来支持贸易保护主义的一个理由。关于不公平竞争没有统一的定义,但是一般说来,凡是政府直接或间接地帮助企业在国外市场上竞争,并造成对国外同类企业的损害,即可认为是不公平竞争。不公平竞争包括出口补贴、低价倾销、污染环境、对国外知识产权保护不力、不对等开放市场等。目前主要有以下几种:

(1)抵制外国廉价劳动力的竞争。美国非常流行这种观点。该观点认为,发展中国家故意压低工人工资,不注重劳工权益的保护,从而所生产的商品成本也低,即搞"社会倾销";而发达国家工资水平高,商品成本高。如果自由进口,势必危害发达国家的劳工利益,从而构成不公平竞争。因此,为了维持本国较高的工资水平和劳工福利,也为了"迫使"发展中国家注重劳工利益,必须实行保护措施。

(2) 反倾销和反补贴。所谓倾销是指以低于国内市场的价格,甚至低于商品生产成本的价格向国外抛售商品,打败对手占领市场后再提高价格。所谓补贴是指出口国为了增强商品的竞争能力,在商品出口时政府给予出口商现金补贴或财政上的优惠。无论是倾销还是补贴,进口国同类商品明显在竞争中处于不利地位,形成不公平竞争。因此,进口国有理由采取保护措施,对进口商品征收反倾销税和反补贴税,这也是WTO规则所允许的。

(3) 抵制生态倾销,保护环境。近年来,绿色消费浪潮在世界范围内兴起,越来越多的国家特别是发达国家重视环境保护,从而以保护环境为名,制定各种复杂苛刻的技术标准,以抵制发展中国家的生态倾销,将发展中国家的产品拒之门外。所谓生态倾销,就是发达国家指责发展中国家依靠任意破坏生态环境获得廉价的自然资源以降低成本,这也被认为是一种不公平竞争。为此,发达国家除了制定绿色标准、绿色环境标志、绿色卫生检疫制度等规则外,还提出了环境成本内在化的要求,即要求污染者彻底治理污染并将治污费用计入成本,否则就是生态倾销,就要对其征收生态反倾销税。

维护公平竞争在理论上是为了更好地保证国际上的公平竞争,以推动自由贸易的发展,但在实践中存在如下问题:第一,被某些国家滥用。现在西方国家尤其美国国内一遇到困难,就责怪别国不公平竞争,从而"合法"地利用反倾销、反补贴手段打击对手。第二,超越了大多数发展中国家的承受能力,阻碍了国际贸易的发展。发达国家往往以自身的标准来要求发展中国家,高的环保标准、高的劳工利益标准将使发展中国家毫无优势可言,从而有可能退出国际分工,这显然与所谓的维护公平竞争背道而驰。

(三) 促进本国产业多样化论

该观点认为,如果一国高度依赖于专业化生产和出口一种或几种产品,同时其他需求依赖进口,就会形成比较脆弱的经济结构。一旦国际市场发生波动,国内经济会跟着波动,甚至遭遇灭顶之灾。而通过贸易保护,可以促进国内落后产业的发展,形成多样化的产业结构,以保持国民经济结构的平稳,减少对外依赖性。

这一观点对某些出口高度专业化的国家是合理的,如智利的铜矿经济、中东的石油经济等。但是由于资源禀赋和技术条件的限制,一个经济体由高度专业化转向多样化生产的投入与风险极大。

(四) 改善贸易条件论

该理论认为,当一国对某种商品进口量较大,足以影响国际价格时,通过关税等手段限制进口,可以迫使对方降价,从而可以改善贸易条件,使本国获益,因此,应"科学"地征收最适当关税即最优关税。最优关税,又称科学关税,它使得一国贸易条件的改善相对于其贸易量减少的负面影响的净利益最大化。即以自由贸易为起点,当一国提高关税税率时,其福利逐渐增加到最大值(最优关税率),然后当关税率超过最优关税率时,其福利又逐渐下降,最终这个国家又通过禁止性关税回到自给自足的生产点。

这种损人利己的做法必然会导致其他国家的报复,从而不仅不能改善贸易条件,还会使贸易量下降,使进口商品的消费者和出口商品的生产者都蒙受损失。

(五) 改善国际收支论

对外贸易引起的外汇收支是一国国际收支的重要部分。当出口大于进口时会引起贸易顺差,带来外汇收入和外汇储备的增加;反之,贸易逆差带来外汇储备的减少。当一国国际收支恶化时,通过贸易保护限制进口,可以节约外汇支出,改善国际收支。

当然通过限制进口确实是改善国际收支状况直接且迅速的途径,但在实施时要考虑两个问题:第一,别国采取的措施以及对本国的影响。因为一国实行保护必然涉及对方,无论是别国采取报复措施还是客观上进口能力下降,都会导致本国出口能力的减少。其结果是虽然少进口节约了外汇,但同时又因为少出口而少收入外汇,最终国际收支改善不大。事实上,一国改善国际收支的根本途径是提高出口产品的国际竞争力。第二,与别国的贸易摩擦。通过贸易保护追求贸易顺差,往往引起逆差国的强烈不满,这是产生贸易摩擦的重要原因,由此可能会恶化一国的国际贸易环境。

(六) 利润转移论

垄断竞争是当今国际竞争的根本特点。许多商品的国际市场是由少数几家大企业控制的"寡头市场",它们凭借垄断地位,将产品价格定在高于边际成本的水平上,获得超额利润。政府可以通过征税抬高其边际成本,从而将部分垄断利润转移到国内。这个观点对那些进口贸易主要控制在国外垄断企业手中的落后国家有一定的指导意义。

(七) 纠正市场失灵论

不少经济学家认为,我们生活在一个"次优"的社会中,市场经济存在许多"扭曲"和"失常"现象。贸易保护措施有时可以用来纠正市场"扭曲"和"失常"。例如,商品市场失灵致使某些具有外溢效应的部门不能通过价格得到其全部收益,此时可通过关税倾斜对该部门加以回报;金融市场的不健全使发展中国家传统部门的储蓄不能有效转化为新产业的投资,当然最优的方法是建立和完善资本市场,不过这不可能一蹴而就。此时对新的产业加以保护以提高其利润率,加快资本积累,促使其成长就不失为一个可行的办法。

从理论上说,以"外部扭曲"对付"内部扭曲"效果不好,还会造成新的问题,用其他经济手段去纠正市场失灵比关税效果更好。如对具有外溢效应的部门可直接给予补贴或减税,对新产业的成长可通过政策性优惠贷款再配合减税同样能够达到目的,而且效果更好,不会造成很多"副作用"。

为贸易保护主义提供论据的还有其他观点,如增加政府收入等,此处就不再赘述。

二、非经济方面的观点

(一) 保障国家安全论

17世纪英国重商主义者就以国防安全为由来论证限制使用外国船舶和海运服务,以促进英国造船业的做法是正当的。后来的经济学家继承和发展了这一思想,为了保障国家安全,必须保护扶植基础产业(农业),保护国防工业和重要行业,防止关键资源的枯竭。有些部门如粮食和棉花生产部门、武器制造部门等,不是每个国家都有比较优势,然而这些部门对国家的安全有非常重要的意义,必须保持必要的生产规模。这是因为在和平时期进口这些商品很方便,价格低,但一旦发生战争或出现敌对状态,就会受制于人,国家的主权就会受到影响。因此,有时要算"政治账",不能仅算"经济账"。

不过在实践中又出现了一种极端的情况,那就是一提国家安全,就不计成本,不算"经济账",只算"政治账"。不少国家国防工业亏损靠政府补贴,企业没有任何压力,完全依靠政府财政。事实上,国防安全和经济效益是可以兼顾的,至少在保障国家安全的前提下减少成本,经过努力是完全可以做到的。

(二)维护社会公平论

不少经济学家认为,自由贸易在给整个国家带来好处时,并不会自动均匀地将利益分配给全体成员,而是"几家欢乐几家愁"。出口集团由于出口价格相对高于国内市场而增加了企业和个人收入,进口竞争集团则会因进口商品的增加而受损,使某些企业和个人收入减少,甚至会造成企业破产,工人失业。为了维护社会公平,防止因自由贸易带来收入分配格局变动而引起社会动荡,对某些产业(尤其是停滞产业)实行贸易保护政策就被认为是正当的和合理的。

(三)保护国民身体健康

有些商品质量问题直接关系到人类健康,如食品、药品等。如果自由进口和销售,就可能传播疾病,因此,政府对威胁人民和动植物健康卫生的贸易产品加以管制就是明智的。这个道理通俗易懂,谁都明白,WTO也允许,可是在实践中这一规则却被许多发达国家"合法"地加以滥用。例如,2000年英国苏格兰农场发现"疯牛病"后,法国、德国等欧陆国家立即停止从英国进口牛肉,以防传染,而美国则直接停止从欧盟进口牛肉,以防传染。2006年日本实行旨在加强农副产品农药残留管理的《肯定列表制度》,共涉及302种食品,799种农业化学品,54782个限量标准。据统计,根据《肯定列表制度》,每种食品农产品涉及的残留限量标准平均为200项,有的甚至超过了400项,检测项目预计增加5倍以上,每种产品的检测成本平均高达40000元。比如大米检测项目由129项上升至579项,检测费用可达115800元。如此高昂的检测费用,任何一个企业都难以承担。

第四节 超保护贸易理论

凯恩斯(1883—1946)是宏观经济学的创始人。1929—1933年经济大危机爆发后,为了解决资本主义面临的矛盾,他在1936年出版的《就业、利息和货币通论》中提出了有效需求管理的思想,并以此为基础,提出了政府干预对外贸易的理论——超保护贸易理论(theory of trade super-protection)。由于主要是为了保护就业,该理论又被称为保护就业理论。

一、超保护贸易主义理论的主要内容

(一) 对古典学派的自由贸易理论的批评

凯恩斯认为传统的外贸理论是建立在充分就业的前提下，不适用于现代社会，因为现代社会就业不足。凯恩斯还认为古典贸易理论只用"国际收支自动调节机制"来说明贸易顺差、逆差的最终均衡过程，而忽略了国际收支在调节过程中对一国国民收入和就业的影响。他认为贸易顺差对一国有利，逆差则有害。因为贸易顺差可以给一国带来黄金，扩大货币供应量，刺激物价上涨和降低利息率，从而可以扩大投资和就业；而逆差则是黄金外流，货币供应量减少，物价下跌，利息率提高，导致国内经济萧条，失业人数增加，使国民收入下降。因此，凯恩斯主张扩大出口，减少进口，以获得贸易顺差。

(二) 提出贸易保护的主张

凯恩斯认为，资本主义的根本问题是有效需求不足，从而导致失业。为此，政府要采取各种措施刺激需求，以促进就业。有效需求包括消费需求和投资需求两部分。投资需求是由资本边际效率（利润率）和灵活偏好（利息率）决定的；消费需求包括国内消费需求和国外消费需求，前者取决于边际消费倾向，后者取决于贸易收支状况。因此，凯恩斯主张国家积极干预对外贸易，奖励出口限制进口，保持贸易顺差，就可以弥补内需的不足，增加就业，促进经济繁荣。

(三) 支持保护关税制度

凯恩斯认为，保护关税制度有三大好处：① 可以促使人们增加对国内产品的消费，进而增加就业；② 可以减轻本国国际收支逆差的压力，以便抽出一定的资金偿付在扩张政策下的必要进口量，并对贫困的债务国进行贷款；③ 可以得到社会舆论的支持。因此，他督促英国政府放弃自由贸易政策，恢复保护关税制度。

二、对外贸易乘数理论

为了进一步说明投资对就业和国民收入的影响，强调政府干预的必要性，凯恩斯提出了著名的投资乘数理论，即一国增加投资时会引起国民收入的增长，增长幅度是新增投资的若干倍。凯恩斯的跟随者马克卢普在1943年出版的《国际贸易与国民收入乘数》一书中，将凯恩斯的投资乘数理论与国际收支差额学说结合起来，提出了对外贸易乘数理论(theory of foreign trade multiplier)。

(一) 投资乘数理论

新增投资会引起对生产资料需求的增加，从而引起从事生产资料生产的人员及工资的增加；人们收入的增加会引起对消费品需求的增加，从而又引起从事消费品生产的人员及工资的增加。通过一系列的连锁反应，其结果是国民收入的增加量将为新增投资的若干倍，而增加倍数的多少取决于边际消费倾向。投资乘数用公式表示如下：

$$K = \frac{1}{1 - \Delta C/\Delta Y} = \frac{1}{\Delta S/\Delta Y}$$

式中，K 为投资乘数，Y 和 ΔY 分别为国民收入及其增量，C 和 ΔC 分别为消费及其增量，S 和 ΔS 分别为储蓄及其增量，$\Delta C/\Delta Y$ 为边际消费倾向，$\Delta S/\Delta Y$ 为边际储蓄倾向。因此，投资乘数与边际消费倾向成正比，而与边际储蓄倾向成反比。由于 $0 < \Delta C/\Delta Y < 1$，因此，$1 < K$。

（二）对外贸易乘数理论

凯恩斯主义者把乘数理论应用到对外贸易领域，建立了对外贸易乘数理论。他们认为一国出口和国内投资一样，是"注入"，有增加国民收入的作用；而一国的进口与国内储蓄一样，是"漏出"，有减少国民收入的作用。为此，当一国对外贸易顺差时，就能增加一国的就业量，提高国民收入。对外贸易乘数用公式表示如下：

$$K_f = \frac{1}{1 - \Delta C/\Delta Y + \Delta M/\Delta Y} = \frac{1}{\Delta S/\Delta Y + \Delta M/\Delta Y}$$

式中，K_f 是对外贸易乘数，$\Delta C/\Delta Y$ 为边际消费倾向，$\Delta S/\Delta Y$ 为边际储蓄倾向，$\Delta M/\Delta Y$ 为边际进口倾向即增加的国民收入中用于增加进口的比重。可见，对外贸易乘数与边际消费倾向成正比，与边际进口倾向成反比，而且由于 $0 < \Delta M/\Delta Y$，故对外贸易乘数要小于投资乘数。

三、理论简评

（一）超保护贸易政策的特点

该理论与传统的贸易保护理论不同，其政策有以下特点：① 保护的对象不同。超保护贸易不但保护幼稚工业，而且更多地保护国内高度发展或出现衰落垄断工业。② 保护的目的不同。超保护贸易不再是培养自由竞争的能力，而是巩固和加强对国内外市场的垄断。③ 保护的措施更全面。使用关税及非关税措施对国内产业进行全方位保护。④ 保护的时间更灵活。只要国内经济有需要，保护就一直存在。

（二）超保护贸易理论的简要评价

凯恩斯把对外贸易作为整个经济运行的重要因素，主张通过对外贸易促进国内经济发展的良性循环，扩大就业。其外贸乘数揭示了贸易量与一国宏观经济主要变量之间的相互关系，在一定程度上指出了外贸与国民经济发展的某些内在规律，有一定的借鉴意义。

凯恩斯的理论代表了垄断资本主义的利益，是发达国家推行超保护贸易政策的理论依据。他的理论本身也存在很多局限性。首先，该理论是 20 世纪 30 年代资本主义大危机的产物，因而只注意研究需求问题，忽略了解决供给问题的重要性。其次，没有考虑到国外经济的反馈效应。事实上一国限制进口，必然使它国减少出口，从而使它国国民收入下降，进而进口能力下降，这又反过来影响该国的出口。如果考虑这种联动效应，对外贸易乘数要小得多。当然如果国外采取报复措施，结果只能是两败俱伤，谁也无法扩大出口。再次，没有考虑保护导致的动态利益损失。与发展中国家不同，发达国家保护的都是失去竞争力的"夕阳产业"。如果没有保护,"夕阳产业"就会萎缩,其资源会转移到有竞争力的新兴产业中去,一国产业结构从而得以不断调整和优化。由于贸易保护政策,"夕阳产业"得以继续生存甚至发展,而国外因出口下降也采取措施限制进口,结果本国具有竞争力的产业出口减少,发展受到压制。因此,该理论实际上保护了落后,阻碍了本国产业结构的优化,从而付出了降低社会进步的沉重代价。最后,消费者利益严重受损。由于限制了国外廉价商品的进口,消费者只好消费国内高价商品,从而为保护就业付出了高昂的代价;另一方面,每个被保护的就业人员得到的收入却与此不成比例。例如,2009年美国对从中国进口的轮胎征收35%的关税,分摊在每条轮胎上约为25美元,但美国彼得森国际经济研究所的研究发现,此举使美国消费者被迫多支出11亿美元,但因此受到保护的就业岗位不超过1200个。换言之,美国需要每年拿出90万美元才能保住1个就业岗位,而这些岗位的平均薪酬约为4万美元。其次由于消费者需要花更多钱购买轮胎,因此对其他商品的消费产生了挤出效应,由此间接影响了零售行业。零售行业损失2531个就业岗位,美国实际上丢失了1331个岗位。最后中国对美国采取报复性措施,限制美国鸡肉进口,美国农业行业损失了10亿美元[①]。

表 5.4.1 美国保护就业的消费者损失估算

被保护行业	消费者为每个就业机会所付代价(万美元)
钢铁	75—100
彩电	42
奶制品	22
制鞋业	5.5

资料来源:G.汉弗巴.美国贸易保护的31个案例分析.对外经贸大学出版社,1986.

第五节 普雷维什的"中心—外围"理论

一、"中心—外围"理论的主要论点

劳尔·普雷维什是阿根廷经济学家,被誉为发展经济学的十大先驱之一,1981年获得第一届"第三世界基金奖"。他曾任阿根廷财政部长、农业财政问题顾问、中央银行总裁和联合国拉美经济委员会执行书记、贸易与发展会议秘书长。

1949年5月,普雷维什向联合国拉丁美洲和加勒比经济委员会(简称拉美经委会)递交了一份题为《拉丁美洲的经济发展及其主要问题》的报告,系统、完整地阐述了他的"中心—外围"理论(core and periphery theory)。

---

① 加利·克莱德·霍夫鲍尔等著.反思经济制裁.上海:上海人民出版社,2019年1月.

(一) 世界经济体系分为"中心"和"外围"两个部分

普雷维什认为,世界经济体系被分成了两个部分:一个部分是"大的工业中心";另一个部分则是"大的工业中心"生产粮食和原材料的"外围"。"中心—外围"体系具有整体性、差异性和不平等性三个特点。所谓整体性是指无论是"中心"还是"外围",它们都是整个资本主义世界经济体系的一部分,而不是两个不同的经济体系。普雷维什认为,现存的世界经济体系是资产阶级工业革命以后,伴随资本主义生产技术和生产关系在整个世界的传播而形成的,维系这一体系运转的是国际分工。在国际分工中,首先技术进步的国家就成了世界经济体系的"中心",而处于落后地位的国家则沦落为这一体系的"外围"。"中心"和"外围"的形成具有一定的历史必然性,是技术进步在资本主义世界经济体系中发生和传播的不平衡性所导致的必然结果。

所谓差异性是指"中心—外围"二者在经济结构上的巨大差异。他认为,技术进步首先发生在"中心",并且迅速而均衡地传播到整个中心体系,因而"中心"的经济结构具有同质性和多样性。所谓"同质性"是指现代化的生产技术贯穿于"中心"国家的整个经济;而其经济结构的"多样性"表明,"中心"国家的生产覆盖了资本品、中间产品和最终消费品在内的相对广泛的领域。"外围"部分的经济结构则完全不同:一方面,"外围"国家和地区的经济结构是专业化的,绝大部分的生产资源被用来不断地扩大初级产品的生产,而对工业制成品和服务的需求大多依靠进口来满足。另一方面,"外围"部分的经济结构还是异质性的,即生产技术落后、劳动生产率极低的经济部门(如生计型农业)与使用现代化生产技术、具有较高劳动生产率的部门同时存在。

所谓"不平等性"是该理论的关键和最终落脚点。普雷维什认为,从资本主义"中心—外围"体系的起源、运转和发展趋势上看,"中心"与"外围"之间的关系是不对称的,是不平等的。

第一,从起源上说,资本主义世界经济的"中心—外围"体系,从一开始就决定了"中心"和"外围"分别处在发展进程的不同起点上,"外围"地区从一开始就落后了。因为工业革命首先发生在英国,而广大的"外围"地区则被迫参与以英国为"中心"的国际分工,承担着初级产品生产和出口的任务,明显处于不利的地位。

第二,初级产品贸易条件的长期恶化趋势加深了"中心"与"外围"之间的不平等。

第三,资本主义世界经济体系的"动力中心"从英国向美国的转移,进一步加深了"中心"与"外围"之间的不平等。英国由于奉行自由贸易政策,一直保持着较高的进口系数,从而通过进口"外围"国家的初级产品而使其技术进步的部分利益也转移到了"外围"国家。然而,在世界经济体系的"动力中心"转移到美国以后,"外围"国家和地区就处在了一个更加不利的地位上。造成这种结果的一个主要原因就是美国的进口系数非常低。

(二) 外围国家贸易条件长期恶化

普雷维什认为,造成外围国家贸易条件长期恶化趋势的主要原因有以下几点:

(1) 技术进步的利益在"中心"与"外围"之间分配不均。在"中心—外围"体系中,技术进步首先发生在"中心",它的工业部门容易吸收新技术,因而会提高工业生产率,使工业的要素收入增加,并使制成品价格较高。而初级产品部门技术落后,劳动生产率低,投入要素的边际收益递减,从而使初级产品的价格较低。

(2) 经济周期对"中心"与"外围"的影响不同。普雷维什认为,在经济周期的上升阶段,制成品和初级产品的价格都会上涨,但在经济周期的下降阶段,由于制成品市场具有垄断性质,初级产品价格下跌的程度要比制成品严重得多。这样,经济周期的反复出现,就意味着初级产品与制成品之间价格差距的不断拉大,从而使"外围"国家的贸易条件趋于恶化。

(3) 工会作用不同。在经济周期的上升阶段,由于企业之间的竞争和工会的压力,"中心"国家中的工人工资会上涨,部分利润用来支付工资的增加。在危机期间,由于工会力量的强大,上涨的工资并不因为利润的减少而下调;而"外围"国家的情况则不同,由于初级产品部门工人缺乏工会组织,没有谈判工资的能力,再加上存在大量剩余劳动力的竞争,"外围"国家的工资收入水平会在危机期间被压低。这样,在工资成本上,经济周期的不断运动使制成品的价格相对上升,而初级产品价格则相对下降,其贸易条件的不断恶化当然就不可避免了。

(4) 初级产品的需求收入弹性大大低于制成品的需求收入弹性,这样实际收入的增加就会引起制成品需求更大程度的增长,但对于食物和原材料等初级产品的需求不会产生同样的效果。由于初级产品的需求不像制成品那样能够自动扩大,而它们的需求收入弹性又比较低,因此,它们的价格不仅呈现周期性下降,而且还出现结构性下降。

(三)"外围"国家必须实行进口替代工业化战略,独立自主地发展民族经济

普雷维什认为,在"中心—外围"体系下,由于长期奉行初级产品出口战略,"外围"国家形成了脆弱的经济结构,本身缺乏经济增长的动力,加上初级产品贸易条件存在长期恶化的趋势,这就使"外围"国家更加依附于"中心"国家,因此,"外围"国家要改变依附地位,就必须改变以初级产品出口为核心的发展模式,走工业化发展的道路,通过进口替代战略(strategy of import-substitution)实现工业化。

所谓进口替代是指保护和促进本国工业制成品生产来替代进口,目的是减少进口,节约外汇,改善贸易条件,平衡国际收支,改变二元经济结构,使本国经济逐步走上工业化的道路。

一般经历两个阶段:第一阶段是发展轻加工业、一般消费品工业为主的阶段,目标是建立初步的工业体系;第二阶段是发展耐用消费品、资本品和中间产品为主的阶段,目标是建立全面的工业体系,以工业化带动整个经济的发展。

普雷维什提出了实施进口替代战略的具体措施:采取有节制的和选择性的保护主义政策,对"外围"国家的幼稚工业进行必要的保护;加强国家对经济增长的指导作用,因为"外围"国家经济结构的脆弱性使得市场机制只能发挥部分作用;增加国内储蓄,同时引进外资,提高投资率,以打破"外围"国家存在的"低生产率—低收入—低储蓄率—低投资率—低生产率"的恶性循环;加强"外围"国家之间的合作,为进口替代部门提供更大的活

动空间。

二、"中心—外围"理论简评

普雷维什的"中心—外围"理论从发展中国家利益出发,对当代国际分工体系和国际贸易体系中存在的发达国家控制与剥削发展中国家的实质进行了深刻的分析,从理论与实践上揭示了两者之间的不平等关系,为发展中国家的国际贸易理论作了开拓性的贡献。该理论对"二战"后世界经济格局分析是正确的,为发展中国家打破国际经济旧秩序、重建新秩序提供了思想武器,也为拉美及其他发展中国家的进口替代战略奠定了理论基础。

然而,该理论对发展中国家贸易条件恶化的原因分析是不全面的。发达国家长期对本国初级产品生产实行贸易保护政策,人为地压缩了对发展中国家初级产品的需求,以及初级产品本身技术含量低、加工程度低、附加价值低及产品替代性强等特点也是发展中国家贸易条件恶化的原因。另外,进口替代战略的实施割断了国内外的联系,使发展中国家工业毫无竞争力,反而更加落后。

第六节 战略性贸易理论和管理贸易理论

20世纪60年代末以来,国际贸易出现了新的变化:技术密集型产品贸易的比重迅速上升,发达国家之间的贸易已成为世界贸易的主要部分,产业内贸易迅速发展,跨国公司对外直接投资迅猛增长,一些新兴工业化国家迅速取得国际竞争优势。另外,由于战后世界贸易组织的作用,制定新游戏规则已成为贸易参与者博弈的基础,加之70年代以后博弈论的迅速发展,利用博弈论解释上述变化的战略性贸易理论便成为近年来最为活跃的理论之一。该理论在20世纪80年代初由斯潘塞和布兰德等人首先提出,后经过巴格瓦蒂、克鲁格曼等人的发展,逐步形成了比较完善的理论体系。

一、战略性贸易理论的主要内容

由于国际市场上的不完全竞争和规模经济的存在,一国政府可以通过生产补贴、出口补贴、税收优惠、保护国内市场等政策性手段,扶持本国战略性产业的成长,增强本国具有潜在规模经济优势的产品出口竞争力,以获取规模经济和高额垄断利润,并借机打败竞争对手,劫掠他人的市场份额和产业利润。即在规模收益递增和不完全竞争的环境下,实施这一政策的国家不但无损其经济福利,反而有可能提高自身的福利水平。战略性贸易理论(strategic trade theory)观点包括两个部分:一是如果一国政府能保证本国公司相对于外国公司获得先发优势,它对本国企业的扶植就可能提高本国的收入,因此,政府应采取补贴的方法对具有发展前途的新兴行业给予支持;二是如果政府对本国某一行业的干预能帮助国内企业克服已获得先发优势的外国公司设置的市场进入障碍,政府则应进行干预。

经济学家常用美国波音公司和欧洲空中客车公司的假想例子来说明战略性贸易理论。大型飞机的生产具有很强的规模经济性,产量越大成本越低,而全世界市场容量只能允许一家达到规模经济。如果两家同时生产,两家都达不到规模经济而导致亏损。假设这两家公司技术水平和生产能力接近,表 5.6.1 表明两家公司在不同情况下的利润和亏损。

表 5.6.1 国家干预前波音和空客生产大型飞机损益图

单位:万美元

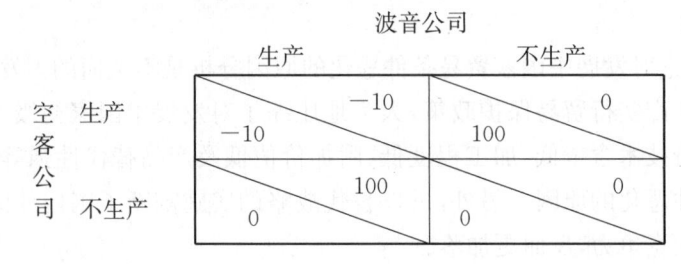

		波音公司	
		生产	不生产
空客公司	生产	−10 / −10	0 / 100
	不生产	100 / 0	0 / 0

表 5.6.1 表明,如果两家同时生产,各自亏损 10 万美元;如果谁独家生产,将获利 100 万美元;当然不生产则不赢不亏。如果波音公司首先生产这种飞机,空客公司是不会进入这个市场的,因为进入的结果是两败俱伤,损人又害己,因此,波音公司取得先发优势,并以此设立进入障碍,独享垄断利润。

现在假设欧盟承诺给予空客公司 20 万美元的补贴,帮助它进入大型飞机市场。这种补贴使得两家公司的损益情况发生了变化。空客公司决定生产大型飞机,结果两家都亏损 10 万美元,但是由于空客公司有 20 万美元的补贴,所以仍然赢利 10 万美元。波音公司现在面临两种抉择,要么继续生产亏损 10 万美元,要么退出市场不赢不亏。波音公司的理性抉择是退出市场,将大型飞机市场拱手相让,空客公司独占市场后获利 120 万美元(含 20 万美元补贴)。可见,政府补贴可以帮助国内企业克服国外公司的先发优势,并能取得"四两拨千斤"的效果(欧盟只补贴 20 万美元就获得了 100 万美元的赢利),如表 5.6.2 所示。

表 5.6.2 国家干预后波音和空客生产大型飞机损益图

单位:万美元

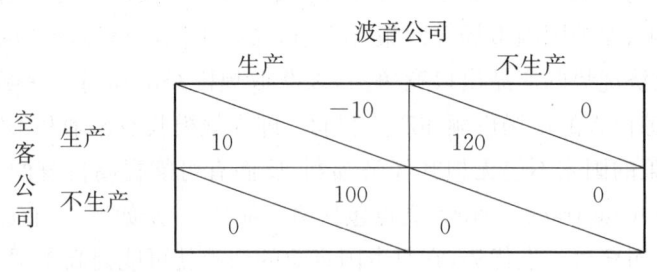

		波音公司	
		生产	不生产
空客公司	生产	−10 / 10	0 / 120
	不生产	100 / 0	0 / 0

注:假设欧盟给空客公司 20 万美元补贴。

二、战略性贸易理论简评

战略性贸易理论论证了一国可以在不完全竞争的条件下通过实行贸易干预政策,促进本国战略性产业的成长,增强其在国际市场的竞争力,为一国政府提供了新的选择。该理论还运用了博弈论的分析方法,是国际贸易理论研究方法的创新。

但是该理论运用存在许多限制条件,如政府拥有准确的信息,对干预的收益和代价成竹在胸;接受补贴的企业必须与政府行动保持一致,且能在一个相当长的时间内保持垄断地位;设置足够的进入壁垒使新厂商无法加入,以保证垄断利润不被侵蚀;别国政府不会采取报复措施等。另外,该理论背离了自由贸易传统,采取了富于想象力和进攻性的保护措施,会成为贸易保护主义者加以曲解和滥用的口实,恶化全球贸易环境,也为WTO规则所不允许。

三、管理贸易理论

20世纪70年代中期以后,随着国际之间竞争日趋激烈,贸易保护主义在世界范围内日益泛滥,而又没有谁公开声明反对自由贸易的情况下,管理贸易(managing trade)在国际贸易中逐渐流行。实际上,"管理贸易"一词最早由美国学者J.E.斯贝茹(1984)提出。斯贝茹认为,20世纪70年代和80年代两次世界性经济危机的爆发,国际货币金融体系的不确定性和美国贸易逆差的扩大等成为新贸易保护主义高涨的原因,使许多决策者和分析家不再讨论自由贸易制度,而开始讨论公平贸易或有管理的贸易制度问题,管理贸易由此产生并发展。管理贸易理论又称管理贸易政策,是一种介于自由贸易与保护贸易之间、以协调为中心、以政府干预为主导、以磋商为手段,政府对对外贸易进行干预、协调和管理的贸易制度,因此,它被称为"不完全的自由贸易"或"不断装饰的保护贸易"。管理贸易理论的基本特点如下:

(一)以立法形式使贸易管理法律化、制度化

为使国家对外贸的管理合法化,各发达国家加强贸易立法,使国家管理对外贸易的法律由过去的单行法律发展为以外贸法为中心、与国内其他法相配套的法律体系。美国是使管理贸易合法化的代表,其涉及管理外贸的法律达1000多种。如美国1974年贸易法中的"301条款"授权总统报复对美国出口实施不公平待遇的国家。1988年,"综合贸易法"中的"超级301条款"和"特别301条款"分别要求政府对公平贸易做得不好和对美国知识产权保护得不好的国家进行谈判或报复。

(二)在不放弃多边协调的同时,更多地采用单边制裁措施

由于世界经济区域化、集团化趋势的加强,国际多边贸易体制受到削弱。为此,主要发达国家尤其是美国更多地借助双边谈判,必要时不惜采取单边贸易制裁措施,以达到所谓"公平、互惠"的目的。例如,美国以1988年《综合贸易法》为依据,强调对等互惠条件,加强针对性的双边谈判,使"自由与公平"方针成为美国对外贸易的基石。在美国的

强大压力下,西欧、日本等对美国有贸易盈余的国家都在许多具体领域做了大量让步,不断开放市场。一旦贸易伙伴不能满足美国的要求,美国就依靠自己的强势地位,采取单边制裁或报复措施。据统计,特朗普政府累计实施逾3900项制裁措施,相当于平均每天挥舞3次"制裁大棒"。美实施非法单边制裁,严重损害他国主权安全和国计民生,严重违反国际法和国际关系基本准则,这是美国霸权主义在贸易领域的表现。

(三)管理措施以非关税措施为主,行政部门拥有越来越大的裁量权

由于非关税措施大多由行政机构实行,在非关税措施普遍使用的情况下,行政机构对贸易政策的影响必然越来越大。截至2021财年,美国政府制裁外国实体和个人高达9421个,较2000财年增长933%。自中美第一阶段经贸协议生效以来,美国不断对华采取打压遏制措施,美国商务部将940多个中国实体和个人列入各类限制清单。根据美国财政部外国资产控制办公室数据显示,截至2021年10月19日,美国制裁含香港、澳门在内的中国实体和个人数量达391个。

(四)跨国公司在管理贸易中的地位不断上升

随着跨国公司的经济实力不断壮大,对发达国家的社会经济影响也举足轻重。因此,各发达国家都通过跨国公司的跨国经营活动来贯彻其对外贸易政策,跨国公司逐渐成为各国实行管理贸易的主角,政府有时还特别参与到跨国公司具体的贸易活动中。例如,海湾战争结束不久,1993年沙特航空公司欲购买30架新式飞机,总价值60亿美元。波音和空客都竞争这笔订单,沙特提出了一个附加条件,看谁对中东和平的贡献大。为了让这笔订单能落入自己人的腰包,时任美国总统克林顿写信并打电话给沙特国王法赫德,要求看在美国解放科威特的面子上,将订单交给波音和麦道。获悉美国的行动后,时任法国总统密特朗、英国王子查尔斯及时任法国总理巴拉迪尔先后前往中东访问,对巴勒斯坦人民非常"关心"。针对欧洲人的行动,克林顿除了派国务卿到中东访问,对以色列施加压力外,又打出了波斯尼亚牌。他们向沙特承诺,将阻止波斯尼亚的战争,避免该地区的穆斯林人受到更多的伤害。这样,60亿美元的订单最终落在了美国人手里。由此可见,美欧政客赤裸裸地为垄断资本服务。

基本概念

重商主义(mercantilism)

幼稚工业(infant industry)

适度保护(appropriate protection)

保护贸易理论(theory of trade protection)

超保护贸易理论(theory of trade super-protection)

对外贸易乘数(foreign trade multiplier)

"中心—外围"理论(core and periphery theory)

进口替代战略(strategy of import-substitution)

战略性贸易理论(strategic trade theory)

管理贸易(managing trade)

复习思考题

一、简答题

1. 简述重商主义的主要观点和政策主张。
2. 保护贸易理论对自由贸易理论的批评有哪些?
3. 简述普雷维什的"中心—外围"理论的内容,并对其简要评价。
4. 简述战略性贸易理论、管理贸易理论的内容和基本特点。

二、论述题

1. 怎么判断一个产业是否为幼稚产业?
2. 分析过度保护与适度保护的区别。
3. 为何贸易保护政策对社会整体不利,但经常被政府采纳?
4. 经济全球化对保护贸易效果产生何种影响?
5. 试评述现在使用战略性贸易政策的可行性。

三、分析题

1. 讨论我国保护贸易的成败得失——以汽车业和运-10飞机为例。
2. 根据"中心—外围"理论制定的进口替代战略,其实践效果为何总是不佳?

第六章

国际贸易政策与措施

本章学习重点

1. 国际贸易政策的内容
2. 国际贸易政策措施
3. 关税和非关税壁垒

国际贸易理论是从理论上阐释一国在国际贸易中应该如何做,才能使两国获得贸易利益。具体到现实中,一国从事国际贸易活动就要考虑自身的利益,考虑在对外贸易活动中采取干预或者不干预手段使得本国利益最大化,这就是国际贸易政策措施,国际贸易政策措施主要分为关税和非关税措施。

本章将介绍国际贸易政策的含义、形式和国际贸易政策的演变;讨论关税的作用和征收标准;研究关税的经济效应和关税的有效保护率;讨论关税对国际贸易的影响;研究非关税的主要形式和经济效应分析;讨论鼓励出口和限制出口的其他贸易政策措施。

第一节 国际贸易政策

一、国际贸易政策的含义

(一) 国际贸易政策

国际贸易政策(international trade policies)是各国或地区在一定时期进行商品和服务交换时采取的政策。如果从一个国家的角度看,国际贸易政策表现为一国的对外贸易政策。一般而言,对外贸易政策包括以下三个方面的内容。

(1) 对外贸易总政策:包括货物进口与服务的总政策和货物出口与服务的总政策。

(2) 商品贸易政策:根据总贸易政策、国内经济结构与市场供求状况针对不同商品分别制定。

(3) 国别贸易政策:根据总贸易政策以及和别国或地区的政治、经济关系分别制定。

（二）国际贸易政策的目的

当今世界各国国际经济交往日益紧密，国际贸易政策对各国经济增长起着重要的作用，各国对外贸易政策是建立在为本国利益服务基础之上的，因而，国际贸易政策的主要目的有以下五个方面：

① 保护本国市场；② 扩大本国产品的国外市场；③ 优化产业结构；④ 积累发展资金；⑤ 维护和发展与其他国家和地区的政治、经济关系。

（三）对外贸易政策的制定与执行

对外贸易政策是一国经济总政策和外交政策的重要组成部分。各国对外贸易政策的制定与修改任务是由国家立法机构承担。各国的对外贸易政策主要通过以下方式执行：首先，通过海关对进出口贸易进行管理。各国设置在对外开放口岸的海关，除了对进出境的商品及运输工具实行监管、稽征关税和代征法定的其他税费外，还承担着查禁走私的艰巨任务。其次，国家设立各种机构负责促进出口和监管出口。再次，国家政府出面参与各种国际贸易、关税等的国际机构与组织，进行国际贸易、关税方面的协调和谈判。

二、国际贸易政策的基本形式

（一）自由贸易政策

自由贸易政策是指政府取消对进出口贸易的限制，不对本国商品和服务的进出口商提供各种特权和优待，力图消除各种贸易障碍，使商品和服务能够自由流动，在世界市场上实行自由竞争与合作，从而使资源得到最合理配置。

（二）保护贸易政策

保护贸易政策是指政府采取各种措施限制商品和服务的进口，以保护本国的产业和市场不受或少受外国的竞争。同时，政府对本国商品和服务的出口实行补贴和各种优待，以鼓励出口。

其他类型的贸易政策都是在这两种形式的基础上演化而来的，是这两种贸易政策的变形。

三、国际贸易政策的演变

在国际贸易形成和发展的不同阶段上，各国对外贸易政策都有一定程度的不同，这种对外贸易政策的演变在一定程度上反映了经济发展过程的要求。

（一）中世纪时期：鼓励进口的政策

11—15世纪，西欧各国大都奉行鼓励进口、限制甚至禁止出口的政策，这与当时许多国家的物资短缺情况相适应。鼓励进口的政策是在生产力水平低下、自己商品生产不足的情况下，鼓励商品进口以满足封建贵族和特权阶级的奢侈生活需要。

（二）资本主义生产方式准备时期：保护贸易政策

在资本主义生产方式的准备时期，即16世纪到18世纪中期，为促进资本主义的原始积累,西欧各国普遍实行重商主义下的保护贸易政策。通过限制贵重金属货币外流和扩大贸易顺差的办法扩大货币的积累,为资本主义生产方式的建立提供了充分的财富积累。

（三）资本主义自由竞争时期:自由贸易政策

从18世纪中期到19世纪后期,资本主义进入自由竞争时期。这一阶段资本主义生产方式占据了主导地位,世界经济进入了商品资本国际化阶段,自由贸易便成为外贸政策的基调。英国是这一阶段自由贸易政策的主要倡导者和受益者;德国和美国等起步较晚的国家采取了保护贸易政策。

（四）二战前的垄断资本主义时期:超保护贸易政策

19世纪70年代到二战结束前,资本主义逐步向垄断资本主义过渡,这一时期各资本主义国家大都实行了不同于以往的保护贸易的超保护贸易政策。尤其是1929—1933年经济大危机的爆发使市场问题急剧恶化,争夺产品市场的矛盾更加激烈,使得主要的资本主义国家开始实行带有垄断性质的超保护贸易政策。这一时期的保护贸易政策与自由竞争时期的保护贸易政策有明显的区别,是一种侵略性的保护贸易政策,因此被称为超保护贸易政策。

超保护贸易政策具有以下特点:保护的对象不再是国内幼稚工业,而是国内高度发达或出现衰落的垄断工业;保护的目的不再是培植国内工业的自由竞争能力,而是垄断国内外市场;保护的手段不仅仅是关税壁垒,还出现了各种各样的限进奖出的措施;保护不设定期限。

（五）二战后:短暂的贸易自由化

第二次世界大战结束后,随着生产国际化和资本国际化,世界范围内出现了贸易自由化,主要资本主义国家大幅度削减关税,降低或取消非关税壁垒。从商品类型来看,工业品的贸易自由化程度大于农产品的贸易自由化程度;在工业品贸易中,运输产品、机械产品、科学技术尖端产品贸易自由化程度大于消费品的贸易自由化程度。从国家来看,发达资本主义国家之间的贸易自由化程度大于它们同发展中国家的集市贸易自由化;区域经济集团内部的贸易自由化程度大于集团对外的贸易自由化程度。

（六）20世纪70年代:新保护贸易政策

20世纪70年代中期,由于石油危机和普遍的经济衰退,国内经济发展的缓慢,使得结构性失业率不断上升,市场矛盾越来越尖锐,主要的发达国家纷纷采取新保护贸易主义。新贸易保护主义不同于以往的贸易保护政策:首先,它不再以关税为主要保护措施,而以名目繁多的非关税壁垒的设置为特征;其次,保护的重心是在产业调整中陷于停滞的部门,即对那些即将失去生产优势的"夕阳工业"的保护;奖出限入措施的重点从限制进口转向鼓励出口;保护不设定期限。

（七）战略性贸易政策

战略性贸易政策产生于20世纪80年代,其理论依据就是所谓的不完全竞争贸易理论,或称新贸易理论。二战后,产业内贸易的兴起和发展,加速了各国经济间相互融合、渗透,使得国际贸易不再简单地归因于出口国的自然优势,越来越多的国际贸易来源于规模经济和因技术创新而形成的人造优势。

所谓战略性贸易政策是指在"不完全竞争"市场中,政府积极运用补贴或出口鼓励等措施对那些被认为存在着规模经济、外部经济的产业予以扶持,扩大本国厂商在国际市场上所占的市场份额,把超额利润从外国厂商转移给本国厂商,以增加本国经济福利和加强在有外国竞争对手的国际市场上的战略地位。

(八) 20世纪80年代以来:管理贸易政策

管理贸易政策是20世纪80年代以来,在国际经济联系日益加强而新贸易保护主义重新抬头的双重背景下逐步形成的。为了既保护本国市场,又不伤害国际贸易秩序,保证世界经济的正常发展,各国政府纷纷加强了对外贸易的管理和协调,从而逐步形成了管理贸易政策。管理贸易政策又称"协调贸易政策",是指国家对内制定一系列的贸易政策、法规,加强对外贸易的管理,实现一国对外贸易的有序、健康发展;对外通过谈判签订双边、区域及多边贸易条约或协定,协调与其他贸易伙伴在经济贸易方面的权利与义务。管理贸易是介于自由贸易和保护贸易之间的一种对外贸易政策,是一种协调和管理兼顾的国际贸易体制。

第二节 国际贸易政策措施:关税壁垒

一、关税的含义及作用

关税(tariff)是指进出口商品经过一国关境时,政府对进出口商品所征收的一种税。关税是一种国家税收,与其他税负一样,具有强制性、无偿性和固定性的特点。强制性是指关税由海关凭借国家权力依法征收,纳税人必须无条件服从。无偿性是指海关代表国家单方面从纳税人方面征收,而国家无须给予任何补偿。固定性是指关税由海关按照规定比例或数额加以征收,海关与纳税人都不得随意变动。

除以上几点外,关税还具有如下特征:关税是间接税,由进出口商支付,最终由消费者负担;税收主体是本国进出口商人;税收客体是进出口商品;征税机构是海关。

征收关税具有以下作用:保护国内市场;保护本国幼稚工业;调节产业结构;调节国际收支差额;增加政府收入。

> **案例 6-1　中国大幅度降低关税**
>
> 　　2001年,中国正式加入WTO,中国大幅度调整关税水平。中国政府承诺在2005年将工业品总体关税水平降到10%。经过逐年的关税削减后,中国5669个工业品关税税号中,约60%的工业品关税税率下降到10%以下,约30%工业品的关税税率在10%—20%,仅有2.5%的工业品税率在25%左右或以上。2007年1月1日,中国将进口关税、综合税率降到了9.8%,其中,工业品平均税率为8.95%,农产品为15.2%。截至2020年12月,中国关税的总体水平从入世前的15.3%大幅降低至7.5%以下,远低于入世时承诺的10%;关税收入占总税收比重也呈现大幅下降趋势,关税收入占总税收收入的比重从2001年的5.49%下降至2020年的1.66%。
>
> 　　加入WTO以来,中国通过遵守国际贸易规则,积极履行关税减让承诺,不仅促进了国际贸易迅猛发展,而且为中国经济增长以及世界经济发展带来更多的活力和动力。
>
> 　　资料来源:蒋琴儿.国际贸易概论(第3版).浙江大学出版社,2021年.(编者略作改动)

二、关税的种类

关税的种类繁多,可以从不同角度进行分类。

（一）按征收对象分类

1. 进口税

进口税是指外国商品进口时,向本国进口商征收的一种关税。它通常在外国商品进入关境或国境时征收,或者在外国商品从海关保税仓库提出进入国内市场时征收。

征收进口税的目的是提高进口商品的成本和价格,从而削弱进口商品的竞争能力。用高额进口关税来维护本国市场,在具体征收时,不是对所有进口商品都征收高额进口关税,而是根据本国的利益决定其税率的高低。一般地,对工业制成品的进口征收高关税,对半制成品的进口征收较高关税,对原材料和能源的进口征收低关税,甚至免税。

2. 出口税

出口税是指本国商品出口时,向本国出口商征收的一种关税。由于征收出口关税,势必增加出口商的负担,从而提高出口产品在国外市场的销售价格,削弱其在国外市场的竞争能力,不利于扩大出口。因此,各国出于鼓励出口的需要,一般都不征收出口税。一些发展中国家不同程度地征收出口税,目的是为了增加财政收入,或者是为了保护本国产品生产,或者是为了保障本国重要原料的供应。

3. 过境税

过境税又称通过税,是指外国商品通过本国国境或者关境时所征收的一种关税。由于征收过境税会增加商品的负担,影响国际贸易的进行,尤其是在交通运输条件大为改进以后,征收过境税只会使进出口商选择更方便的运输线路。现在,绝大多数国家都不征收过境税,只收取少量的过境费用。

（二）按征收目的分类

1. 财政关税

财政关税又称收入关税,它是以增加国家财政收入为主要目的而课征的关税。财政关税的税率比保护关税低,因为过高就会阻碍进出口贸易的发展,达不到增加财政收入的目的。随着世界经济的发展,财政关税的意义逐渐减低,而为保护关税所代替。

2. 保护关税

它是以保护本国经济发展为主要目的而课征的关税。保护关税主要是进口税,税率较高。通过征收高额进口税,使进口商品成本较高,从而削弱它在进口国市场的竞争能力,甚至阻碍其进口,以达到保护本国经济发展的目的。保护关税是实现一个国家对外贸易政策的重要措施之一。

（三）按贸易待遇等级分类

1. 普通税

它又称一般关税,是指对与本国没有签订任何关税互惠协议的国家进出口商品征收的关税。通常而言,此类关税税率最高。

2. 最惠国待遇税

最惠国待遇税（most favored nation rate of duty, MFNT）是正常的关税,适用于签订有最惠国待遇条款的贸易协定的国家,一般邦交国家之间都是按这种关税征税。它既适用于双边贸易条约,也适用于多边贸易条约,WTO 成员之间实行这种税率。

3. 普惠税

普惠税（generalized system of preferences tariff, GSP）是指发达国家对从发展中国家或地区输入的商品（特别是制成品和半制成品）,给予普遍的、非歧视的和非互惠的优惠关税。

普惠税的原则是普遍的、非歧视的、非互惠的。普惠税的目的是增加发展中国家的外汇收入,促进其工业化和经济增长。普惠税具有两个特点:① 普惠税是单向的,不需要受惠国给予给惠国同样的关税优惠;② 普惠税税率低于最惠国税率,高于特惠税。

普惠税有以下主要规定:第一是对受惠国家和地区的规定;第二是对受惠商品范围的规定;第三是对受惠商品减税幅度的规定;第四是对给惠国保护措施的规定（包括免责条款、预定限额、竞争需要排除、毕业条款）;第五是对原产地的规定（包括原产地标准、直接运输规则、原产地证明）。

4. 特惠税

特惠税（preferential duty）全称为特定优惠关税。它是指对从特定国家或地区进口的全部商品或部分商品,给予特别优惠的低关税或零关税待遇,其税率低于最惠国税率。特惠关税一般在签订有友好协定、贸易协定等国际协定或条约国家之间实施的。任何第三国不得根据最惠国待遇条款要求享受这一优惠待遇。特惠税有的是互惠的,有的是非互惠的（单向的）。

（1）非互惠的特惠关税。目前,国际上影响最大的非互惠特惠税是《洛美协定》（lome

convention)。它是欧洲共同市场(现为欧盟)向参加《洛美协定》的非洲、加勒比和太平洋地区的发展中国家单方面提供的特惠税。《洛美协定》关于特惠税方面的规定主要有:欧洲共同市场国家将在免税、不限量的条件下,接受这些发展中国家全部工业品和96%农产品进入欧洲共同市场,而不要求这些发展中国家给予"反向优惠"。又如,中国为扩大从非洲国家的进口,促进中非双边贸易的进一步发展,中国政府在2010年之后的三年内,将逐步给予非洲所有与中国建交的最不发达国家95%的产品免关税待遇。2010年,中国首先开始对60%的产品实施免关税,非洲最不发达国家输华免关税受惠商品由此前的478个税目扩大到4700多个税目。

(2) 互惠的特惠税,但不一定是对等的相同税率。互惠的特惠关税主要是区域贸易协定或双边自由贸易协定成员间根据协定实行的特惠税。如欧盟成员之间、北美自由贸易协定成员之间、中国与东盟国家之间实行的特惠税皆属于这一类型。

5. 进口附加税

进口附加税是指在征收了正常的进口关税之外,对进口商品再加征的一种附加税。我们通常把前者称为正税,后者称为进口附加税。征收进口附加税通常是为了限制商品进口和倾销,或者是为了应对国际收支困难,或者是对某国实行歧视性贸易政策。

进口附加税可以对所有进口商品征收,也可以对个别商品或者个别国家征收。进口附加税的形式主要有反补贴税和反倾销税。

(1) 反补贴税

反补贴税(countervailing duty)是指为抵消进口商品在制造、生产或输出时直接或间接接受的任何奖金或补贴而征收的一种进口附加税。它又称抵消关税,是差别关税的一种重要形式。

反补贴税最早出现于19世纪末。1897年,欧洲几个国家对精制甜菜砂糖给予了高额的出口补贴,出口量大增,使其他国家甘蔗砂糖的销售受到很大损失。英国首先声称对其进口糖征收重税,美国随后正式开始对从这些国家进口的精制糖另外征收与出口补贴额相等的关税,此后印度等国也加以效仿。

反补贴税的目的在于抵消国外竞争者得到奖励和补贴产生的影响,使他国补贴产品不能在进口国市场上进行低价竞争或倾销,以保护进口国同类商品的生产商。

补贴分为直接补贴和间接补贴。直接补贴是指直接付给出口商的现金补贴,间接补贴是政府对出口商品给予财政上的优惠。这种奖励和补贴包括对出口国制造商直接进行支付以刺激出口,对出口商品进行关税减免,对出口项目提供低成本资金融通或类似的物质补助(其中包括美国通过商务部国际贸易管理局进行补贴税的实施)。

征收反补贴税必须具备如下三个条件:① 须有补贴的事实,即出口成员国对进口产品直接或间接地给予补贴的事实;② 须有损害的结果,即对进口国国内相关产业造成损害或损害威胁,或严重阻碍进口国某相关产业的建立;③ 须有因果关系,即补贴与损害之间有因果关系存在。只有同时具备上述三个条件,成员国才能实施征收反补贴税措施。

（2）反倾销税

反倾销税(anti-dumping duty)是对实行倾销的外国商品所征收的一种进口附加税，其目的在于抵制商品倾销，保护本国产业和国内市场。

倾销就是将一国产品以低于正常价格的办法挤入另一国的贸易行动。正常价格是指相同产品在出口国用于国内消费时在正常情况下的可比价格；如果没有这种国内价格，则是相同产品在正常贸易情况下向第三国出口的最高可比价格，或产品在原产国的生产成本加合理的费用和利润。

倾销分为偶然性倾销、掠夺性倾销和长期性倾销。偶然性倾销(sporadic dumping)指销售旺季已过或转产，企业以低于成本的价格抛售库存或过剩商品；掠夺性倾销(predatory dumping)指为了侵占和垄断特定市场，企业以低于成本的价格销售商品，以便打垮竞争对手，在垄断市场后再提高价格；长期性倾销(persistent dumping)指企业一贯以低于国内市场的价格向国外销售商品，这是因为企业有规模经济，边际成本递减。

征收反倾销税必须符合下列要求：倾销存在；倾销对国内工业造成严重损害或威胁；严重损害是倾销所致。在征收反倾销税之前，应将倾销的进口产品对国内市场的同类产品和对国内同类产品生产者的影响进行客观审查，并应考虑此种产品的进口数量是否显著增加等因素，进口国要证明倾销品的进口与对国内产业的损害之间有因果关系。

6. 差价税

当某种本国商品的国内价格高于同类的进口商品的价格时，为了削弱进口商品的竞争能力，保护国内生产厂商和国内市场，按国内价格和进口价格间的差额征收关税，这种关税就叫差价税(variable levy)。

差价税有的是正税，有的是进口附加税，它是一种滑动关税。一个典型的例子是欧共体国家对农产品进口征收的关税。欧共体成立后为促进本地区农业的发展和保护农场主的利益，实施共同农业政策，制定了农产品的目标价格，作为干预农产品市场标准。目标价格高于世界市场价格。为了免受外来低价农产品的冲击，欧共体对农产品实行差价税。具体做法是，用目标价格减去从内地中心市场到主要进口港的运费，确定可接受的最低进口价格，称为门槛价格(threshold price)。然后计算农产品从世界主要市场运至欧共体主要进口港的成本加运费加保费价(CIF)，通过比较确定差价税的征收幅度。差价税＝门槛价格－CIF 价格。

三、关税征收标准和征收依据

（一）关税征收标准

关税的征收方法又称征收标准，分为从量征收、从价征收、混合征收和选择征收四种。依据这四种标准征收的关税分别称为从量税、从价税、混合税和选择税。

1. 从量税

从量税(specific duty)是按照商品的重量、数量、容量、长度和面积等计量单位为标准计征的关税。其中，重量是较为普遍采用的计量单位。

从量税额计算的公式是：税额＝商品的数量×每单位从量税。

征收从量税的优点：课税标准一定，计税手续较为简便；对廉价进口商品抑制作用较大；当商品价格下降时，其保护作用加强。

征收从量税的缺点：税负不合理，同种类的货物不论等级差别，均课以同税率的关税，使得课税有失公平；对质优价高的商品，其保护作用相对减弱；当商品价格上涨时，税额不能随之变动，使税收相对减少，保护作用下降。

2. 从价税

从价税(ad valorem duty)是按商品的价格为标准计征的关税，保护效果不随价格变化而变化。从价是各国征税时通用的一个原则，即征税时按商品价格的一定百分比确定税额，随商品价格的上涨增加税额，随商品价格的下跌减少税额，是与"从量原则"相对应的。

征收从价税的优点：税负合理，按货物的品质、价值等级比率课税，品质佳、价值高者纳税较多，反之则较少；税负公平，物价上涨时，税款相应增加，财政收入和保护作用均不受影响；税率明确，便于比较各国税率；征收方式简单。对于同种商品，可以不必因其品质的不同再详细分类。

征收从价税的缺点：完税价格不易掌握，征税手续复杂；通关不易，在估定货物价格时，海关与业者容易产生争议；调节作用弱，保护性不强，商品价格下跌时，会减少关税收入。

3. 复合税

复合税(compound duty)又称混合税，是对某一进出口货物或物品既征收从价税，又征收从量税。即采用从量税和从价税同时征收的一种方法。

复合税可以分为两种：一种是以从量税为主加征从价税；另一种是以从价税为主加征从量税。这种税制有利于为政府取得稳定可靠的财政收入，也有利于发挥各种税的不同调节功能。混合税率大多应用于耗用原材料较多的工业制成品。美国采用混合税较多，例如对小提琴除征收每把21美元的从量税外，加征6.7%的从价税。混合税兼有从价税和从量税的优点，增强了关税的保护程度。

4. 选择税

选择税(alternative duty)是指对同一物品同时订有从价税、从量税和混合税税率，征税时由海关选择，通常是按税额较高的一种征收。选择税具有灵活性的特点，可以根据不同时期经济条件的变化、政府征税目的以及国别政策进行选择。选择税的缺点是征税标准经常变化，令出口国难以预知，容易引起争议。

(二) 关税的征收依据

1. 海关税则

各国征收关税的依据是海关税则。海关税则(customs tariff)是一国对进出口商品计征关税的规章和对进出口应税与免税商品加以系统分类的一览表。它是关税制度的重要内容，是国家关税政策的具体体现。

海关税则一般包括两个部分：一部分是海关课征关税的规章条例及说明，另一部分是关税税率表。其中,关税税率表主要包括:税则号列;商品分类目录;税率。

2. 税则目录

最初海关税则中的商品分类是各国根据自身需要和习惯编制的,由于商品的分类非常复杂,其中包含了商品本身和各国贸易政策方面等原因,使得各国海关统计资料缺乏可比性。为了减少各国海关在商品分类上的矛盾和不方便,国际经济组织开始制定和完善国际通用的统一税则目录。

(1)《海关合作理事会税则商品分类目录》

《海关合作理事会税则商品分类目录》(customs co-operation council nomenclature, CCCN)是1950年12月15日海关合作理事会在布鲁塞尔召开的国际会议上制定的公约,1953年9月11日生效,该公约最初被称为"布鲁塞尔税则目录",于1975年正式改名为《海事合作理事会税则商品分类目录》。该目录的分类原则是按商品的原料组成为主,结合商品的加工程度、制造阶段和商品的最终用途来划分。它把全部商品共分为21类、99章、1015项税目号,每个商品税则号由四位数组成。

(2)《国际贸易标准分类》

与此同时,出于贸易统计和研究的需要,联合国经社理事会下设的统计委员会在1950年编制并公布了《国际贸易标准分类》(standard international trade classification, SITC),从1960年开始先后进行了多次修订,最近的第四次修订版(SITC Rev.4)于2006年3月由联合国统计委员会第三十七届会议通过,将贸易产品分为10大类、66章、262组、1023个分组和2652个基本项目。由于它是由联合国主持编制的,有100多个国家采用。每个商品税则号由五位数组成。

(3)《商品名称及编码协调制度》

两种商品分类目录在国际上同时并存,虽然制订了相互对照表,但仍给很多工作带来不便。为了进一步协调这两种国际贸易分类体系,海关合作理事会于1970年决定成立协调制度委员会和各国代表团组成的工作团,来研究探讨是否可能建立一个同时能满足海关税则、进出口统计、运输和生产等各部门需要的商品列名和编码的"协调制度"目录。60个国家和20多个国际组织参加了研究工作。经过十多年的努力,终于完成制定了一套新型的、系统的、多用途的国际贸易商品分类体系——《商品名称及编码协调制度》,以下简称《协调制度》(the harmonized commodity description and coding system, HS),并于1988年1月1日正式生效实施。

《协调制度》基本上按商品的生产部类、自然属性、成分、用途、加工程度、制造阶段等进行编制,共有21类、97章、1241个税目、5019个子税目。每个商品税则号由六位数组成。与《海关合作理事会税则目录》相比,《协调制度》使用更广泛,它不仅用于普惠制,还大量地用于航运业、国际经济分析及国际贸易中。自1988年1月1日至现在,世界上包括欧盟、美国、加拿大、日本在内的绝大多数国家都采用《协调制度》。我国自1992年1月1日起也正式实施了《协调制度》。

3. 海关税则的种类

海关税则中的同一商品,可以以一种税率征税,也可以以两种或两种以上税率征税。按照税率表的栏数,可将海关税则分为单式税则和复式税则两类。

单式税则又称一栏税则,是指一个税目只有一个税率,即对来自任何国家的商品均以同一税率征税,没有差别待遇。目前只有少数发展中国家如委内瑞拉、巴拿马、冈比亚等仍实行单式税则。

复式税则又称多栏税则,是指同一税目下设有两个或两个以上的税率,对来自不同国家的进口商品按不同的税率征税,实行差别待遇。其中,普通税率是最高税率,特惠税率是最低税率,在两者之间,还有最惠国税率、协定税率、普惠制税率等。目前大多数国家都采用复式税则,这种税则有二栏、三栏、四栏不等。

四、关税的经济效应

(一) 贸易小国的关税经济效应

1. 局部均衡分析

考察关税对一个小国的经济效应和福利影响,主要从下图 6.2.1 中体现出来。在图 6.2.1 中,S_X 是 X 产品的国内供给曲线,D_X 是 X 产品的国内需求曲线,那么 S_X 和 D_X 的交点 E 就是供需平衡点,此时,X 产品的国内需求正好等于国内供给,经济完全自给,无须进行贸易。P_X 是世界市场上 X 产品的价格,沿 P_X 的水平线实际上就是外国对该国的出口供给曲线,由于该国是小国,其市场需求量对外国出口商而言很小,因而存在对这一小国的无限出口供给,使该曲线呈现出水平状。在没有征收关税前,按世界价格 P_1,将有 Q_1 单位的 X 产品在国内生产,而在这一价格水平上,国内需求量却为 Q_2;供需缺口 Q_1Q_2 就需要通过从外国进口来填补。

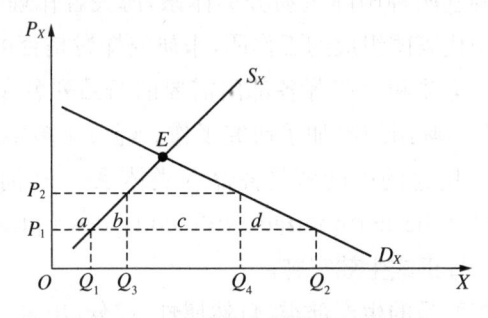

图 6.2.1 小国征收关税的经济效应

现在该国政府决定对外国进口的 X 产品征收一定税率的进口关税。由于该国是小国,对世界价格没有影响力,世界价格不会因为该国征收关税造成的进口需求降低而有所下降,仍维持在原有 P_1 水平上,关税所带来的产品价格的提高全部都反映在该国 X 产品的国内价格上,国内价格上升到 P_2。在这样一个价格水平上,国内生产受到鼓励,由 Q_1 提高到 Q_3;而国内消费需求受到抑制,从 Q_2 下降到 Q_4,进口也由没有征税前的 Q_1Q_2

减少至征税后的 O_3Q_4，表现出了关税对进口的抑制。

关税对一国经济福利的影响是怎样的呢？这种福利影响如何在各方进行分配呢？

对于消费者来说，在 P_1 的价格和 Q_2 的需求数量下，其消费者剩余是由 D_X 曲线以下和 P_1 价格线以上的面积来衡量。现在由于征收关税，提高了进口商品的价格，减少了国内消费需求量，在新的国内价格 P_2 水平上，消费者剩余现在为 D_X 曲线以下和 P_2 价格线以上的面积，所以由于征收关税，消费者剩余减少了 $(a+b+c+d)$ 的面积。同时，价格的提高刺激了国内产品的生产，保护了国内产品和市场。在 P_1 价格水平上，国内生产者必须和众多外国制造商竞争，其生产者剩余仅为 S_X 线以上 P_1 线以下的部分面积，而现在由于征税导致产品国内价格的提高，生产者剩余增加到 P_2 线以下 S_X 线以上部分，净增 a 部分的面积。所以，a 部分面积的收益只不过是收入的再分配而已，由消费者转移到生产者手中。对于该国政府，由于征收关税而获得了税收收入，其收益为进口数量乘以税率，也就是图中 c 部分的面积。这样，c 部分面积的收益也是消费者转移到政府的收入再分配。最后剩下的 b 和 d 部分虽也是消费者损失，但其他人谁也没有得到，因而是社会福利的净损失。我们可以把上述关税的福利效应简要概括如下，"一"号代表福利损失，"+"号代表福利盈余。

消费者剩余减少：$-(a+b+c+d)$

生产者剩余增加：$+a$

政府关税收入：$+c$

社会总福利的变化：$-(b+d)$

分解社会福利净损失会发现，其中 b 部分是关税的生产影响，即在自由贸易下原先由高效率的国外生产商生产的产品，现在由于关税的保护作用转而由低效率的国内生产者供应所带来的效率损失。d 部分是关税的消费影响，即由于关税导致的国内价格的提高而使消费者被迫减少产品消费所造成的消费损失。

2. 一般均衡分析

一般均衡分析考虑的是多种产品和多个市场的均衡过程。在对关税的经济效应进行一般均衡分析时，需要引入生产可能性曲线和贸易无差异曲线等概念。在贸易无差异曲线上，任何进口数量和出口数量的结合都对一个国家产生同样的福利效应。通过贸易无差异曲线和设定不同的贸易条件进而可以推导得出生产可能性曲线。

图 6.2.2 中给出一国的生产可能性曲线，在自由贸易条件下，该国的生产均衡点在贸易条件曲线下与生产可能性曲线相切的 P_0 点，消费均衡点在 T_0 线与消费无差异曲线 I 相切的 C_0 点。显然，此时该国的贸易三角是 C_0GP_0，即该国将出口数量为 P_0G 的 X 产品，进口数量为 C_0G 的 Y 产品。

当该国对 Y 产品征收进口税后，国内 Y 产品相对于 X 产品的价格高于国际市场上 Y 产品的相对价格，国内

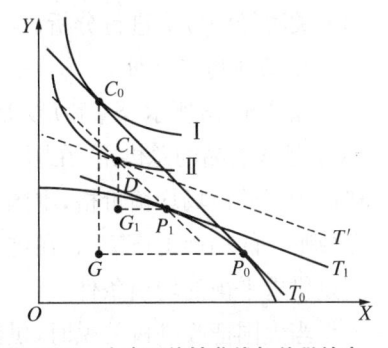

图 6.2.2　生产可能性曲线与关税效应

贸易条件曲线变为比国际贸易条件曲线 T_0 平直的曲线 T_1（表示用较多的 X 产品才能换等量的 Y 产品）。由于受到关税保护使 Y 产品的国内相对价格上升，X 产品国内相对价格下降，促使国内生产者把资源从 X 产品转向 Y 产品。直到生产 Y 产品的边际成本与 Y 产品的国内相对价格趋于一致，这种资源转移才会终止，即新的生产均衡点在国内贸易曲线 T_1 与生产可能性曲线相切的切点 P_1 处。同时，由于国内价格的变化也使国内消费做出相应的调整，即增加价格相对下降的 X 产品的消费，减少价格相对上升的 Y 产品的消费，直到使两种商品的边际效用比率与国内相对价格趋于一致，也就是使国内贸易条件 T_1 与消费无差异曲线 Ⅱ 相切于 C_1 点，C_1 点就是新的消费均衡点。值得注意的是，由于消费无差异曲线有一组，与国内贸易条件曲线就有一组切点，最终唯一的均衡点 C_1 是在国际贸易条件曲线上的那一点（由于假设该国为贸易小国，故国际贸易条件曲线不因征收关税而变化）。此时，受关税影响的新的贸易三角形由征税前的 C_0GP_0 变为 $C_1G_1P_1$，表示该国出口的 X 产品由征税前的 P_0G 变为 P_1G_1，进口的 Y 产品由征税前的 C_0G 变为 C_1G_1。也就是说，征收关税使国内 Y 产品供给增加与需求减少造成进口减少，并使国内 X 产品供给减少与需求增加，造成出口减少。

显然，从图 6.2.2 中可以看出，新的消费均衡点 C_1 所处的消费无差异曲线 Ⅱ 必然要比征税前的 C_0 点所处的消费无差异曲线 Ⅰ 要低，表示征税使本国的福利水平下降。从各个利益集团所受的影响来看，政府通过税收获得了 C_1D 价值的收入（以 Y 产品数量表示）。国内 X 产业的生产减少，减少的数量由 P_1 点到 P_0 点的水平距离表示，Y 产品的生产增加，增加的数量由 P_1 点到 P_0 点的垂直距离表示。因此，X 产业的生产者遭受到价格下降产量减少的损失，Y 产品的生产者则获得了价格上升产量增加的收益。另外，国内消费者减少了 Y 产品的消费（数量由 C_1 点到 C_0 的垂直距离表示），增加了 X 产品的消费（数量由 C_1 点到 C_0 点的水平距离表示），总的消费效用水平则下降了（由 C_1 点低于 C_0 点表示）。而且，这一消费均衡点 C_1 是在政府把所有税收都以某种形式交还消费者才可能达到，否则，征收后的消费均衡点在 D 点，总的消费效用水平还要低。

（二）贸易大国的关税经济效应

如果征收进口关税的国家为一贸易大国，其进口贸易量足以影响国际市场价格，那么，征收进口关税后，不仅会使本国价格上升，还会因为进口商品的国内价格上升造成进口需求减少，从而使国际市场价格下降。下面分别从局部均衡和一般均衡角度对贸易大国的关税经济效应进行分析。

1. 局部均衡分析

如图 6.2.3 所示，S_X 和 D_X 是某商品本国供给与需求曲线。S_F 是该商品国外的供给，S_{X+F} 是该商品的总供给，在图中用 S'_X 表示。在自由贸易的条件下，由于国内市场均衡价格高于国外市场均衡价格，本国会从国外进口该种产品，直至两个市场的价格趋于均等，形成唯一的均衡价格 P_0。在这一均衡价格下，本国进口量为 Q_1Q_2，与国外出口量相等，满足供求平衡的均衡条件。

当大国征收进口关税时，供给曲线为 S_{X+T}'，国内价格上升为 P_1，由于征税必然导致

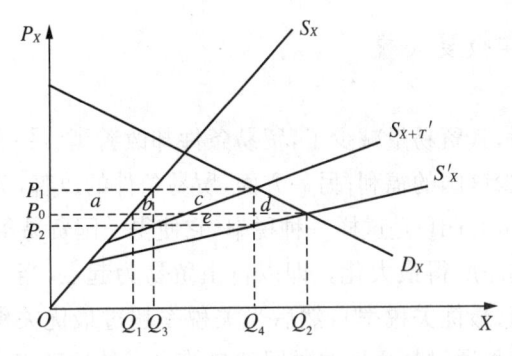

图 6.2.3　大国征收关税的经济效应

进口数量的下降,减少对国际市场该商品的需求,使得该商品国际市场的出口价格降低,在图中表示为 P_2,这一部分的利益 e 以价格下降换取出口市场的方式转移给了进口国。消费者剩余减少了 $a+b+c+d$ 的面积,生产厂商获得 a 的面积,政府获得 $c+e$ 的面积,社会净福利损失为 $-(b+d)+e$,与小国相比有了改善。同时,世界其他的出口国有相应的损失,整个世界净经济效应为负,说明大国征收关税在给自己改善福利的同时,给出口国和世界带来的都是福利净损失。我们把上述大国关税的福利效应简要概括如下,"一"号代表福利损失,"+"号代表福利盈余。

消费者剩余减少: $-(a+b+c+d)$

生产者剩余增加: $+a$

政府关税收入: $+(c+e)$

社会总福利的变化: $-(b+d)+e$

2. 一般均衡分析

如图 6.2.4 所示,当一国为贸易大国时,对 Y 产品征收进口关税会使本国的对外贸易条件改善。即通过关税减少 Y 产品的进口需求,使国际市场上的 Y 产品相对价格曲线 T_0 变为 T_2(倾斜程度增加),而关税使国内相对价格曲线由自由贸易时的 T_0(与国际市场一致)变为 T_1(倾斜程度减少)。这样,新的消费均衡点 C_1 就有可能高于征税前的 C_0 点,表示福利水平有可能因征收关税而提高。其他方面的影响则基本与贸易小国的情况相似。

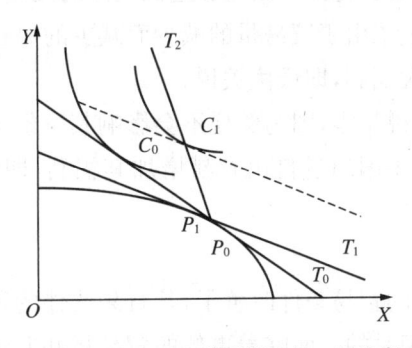

图 6.2.4　贸易大国关税效应的一般均衡

(三) 最优关税和报复关税

1. 最优关税

当大国征收关税后,其贸易量减少了,贸易条件却改善了。一方面,由自身原因导致的贸易量的减少,将减少该国的福利;另一方面,贸易条件的改善,又会增加该国的福利。

最优关税(optimum tariff)是这样一种税率,它使得一国贸易条件的改善相对于其贸易量减少的负面影响的净所得最大化。即以自由贸易为起点,当一国提高关税率时,其福利逐渐增加到最大值(最优关税率),然后当关税率超过最优关税率时,其福利又逐渐下降,最终,这个国家又将通过禁止性关税回到自给自足的生产点。因此,一国如果在最优关税的税率水平上征收关税将使本国的福利最大化。

图 6.2.5 中,两国自由贸易条件下的提供曲线分别是 A 和 B,由两条提供曲线的交点 E 和原点的连线确定了自由贸易条件下的贸易条件线 T。当 A、B 两国征收进口关税时,两国的提供曲线分别向本国的进口产品轴方向移动,使国际交换比价线变得对本国有利。

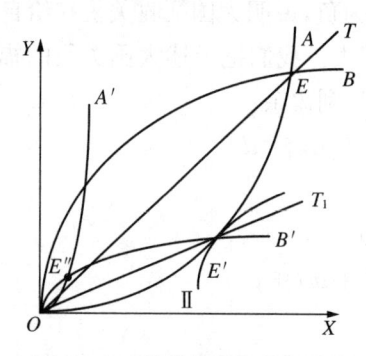

图 6.2.5 最优关税与报复关税

B 国的提供曲线逐步向本国的进口产品轴方向移动,使得贸易条件逐步改善,同时,贸易量也不断减少。当 B 国的提供曲线移动到图中 B′ 时,提供曲线 B′ 与 A 国的提供曲线相交,表明两国的贸易条件线为 T_1,同时,该国的无差异曲线 Ⅱ 与 A 国的提供曲线相切,表示这时 B 国贸易条件的变化使 B 国能够达到最高的无差异曲线,使 B 国由于贸易条件的改善而增加的福利超过了由于贸易量的减少而减少的福利,这时的关税代表了 B 国通过征收关税能获得的最大福利,即最优关税。

请注意,小国的最优关税是零,因为关税不会影响其贸易条件,而只会导致贸易量的减少。因此,免收关税能使小国通过自由贸易增加其福利,即使在其贸易伙伴不报复的情况下也是如此。

2. 报复关税

随着关税的征收,一国的贸易条件改善了,其贸易伙伴的贸易条件却恶化了,因为他们的贸易条件与征税国是相对的。面临着更低的贸易量和恶化的贸易条件,贸易伙伴的福利无疑会下降。结果是,其贸易伙伴极有可能采取报复行动,也对自己的进口产品征收最优关税。当它的贸易条件的改善使其挽回大部分损失后,它的报复性关税无疑又会进一步减少其贸易量。此时,第一个国家也会采取报复行动,如果这个过程持续下去,最终的结果通常是所有国家损失全部或大部分贸易所得。

由于贸易条件恶化和更小的贸易量,A 国肯定要比在自由贸易下更糟糕。结果,A 国可能采取报复行动,也对进口商品征收最优关税,如提供曲线 A' 所示。提供曲线 A' 和 B' 使均衡点移至 E''。现在 A 国的贸易条件更好,而 B 国却要比自由贸易下更差,贸易量大大减少。在这点,B 国也可能采取报复行动。最终两国贸易量越来越接近原点,意味着两国都独立生产,自给自足,结果使得全部贸易所得都丧失了。

注意,即使当一国征收最优关税,其贸易伙伴并不采取报复行动时,征收关税国家的所得也要小于贸易伙伴所受的损失。这样,对整个世界而言,征收关税要比在自由贸易下总体福利水平下降。正是从这个意义上考虑,自由贸易化是各国政府及世贸组织追求的目标。

五、有效保护率

(一) 有效保护率的概念

有效保护的概念由加拿大经济学家巴勃(C·L·Barber)于 1955 年首先提出。

名义保护率也叫名义关税率,它是指某种进口商品进入该国关境时,海关根据海关税则所征收的关税税率。在其他条件相同和不变的条件下,名义关税率愈高,对本国同类产品的保护程度也愈高。

有效保护率(effective rate of protection)是指一国实行保护使本国某产业加工增值部分被提高的百分比。

名义保护率只考虑了关税对某种成品价格的影响,而不考虑对其投入原材料的保护;有效保护率不但考虑了关税对成品的价格影响,也考虑了投入的原材料和中间产品由于征收关税而增加的价格。因此,有效保护率计算的是某项加工工业中受全部关税制度影响而产生的增值比。有效保护率是一种产品的国内外加工增值差额与其国内增值部分的百分比。这里所说的国内增值是指,在自由贸易条件下该商品的加工增值。

(二) 有效保护率的计算公式

根据有效保护率定义,其计算公式为:

$$Te = \frac{V' - V}{V} \times 100\%$$

其中,Te 为有效保护率,V' 为征收关税后的加工增值,V 为自由贸易时的加工增值。例如,在自由贸易条件下,美国汽车的价格为 300 美元,原料成本为 240 美元,增值 60 美元。当美国开始对进口商品征税后,10% 的汽车进口税使国内汽车价格上升到 330 美元,而 5% 的原料进口税使成本上升为 252 美元,增值为 78 美元,因此,汽车获得的有效保护率为 30%。

$$Te = \frac{V' - V}{V} \times 100\% = \frac{78 - 60}{60} \times 100\% = 30\%$$

具体计算时使用下面的公式:

$$Te = \frac{T - \sum a_i t_i}{1 - \sum a_i}$$

其中,T 为某产品的名义关税率;a_i 为自由贸易条件下,某项投入原料的价值占该产品价值的比例;t_i 为该项投入原料的名义关税。

上例中 T 为 10%,t_i 为 5%,a_i 为 $240/300 = 80\%$

$$Te = \frac{T - \sum a_i t_i}{1 - \sum a_i} = \frac{10\% - 80\% \times 5\%}{1 - 80\%} = 30\%$$

(三) 对有效保护率的评价

从对公式的检验及其结果,我们可以得出以下关于有效保护率和最终商品的名义税率两者之间关系的重要结论:

(1) 如果 $a_i = 0$,有效保护率 $= T$。

(2) 对给定的 a_i 和 t_i 值,T 值越大,有效保护率越大。

(3) 对给定的 T 和 t_i,a_i 值越大,有效保护率越大。

(4) 当 t_i 小于、等于或大于 T 时,有效保护率值大于、等于或小于 T。

(5) 当 $a_i t_i$ 值大于 T,有效保护率是负的。

注意进口要素的关税是一项增加国内生产者生产成本的税收,对最终商品给定一个名义关税,将减少有效保护率,因此对国内生产起抑制作用。在某些情况下,即使最终商品的名义税率是正的,国内生产的商品也要比自由贸易下更少。

为了避免负保护现象,并且尽可能提高有效保护率,目前各国普遍采用"升级式"关税结构。即产品的税率随着产品的加工程度而上升,最终产品的税率大于中间产品、零配件的税率,后者又大于原材料的税率,使得整个产业的有效保护率大大高于名义保护率。

第三节 国际贸易政策措施:非关税壁垒

非关税壁垒(non-tariff trade barriers)也称非关税措施,指除关税以外的一切限制进口的措施。与关税相比,非关税壁垒更具灵活性和针对性,更具强制性,更具隐蔽性。

一、非关税壁垒的主要形式

(一) 进口限额

进口限额(import quota)是指一国政府在一定时期内,对某些商品进口的数量和金额事先做出规定,在限额内可以进口,超过限额的不准进口或征收较高的关税或罚款的制度,又称"进口配额制"。

进口配额主要有绝对配额和关税配额两种。绝对配额是指在一定时期内,对某些商品的进口数量或金额规定一个最高数额,达到这个数额后便不准再进口。绝对配额具体分为三种:一是全球配额,即对来自世界任何国家和地区的商品一律适用,直到配额用完为止;二是国别或地区配额,即对来自不同国家和地区的进口商品分别规定不同的限额,超过配额的便不准进口;三是进口商配额,即按不同进口商分配给一定配额。

关税配额(tariff quota)是指对商品进口的绝对数额不加限制。而在一定时期内,对规定的关税配额以内的进口商品给予低税、减税或免税的优惠待遇,对规定的关税配额以外的进口商品,则征收较高的关税、附加税和罚款。

关税配额按商品进口的来源,可分为全球性关税配额和国别性关税配额。按照征收关税的目的,可分为优惠性关税配额和非优惠性关税配额。前者是对关税配额内进口的商品给予较大幅度的关税减让甚至免税,而对超过配额的进口商品征收原来的最惠国税率。后者是在关税配额内仍征收原来的进口税,但是对超过配额的进口商品征收极高的附加税或罚款。

(二)进口许可证制

进口许可证制是指商品的进口,事先要由进口商向国家有关机构提出申请,经过审查批准并发给进口许可证后,方可进口;没有许可证,一律不准进口。

从进口许可证与进口配额的关系上看,进口许可证可分为定额的进口许可证和无定额的许可证两种形式。定额的进口许可证,即国家有关机构预先规定有关商品的进口配额,然后在配额的限度内,根据进口商的申请,在配额的限度内,对每一笔进口货发给进口商一定数量的进口许可证。当进口配额用完时,不再发放许可证。另一种是无定额的进口许可证,国家不预先公布配额,而是根据进口商的申请,在个别考虑的基础上,决定对某种商品的进口是否发给许可证。由于没有公开的标准,因此起到更大的限制进口的作用。

从进口商品的许可程度上看,进口许可证一般可分为公开一般许可证(公开进口许可证或一般许可证)和特种进口许可证两种。公开一般许可证在通常情况下控制较宽,没有进口国别和地区的限制,进口商填写一般许可证后,都可获得进口的许可。特种进口许可证一般控制较严,申请时必须经审查批准后才发放进口的许可。

(三)自愿出口限制

自愿出口限制是出口国在进口国的政府或行业的要求或者压力下,自动规定某些商品在一定时期内对进口国的出口数量或者金额。自愿出口限制是对所有限制出口的双方协议措施的通称。但是,严格说来,自愿出口限制是由出口国单方面采取和执行的行动,出口国具有取消或修改限制措施的正式权利。

自愿出口限制又可分为非协定自愿出口限制和协定自愿出口限制两种。前者是不受国际协定约束,由出口国迫于来自进口国方面的压力,自行单方面规定的限制商品出口的一种配额。后者是进出口双方通过谈判签订自愿出口限制协定,确定在协定中规定的有效期限内某些商品的出口配额。出口国应根据配额实行出口许可证制或出口配额签证制,自行限制这些商品的出口;进口国则由海关负责统计和检查。从已实施的自愿出口限制措施来看,自愿出口限制大多属于这一种。

(四) 歧视性政府采购

歧视性政府采购政策是指国家通过法令和政策明文规定,政府机构在采购商品时必须优先购买本国货。这种政策实际上是歧视外国产品,起到限制进口的作用。

歧视性政府采购政策是针对外国商品。目前,一些国家歧视性政府采购政策限定的货物主要有军火、办公设备、电子计算机和汽车等。

美国从1933年开始实行,并于1954年和1962年两次修改的《购买美国货物法案》是最为典型的歧视性政府采购政策。该法案规定,凡是美国联邦政府采购的货物,都应该是美国制造的,或是用美国原料制造的;凡商品的成分有50%以上是国外生产的就称外国货。而后又做了修改,规定只有在美国自己生产数量不够或国内价格过高,或不买外国货有损美国利益的情况下,才可以购买外国货。英国规定政府机构使用的通信设备和电子计算机必须是英国产品。日本也规定,政府机构使用的办公设备、汽车、计算机、电缆、导线、机床等不得采购外国产品。由于发达国家政府采购的数量非常庞大,因此,这是一种相当有效的限制进口的非关税壁垒措施。

(五) 进出口的国家垄断

进出口的国家垄断是指国家对某些商品的进出口规定由国家直接经营,或者是把某些商品的进口或出口的垄断权给予某个垄断组织。各国国家垄断的进出口商品主要有三大类:烟酒、农产品、武器。

(六) 最低限价和禁止进口

进口限价是进口国政府规定进口商品必须在国家指定的价格水平之上进行销售,增加商品销售的难度。进口限价的极端措施是对某些商品完全禁止进口。例如,20世纪70年代,美国为了抵制欧洲和日本等国的低价钢材和钢制品的进口,在1977年对这些产品的进口实行所谓的"启动价格制"。1985年,智利对绸坯布进口规定每千克的最低限价为52美元,若低于该限价,将征收进口附加税。

(七) 外汇管制

外汇管制(foreign exchange control)又称外汇管理,是指一国政府对外汇的收支、结算、买卖和使用所采取的限制性措施。外汇管制的目的在于有效地使用外汇,防止外汇投机,限制资本流出,改善国际收支和稳定汇率。

外汇管制分为数量管制和成本管制。前者是指国家外汇管理机构对外汇买卖的数量直接进行限制和分配,通过控制外汇总量达到限制出口的目的。后者是指国家外汇管理机构对外汇买卖实行复汇率制,利用外汇买卖成本的差异,调节进口商品结构。

外汇管制的方法可分为直接管制和间接管制。前者由外汇管制机构对各种外汇业务实行直接、强制的管理和控制。后者则是通过诸如许可证制度、进口配额制度等间接影响外汇业务,从而达到外汇管制的目的。从另一角度,外汇管理的方法又可分为数量管制、汇价管制和综合管制三种,即从外汇业务的数量上、从汇价上、或从二者的结合上实行外汇管理。

（八）进口押金制

进口押金制（advanced deposit）又称"进口存款制"和"进口预付款制",是限制进口的一种非关税壁垒和外汇管制的措施之一。在这种制度下,进口商在进口商品时,必须预先按进口金额的一定比率,在规定的时间、指定的银行无息存入一笔现金才能进口。这样就增加了进口商的资金负担,影响了资金的周转,从而起到了限制进口的作用。

意大利从1974年5月到1975年3月对400多种进口商品规定,无论从任何一个国家进口,都必须先向中央银行交纳相当于进口货价半数以上的现款押金,无息存放3个月。据统计,这项措施相当于征收5%以上的进口附加税。意大利政府还规定,自1976年5月起,意大利进口商除对国外出口商付款外,还应将进口货款的5%无息缴存中央银行冻结3个月。被纳入预缴范围的进口商品很广,除粮食外,其他如原料、石油等商品都包括在内,旨在进一步限制进口,改善国际收支。芬兰、新西兰和巴西也相继实施过这种措施。进口押金制的作用已逐渐受到怀疑。因为进口商可用存款收据作为进口付款的资金担保,或者用它作为在货币市场上获得优惠利率贷款的凭证,而国外出口商为保证其商品出口销路,愿意分摊存款金额,从而使之起不到应有的限制进口的作用。

（九）海关壁垒

海关壁垒主要有海关估价、海关程序两种。

专断的海关估价制是指某些国家通过专断的方法来高估进口商品的价格,从而增加进口商品的关税负担,以限制商品进口的措施。

海关程序是指在经过海关时,要求经过非常繁杂的清关手续,甚至故意制造麻烦,来增加进口阻力,限制进口。

（十）技术性贸易壁垒

技术性贸易壁垒主要是指货物进口国家所制定的那些强制性和非强制性的技术法规、标准以及检验商品的合格评定程序所形成的贸易障碍。即通过颁布法律、法令、条例、规定、建立技术标准、认证制度、检验检疫制度等方式,对外国进口商品制定苛刻繁琐的技术、卫生检疫、商品包装和标签等标准,从而提高进口产品要求,增加进口难度,最终达到限制进口的目的。

根据世贸组织《技术性贸易壁垒协议》,技术性贸易措施可分为三类,即技术法规（指规定强制执行的产品特性或其相关工艺和生产方法,包括适用的管理规定的文件）、标准（指经公认机构批准的、非强制执行的、供通用或重复使用的产品或相关工艺和生产方法的规则、指南或特性的文件）和合格评定程序（指任何直接或间接用以确定是否满足技术法规或标准中相关要求的程序）。并把符合《技术性贸易壁垒协议》原则的技术法规、标准和合格评定程序视为合理的、允许的,不构成贸易壁垒;而把不符合《技术性贸易壁垒协议》原则的技术法规、标准作为贸易壁垒,要求消除。

在限制产品进口方面的技术性贸易壁垒措施主要有几下几种:

1. 严格、繁杂的技术法规和技术标准

利用技术标准作为贸易壁垒具有非对等性和隐蔽性。在国际贸易中,发达国家常常是国际标准的制定者。他们凭借着在世界贸易中的主导地位和技术优势,率先制定游戏规则,强制推行根据其技术水平制定的技术标准,使广大经济落后国家的出口厂商望尘莫及。而且这些技术标准、技术法规常常变化,有的地方政府还有自己的特殊规定,使发展中国家的厂商要么无从知晓、无所适从,要么为了迎合其标准付出较高的成本,削弱产品的竞争力。目前,欧盟拥有的技术标准就有10多万个,日本则有8184个工业标准和397个农产品标准。美国的技术标准和法规更是多得不胜枚举。

2. 复杂的合格评定程序

在贸易自由化渐成潮流的形势下,质量认证和合格评定对于出口竞争能力的提高和进口市场的保护作用愈益突出。目前,世界上广泛采用的质量认定标准是ISO9000系列标准。此外,美、日、欧盟等还有各自的技术标准体系。

3. 严格的包装、标签规则

为防止包装及其废弃物可能对生态环境、人类及动植物的安全构成威胁,许多国家颁布了一系列包装和标签方面的法律和法规,以保护消费者权益和生态环境。从保护环境和节约能源来看,包装制度确有积极作用,但它增加了出口商的成本,且各国技术要求不一、变化无常,往往迫使外国出口商不断变换包装,失去不少贸易机会。

近十几年来,发达国家相继采取措施,大力发展绿色包装,主要措施有:① 以立法的形式规定禁止使用某些包装材料,如含有铅、汞和镉等成分的包装材料,没有达到特定的再循环比例的包装材料,不能再利用的容器等。② 建立存储返还制度。许多国家规定,啤酒、软性饮料和矿泉水一律使用可循环使用的容器,消费者在购买这些物品时,向商店缴存一定的保证金,以后退还容器时由商店退还其保证金。③ 税收优惠或处罚,即对生产和使用包装材料的厂家,根据其是否使用可以再循环的包装材料而给予免税、低税优惠或征收较高的税额,以鼓励使用可再生的资源。

二、进口限额的经济效应

(一)进口配额的局部均衡效应

进口配额的局部均衡效应如图6.3.1所示,图中D_X是该国对商品X的需求曲线,S_X是供给曲线。在自由贸易下,世界均衡价格是P_1,该国消费量为Q_2,其中Q_1由国内生产,剩下Q_1Q_2通过进口获得。假定该国进口配额的数量相当于Q_3Q_4,进口配额的限制会将国内价格提至P_2,如同对商品X征收了等额的从价进口关税。其原因是只有当价格为P_2时,需求数量Q_4才等于国内生产的Q_3加上进口配额所允许的Q_3Q_4。这样消费减少了Q_2Q_4,国内生产增加了Q_1Q_3,这是由于进口配额Q_3Q_4而产生的,这相当于征收了等额关税产生的效果。如果政府在竞争性市场上将进口许可拍卖给最高出价者，收入效应会是配额总量与拍卖价格的乘积，等于图中的 c 面积。进口配额的经济效应相当于"隐含的"等额的进口关税效应。

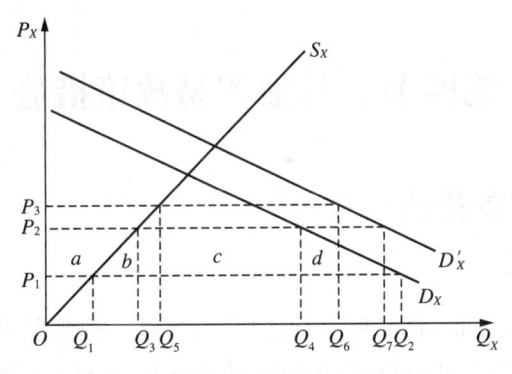

图 6.3.1　进口配额的局部均衡效应

（二）进口限额与进口关税的比较

随着 D_X 向上移动到 D'_X，给定的进口配额 Q_3Q_4 将会导致国内 X 的价格进一步上升到 P_3，国内生产增加到 Q_5，国内消费从 Q_4 上升到 Q_6。另一方面，如果征收的是等额的进口关税，X 产品价格保持在 P_2 水平，国内生产 Q_3，但国内消费会上升至 Q_7，进口量扩大为 Q_3Q_7。

图 6.3.1 中的 D_X 上移到 D'_X，表明了进口配额与等额进口关税的第一个重要区别。即对于给定的进口配额，当需求增加时，会比等额进口关税导致更高的国内价格和更多的国内生产量；而对于给定的进口关税，当需求增加时，会比等额进口配额导致更高的消费量和进口量，但对国内价格和国内生产量的影响较小。D_X 向左平移，以及 S_X 的移动也可以进行类似分析。既然通过调节进口配额，就可以有效地移动 D_X 和 S_X 以调节国内价格，而不用通过关税来影响进口，那么，进口配额就完全可以取代市场机制，而不是简单地改变它。

进口配额与进口关税之间的第二个重要区别，是配额制涉及进口许可的发放。如果政府不是在一个竞争性市场上拍卖这些许可，得到这些许可的公司便可攫取垄断利润。在这种情况下，政府必须决定发放给此种商品的潜在进口者的基准。这些决定可能出于官员的随便判断，而没有深思熟虑，他们可能对不断变化的实际情况和潜在的商品进口者无动于衷。更甚者，既然进口许可可以带来垄断利润，潜在的进口者便可能花费大量精力来游说，甚至贿赂政府官员以获得许可（即所谓的寻租行为）。这样，进口配额不仅取代了市场机制，从整个经济来看还造成了浪费，埋下了腐败的种子。

最后，进口配额将进口限定到一个确定的水平，而进口关税的贸易效果则不确定。原因是 D_X 和 S_X 的弹性或形状常常难以确定，从而很难估计可将进口限定在要求水平上的进口关税。再者，外国出口者可以通过提高效率或接受低利润来全部或部分消化吸收关税，结果是进口的实际减少额比预期的要少。而有进口配额限制时，进口者便不能这样做,因为允许进口到此国的数量由配额明确限定。基于这个原因,还因为进口配额更加"可见",国内生产者喜欢进口配额制更甚于进口关税。然而,既然进口配额比等效的进口关税更具限制性,所以应抵制配额制的蔓延。

第四节 其他贸易政策措施

一、鼓励出口的措施

(一) 出口信贷

出口信贷(export credit)是一种国际信贷方式,是一国为了支持和扩大本国产品尤其是大型机械、成套设备等的出口,加强国际竞争能力,以对本国的出口给予利息补贴并提供信贷担保的办法,鼓励本国银行对本国的产品出口商给予资金信贷并提供利息补贴的方法,帮助本国出口商解决资金上的困难,或者是帮助国外进口商对本国出口商支付货款需要的一种融资方式。出口信贷按借贷关系可以分为卖方信贷和买方信贷两种。

卖方信贷(supplier credit)是由出口方银行向本国出口商提供的一种信贷方式。银行提供给出口商贷款,使得出口商在销售商品时能够有资金维持正常的生产和经营活动,从而可以允许进口商延期付款,扩大本国的产品出口。

买方信贷(buyer credit)是由出口方银行向外国进口商或者是进口商银行提供的一种信贷方式,附加条件是贷款必须用于购买债权国商品,是一种约束性贷款。使用买方信贷,进口商在订货时要按照合同金额交纳一定数额的现汇定金,具体数额根据商品的性质决定,一般是合同金额的 15%～20%。定金以外的货款通过出口国银行的贷款付给出口商。买方信贷有两种方法:第一种是出口方银行直接向进口商提供贷款,并由进口方银行或第三国银行为该项贷款担保;第二种是由出口方银行贷款给进口方银行,再由进口方银行为进口商提供信贷。

(二) 出口信贷国家担保制

出口信贷国家担保制(export credit guarantee system)是一国政府设立专门机构,对本国出口商和商业银行向国外进口商或银行提供的延期付款商业信用或银行信贷进行担保,当国外债务人不能按期付款时,由这个专门机构按承保金额给予补偿。这是国家用承担出口风险的方法,鼓励扩大商品出口和争夺海外市场的一种措施。

出口信贷国家担保的业务项目,一般都是商业保险公司所不承担的出口风险。风险主要有两类:一是政治风险,二是经济风险。前者是由于进口国发生政变、战争以及因特殊原因政府采取禁运、冻结资金、限制对外支付等政治原因造成的损失;后者是进口商或借款银行破产无力偿还、货币贬值或通货膨胀等原因造成的损失。承保金额一般为贸易合同金额的 75%～100%。出口信贷国家担保制是一种国家出面担保海外风险的保险制度,收取费用一般不高,随着出口信贷业务的扩大,国家担保制也日益加强。英国的出口信贷担保署、法国的对外贸易保险公司等都是这种专门机构。

(三) 出口补贴

出口补贴(export subsidy)又称出口津贴,是指一国政府为了刺激出口,增加产品在国际市场的竞争力,在产品出口时给予出口厂商的现金补贴或财政上的优惠待遇。在发达工业国家,出口补贴常用于农产品或正在衰落的工业,如钢铁业。发展中国家的出口补贴则主要用于幼稚工业。

出口补贴的方式有:一是直接补贴,即政府在出口某种商品时,直接付给出口厂商的现金补贴;二是间接补贴,即政府对某些出口商品给予财政上的优惠,包括退还或减免出口商品所缴纳的国内税;暂时免税进口;退还进口税。

出口补贴对国内生产与消费,乃至于社会福利水平都会产生实质性影响。对于接受补贴的出口部门的生产商来说,出口补贴等同于负的税赋,因而生产者实际得到的价格等于购买者所付的价格加上单位补贴金额。

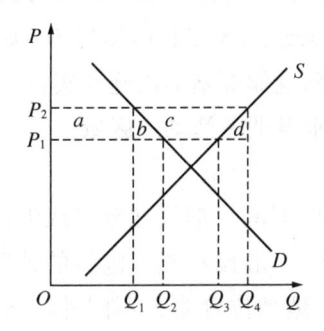

图 6.4.1　贸易小国的出口补贴

图 6.4.1 中,在自由贸易下,世界价格为 P_1,国内消费和生产分别 Q_2 和 Q_3,此时出口量为 Q_2Q_3。如果政府给予本国出口生产者每单位产品金额为 P_1P_2 的出口补贴,则本国出口生产者可以以高于市场价格的成本进行生产,如图所示,出口生产者的生产由原来的 Q_3 扩大到 Q_4。出口生产者的产品一部分在国内销售,一部分在国外销售,国外销售的价格为 P_1,但在国内销售的部分不享受政府补贴,价格为 P_2,高于补贴前的价格 P_1,由于价格上升,国内消费减少至 Q_1。因此,出口补贴不仅有利于本国出口生产者,而且有利于国外的消费者。出口补贴对本国福利的影响效果,同样通过考察消费者剩余与生产者剩余的变动来确定。消费者剩余减少了,减少的部分等于 $(a+b)$;生产者剩余增加了,等于 $(a+b+c)$;政府补贴支出为 $(b+c+d)$。综合起来,出口补贴的福利净效果=生产者剩余增加-消费者剩余损失-政府补贴=$-(b+d)$,其中 b、d 分别为生产扭曲和消费扭曲,这一结果意味着出口补贴会导致本国社会福利水平的下降。

既然出口补贴对一国的经济福利是负效应,那为什么各国还要采取这种政策呢? 实际上,在出口国政府看来,如果短暂的出口补贴损失或消费者福利损失,能够促成该国生产规模的扩大,进而获得规模经济效应或者能够促进本国经济增长,那么,这种损失也许是值得的。

（四）商品倾销

商品倾销（commodity dumping）是指出口商以低于本国国内价格或成本向国外销售商品的行为。它是在不同国家市场间进行的一种价格歧视行为。确定出口商是否倾销产品的标准：该产品是否以低于本国国内市场价格或成本在国外市场上倾销商品。

（五）外汇倾销

外汇倾销（exchange dumping）是指出口企业利用本国货币对外贬值的机会，争夺国外市场的一种特殊手段。

货币对外贬值的双重作用：第一，出口商品以外国货币表示的价格下跌，有利于促进出口；第二，进口商品以本国货币表示的价格上涨，有利于抑制进口。

本国货币对外贬值以促进出口的条件：第一，货币贬值的程度要大于国内物价上涨的程度；第二，其他国家不同时实现同幅度的贬值和采取其他报复措施。

（六）促进经济贸易发展的经济特区措施

经济特区是一些国家或地区为促进经济和对外贸易的发展，而采取的一项重要的措施。所谓经济特区是指一个国家或地区在其国境以内、关境以外所划出的一定范围，并建立良好的交通运输、通信联络、仓储等基本设施和实行关税等方面的优惠政策，吸引外国企业从事贸易与出口加工工业等业务活动的区域。

1. 自由港或自由贸易区

自由港（free port）又称自由口岸，一般设在港口或港口地区；自由贸易区（free trade zone）亦称自由区或对外贸易区，一般设在邻近港口的地区或港口的港区。自由港和自由贸易区除名称不同，所设置的地理位置略有不同外，在性质、特征、作用等方面基本是一样的，所以人们一般把它们并为一类。

自由港和自由贸易区一般有两种类型：一种是把整个港口或设区所在的城市都划为自由港或自由贸易区，如香港整个是自由港。在香港，除了个别商品外，绝大多数商品可以自由进出，免征关税，甚至允许任何外国商人在那里兴办工厂企业。新加坡亦如此。另一种是把港口或设区的所在城市的一部分划为自由港或自由贸易区。例如，汉堡自由贸易区只把汉堡市的一部分划为自由区。

2. 保税区

保税区（bonded area）又称保税仓库，它是海关所设置的或经海关批准注册的，在海港、机场或其他地点设立的允许外国货物不办理进口手续就可以连续长时间储存的区域。在储存期间，进口商品可暂时不缴纳进口税，如再出口，也不缴纳出口税。

3. 出口加工区

出口加工区（export processing zone）是一个国家或地区在其港口、国际机场附近的地方，划出一定的范围，新建和扩建码头、车站、道路、仓库和厂房等基本设施以及提供免税等优惠待遇，鼓励外国企业在区内进行投资设厂，生产以出口为主的制成品的加工区域。

出口加工区是在20世纪60年代后期和70年代初,在一些发展中国家或地区建立和发展起来的。其目的在于吸收外国投资,引进先进技术与设备,促进本地区的生产技术和经济的发展,增加外汇收入。

出口加工区是在自由港、自由贸易区的基础上发展起来的,因此,它与自由港虽均为经济特区,但二者仍有区别。一般说来,自由港或自由贸易区以发展转口贸易,取得商业方面的收益为主,是面向商业的,属于贸易型经济特区;而出口加工区则是以发展出口加工工业,取得工业方面的收益为主,是面向工业的,属于生产型经济特区。

4. 自由边境区

自由边境区(free perimeter)是指在本国边境地区,按照自由贸易区或出口加工区的优惠措施,吸引国外厂商投资,以开发边区经济为目的的自由区域。凡是区内使用的机器设备、原材料和消费品,都可免税或减税进口。但商品从区内转运到本国其他地区出售,必须照章纳税。

5. 科学园区

科学园区(scientific area)是一个国家或地区为了实现产业结构改造和促进高科技产业的发展而在本国境内划出的,以新兴工业产品的研究和开发、高科技产业的生产为主要内容的区域。

世界首个科学园区是1951年正式创办于美国加利福尼亚州的"斯坦福科研工业区",后发展成为"硅谷"。作为高科技发展的一种新趋势,进入21世纪以来,科学园区在一些发展中国家和地区也有不同程度的发展。例如,韩国的大德科学工业园区、印度的班加罗尔卡尔新兴科技园区以及我国上海的紫竹科学园区也设立了许多高科技开发区。

科学园区的主要特点是:有充足的科技和教育设施,以一系列企业组成的专业性企业群为依托;区内企业设施先进、资本雄厚、技术密集程度高;园区地址一般选在靠近信息渠道畅通和交通网络发达的大城市附近;优惠政策更加完善,并注重形成创新和创业的环境,使投资者可以顺利地进行高科技产业的投资活动。但各国对设在科学园区内的科研机构和企业均有严格的规定。

二、出口管制措施

出口管制是指在一些国家,特别是发达资本主义国家,为了达到一定的政治、军事和经济目的,对某些商品,特别是战略物资与先进技术资料,实行限制出口或禁止出口。

实施出口管制,一方面是出于政治与军事的目的。通过限制或禁止某些可能增强其他国家军事实力的物资、特别是战略物资的对外出口,来维护本国或国家集团的政治利益与安全。同时,通过禁止向某国或某国家集团出售产品与技术,作为推行外交政策的一种手段。另一方面是出于经济的目的。对出口商品进行管制,可以限制某些短缺物资的外流,有利于本国对商品价格的管制,减少出口需求对国内通货膨胀的冲击。同时,出口管制有助于保护国内经济资源,使国内保持一定数量的物资储备,从而利用本国的资源来发展国内的加工工业。

出口管制的商品一般有以下几类：① 战略物资和先进技术资料，如军事设备、武器、军舰、飞机、先进的电子计算机和通信设备、先进的机器设备及其技术资料等。对这类商品实行出口管制，主要是从"国家安全"和"军事防务"的需要出发，以及从保持科技领先地位和经济优势的需要考虑。② 国内生产和生活紧缺的物资。其目的是保证国内生产和生活需要，抑制国内该商品价格上涨，稳定国内市场。如西方各国往往对石油、煤炭等能源商品实行出口管制。③ 需要"自动"限制出口的商品。这是为了缓和与进口国的贸易摩擦，在进口国的要求下或迫于对方的压力，不得不对某些具有很强国际竞争力的商品实行出口管制。④ 历史文物和艺术珍品。这是出于保护本国文化艺术遗产和弘扬民族精神的需要而采取的出口管制措施。⑤ 本国在国际市场上占主导地位的重要商品和出口额大的商品。对于一些出口商品单一、出口市场集中，且该商品的市场价格容易出现波动的发展中国家来讲，对这类商品的出口管制，目的是为了稳定国际市场价格，保证正常的经济收入。例如，OPEC对成员国的石油产量和出口量进行控制，以稳定石油价格。

出口管制主要有以下两种形式：一是单边出口管制。它是指一国根据本国的出口管制法律，设立专门的执行机构，对本国某些商品的出口进行审批和发放许可证。单边出口管制完全由一国自主决定，不对他国承担义务与责任。二是多边出口管制。它是指几个国家的政府，通过一定的方式建立国际性的多边出口营制机构，商讨和编制多边出口管制的清单，规定出口管制的办法，以协调彼此的出口管制政策与措施，达到共同的政治与经济目的。1949年11月成立的输出管制统筹委员会即巴黎统筹委员会，也叫"巴统组织"，就是一个典型的国际性的多边出口管制机构。

出口管制的手段有很多种，最常见和最有效的手段是运用出口许可证制度，出口许可证分为一般许可证和特殊许可证。一般许可证又称普通许可证，这种许可证相对较易取得，出口商无须向有关机构专门申请，只要在出口报关单上填写这类商品的普通许可证编号，再经过海关核实后就办妥了出口许可证手续。而出口属于特种许可范围的商品，必须向有关机构申请特殊许可证。出口商要在许可证上填写清楚商品的名称、数量、管制编号以及输出用途，再附上有关交易的证明书和说明书报批，获得批准后方能出口，如不予批准就禁止出口。

三、国际卡特尔

国际卡特尔(international cartel)是一种垄断组织，是指由商品的主要生产者或经营者通过订立卡特尔协议，限制商品的产量和价格，以谋取垄断利润。

现存成功的国际卡特尔就是欧佩克（"OPEC"，石油输出国组织）。1960年，伊朗、伊拉克、科威特、沙特阿拉伯和委内瑞拉五国宣布成立"欧佩克"作为一个协助石油出口国的组织，以后又有其他国家加入了这一集团。"欧佩克"的第一次成功是在1973年中东战争期间，主要产油国家同意大幅度削减原油产量，为价格的大幅度上涨铺平了道路。"欧佩克"旨在通过消除有害的、不必要的价格波动，确保国际石油市场价格的稳定，保证各成员国在任何情况下都能获得稳定的石油收入，并为石油消费国提供足够、经济、长期的石油供应。随着成员的增加,欧佩克发展成为包括亚洲、非洲和拉丁美洲一些主要石油生产国的国际性石油组织。

卡特尔想要成功就必须达到四个基本要求:① 它必须控制整个实际产量和潜在产量的很大份额;② 可获得的替代物必须是有限的,即对其产品的需求价格弹性必须是相当低的;③ 对卡特尔产品的需求必须是相对稳定的;④ 生产者必须愿意且能够保留足够数量的产品以影响市场。

卡特尔不稳定性的一个重要原因是欺骗或作弊。当一个卡特尔协议中有许多厂家或国家时,就总是有些希望从削价中获得好处的卡特尔成员,并认为其他人将不会做同样的事情。当一个卡特尔中有足够数目的厂家试图作弊,这个卡特尔就会崩溃。

基本概念

国际贸易政策(international trade policies)

关税(tariff)

最惠国待遇税(most favored nation rate of duty)

反倾销税(anti-dumping duty)

反补贴税(countervailing duty)

有效保护率(rate of effective protection)

非关税壁垒(non-tariff trade barriers)

进口配额(import quota)

自愿出口限制(voluntary export quotas)

技术性贸易壁垒(technical barriers to trade)

商品倾销(commodity dumping)

国际卡特尔(international cartel)

复习思考题

一、计算题

已知一辆汽车的进口价为2000美元,生产每辆汽车需投入价值1200美元的钢材和价值200美元的橡胶。计算:当汽车、钢材和橡胶的进口税分别为10%、8%、5%时,汽车的名义保护率与有效保护率各是多少?

二、作图分析

1. 试作图分析贸易小国的经济效应。
2. 试作图分析贸易大国的经济效应。
3. 试作图分析进口配额的局部均衡效应。
4. 试作图分析出口补贴的关税效应。

三、论述题

1. 国际贸易政策的演变有哪几个阶段?

2. 对外贸易政策的目的是什么？
3. 普惠制的概念和原则是什么？
4. 征收反补贴税必须具备的条件是什么？
5. 征收反倾销税必须具备的条件是什么？
6. 简述征收关税的方法。
7. 有效保护率概念是什么，分析有效保护率有何意义？
8. 非关税壁垒有哪些？为什么在二战后有很大发展？
9. 简述鼓励出口的主要措施。
10. 为什么有些国家要进行出口管制？请举例说明。
11. 什么是技术性贸易壁垒？简述其主要内容和日益繁盛的原因。

第七章

GATT 与 WTO

本章学习重点

1. 乌拉圭回合谈判的成果
2. WTO 的基本原则

二战以后,随着主要参战国重建工作的开展,国际经济秩序的混乱,特别是国际贸易领域和国际金融领域的混乱成为国际经济协调发展的主要阻碍因素。在国际贸易领域中,各国高筑贸易壁垒、竞相采取以邻为壑的外贸政策,致使国际贸易不断萎缩。国际金融领域的混乱则主要表现在自从金本位制消亡后,一直没有一个稳定的货币体系来稳定汇率。因此,国际经济秩序的重建也被提上议事日程。

美国作为二战后的世界头号强国,在考虑自己经济利益的前提下极力推进重建欧洲经济和国际经济秩序,相继推动建立了世界银行(又称国际复兴开发银行,1945 年 12 月成立)和国际货币基金组织(1946 年 3 月建立,1947 年 3 月生效),对当时的欧洲经济重建和国际金融秩序的稳定起到重要作用。在国际贸易领域,美国极力倡导贸易自由化,试图建立一个由美国主导的国际性贸易组织,对当时的国际贸易起到协调作用。关税与贸易总协定(the general agreement on tariffs and trade,GATT)随之产生,1995 年以后被世界贸易组织(world trade organization,WTO)取代。

第一节 关贸总协定的产生与发展

一、关贸总协定的产生

关贸总协定是二战后美、英、法等 23 国缔结的,旨在通过降低关税、减少贸易壁垒促进国际贸易自由化的多边国际贸易协定。实际上,它等于一个"组织",是成员国一个贸易谈判的场所,是调节与解决争议的机构。

二战结束后,美国向联合国经社理事会提议召开世界贸易和就业会议,建立国际贸易组织。1946年2月,联合国经社理事会通过了这一提议,并成立了一个由19国组成的国际贸易组织筹备委员会。同年10月,筹委会在伦敦召开第一次会议,讨论了美国提出的"国际贸易组织宪章草案",并决定成立起草委员会对草案进行修改。

1947年4月至10月,筹备委员会在日内瓦召开第2次会议,包括中国在内共23国代表参加,就具体产品的关税减让达成协议,即《关税与贸易总协定》。23国代表先后签署了《关税与贸易总协定》的《临时议定书》,成为关贸总协定的23个缔约国,并宣布在《国际贸易组织宪章》生效前,各缔约方之间的贸易关系临时适用关贸总协定。关贸总协定于1948年1月1日正式生效。

1947年11月,在哈瓦那举行的联合国贸易与就业会议上,筹委会审议并通过了《国际贸易组织宪章》,又称《哈瓦那宪章》,准备按《哈瓦那宪章》组建正式的国际贸易组织。但由于经讨论与修改后的宪章部分内容不符合美国利益,因此,未获得美国和其他一些国家的批准,国际贸易组织未能建立。关贸总协定从签署后一直致力于推进世界范围内的多边贸易谈判和贸易自由化,对推进世界范围内的贸易自由化起到了积极作用。但从性质上看,关贸总协定始终是"临时"适用的一项多边国际贸易协定,而非正式的国际贸易组织,直到1995年1月1日被世界贸易组织所取代。

二、关贸总协定的宗旨与组织机构

(一)宗旨

关贸总协定的宗旨是提高生活水平,保证充分就业,保证实际收入和有效需求的巨大持续增长,扩大世界资源的充分利用以及发展商品生产和交换。

《总协定》包括序言和正文,共计38条。正文分四个部分:第一部分(第1—2条)主要规定成员间在关税和贸易方面互给无条件最惠国待遇以及有关关税减让事项。第二部分(第3—23条)主要规定取消数量限制以及可以采取的紧急措施。第三部分(第24—35条)主要规定本协定的适用范围,参加和退出本协定的手续和程序。第四部分(第36—38条)主要规定缔约国中的发展中国家在贸易与发展中应该享受的特殊优惠待遇。

(二)组织机构

关贸总协定在签署之后,不但作为多边国际贸易协定存在,也逐渐发展为具有完整组织结构的非正式国际组织,负责调解国际贸易争端,并承担组织多边贸易谈判等多项职能。

(1)缔约方全体。缔约方全体是关贸总协定的最高决策机构,每年举行一次缔约方大会,对有关重要事务做出决策或解释。

(2)代表理事会。代表理事会是缔约方全体休会期间的机构,负责处理日常的、紧急的事务,并监督下属机构的工作。理事会主席由缔约方全体会议选举产生。

(3)委员会。委员会包括常设委员会和根据需要产生的专门委员会。常设委员会是理事会建议设立的常设机构,负责处理关贸总协定有关的事务,属于理事会的下属机构。专门委员会则是就具体问题而建立的委员会,如纺织品委员会、反倾销委员会、补贴与反补贴措施委员会、海关估价委员会等。

（4）工作组。工作组是为处理一些更具体的技术事务而成立的，职能主要是对技术性较强的具体事务进行调查、研究并写出有关报告，完成后即解散。

（5）总干事。由于总协定是非正式组织，一直到1965年才设立总干事，而且没有对总干事的权力作出明文规定。总的来说，总干事在总协定的谈判和日常工作中起到引导、调解的作用，同时负责秘书处的工作。

（6）秘书处。秘书处在总干事领导下工作，负责处理关贸总协定的日常事务。

三、关贸总协定的八轮多边贸易谈判

从1947年起，关贸总协定共主持了八轮多边贸易谈判。谈判主要围绕着推进贸易自由化这一目标进行，参与成员规模不断扩大，谈判议题也随着时代变化不断扩展。其中，第一轮至第五轮谈判的主要议题都是减税，从第六轮谈判开始，谈判议题逐渐延伸到非关税壁垒的削减等更多的议题。

1947年4月至10月，美国、法国、中国等23个国家在日内瓦举行了第一次多边谈判，主要谈判议题是减税。谈判达成了123项双边关税减让协议，涉及产品达4.5万多项，占世界贸易额的五分之一，使占西方国家进口值54%的商品关税平均降低了35%。

1949年4月至10月，在法国安纳西举行了第二次谈判，谈判国家达到33个。此次谈判共达成双边协议147项，涉及产品5000多项，使得占应征关税进口值56%的商品关税平均降低35%。

1950年9月至1951年4月，在英国的托奎举行的第三轮多边减税谈判，有39个国家参加。谈判达成双边协议150项，增加关税减让8700项，参加谈判国家的贸易占当时世界进口额的80%和出口额的85%以上。

1956年1月至5月，在日内瓦举行第四轮多边减税谈判，有28个国家参加，所达成的关税减让涉及25亿美元的贸易额。

1960年9月至1962年7月，在日内瓦举行第五轮多边关税减让谈判，由于这轮谈判是由美国负责经济事务的副国务卿狄龙发起的，又称"狄龙回合"，有45国参加。减让所影响的贸易额约为49亿美元，使占进口值20%的商品平均降低关税20%，涉及商品4400多项。

1964年5月至1967年6月，在日内瓦举行第六轮多边贸易谈判，因此轮谈判由当时的美国总统肯尼迪倡议，又称"肯尼迪回合"。54个国家参加了此轮谈判，谈判结果使工业国的进口关税下降了35%，影响贸易额400亿美元。从谈判议题上来看，在延续前五轮谈判的减税议题的同时，首次进行了削减非关税壁垒的谈判。针对日益严重的倾销行为制定了第一个"反倾销协议"，允许缔约国对倾销的产品征收数额不超过该产品倾销差额的反倾销税。另外，随着总协定中发展中成员的增多，发展中成员在世界贸易中的地位也日益提升，贸易与发展的问题成为此轮谈判的又一个新主题。"肯尼迪回合"考虑到发展中国家的发展问题，明确了发达国家与发展中国家之间不是互让关税的问题，而应该是发达国家对发展中国家的经济发展给予扶助的问题。此轮谈判明确了发展中国家可以分享各项关税减让，而无须作出对等的减让。

1973年9月至1979年11月，第七轮多边贸易谈判从东京开始到日内瓦结束，共有99个国家和地区参加了此轮谈判，其中包括29个非缔约国。此轮谈判的主要成果表现在多个方面：一是关税进一步下降，根据协议从1980年1月1日到1987年1月1日，全部商品的关税平均下降33%，减税商品范围从工业品扩大到部分农产品，但是纺织品、鞋类、皮革制品、钢铁等仍以"敏感性"为由被排除在减税商品范围之外；二是在削减非关税壁垒方面成果显著，除了修改反倾销协议外，又达成了9项削减非关税壁垒的协议，比如进口许可证手续、贸易技术壁垒和政府采购补贴等协议。

1986年9月至1993年12月，在乌拉圭进行了第八轮多边贸易谈判。此次谈判从参加成员的规模上、谈判议题的多样性上、对世界经济贸易结构的影响上，都远远超过了前七轮的谈判，成为关贸总协定最重要的一轮谈判。

四、乌拉圭回合谈判及其成果

乌拉圭回合的谈判始于1986年9月15日，由123个国家和地区在乌拉圭的埃斯特角城进行，直到1993年12月才在日内瓦达成协议。1994年在摩洛哥的马拉喀什，各缔约国签署了长达550页的最后文件，才宣告乌拉圭回合的最终结束。我国政府也派代表团出席了会议并获得了全面参加这一轮各项议题谈判的资格，成为乌拉圭回合谈判的参加国，并在最后文件上签了字。这是关贸总协定成立以来的议题最多、范围最广、规模最大的多边谈判，也是成果最多的一次谈判。

（一）乌拉圭回合谈判的议题

20世纪80年代初期，在关贸总协定经过七轮多边贸易谈判后，关税水平已经大幅降低，但一些国家开始更多地采取隐蔽灵活的非关税措施，使得国际贸易领域中的矛盾与摩擦不减。因此，发达国家之间在农产品补贴问题上、发达国家与发展中国家在纺织品服装等问题上一直存在着较多的纷争，再加上区域性贸易集团不断出现，利益主体的形式也日益多样化，使得乌拉圭回合的多边贸易谈判相较于早期的谈判面临更多的困难。

乌拉圭回合谈判中不但对减税、削减非关税壁垒这些传统议题继续进行谈判，也随国际经济背景的变化引入了许多新议题。国际贸易从二战后进入了快速发展的阶段，到80年代出现了许多值得关注的变化。一是发达国家的服务业比重上升较快，相应的国际贸易中服务贸易比重也显著上升，已经占世界贸易总额的1/4~1/3。二是国际直接投资的快速发展和跨国公司的兴起对贸易产生了影响，投资对贸易既有替代关系也有创造关系，投资与贸易已经不可割裂，而许多东道国在鼓励吸引外资的同时又对外资进入了采取了诸多限制措施，其中包括对外资企业的贸易限制。三是在国际贸易中，仿制与盗版行为日益严重，这使得拥有较大比重的专利、发明等知识产权的国家在国际贸易中受到利益损害。国际范围内有关知识产权的国际公约如《巴黎公约》《伯尔尼公约》和《罗马公约》等对合理的国际贸易产生的限制已不能满足国际贸易的要求。因此，乌拉圭回合中除了继续就以往的传统议题谈判外,还增加了服务贸易、贸易与投资、贸易与知识产权等新议题,从而使得谈判议题远远超过了以往任何一轮多边谈判,达到 15 个。

1. 传统议题

传统议题包括 12 项,分别为:① 关税;② 非关税措施;③ 热带产品;④ 自然资源产品;⑤ 纺织品与服装;⑥ 农产品;⑦ 关贸总协定条款;⑧ 保障条款;⑨ 多边贸易谈判协议与安排;⑩ 补贴与反补贴措施;⑪ 争端解决;⑫ 关贸总协定体制的作用。

2. 新议题

新议题主要是三个:① 与贸易有关的知识产权问题,包括仿冒品牌货物贸易问题;② 与贸易有关的投资措施;③ 服务贸易。

15 个议题中,除了服务贸易之外,其他都是和货物贸易有关的议题。这轮多边贸易谈判因谈判议题较多,再加上涉及的利益方更多,谈判难度也远远超过了前七轮谈判,最终取得的谈判成果也是最多的。

(二) 乌拉圭回合谈判的成果

1994 年,关贸总协定在摩洛哥发布了《乌拉圭回合多边贸易谈判的最后文件》(简称《最后文件》),宣告了乌拉圭回合的正式结束。《最后文件》包括 28 个协议和协定,属于"一揽子文件",即必须全部接受或全部拒绝,不能仅接受一部分。

乌拉圭回合多边贸易谈判达成的 28 个协议和协定可以分为三类:第一类是修订原有的关贸总协定和货物贸易规则,对一些老问题进行有效处理,如反倾销、反补贴等问题;第二类涉及新的规则和贸易面临的新问题,如知识产权保护、贸易与投资、服务贸易问题;第三类属于体制建设问题,其中最重要的是建立一个正式的法人组织,即世界贸易组织来取代关贸总协定。

乌拉圭回合虽然历时较长,但对于推进世界的贸易自由化功不可没,取得的成果主要表现在以下方面:

1. 关税减让方面

经过乌拉圭回合的谈判,工业品关税大幅度下降,平均减税幅度近 40%。减税涉及的贸易额高达 1.2 万亿美元,其中近 20 个产品实行零关税,部分产品关税下降 50%。此外,拉美国家统一货物关税的比例达到 90%,较先进的发展中国家达 60%。经过这一回合,关贸总协定中的发达国家工业品加权平均关税率从 6.3% 降低到 3.8%,发展中国家工业品加权平均关税率从 20.5% 降低到 14.4%。

2. 农产品贸易方面

参加各方中,发达国家在 6 年内将农产品关税和出口补贴全面削减 36%,将补贴的农产品出口量减少 21%;发展中国家在 10 年内削减 24% 的关税。

3. 纺织品和服装方面

关贸总协定通过了《纺织品和服装协定》(agreement on textile and clothing, ATC),包括 10 个条款和 1 个附件。协定的最终目的是把纺织品和服装部门纳入关贸总协定,并规定给最不发达国家以特殊待遇。协定的主要内容包括:一是把纺织品、服装贸易全部纳入关贸总协定的过程,也称为一体化过程。二是纺织品和服装贸易实施自由化的过程。在世界贸易组织生效的 10 年内分三个阶段逐步取消进口数量限制,以实现纺织品和服装贸易自由化。在发达进口国逐步取消数量限制的同时,发展中国家也必须开放国内市场。三是其他相关条款,如过渡期保障条款、反规避条款。

4. 服务贸易方面

乌拉圭回合首次把服务贸易纳入谈判议题,并签订了《服务贸易总协定》(general agreement on trade in services,GATS)。协定由三个部分组成:一是协定条款本身,包括服务贸易的定义、服务贸易适用的原则、市场准入和逐步自由化;二是部门协议,包括航空运输服务协议、电讯服务协议等;三是关于各国的初步承诺减让表。该协定强调了服务贸易的非歧视性、透明度和市场准入等原则,同时承认发达国家和发展中国家在服务业发展上的差距,允许发展中国家在开放服务贸易市场方面有更大的灵活性。

5. 与贸易有关的投资措施方面

谈判通过了《与贸易有关的投资措施协定》(agreement on trade-related investment measures,TRIMs 协定),由序言和 9 个条款及 1 个附件组成。协议的宗旨是促进投资自由化,制定为避免对贸易造成不利影响的规则,促进世界贸易的扩大和逐步自由化,以利于国际投资,以便在确保自由竞争的同时,提高所有贸易伙伴,尤其是发展中国家成员的经济增长水平。协议的基本原则是各成员实施与贸易有关的投资措施,为了防止各国有关外国直接投资的立法造成贸易限制或扭曲,协定规定各国政府不得违背关贸总协定的国民待遇和取消数量限制原则。工业化国家在两年内、发展中国家在五年内应取消与此相悖的限制措施。

6. 与贸易有关的知识产权方面

乌拉圭回合首次将知识产权保护纳入多边贸易谈判并达成共识,签署了《与贸易有关的知识产权协定》(agreement on trade-related aspects of intellectual property rights,TRIPs 协定)。协定规定各方应遵守各项国际条约,解决争端应实施关贸总协定所规定的程序。协定还为保护知识产权、反对不公平竞争和维护正常贸易秩序制定了规则,并对发展中国家做了特殊的过渡期安排。

乌拉圭回合的最后文件中还涉及争端解决、审查机制等诸多方面。另外,由于谈判的议题已经远远超出了负责货物贸易谈判的关贸总协定的职能范围,再加上随着世界贸易的发展,越来越需要一个具有正式法人地位、更具权威性的世界性贸易组织取代具有内在缺陷的 GATT,因此,乌拉圭回合的另一个重要成果就是决定成立世界贸易组织。1995 年 1 月 1 日,世界贸易组织正式成立,它和国际货币基金组织、世界银行具有同等的法律地位,从而共同构成调整世界经济的"三驾马车"。

第二节 世界贸易组织

一、WTO 与 GATT 的关系

WTO 与 GATT 的联系表现在 WTO 是在 GATT 的基础上建立的,是对 GATT 的继承和发展。

关税与贸易总协定不仅是一个国际协议,也是用以支持该协议的准国际贸易组织。虽然 1995 年以后,关税与贸易总协定作为准国际组织已不存在,但关税与贸易总协定作为协议仍然存在,并成为 WTO 的重要组成部分。同时,WTO 在组织结构、管理职能等方面也保留了 GATT 的合理部分。

世界贸易组织和关贸总协定主要的区别表现在:

(1) WTO 及其协议是永久性的,关税与贸易总协定是临时性的。WTO 是根据《维也纳条约法公约》正式批准生效成立的国际组织,具有独立的国际法人资格,是一个常设性、永久性存在的国际组织。GATT 从未得到成员国立法机构的批准,其中也没有建立组织的条款,仅是"临时适用"的协定,不是一个正式的国际组织。

(2) 从管辖范围看,关税与贸易总协定主要管辖货物贸易;而 WTO 还大量涉及服务贸易和知识产权,并增加了与贸易有关的投资措施,调整的范围更加广泛。

(3) WTO 争端解决机制与原 GATT 体制相比,速度更快,更具权威性。WTO 的争端解决机构解决争端的效力增强了,并且有强制性的管辖权。争端解决仲裁机构作出的裁决,除非 WTO 成员完全协商一致反对,否则视为通过。而在 GATT 体制下,只要有一个缔约方提出反对通过争端解决机构的裁决报告,就认为没有"完全协商一致",GATT 不能作出裁决。WTO 还对争端解决程序规定了明确的时间表,使其效率大大提高,权威性得以确立。

(4) WTO 拥有的是"成员",GATT 拥有的是"缔约方"。这也从另一个角度说明了 WTO 是一个国际组织,而 GATT 只是一个法律文本。

中国是 GATT 的原始缔约方,因历史原因与 GATT 中断了联系。中国 1986 年提出恢复 GATT 原始缔约方地位的申请,1995 年 WTO 生效以后,"复关"转变为"入世"问题。历经多年努力,2001 年 12 月 11 日,中国正式成为 WTO 成员。

二、WTO 的宗旨、目标、职能与组织机构

(一) WTO 的宗旨

《建立世界贸易组织的协定》在序言部分阐述了世界贸易组织的宗旨是"在发展贸易和经济关系方面应当按照提高生活水平、保证充分就业、大幅度和稳定地增加实际收入及有效需求,扩大货物与服务的生产和贸易,按照可持续发展的目的最优运用世界资源,

保护和维持环境,并以不同经济发展水平下各自需要的方式采取相应的措施。努力确保发展中国家,尤其是最不发达国家在国际贸易增长中获得与其经济发展相适应的份额和利益"。

（二）WTO的目标

世贸组织的目标是形成一个完整的、更具活力的永久性的多边贸易体制,以巩固原来的关贸总协定为贸易自由化所作的努力和乌拉圭回合多边贸易谈判的所有成果。

（三）WTO的职能

(1) 制定和规范国际多边贸易规则。WTO是处理国际贸易全球规则的唯一国际组织,其主要职能是保证国际贸易顺利地、可预测和自由地进行。

WTO的规则及各项协定是WTO全体成员国协商的结果,是各成员方必须遵循的共同的行为准则。WTO制定和实施的一整套多边贸易规则涵盖面非常广泛,几乎触及当今世界经济贸易的各个方面。随着世界经济和国际贸易的发展,WTO的涵盖范围已经从原先纯粹的货物贸易、在边境采取的关税和非关税措施,进一步延伸到服务贸易、与贸易有关的知识产权、投资措施,包括即将在新一轮多边贸易谈判中讨论的一系列新议题,如竞争政策、贸易与劳工标准、环境政策和电子贸易等。

(2) 组织多边贸易谈判。组织成员方就贸易问题进行谈判,为成员方谈判提供机会和场所,是世界贸易组织从GATT继承来的一项职能。乌拉圭回合没有完全解决国际贸易中的所有问题,有许多问题由于在谈判中难以达成一致,而不得不留待以后继续谈判予以解决,如贸易与环境保护问题、贸易与劳工标准问题、政府采购问题和具体服务贸易部门自由化问题等。在乌拉圭回合结束后,世界贸易组织按照部长会议举行有关谈判的决议,已组织了涉及服务贸易部门的多项谈判并达成了有关协议,如《全球金融服务协议》《基础电信协议》等。

(3) 解决成员国之间的贸易争端。WTO的争端解决机制在保障WTO各协议实施以及解决成员间贸易争端方面发挥了重要的作用,为国际贸易顺利发展创造了稳定的环境。

（四）WTO的组织机构

世界贸易组织成立于1995年1月1日,总部设在日内瓦。它是根据乌拉圭回合多边贸易谈判达成的《建立世界贸易组织协定》成立的,并按照《最后文件》形成的一整套协定和协议的条款作为国际法律规则,对各成员之间经济贸易关系的权利和义务进行监督、管理的正式国际经济组织。作为乌拉圭回合的重要成果,世界贸易组织在与关贸总协定并存了一年后,完全担当起全球经济贸易组织的角色。

由于具有法人资格,为了执行其职能,世界贸易组织建立了完整的组织机构。组织机构包括以下部分:

(1) 部长级会议。部长级会议是世界贸易组织的最高权力机构和决策机构,由各成员方的部长组成,至少每两年召开一次,有权对该组织管辖的重大问题做出决定。

（2）总理事会。总理事会是在部长会议休会期间,行使部长会议的职能和世界贸易组织赋予的其他权力。总理事会可视情况需要随时开会,自行拟定议事规则及议程,履行其解决贸易争端的职责和审议成员的贸易政策职责等。

（3）各专门委员会。部长级会议下设专门委员会,以处理有关方面的专门问题和监督相关协议的执行。已经设立的专门委员会包括贸易与发展委员会、农产品委员会、市场准入委员会、补贴和反补贴委员会、反倾销措施委员会、海关估价委员会等10多个委员会。

（4）秘书处和总干事。世界贸易组织还在日内瓦设有秘书处,负责处理日常工作,它由部长级会议任命的总干事领导。总干事的权力、职责、任期、服务条件均由部长级会议确定。在履行职务中,总干事和秘书处不得寻求和接受任何政府或世界贸易组织以外的指示。

三、WTO 的基本原则

世界贸易组织的基本原则主要来自关贸总协定及历次多边贸易谈判,包括非歧视原则、透明度原则、公平竞争原则等,这些原则构成了 WTO 的基本原则。

（一）非歧视原则

非歧视原则规定,一缔约方在实施某种限制或禁止措施时,不得对其他缔约方实施歧视待遇。非歧视原则是 WTO 及其法律制度的一项首要的基本原则,也是现代国际贸易关系中最基本的准则。乌拉圭回合的有关协议将 WTO 关于非歧视原则的适用范围进一步扩展。首先,在涉及货物贸易的保障措施协议、装运前检验协议和贸易的技术壁垒协议等文件中均含有非歧视原则的规定;其次,在与货物贸易相关领域的协议(如与贸易有关的投资措施协议、与贸易有关的知识产权协议)中也规定了非歧视原则;最后,非歧视性原则还是服务贸易领域最基本的准则。非歧视原则主要通过最惠国待遇原则和国民待遇原则来体现。

1. 最惠国待遇原则

最惠国待遇原则是指一个缔约方给予另一个缔约方的贸易优惠和特权必须自动给予所有其他缔约方。此原则又分为无条件的最惠国待遇和有条件的最惠国待遇两种。前者是指缔约国一方现在和将来给予缔约另一方的一切优惠待遇,立即无条件、无补偿、自动地适用于缔约第三方,不得附加条件。后者是指如果一方给予另一方的优惠是有条件的,则第三方必须提供同样的补偿,才能享受这种优惠待遇。

最惠国待遇原则适用范围广泛,其中主要是进出口商品的关税待遇。作为 WTO 的一项最基本、最重要的原则,最惠国待遇原则对规范成员间的国际贸易,推动贸易的扩大和发展起了重要的作用。但随着经济全球化的推进,发达国家和发展中国家经济不平衡发展状况加剧。为了适应经济全球化形式下的新特点,减少各国经济发展不平衡带来的问题,各成员方认识到:在特定情况下,尤其是发展中国家成员和少数成员为了特殊利益的需要,可以对最惠国待遇提出例外请求,经世界贸易组织许可后,暂时背离最惠国待遇原则。这就形成了最惠国待遇的例外,这些例外包括以下几方面。

(1) 一般例外。为保护动植物及人民的生命、健康、安全或一些特定目的对进出口采取的所有措施可以享受例外。另外,为维护公共道德所必需的措施,为保护专利权、商标及版权,以及防止欺诈行为等可以采取必要的措施均在其列。

(2) 发达国家对发展中国家提供的单方面优惠。

a. 普惠制。发达国家根据普惠制实行单方面的自由贸易安排,对原产于发展中国家和地区的工业制成品和半制成品给予普遍的、非歧视的、非互惠的优惠关税待遇;允许来自发展中国家的所有工业品和部分农产品适用更优惠的税率和免税待遇安排。

b.《洛美协定》。欧盟成员国允许一些来自非洲、加勒比海和太平洋地区最不发达国家(非加太国家)的进口货物免税进入欧盟市场。

c. 加勒比海盆地安排。美国允许免税进口来自加勒比海地区国家的货物。

此外,发达国家还在非关税措施方面给予发展中国家更为优惠的差别待遇,并允许发展中国家之间实行优惠关税而不给予发达国家。

(3) 边境贸易和区域安排例外。最惠国待遇原则不适用于任何缔约一方为便利边境贸易所提供的或将来要提供的权利和优惠。区域贸易协定下成员方可以在优惠的基础上削减关税和其他贸易壁垒,成员方贸易所适用的税率优惠并不需要扩展至 WTO 的其他成员方。

(4) 国家安全例外。当一国的国家安全受到威胁时,可不履行世界贸易组织最惠国待遇的义务。

(5)《1994 年关贸总协定》允许采取的其他措施。其他措施主要包括反补贴、反倾销及在争端解决机制授权下采取的报复措施。如 1999 年 4 月下旬,世界贸易组织授权美国可以对欧盟的少数产品中止给予最惠国待遇关税。

(6) 不属世界贸易组织管辖范围的诸边贸易协议中的义务。它主要指在政府采购、民用航空器贸易等方面,世界贸易组织成员间彼此可不给予最惠国待遇。

2. 国民待遇原则

国民待遇是指在贸易条约或协议中,缔约方之间相互保证给予对方的自然人(公民)、法人(企业)和商船在本国境内享有与本国自然人、法人和商船同等的待遇。即把外国的商品当作本国商品对待,把外国企业当作本国企业对待。其目的是为了公平竞争,防止歧视性保护,实现贸易自由化。国民待遇原则的例外包括以下几方面:

(1) 一般例外。例如,为维护公共道德和保障人民或动植物的生命或健康,对进口产品实施有别于本国产品的待遇。又如,在国内原料的价格被压到低于国际价格水平时,作为政府稳定计划的一部分,为了保证国内加工工业对这些原料的基本需要,有必要采取限制这些原料出口的措施。

(2) 安全例外。

(3) 司法和行政程序方面的例外。

(4) 发展中国家例外。

（二）互惠原则（对等原则）

这是WTO的一个主要原则，它反映了WTO的宗旨。根据这个原则，任何一个加入WTO的成员都要为该组织所有成员提供进入市场的便利，但它同时能享受其他成员提供的种种优惠待遇。这就是权利与义务相平衡的准则。

（三）关税保护与关税减让原则

关税保护原则是指把关税作为唯一的保护手段，即只许利用关税而不许采用非关税壁垒的办法进行保护。WTO之所以确立关税保护原则，是因为与非关税措施相比，关税措施具有较高的透明度，便于其他国家和贸易经营者辨析保护的程度，同时，关税措施对贸易竞争不构成绝对的威胁。

"关税减让"是多边国际谈判的主要议题。关税减让谈判一般在产品主要供应者与主要进口者之间进行，其他国家也可参加。双边的减让谈判结果，其他成员按照"最惠国待遇"原则可不经谈判而适用。从关税总水平来看，关税总水平必须不断降低，以此来削减贸易保护，提高贸易自由化的程度。

（四）一般禁止数量限制原则

只允许在某些例外情况下实行进出口产品数量限制，否则将被视为违规。在货物贸易方面，世界贸易组织仅允许进行"关税"保护，而禁止其他非关税壁垒，尤其是以配额和许可证为主要方式的"数量限制"。

（五）透明度原则

要求各成员将管理对外贸易的各项政策、措施、法律、法规、规章、司法判决等迅速加以公布，各成员政府之间或政府机构之间签署的影响国际贸易政策的现行协定和条约也应加以公布，以使其他成员政府和贸易经营者加以了解与熟悉。

（六）公平贸易原则

公平贸易原则要求各成员国和出口贸易经营者，都应采取公正的贸易手段进行国际贸易竞争。此原则对于来自不同国家的不同方式的补贴和倾销分别规定了相应的规则和纪律。所以，公平贸易原则主要是指反对倾销和反对出口补贴。所谓倾销是指企业以低于国内价或低于成本的价格向外国出口产品。各成员的出口贸易经营者不得采取不公正的贸易手段，进行或扭曲国际贸易竞争，尤其不能采取倾销和补贴的方式在他国销售产品。WTO强调，以倾销或补贴方式出口本国产品，给进口方国内工业造成实质性损害或有实质性损害威胁时，该进口方可以根据受损的国内工业的指控，采取反倾销和反补贴措施。同时，WTO强调，反对成员滥用反倾销和反补贴措施达到贸易保护的目的。

（七）市场准入原则

市场准入是指一国允许外国的货物、劳务与资本参与国内市场的程度。准入体现了国家法律上的一种含义，是国家通过实施各种法律和规章制度对本国市场开放程度的一种宏观掌握和控制。市场准入原则允许缔约国根据经济发展水平,在一定的期限内逐步开放市场。

(八) 对发展中国家特殊优惠原则

WTO继承和发展了GATT对发展中国家特殊优惠的原则,具体表现在:

(1) 允许发展中国家在履行义务时有较长的过渡期。比如在具体的关税减让上,发展中国家可以比发达国家以更长的时间减让。

(2) 允许发展中国家在履行义务时有较大的灵活性。

(3) 规定发达国家为发展中国家提供技术援助,以使发展中国家更好地履行义务。

(九) 允许例外和实施保障措施原则

考虑到成员国不同的经济发展水平和为减少经济发展中出现的不稳定以及突发因素的破坏,允许成员国采取例外和保障措施,即不承担或不履行已经承诺的义务,对进口采取紧急保障。

四、WTO的争端解决机制和贸易政策评审机制

世界贸易组织的各项协议,需要配套的程序法来保障。争端解决机制和贸易政策评审机制正是通过一定的程序,使世贸组织的各项规则与协议能够更好地执行,使其能够成为真正意义上的完整的国际组织。

(一) 争端解决机制

关贸总协定原有的争端解决机制存在一些缺陷,比如争端解决的时间过长、专家小组的权限过小、监督后行动不力等,因此,争端解决机制不健全。世界贸易组织成立后,对争端解决机制不断完善,形成了一套完整的程序和规则。

世界贸易组织争端解决机制由"争端解决机构"(dispute settlement body,DSB)负责监督。DSB组织是世界贸易组织总理事会以不同名义召开的会议。世界贸易组织争端从磋商、设立专家组到上诉的正常程序如下:

1. 磋商

WTO规定,在一般情况下各成员在接到磋商申请后10日内应对申请国做出答复,并在接到申请后30日内展开善意磋商。磋商是秘密进行的,不妨碍任何成员在任何进一步程序中的各种权利。这一程序寄希望于争端各方能够自行解决彼此的分歧。

2. 斡旋、调解和调停

这一程序不是争端解决的必经程序,只有在争端各当事方自愿接受的情况下才可进行。争端的任何当事方在任何时候均可请求斡旋、调解和调停,该程序可在任何时候开始,也可在任何时候终止。

3. 专家小组程序

在争端各方经磋商不成或一方对磋商的请求未予以答复的情况下,应起诉当事方的请求,争端解决进入专家小组程序阶段。该程序是整个争端解决程序中最为复杂的部

分,也是最为重要的部分。专家小组审理案件并完成最终报告的期限一般为6个月,紧急情况下不应超过3个月,最长不得超过9个月。

4. 上诉程序

上诉程序是争端解决程序的终审程序,即经过该程序的审理作出的决定是最终的决定,该决定经争端解决机构通过后,当事方应当立即执行。但上诉程序并不是争端解决的必经程序,只有在当事一方就专家小组决定提出上诉的情况下,才能开始这一程序。上诉程序的期限一般为60天(最长不得超过90天),上诉机构的报告一经通过即产生约束力,争端各当事方应无条件地接受。

世界贸易组织争端解决体制为多边贸易体制提供可靠性和可预见性。这一机制用于保护该谅解适用协议所规定的权利和义务,并澄清这些权利与义务。争端解决机制的目的是保证积极的、在可能情况下共同接受的争端解决办法。

随着该机制法律上和程序上的不断加强,越来越多的WTO成员,特别是发展中国家成员开始利用争端解决机制。解决贸易争端的职能使世界贸易组织能够采取有效的措施解决成员方在实施有关协议时发生的争议,保证其所管辖的各协议顺利实施。

(二)贸易政策评审机制

世界贸易组织对成员国的贸易政策实行定期评审制度,目的是检查各成员遵守和实施多边协议的法律和承诺的情况,能够更好更及时地了解成员国的贸易政策以及实施的情况。在贸易政策评审中,不同的成员在世界贸易中的比重以及对多边贸易体制运作的影响是决定评审周期长短的决定因素。以此为标准,对在世界贸易市场份额中居前4名的成员每3年评审一次,对贸易量世界前20位的其余16位成员每5年评审一次,其余成员国每7年评审一次,对于最不发达国家评审的时间相隔更长。

各成员的定期报告制度是进行贸易政策评审的基础环节,报告涉及贸易政策与实践、对贸易政策进行评估的有关背景以及贸易与宏观经济统计资料。世界贸易组织的总理事会是进行贸易政策评审的机构,评审所需材料除了成员国自己提供的报告以外,还包括其他世贸成员提供的关于被评审成员贸易政策和实践的报告。世贸组织秘书处根据其所掌握的有关资料以及其他成员提供的材料,另外做出一份报告,由总理事会进行评审。评审结束后,世贸组织秘书处负责将成员提交的报告、秘书处的报告连同评审机构有关会议纪要进行出版和存档。

五、WTO的理论目标与现实冲突

WTO的目标是致力于建立一个更具活力的、灵活的永久性多边贸易体制,同时也建立较为完备的组织框架以及包含争端解决机制、贸易政策评审机制在内的制度框架。WTO也明确了通过多种原则调节各成员之间的贸易关系,推进贸易自由化。在WTO运行的二十几年中,虽然在处理贸易争端、协调贸易关系上发挥了一定的作用,但WTO的目标与现实之间依然存在着严重的差距与冲突。

(一)多哈回合多边贸易谈判收效甚微

世界贸易组织经过多年的发展,成员不断增多。截止到 2008 年 7 月,成员数目已经达到 153 个,成员的对外贸易额占全球贸易的 95% 以上。由于国际贸易领域竞争的日益激烈,考虑到 GATT 框架下八轮多边贸易谈判的斐然成果,成员之间为了贸易利益的公平分配要求在 WTO 的组织下启动新的多边贸易谈判。

1999 年 11 月 30 日至 12 月 3 日,WTO 的第三次部长级会议在西雅图举行,会议决定启动新的"千年回合"谈判。但由于各成员国利益分歧太大,最后不欢而散,原定于 2000 年 1 月开始的多边贸易谈判也不得不延迟开始。2001 年 11 月 9 日至 14 日,世贸组织在卡塔尔首都多哈召开了第四次部长级会议。参加会议的 142 个成员一致同意自 2002 年 1 月 31 日开始启动新一轮多边贸易谈判,即多哈回合。

多哈回合谈判的主要目的是通过推动全球农业、制造业和服务业贸易自由化,建立一个更为合理的全球多边贸易体系,并以此推动发展中成员的经济、社会进步。按照多哈会议"部长宣言"的内容及其工作方案,多哈回合的谈判议题可以分为五类:WTO 生效以来出现的问题、乌拉圭回合遗留的问题、与 WTO 规则相关的谈判、关于发展中成员与最不发达成员差别待遇的谈判、关于新议题的谈判。该轮谈判确定了 8 个谈判领域,包括农业、非农产品市场准入、服务、知识产权、世贸组织规则(重点是反倾销、反补贴和区域贸易安排)、争端解决、贸易与环境以及贸易与发展问题。

多哈回合启动后,按计划应在 2005 年 1 月 1 日前结束,但 2003 年 9 月在墨西哥坎昆举行的世贸组织部长级会议上,由于各成员在农业等问题上没有达成一致,会议无果而终,多哈回合谈判陷入僵局。2004 年 8 月,世贸组织全体理事会通过"七月框架协议",将谈判议题做了压缩,将农业、非农产品市场准入、发展问题、服务贸易、贸易便利化等问题作为谈判内容,基本搁置了发展中国家强烈反对的"新加坡议题",谈判工作进入新阶段。全体理事会也同意把多哈发展议程谈判原本的 2005 年 1 月 1 日前结束的限期不设期限延长。

2005 年 12 月 13 日,世贸组织第六次部长级会议在香港开幕,此次会议是多哈回合谈判的重要组成部分。世贸组织原计划在香港部长会议期间在所有主要议题上达成全面模式,但是由于各方分歧较大,这一既定目标没有完成。会议就削减农产品补贴达成了原则性框架,但美欧和主要农产品生产国在这一问题上未能达成妥协,又使谈判陷入僵局。2006 年 7 月,WTO 总干事拉米宣布中止谈判,多哈回合进入休眠状态。

2007 年 1 月 31 日,世贸组织在日内瓦总部召开由全体成员大使参加的会议,会议决定全面恢复多哈发展议程各项议题的谈判。6 月底,世贸组织在瑞士日内瓦召开了一次小型部长级会议,希望就农业和非农谈判模式草案等关键问题形成共识。由于主要成员缺乏足够的政治意愿,没有表现出任何灵活性,为期两天的日内瓦会议没有进展,多哈回合谈判再次陷入僵局。

2008 年 7 月 21 日,世界贸易组织的 30 多个主要成员的代表聚首瑞士日内瓦参加

WTO小型部长会议,试图为多哈发展议程最后协定的出台扫清障碍。尽管服务贸易和知识产权等问题也在磋商之列,但此次谈判的焦点仍然是悬而未决的农业和非农产品市场准入问题。由于主要成员之间的分歧难以弥合,原定一周的会期被迫延长。尽管经过多方努力,谈判仍以失败告终,体现了WTO多哈回合的艰难和复杂以及农业问题作为本轮核心所具有的敏感程度。但此次谈判失败,并不代表多哈回合的终结。

多哈回合被评价为"收获的仅仅是口水"。这种结果反映了各成员的利益博弈和矛盾心理:在自由贸易和保护贸易的选择上往往选择双重标准,即要求贸易对象国更多地开放市场,而在自己较弱的产业上往往不愿轻易放弃保护。欧美的农业补贴之争就是这一情形的典型例证。GATT签署的时候各国贸易壁垒普遍较高,对国际贸易扩大的需求强烈,因此,八轮谈判在贸易壁垒的削减上卓有成效。与GATT相比,WTO建立时平均的贸易保护水平较低,而各国一般都有保护程度较高的关键行业或弱势行业不愿轻易减少保护,这就使得接下来的贸易谈判将会更加艰难。

(二) WTO的多项原则被滥用或弃用

WTO的多项原则中,部分原则在现实中得到了较好的体现,比如互惠原则、透明度原则、对发展中国家特殊优惠原则、允许例外和实施保障措施原则等,但仍有部分原则不被成员国所遵守,也有些原则被滥用,从而损害了WTO原则的有效性。

以公平贸易原则为例,WTO允许以反补贴税和反倾销税的形式抵偿由于补贴或倾销给进口国带来的损害,此项原则制定的初衷是保护进口国产业免受补贴、倾销这些非公平的贸易方式带来的不利影响。从现实来看,反倾销和反补贴近年来使用日益频繁,而在大量的反倾销诉讼案例中,很多进口国实际上把反倾销当作保护进口产业的一种壁垒。在反倾销调查的冗长过程和复杂环节下,即使出口企业最终没有被认定为倾销,其出口规模也大受影响。在进口国发起的反倾销调查中,还经常存在滥用倾销标准的案例,使得很多出口国特别是中国成为反倾销调查的主要受害国。由于部分发达国家不承认中国的市场经济地位,在调查中往往选择成本较高的替代国价格作为标准来判断中国企业是否倾销,我国80%以上的败诉都是由非市场经济因素和不合理的替代国价格所导致的。反倾销本应保护进口国产业,但实际上却大大损害了出口国产业。公平贸易原则赋予了进口国保护进口产业免受不正当竞争损害的权利,但却被部分进口国用来作为保护进口产业的壁垒。

再以关税保护原则为例。WTO强调以关税作为唯一的保护手段,而现实中由于关税已经降到比较低的水平,其公开透明性也难以使得各国真正把它作为主要的保护手段。名目繁多、形式隐蔽、灵活的非关税壁垒成为各国主要的贸易壁垒,也并未因WTO提出了关税保护原则就偃旗息鼓,反而愈演愈烈,形式达几千种之多。部分国家借绿色贸易之名,行贸易保护之实,类似情况不胜枚举。这种理论目标与现实的矛盾使得部分原则仅仅保留在原则的层面,未能在制定后发挥积极的作用。

(三) 发达国家主导WTO仍是不争的事实

作为一个全球性的国际贸易组织,WTO各成员应该是一种平等的关系,权利与义务对等,公正公平地参与 WTO 的各项事务、推进全球贸易自由化的进程。但事实上,发达国家始终主导 WTO 的发展方向,无论在多边贸易规则的制定上,还是在多边贸易谈判中,而发展中国家受经济实力的制约,在 WTO 内始终处于被动的地位。我国在入世的进程中,受到了发达国家尤其是美国的多次阻挠,整个过程漫长而曲折。发达国家主导了 WTO 的发展,因此,WTO 又被称为"富国俱乐部"。

六、WTO 的改革

由于多哈回合停滞不前,作为多边贸易体制重要核心规则之一的 WTO 争端解决机制也因上诉机构法官人数不足而陷入停摆。与此同时,美墨加协定、CPTPP、RCEP 等贸易协定的签署,使得 WTO 更有被日益边缘化的迹象。WTO 迫切需要通过改革摆脱目前困境。

近年来,世界贸易组织的改革方向一直存在较大争议。美欧日等发达国家在改革世贸组织上虽有一定的差异,但总体来看,矛头指向了以中国为代表的发展中国家。美国为首的部分发达国家批评 WTO 多边谈判效率低下,指责发展中国家利用特殊待遇和差别待遇获得过多好处,指责"非市场经济国家"扭曲市场,损害公平贸易,造成贸易失衡。美国进而利用这些借口,对全球贸易设置多方面障碍:阻挠 WTO 任命新法官,致使 WTO 上诉机构停摆;美国频繁挑起对中国的贸易争端,以公平贸易为借口,实施贸易保护主义。与此同时,欧盟、加拿大、日本在 WTO 改革中涉及发展中国家"特殊和差别待遇"、中国"非市场经济"地位、国有企业改革和补贴、强制技术转让和知识产权保护等方面的立场与美国大体一致,这些主张也主要指向了中国等发展中国家。

中国在推动世贸组织改革进程中,始终明确自身的立场,坚持维护多边贸易体制。2018 年 12 月 28 日,中国商务部发布了《关于世贸组织改革的立场文件》,明确提出了三个基本原则和五点主张。三个基本原则包括:第一,世贸组织改革应维护多边贸易体制的核心价值;第二,世贸组织改革应保障发展中成员的发展利益;第三,世贸组织改革应遵循协商一致的决策机制。五点主张是:① 世贸组织改革应维护多边贸易体制的主渠道地位;② 世贸组织改革应优先处理危及世贸组织生存的关键问题;③ 世贸组织改革应解决贸易规则的公平问题,并回应时代需要;④ 世贸组织改革应保证发展中成员的特殊与差别待遇;⑤ 世贸组织改革应尊重成员各自的发展模式。

目前来看,世界贸易组织的改革存在较大的难度,不仅发达国家和发展中国家之间分歧较大,发达国家内部也是既有一致性又有差异性。多边贸易体制重新走向正轨仍然需要较长的时间。中国也将在三个基本原则和五点主张的基础上,继续推动 WTO 朝向更加公平和具有活力的多边贸易体制迈进。

第三节 中国的复关与入世

中国是关贸总协定的创始缔约国,后来由于历史原因中断了与GATT的联系,直到20世纪80年代才重新参与关贸总协定组织的活动。1986年,中国提出恢复关贸总协定缔约国地位的申请,随后关贸总协定成立了中国工作组致力于解决中国的复关问题。1995年WTO取代了GATT后,当年11月中国复关工作组更名为中国入世工作组。经过长达15年之久的谈判,中国终于在2001年12月11日正式加入了世界贸易组织[①]。

一、中国与关贸总协定的早期历史

1947年10月30日,当时的中国政府签署了联合国贸易与就业大会的最后文件,该大会创建了关贸总协定。

1948年4月21日,当时的中国政府签署关贸总协定《临时适用议定书》,并从1948年5月21日正式成为关贸总协定缔约方。

1950年3月6日,台湾当局由其"联合国常驻代表"以"中华民国"的名义照会联合国秘书长,决定退出关贸总协定。

1965年1月21日,台湾当局提出观察总协定缔约国大会的申请,同年3月第22届缔约国大会接受台湾当局派观察员列席缔约国大会。

1971年11月16日,第27届缔约国大会根据联合国大会1971年10月25日通过的2758号决议,决定取消台湾当局的缔约国大会的观察员资格。

1982年11月,中国政府获得观察员身份并首次派团列席关贸总协定第36届缔约国大会,从而能够出席缔约方的年度会议。当年12月31日,国务院批准中国申请参加关贸总协定的报告。

二、中国复关与入世的历程

(一)复关谈判

1. 复关谈判的前期:稳步推进

1986年7月10日,中国驻日内瓦代表团大使钱嘉东代表中国政府正式提出申请,恢复中国在关贸总协定中的缔约方地位。

1987年10月22日,关贸总协定中国工作组第一次会议在日内瓦举行,确定工作日程。

1989年5月24日至28日,中美第5轮复关问题双边磋商在北京举行,磋商取得实质性进展,当时乐观估计复关谈判有望在1989年底结束。

---

① 部分内容来自 http://www.cctv.com/wto/sanji/lshf_03.html

在这一阶段,工作组对中国的关税制度等进行审议,审议工作进展一直较为顺利。

2. 复关谈判的中期:陷于停顿

1989年春夏之交的政治风波后,西方发达国家对中国实施经济制裁,改变了复关工作稳步推进的势头。此后的两年半期间,中国工作组的谈判基本处于停顿状态,直到1992年下半年出现转机。

1989年12月12日至14日,关贸总协定中国工作组第8次会议在日内瓦举行,事实上重新开始审议中国的外贸制度。

1990年1月1日,台湾当局以"台、澎、金、马单独关税地区"名义申请加入关贸总协定。1991年1月11日,中国驻日内瓦代表团大使范国祥向关贸总协定总干事邓克尔递交中国政府关于澳门在关贸总协定缔约方地位的声明。中国澳门成为关贸总协定缔约方。

1991年10月,中国总理李鹏致函关贸总协定各缔约方首脑和关贸总协定总干事,阐明中国复关问题的立场,强调当务之急是立即举行工作会议,开始议定书实质性谈判,在与中国政府协商并取得一致前,不得成立台湾工作组。

1992年9月29日,关贸总协定理事会主席根据中国与主要缔约方谈判达成的谅解,就处理台湾加入关贸总协定的问题发表声明。声明基本反映中国政府关于处理台湾入关问题的三项原则。

3. 复关谈判的后期:波澜起伏

1992年10月10日,中美达成《市场准入备忘录》,美国承诺"坚定地支持中国取得关贸总协定缔约方地位"。

1994年4月12日至15日,关贸总协定部长级会议在摩洛哥的马拉喀什举行,乌拉圭回合谈判结束,与会各方签署《乌拉圭回合谈判结果最后文件》和《建立世界贸易组织协议》。中国代表团参会并签署了《最后文件》。

1994年11月28日至12月19日,龙永图率中国代表团在日内瓦就市场准入和议定书与缔约方进行谈判,谈判未能达成协议。

1995年5月7日至19日,应关贸中国工作组主席吉拉德邀请,外经贸部部长助理龙永图率中国代表团赴日内瓦与缔约方就中国入世进行非正式双边磋商。此次磋商被西方媒体称为"试水"谈判。1995年6月3日,中国成为世贸组织观察员。

(二) 中国入世的进程

由于乌拉圭回合的参与国通过了以世贸组织取代关贸总协定的决议,1995年1月1日世贸组织正式成立,自此,我国的"复关"就演变为了"入世"。1995年11月,中国政府照会世贸组织总干事鲁杰罗,把中国复关工作组更名为中国入世工作组。

1. 入世谈判的前期:困难重重

这一阶段主要是1995年到1999年5月,中国与西方国家谈判面临着更多的障碍。西方的要价包括:知识产权保护、商品与服务贸易市场准入、宏观经济调控措施、司法主权、中国特殊条款。要在一段时间内,对中国成员国地位进行全面审查,对中国发展中国家的权利加以限制,制定保障条款以对付中国产品,坚持1994年由主要缔约国制定的十大要价清单。在政治上,将人权问题、计划生育问题与中国入世问题挂钩,坚持每年对中国的人权状况进行年审。中国在此阶段的谈判中,虽然与少部分国家达成了中国入世的双边协议,但是与最大的谈判对手——美国之间的谈判始终无法取得突破。

1995年11月28日,美方向中方递交了一份"关于中国'入世'的非正式文件",罗列了对中国入世的28项要求。

1996年2月12日,中美就中国入世问题举行了第10轮双边磋商。中方对美方的"交通图"逐点作了反应。

1996年3月22日,龙永图率团赴日内瓦出席世贸组织中国工作组第一次正式会议,并在会前和会后与世贸组织成员进行双边磋商。

1997年8月6日和26日,中国先后与新西兰和韩国就中国入世问题达成双边协议。

1997年10月13日至24日,外经贸部首席谈判代表龙永图副部长率团在日内瓦与欧盟、澳大利亚等30个世贸组织成员进行了双边磋商;与匈牙利、捷克、斯洛伐克、巴基斯坦签署了结束中国入世双边市场准入谈判协议,并与智利、阿根廷、印度等基本结束了中国入世双边市场准入谈判。

1997年11月1日至16日,随同李鹏总理访日的外经贸部首席谈判代表龙永图副部长与日本外务省副外相原口就中国入世问题发表联合声明,重申中日双方已在服务业市场准入谈判方面取得重大进展,从而表明中日两国关于中国入世双边市场准入谈判已基本结束。

1997年12月1日至12日,以外经贸部首席谈判代表龙永图副部长为团长的中国代表团在日内瓦出席了世贸组织中国工作组第6次会议,就议定书和工作组报告的绝大部分内容达成了谅解,期间还与美国、欧盟、日本、澳大利亚、巴西、墨西哥等国进行了双边磋商。

1998年3月28日至4月9日,世贸组织中国工作组第7次会议,中国代表团向世贸组织秘书处递交了一份近6000个税号的关税减让表,得到了主要成员的积极评价。

1998年6月17日,江泽民接受美国记者采访时提出入世三原则:第一,WTO没有中国参加是不完整的;第二,中国毫无疑问要作为一个发展中国家加入WTO;第三,中国的入世是以权利和义务的平衡为原则的。

1999年3月15日,中国总理朱镕基在中外记者招待会上说:"中国进行复关和入世谈判已经13年,黑头发都谈成了白头发,该结束这个谈判了。现在存在这种机遇。第一,WTO成员已经知道没有中国的参加WTO就没有代表性,就是忽视了中国这个潜在的最大市场。第二,中国改革开放的深入和经验的积累,使我们对加入WTO可能带来的问题提高了监管能力和承受能力。因此,中国准备为加入WTO作出最大的让步。"4月6日至13日,朱镕基访美。4月10日,中美签署"中美农业合作协议"并就中国加入WTO发表联合声明,美方承诺"坚定地支持中国于1999年加入WTO"。

1999年5月8日,以美国为首的北约袭击中国驻南斯拉夫大使馆,中国政府中断了入世谈判。

2. 入世谈判的后期：柳暗花明

1999年9月6日,中美恢复谈判。9月8日,江泽民在澳大利亚重申中国入世三原则。他说:"中美双方应该根据平等互利的原则进行谈判。1997年我访问美国,1998年克林顿总统访华,双方本来是要解决中国加入WTO问题的。但是,据说由于美国国会方面的原因没有能谈。今年春天,美国又失去了一个很好的机会,朱镕基总理访问美国本来可以达成协议,但据说又是因为美国国会的原因没有谈成。中澳两国现已就中国加入WTO问题达成了协议,中美之间谈得好不好,能不能达成协议,很大程度上取决于美国。"

1999年11月15日,中美双方就中国加入世贸组织达成协议。这意味着中国与美国就此正式结束双边谈判,这也标志着中国入世进入了一个崭新的阶段。

2000年5月19日,中国与欧盟就中国加入世界贸易组织达成双边协议。

2000年11月,中国与墨西哥就中国加入世界贸易组织举行谈判。墨西哥代表表示,"我们与中国的入世谈判正在进入尾声,相信会有一个好的结局"。

2001年1月10日,中国加入世界贸易组织的谈判在瑞士重新开始。6月14日,中美就中国加入世界贸易组织所遗留问题的解决达成了全面的共识。6月20日,中国与欧盟就中国入世问题达成全面共识。

2001年7月3日,外经贸部副部长、中国入世谈判首席谈判代表龙永图表示,有关中国入世的所有重大问题都已解决。

2001年11月11日23时34分(多哈时间11月10日),在卡塔尔首都多哈举行的WTO第四届部长级会议上审议通过了中国加入世贸组织的决定。签字后一个月即2001年12月11日,所签署的协议才从法律上生效,中国正式成为世贸组织成员,这一持续15年的谈判终于有了令人欢欣鼓舞的结果。

中国的复关与入世经历了较长的时间和较大的困难,客观上来看,由于西方主要发达国家的阻挠使得复关与入世的时间不断被推后;主观上,我国市场化进程在20世纪90年代以前进展较慢也一定程度上延缓了谈判进程。成为世贸组织一员标志着我国市场化进程和对外开放进入了一个新阶段。

三、中国入世的义务与权利

中国加入世贸组织议定书不仅明确了中国入世要承担的义务,也规定了中国将享有的权利。

（一）中国加入世贸组织要承担的义务

(1) 中国将平等地对待每一个世贸成员。所有的外资个人、团体(包括那些没在中国投资或注册的个人和团体)在贸易权利方面将享受至少跟中国企业一样的待遇。

(2) 中国将取消双重定价惯例以及在内销产品和出口产品待遇上的区别。

(3) 价格控制并不是为了给国内厂商和服务行业提供保护。

（4）中国将完全按照世贸协定以统一有效的方式修改现行国内立法并制定新的法律，以履行世贸协定。

（5）中国入世后三年内，除极少数例外，所有的企业将享有在中国关税领土内进行进出口商品贸易的权利。

（6）中国不再对农产品保持或给予任何出口补贴。

另外在货物贸易领域，中国做出逐渐降低关税、削减非关税壁垒和对国外产品开放中国市场的承诺。当中国履行了所有的承诺后，农产品的平均关税将下降到15%，工业关税将平均下调到8.9%。服务业方面，中国承诺逐步放开银行、保险、旅游、电信、零售等服务业市场。

（二）中国加入世贸组织享有的权利

按照权利与义务对等的原则，中国在按照上述承诺履行义务的同时，也享受了加入世贸组织的权利。我国在向世贸组织成员出口时可以享受到永久和稳定的最惠国待遇和国民待遇，对部分发达国家的制成品和半制成品出口可以享受普惠制待遇，还可以享受其他世贸成员开放市场带来的利益。作为发展中国家，世贸组织的基本原则包含了对发展中国家优惠的原则，我国可以享受到大多数优惠并有入世过渡期的安排。另外，我国可以利用世贸组织的争端解决机制，有效解决与其他世贸成员的贸易摩擦。除此之外，最重要的是加入世贸组织使我国获得了参与世贸组织规则制定的权利，对世界经济贸易的发展有了更大的影响力。

基本概念

关税与贸易总协定（the general agreement on tariffs and trade, GATT）

世界贸易组织（world trade organization, WTO）

乌拉圭回合（Uruguay round）

最惠国待遇（most-favored nations treatment）

纺织品与服装协定（agreement on textile and clothes, ATC）

《服务贸易总协定》（general agreement on trade in services, GATS）

《与贸易有关的投资措施协定》（agreement on trade-related investment measures, TRIMs 协定）

《与贸易有关的知识产权协定》（agreement on trade-related aspects of intellectual property rights, TRIPs 协定）

复习思考题

1. WTO 和 GATT 的关系是什么？
2. WTO 的职能是什么？有哪些基本原则？
3. 什么是关税减让和关税保护原则？
4. WTO 的理论目标与现实冲突是什么？

第八章

区域经济一体化

本章学习重点

1. 区域经济一体化与经济全球化的关系
2. 经济一体化各种类型的含义及它们之间的区别
3. 关税同盟理论和协议性国际分工理论
4. 区域经济一体化的影响

  二战后国际经济领域最突出的现象之一就是区域经济一体化或贸易集团化,即少数国家比全球范围内贸易自由化更快地推进它们之间的贸易自由化。区域经济一体化无论对集团内国家的国际贸易还是对集团外国家的国际贸易,都产生了深远的影响。本章首先介绍区域经济一体化的概念及其类型;然后介绍区域经济一体化的主要理论——关税同盟理论、大市场理论及协议性国际分工理论,在介绍欧盟、北美自由贸易区等典型的区域经济一体化组织的基础上,分析了区域经济一体化对区域内外国家的不同影响;最后简要说明了我国与其他国家区域经济一体化的实践。

第一节 区域经济一体化概述

  关于经济一体化(economic integration)的含义种类繁多,没有统一的答案,总体来看经济一体化含义有广义和狭义之分。广义经济一体化即经济全球化,是指世界各国和地区的货物、服务、资本、技术和人员跨越国界大规模、高速度地流动,世界各国、各地区之间经济上相互联系与依存、相互渗透与扩张、相互制约与竞争的程度日益加深、相互融合,逐渐形成全球经济一体化的过程。它包括贸易全球化、生产全球化与金融全球化三个阶段,以及与此相适应的世界经济运行机制的建立与规范化过程。其实质是市场经济的全球化或竞争的全球化,是生产力高度发展的必然结果。

  狭义经济一体化又称区域经济一体化或贸易集团化,指两个或两个以上的国家达成国际协议,共同采取减少歧视性或取消贸易壁垒的贸易政策,实行自由贸易,进而实现生产要素在成员国之间的自由流动,并为此协调成员国之间的社会经济政策。

许多学者又从制度性一体化和功能性一体化方面进行阐述,前者是指通过一定的条约和协定,建立起某种超国家的组织形式的一体化;后者是指在现实经济领域中,由于人们之间经济活动关系日益密切而导致市场扩大、各种贸易壁垒消除所形成的一种客观的融合。制度性一体化和功能性一体化是当代世界经济中同时发展的两种趋势,两者互为因果。功能性一体化的发展来自生产力的提高和世界经济进步的内在要求,当它发展到一定阶段时,必然要求制度性一体化给予进一步的保障和促进;制度性一体化则会加深功能性一体化的发展程度,并进而要求成员方之间采取各种消除贸易壁垒、实现生产要素自由流动的经济政策。功能性一体化是制度性一体化的前提和外在形式;制度性一体化则是功能性一体化的结果和内在机制。一般说来,功能性一体化是实际需要,而制度性一体化是实现这种实际需要的制度保证。因此,大多数区域经济集团都是两者一起发展的。

一、区域经济一体化发展历程

二战后,世界各国进一步寻求建立意义更为完整的、与一体化世界经济相适应的体制性安排。有关的探索一方面表现为关贸总协定关于世界自由贸易体制,国际货币基金组织关于国际金融体制以及世界银行、联合国等国际组织关于世界发展各方面所做的安排;另一方面则表现在区域层次上率先建立多边自由经济体制的尝试,即区域经济一体化。

从二战结束到现在,世界区域经济一体化发展大致经历了以下三个阶段。

(一) 战后初期至20世纪70年代初,迅速发展阶段

目前仍在运行的一些区域一体化组织多数是在这一阶段发展起来的,这些组织在欧洲、拉美和非洲得到广泛发展。据统计,20世纪60年代,全球共有19个区域经济一体化组织,70年代增至28个,其中欧洲经济共同体、欧洲自由贸易联盟和经济互助委员会表现得最为突出。

经济一体化进入这一蓬勃发展时期的基本背景是:20世纪60年代,一大批原殖民地国家脱离了殖民统治,进而寻求摆脱本国对外经济关系中的殖民成分,迫切需要一套有利于自力更生和纠正殖民地经济特有畸形产业结构的对外经济关系。欧共体的初步成功形成了普遍的示范效应,为不同发展层次的国家谋求建立互利的对外经济关系提供了参照。这一时期的一体化进程主要表现为两个方面:一方面,"北北型"一体化继续稳步推进;欧共体在60年代致力于关税同盟的发展,并于1979年再次决定推进"欧洲货币体系"计划。同时,针对欧共体成立后造成的巨大竞争优势,欧洲自由贸易联盟(EFTA)于1960年5月成立,以联合提高竞争力。另一方面,与"北北型"一体化进程形成鲜明对照的是大批发展中国家的一体化组织在这一时期的广泛建立,如东南亚国家联盟、安第斯集团、西非国家经济共同体。

经济互助委员会(简称经互会)是由苏联、保加利亚、匈牙利、波兰、罗马尼亚、捷克斯

洛伐克等社会主义国家建立的政治经济合作组织,于1949年成立,1991年解散。由于其成员构成以意识形态性质为标准,而不是按通常的地缘经济关系标准。也因其不同于一般的区域一体化组织按传统经贸联系和历史的国际分工合作模式来组织实施一体化市场和一体化生产,排斥了社会主义国家与不同意识形态国家传统的经济交流和合作,因此,它是在扭曲了的国际经济关系基础上实行的一体化。经互会在经历42年后解体,说明了没有经济上的客观基础即使形成某种联系也不牢固。

(二)20世纪70年代中期至80年代中期,缓慢发展甚至停滞发展阶段

由于石油危机的冲击,各国经济增长速度普遍放慢,经济衰退,导致贸易保护主义泛滥,贸易和投资自由化受到较大的阻力,经济一体化步伐大为放慢。除了欧共体仍在缓慢推进一体化进程外,其余的一体化组织几乎都停滞发展,甚至分化、解体。

(三)20世纪80年代中期以来,迅猛发展并实现新的飞跃阶段

80年代中后期,国际政治形势趋向缓和,各国将更多的精力投入到经济建设中,国际经济竞争趋于激化。以欧共体为代表的区域一体化集团将国际竞争从国家间竞争推向区域集团间的竞争,这使得未加入一体化组织的国家倍感压力。于是,即使宣称崇尚自由贸易的国家也开始探索符合其自由主义宗旨的区域一体化新模式。同时,鉴于前一时期的尝试,不同经济发展水平的国家也从简单模仿转向探索符合本地区特色的一体化模式。参加区域一体化的国家越来越多,经济一体化的层次也越来越高。区域一体化从简单的数量扩张、规模扩张迈向了内涵深化的新时期。据WTO统计,截至2021年12月7日,向GATT/WTO通报的仍然有效的区域贸易协议571个,其中自由贸易协议314个、经济一体化协议182个。

二、区域经济一体化的原因

(一)联合一致,抵御外部强大压力

二战结束后,美国与苏联在欧洲形成了对峙的冷战局面,双方在欧洲展开了激烈的争夺。为了维护国家主权,增强与美苏相抗衡的力量,恢复和提高西欧在国际舞台上的地位,西欧国家领导人深感需要联合,走一体化的道路,这是欧共体成立的直接原因。其后建立的区域经济一体化组织大都有类似的原因。

(二)发展中国家维护民族经济权益和发展的需要

二战后,殖民体系瓦解,原来的殖民地附属国纷纷获得政治上的独立,开始致力于民族经济的发展。但是,广大的发展中国家和地区在发展经济上面临很多问题,如物质和技术能力薄弱、资金不足、国内市场狭窄、国际经济体系不合理等。这种情况迫使发展中国家和地区联合起来,进行集体的自力更生,走经济一体化的道路。

(三)二战后科学技术和社会生产力的高速发展

第二次世界大战以后,以原子能工业、电子工业和高分子工业为标志的第三次科技革命的出现,极大地促进了社会生产力的提高和国际分工向广度和深度发展,加速了各

国经济的相互依赖和经济生活的国际化趋势。生产力的发展要求打破国家的疆域界线,在彼此之间进行经济协调和联合。这种建立在现代科学技术基础上,日益加深的各国经济的相互依赖性,是发达国家趋向联合、走向经济一体化的客观基础。

(四)区域经济一体化能带来各种积极经济效应

区域经济一体化的建立会给各成员国带来各种各样积极的经济效应,如组建区域经济一体化之后,成员国之间相互取消或削减关税并减少非关税壁垒,这就为成员国之间产品的相互出口创造了良好的条件,从而会使区域内贸易的规模趋于扩大,这被称为"贸易创造"效应。利用区域内市场扩大出口,带动经济发展,这对那些国内市场相对狭小的国家来说尤其具有重要的意义。区域经济一体化的建立还会使所有成员国的国内市场组成一个统一的区域性市场,这种市场范围的扩大为企业实现生产的规模经济创造了条件,并且可以进一步增强区域内部的企业相对于非成员国企业的竞争力。区域经济一体化的建立也有利于促进各成员国企业间的竞争,从而打破国内垄断,优化资源配置,提高经济运行的效率,也有助于吸引外部投资。区域经济一体化组织会对来自非成员国的产品产生一定排斥作用,非成员国为了抵消这种不利影响,会倾向于将生产地点转移到区域的内部,在当地直接生产并销售。对成员国来说,这就在客观上促进了外部资本流入。

(五)"多米诺骨牌"效应

区域经济一体化组织的建立使国家间的竞争转为集团间的竞争。由于区域经济一体化组织对来自成员国和非成员国的产品采取差别待遇,它在扩大区域内贸易的同时,也减少了区内成员国与区外国家之间的贸易往来,从而造成了贸易方向的转移。这种"贸易转移"效应无疑会对非成员国的出口造成负面影响。因而,当几个国家签订了一个区域经济一体化协议之后,就会对其他非成员国家造成压力,促使它们也加入这个区域经济一体化组织或是寻求建立它们自己的区域经济一体化组织。而新的区域经济一体化协议的签订又会进一步增大对其他非成员国家的压力,进而促使更多的区域经济一体化组织的出笼。这被日内瓦国际研究院的理查德·鲍德温(Richard E.Baldwin)形象地称为"地区主义的多米诺骨牌效应"。

(六)维护周边环境的和平与稳定,提高国际地位和加强对外谈判力量

区域经济一体化会使各成员国的经济更加紧密地结合在一起,增强相互间的依存度和信任度,从而避免相互之间矛盾的激化。例如,欧洲经济一体化的一个主要动机就是要通过经济上的合作防止在欧洲再度爆发战争。发展中国家之间组成区域经济集团,也是希望改变西方大国操纵世界事务的局面,提高国际地位,进而建立国际政治新秩序。

当几个国家通过区域经济一体化结合在一起时,它们就能在全球多边贸易谈判中"用一个声音说话",加强集团的对外谈判力量,这自然有助于它们在谈判中为自己争取更多的利益。欧盟就是这方面的典型代表。例如,GATT乌拉圭回合谈判之所以长达8

年,主要是因为法国与美国在农产品补贴问题上分歧严重,而法国之所以敢与美国对抗,显然是因为有欧盟在背后撑腰。

第二节 区域经济一体化的基本形式及其理论

区域经济一体化形式种类繁多,按不同的标准可以划分为不同的类型。另外,对此现象解释的理论也有不少,本节将作简要介绍。

一、区域经济一体化的基本形式

(一)按照组织性质和经济贸易壁垒取消的程度划分

1. 优惠贸易安排(特惠贸易协定)

这是经济一体化的最低级、最松散的组织形式,成员国之间相互给予对方出口商品特别的优惠关税。如 1932 年英国与其以前的殖民地国家建立的大英帝国特惠税制就规定:成员国间相互减让关税,但对非成员国仍维持较高的关税,形成一种优惠贸易集团。

2. 自由贸易区

成员国之间取消一切贸易壁垒,包括关税和非关税壁垒,商品自由流动,但每个成员国仍保持原来对非成员国的独立的贸易壁垒。

例如,2003 年 6 月 29 日中央与香港签署《内地与香港关于建立更紧密经贸关系的安排》(简称 CEPA),其主要内容有三大部分:货物贸易自由化;内地自 2004 年 1 月 1 日起对 273 个税目的港产品实行零关税;2006 年 1 月 1 日起对全部港产品实行零关税。

3. 关税同盟

关税同盟是指两个或两个以上的国家之间完全取消关税或其他壁垒,对非成员国实行统一的贸易壁垒,从而完全取消成员国之间的海关而缔结的同盟。结盟的目的在于使成员国的商品在统一关税的保护下,在内部市场上排除非成员国商品的竞争,它开始带有超国家的性质。例如,2002 年 12 月 22 日沙特等海湾六国正式成立,并于 2003 年 1 月 1 日生效的海湾关税联盟;西非国家自 2000 年 1 月 1 日起正式启动关税同盟等。

4. 共同市场

在关税同盟的基础上,成员国之间完全消除对生产要素流动的限制,使人员、资本、商品、服务完全自由流动。到 1992 年 12 月 31 日为止,欧共体基本建成了内部大市场。

5. 经济同盟

在共同市场的基础上,成员国之间逐步废除经济政策的差异,制定和执行某些共同的经济政策(如财政政策、货币政策)和社会政策(如社会福利政策),向经济一体化的最后阶段过渡。1999 年 1 月 1 日欧元启动,标志欧盟已经进入这一阶段。

6. 完全经济一体化

它除了要求成员国完全消除商品、资本和劳动力流动的人为障碍外,还要求在对外贸易政策、货币政策、财政政策、社会政策等方面完全一致,并建立起共同体一级的中央机构和执行机构对所有事务进行控制,等同于一个扩大了的国家。这是经济一体化的最高组织形式,迄今未出现。

(二)按参加经济一体化的范围划分

1. 部门经济一体化

它是指区域内各成员国间的一个或几个部门纳入一体化范畴之内,实现局部经济部门中的协调一致。如欧洲煤钢共同体、欧洲原子能共同体、美加汽车贸易协议等。

2. 全盘经济一体化

它是指区域内各成员国间的所有经济部门均纳入一体化的范畴之内,如欧盟、北美自由贸易区等。

(三)按参加经济一体化组织的国家或地区的经济发展水平划分

1. 水平经济一体化

它是指由经济发展水平大致相同或接近的国家组成的一体化。例如,欧盟、南锥体共同市场,前者都由发达国家组成,后者都由发展中国家组成。

2. 垂直经济一体化

它是指由经济发展水平差异较大的国家或地区组成的一体化。例如,北美自由贸易区由美国、加拿大(发达国家)和墨西哥(发展中国家)组成。

二、经济一体化的理论

目前有关经济一体化的理论越来越多,影响较大的有关税同盟理论、大市场理论和协议性国际分工理论。

(一)关税同盟理论

美国经济学家 J.范纳(J.Viney)在 1950 年出版的《关税同盟问题》一书,研究了关税同盟理论,后来 K.G.李普西(K.G.Lipsey)又依据欧共体的实践进一步完善了该理论。该理论认为,关税同盟具有静态效应和动态效应。静态效应是指在经济资源总量不变、技术条件没有改进的情况下,关税同盟对区域内国家贸易、经济发展及物质福利的影响。动态效应是指关税同盟对成员国贸易及经济增长的间接推动作用。

1. 静态效应

(1)贸易效应

① 贸易创造效应

贸易创造效应指成立关税同盟后,某成员国的一些国内生产的产品,被生产成本最低的成员国的出口产品所取代。结果,从世界角度看,高效率的生产取代了低效率的生产,获得了生产利益;从进口国的角度看,产品价格降低了,获得了消费利益。如下图

8.2.1 所示。

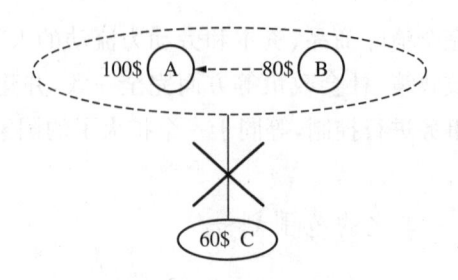

```
        100$ A ←---- 80$ B

              ✕

           60$ C
```

图 8.2.1　贸易创造效应
（实线：结成关税同盟前，虚线：结成关税同盟后）

在图 8.2.1 中，假设缔结关税同盟前，X 商品在 A 国的价格为 100 美元，在 B 国为 80 美元，在 C 国为 60 美元。A 国对外征收 100% 的关税，显然 A 国 X 商品自产自销。当 A 国与 B 国结成关税同盟，互相取消关税，对 C 国仍然保持 100% 的关税，A 国将从 B 国进口 X 商品，B 国高效率的生产取代 A 国低效率的生产，优化了资源配置。同时，X 商品的价格在 A 国从 100 美元降为 80 美元，扩大了消费和贸易量，又得到了消费利益。

② 贸易转移效应

贸易转移效应指成立关税同盟后，某成员国原先从低成本非成员国进口的某些产品，被生产成本较高的成员国的出口产品所取代。结果，从世界角度看，低效率的生产取代了高效率的生产，损失了生产利益。如下图 8.2.2 所示。

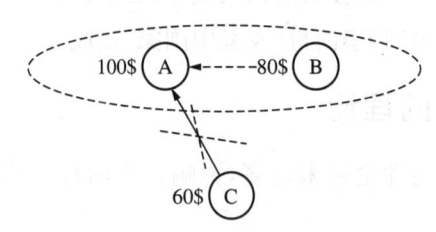

```
        100$ A ←---- 80$ B
              ↑
              |
           60$ C
```

图 8.2.2　贸易转移效应
（实线：结成关税同盟前，虚线：结成关税同盟后）

在图 8.2.2 中，假设缔结关税同盟前，A 国实行自由贸易，不征关税，显然 A 国从生产效率最高的 C 国进口。而当 A 国与 B 国结成关税同盟、互相取消关税，对外统一征收 50% 的关税后，A 国将从 B 国进口 X 商品，结果 B 国低效率的生产取代 C 国高效率的生产，损失了生产利益。

③ 贸易扩大效应

贸易扩大效应指成立关税同盟后，关税取消使成员国商品的进口价格下降，导致进出口量增加。

贸易创造效应和贸易转移效应是从生产方面考察关税同盟对贸易的影响，而贸易扩大效应则是从需求方面分析的。关税同盟无论是在贸易创造还是在贸易转移的情况下，都会导致贸易量的增加。因而，从这个意义上讲，关税同盟可以促进贸易的扩大，增加经济福利。

当成员国的生产结构较具竞争性时,关税同盟的贸易创造效应就较大。当成员国的生产结构较具互补性时,关税同盟的贸易转移效应就较大。组成关税同盟的成员国越多,形成的统一市场越大,成员国之间的距离越近,都会使关税同盟的贸易扩大效应越大。

(2) 其他静态利益

① 减少行政开支

关税同盟建立后,成员国之间的海关可以取消或减少,大大减少政府开支及企业支出。

② 改善贸易条件

关税同盟形成后,一般会减少成员国对外部的出口供给和进口需求,导致关税同盟整体与外部世界的贸易条件朝着有利于关税同盟的方向变化。

③ 减少走私

由于内部取消关税,对外实行统一的较低的税率,可以使高关税诱发的走私活动得到较好的扼制。

④ 提高经济地位,增强谈判能力

关税同盟成立后,成员国作为一个整体与其他国家或地区进行经贸谈判,这必然大大提高其讨价还价的能力,较好地维护成员国的利益。

2. 动态效应

(1) 关税同盟成立后,成员国国内市场向统一的大市场转移,市场的扩大可以使成员国获得规模经济利益。

(2) 自由贸易和生产要素的自由移动会加剧竞争,专业化分工向深度和广度拓展,使生产要素和资源配置更加优化。

(3) 为了应付市场的扩大和竞争的加剧,企业必然增加投资,扩大生产规模,从而刺激劳动生产率的提高和成本的下降。

(4) 集团歧视性的对外政策会吸引外资大量流入以突破贸易壁垒。

(5) 市场的扩大、竞争的加剧和投资的增加,必然导致更新设备,采用新技术,从而推动技术进步。

(二) 大市场理论

大市场理论的代表人物是西托夫斯基(T.Scitovsky)和德纽(J.F.Deeniau)。他们认为在实现经济一体化之前,各国推行狭隘的只顾本国利益的贸易保护政策,把市场分割得狭小而又缺乏适度的弹性,这样本国生产厂商无法实现规模经济和大批量生产的利益。该理论的核心:① 通过国内市场向统一大市场的延伸,扩大市场范围,获取规模经济利益,从而实现技术利益;② 通过市场扩大,创造激烈的竞争环境,进而达到实现规模经济和技术利益的目的。

德纽认为,由于市场扩大,机器得到充分利用,大批量生产成为可能,加上专业化发展、最新技术的应用、竞争的加剧,所有这些因素都会导致生产成本和销售价格的下降,再加上取消关税也使价格部分下降,这一切都将导致购买力的增加和实际生活水平的提高。随着消费者人数的增加,又可能使消费和投资进一步增加,这样经济就会开始滚雪球式的扩张。消费的扩大引起投资的增加,投资的增加又会导致价格下降、工资提高和购买力的全面增加。因而,只要市场规模迅速扩大,就能促进和刺激经济扩张。

西托夫斯基则认为,西欧存在小市场和保守企业态度的恶性循环。由于市场狭隘、竞争不激烈、市场停滞和新竞争企业的建立受阻等原因,高利润长期处于平稳停滞状态。高昂的价格使耐用消费品普及率很低,不能进行大批量生产,因而西欧陷入高利润率、高价格、市场狭窄、低资本周转率的恶性循环之中。通过贸易自由化条件下的激烈竞争,价格下降,迫使企业家放弃过去的小规模生产,转向大规模生产。同时,随着消费者实际收入的增加,过去只供高收入阶层消费的高档商品转向供多数人消费。其结果是产生大市场→竞争激化→大规模生产→生产成本和价格下降→大量消费→市场扩大,竞争进一步激化,从而使经济发展处于良性循环之中。

(三)协议性国际分工理论

协议性国际分工原理是由日本著名教授小岛清提出的。他认为,传统的国际经济学论述的是在成本递增情况下通过比较优势、市场竞争形成国际分工,而对成本递减的情况却没有论及。但事实证明成本递减也是一种普遍的情况,经济一体化的目的是要通过大市场来实现规模经济,实际上也是成本长期递减问题。因此,可以实行协议性国际分工,即一国放弃某种商品的生产并把国内市场提供给另一国,而另一国则放弃另外一种商品的生产并把国内市场提供给对方。这样两国达成相互提供市场的协议,专业化分工生产一种或几种货物,使彼此的优势得以发挥,通过规模经济的实现,使生产成本下降,消费者获得利益。协议性分工不能指望通过价格机制自动地实现,而必须通过当事国的某种协议来加以实现,也就是通过经济一体化的制度把协议性分工组织化。例如,拉美中部共同市场统一产业政策,由国家间的计划决定的分工,就是典型的协议性国际分工。但要达成协议性国际分工,必须具备以下条件:

第一,两个国家的资本劳动禀赋比率差别不大,工业化水平和经济发展阶段大致相同,协议性分工的对象商品在哪个国家都能进行生产。

第二,协议性分工的商品必须是能够获得规模经济的商品。

第三,无论在哪个国家生产协议性分工的商品的利益都应该没有很大差别。

三、经济全球化与区域经济一体化的关系

经济全球化与区域经济一体化是目前并行的两股潮流,关于两者之间的关系也是仁者见仁,智者见智,争论很大。多数认为两者既是矛盾的,又是统一的。本书认为两者并行不悖,相互促进,有可能在区域经济一体化的基础上最终实现全球经济一体化。

(一)区域经济一体化是经济全球化并最终达到全球经济一体化的必经阶段

由于世界上各个国家之间经济、政治、社会、文化等差异极大,故经济全球化要在全球同步推进是不切实际的。相反,在发展水平比较接近或文化相近、地理位置相邻的国

家之间则更容易深入地推进,形成区域经济一体化。因此,两者实际上是经济一体化过程在空间推进上不平衡的表现。或者说,经济全球化过程最终发展成为世界经济一体化首先是在各个经济区域实现的。全球化发展面临的障碍使得区域经济一体化成为一种"次优"选择。

区域经济一体化不仅在实际上已在全球经济的不同部分、不同层次实现了经济一体化,而且更有可能和更容易通过联合或合并的方式向经济全球化的完成形式——全球经济一体化过渡。正如欧洲的经济一体化组织不断扩大,最终将形成全欧洲的经济一体化一样,全球经济一体化也将以同样的形式得到实现。

(二)区域经济一体化的发展为经济全球化进一步发展提供了范例和模式,也有助于推动经济全球化进程

未来的全球经济将向何处发展?全球经济一体化包括哪些内容,它能够实现到何种程度?区域经济一体化组织(如欧盟)所做的巨大努力和尝试,为其探索了发展方向和实施步骤。

(三)区域经济一体化和经济全球化是相互适应的

初级阶段的经济全球化是以贸易全球化作为核心内容,此时区域经济一体化也主要采取关税同盟或自由贸易区等形式,基本目标是解决一定范围内的贸易自由化问题。当经济全球化进入到生产全球化、金融全球化阶段时,区域经济一体化也发展到共同市场或经济联盟等形式,基本目标从贸易自由化扩大到生产要素的自由流动、共同的货币政策和财政政策等。

(四)区域经济一体化和经济全球化是相互促进的

两者所追求的目标是一致的,即实现规模经济、提高经济效率和增强产品竞争力,只不过范围大小不同而已。两者的过程也是一致的,即超出国界而进行的各国间国际分工、国际投资、国际生产、国际贸易等使各国经济成为一个相互依存的整体的过程,只不过程度不同而已。因此,区域经济一体化是经济全球化过程的有机组成部分,既是经济全球化的一个步骤或阶段,又是经济全球化进一步发展,直至形成全球经济一体化的基础。

当然两者也有一定的矛盾,主要表现在区域性组织具有一定的排他性和保护主义的色彩,但其排他性仅表现为区域集团成员国对集团内部国家给予比区域外国家更优惠的待遇,同时其成员国也承担更多的义务;对区域外国家仍然敞开大门,仍然给予WTO所规定的待遇,并没有对区域外国家和地区形成额外的贸易壁垒。因此,区域经济组织不是封闭性组织,"排而有限,封而不闭",在世界经济全球化过程中主要起着积极作用。

第三节 区域经济一体化的实践

目前,主要的区域经济一体化组织有欧盟、北美自由贸易区、亚太经合组织和东南亚

国家联盟、区域全面经济伙伴关系协定等,其中发展历史最悠久、影响最大也最成熟的就是欧盟。本节将概括介绍这些主要区域经济组织。

一、欧盟(EU)

欧盟是当今世界上一体化程度最高的区域政治、经济集团组织,从区域化合作开始到一体化进程,开启和引领了世界区域经济一体化的浪潮。它也是当今全世界各种区域经济一体化组织中最成功的典型。它在全球事务中的影响正与日俱增,成为世界各国和地区争相仿效的榜样。

(一)欧盟一体化的主要进程

1950年5月9日,法国外长舒曼提出了著名的舒曼计划,其内容为建立一个超国家的管理机构,联合经营法国和联邦德国的煤炭、钢铁工业,并欢迎其他西欧国家一起参加。根据这个计划,1951年4月18日,法国、联邦德国、意大利、荷兰、比利时和卢森堡在巴黎签订了《欧洲煤钢共同体条约》(又称《巴黎条约》)。

1952年7月25日,欧洲煤钢共同体正式成立。

1957年3月25日,这六国又在罗马签订了《欧洲经济共同体条约》和《欧洲原子能共同体条约》,简称《罗马条约》,决定于1958年1月1日建立欧洲经济共同体和欧洲原子能共同体。

1965年4月8日,六国签订《布鲁塞尔条约》,将三个机构合并,统称欧洲共同体。该条约于1967年7月1日正式生效。

1986年,欧共体卢森堡首脑会议通过《单一欧洲法令》。该法令规定,1992年底以前基本建成欧洲内部统一大市场,在共同体范围内实现商品、劳务、人员和资本无国界的自由流动,即"四大自由"。

1991年12月11日,欧共体马斯特里赫特首脑会议通过了以建立欧洲经济货币联盟和欧洲政治联盟为目标的《经济与货币联盟条约》和《政治联盟条约》,通称《马斯特里赫特条约》(简称《马约》),于1993年11月1日起生效。从此,欧共体改称为欧洲联盟。

1999年1月1日发行欧元,2002年1月1日欧元正式流通,目前已成为19国法定货币。

(二)欧盟成立后的六次扩充

1973年,英国、丹麦、爱尔兰加入,使欧共体成员国增加到9个。

1981年,希腊加入,使欧共体成员国增加到10个。

1986年,西班牙和葡萄牙先后加入,使欧共体成员国增加到12个。

1995年,奥地利、瑞典和芬兰加入,使欧盟成员国扩大到15个。

2004年,塞浦路斯、匈牙利、捷克、爱沙尼亚、拉脱维亚、立陶宛、马耳他、波兰、斯洛伐克和斯洛文尼亚10个中东欧国家入盟,使欧盟成员国扩大到25个。

2007年1月1日,罗马尼亚和保加利亚正式成为欧盟成员国。

2013年7月1日,克罗地亚正式成为欧盟第28个成员国。

2016年6月23日,英国就是否留在欧盟举行全民公投。投票结果显示,支持"脱欧"的票数以微弱优势战胜"留欧"票数。

2017年12月8日,英国与欧盟达成历史性脱欧协议,从而为贸易谈判铺平了道路。2020年1月31日24点,英国正式离开欧盟。

目前欧盟有成员国27个,人口约4.99亿,面积400多万平方公里,整体国内生产总值超过15万亿美元,是一个集政治实体和经济实体于一身、一体化程度最高的区域一体化组织。总部设在比利时首都布鲁塞尔,有自己的盟旗、盟歌、货币及外交政策,欧洲中央银行设在德国的法兰克福。

(三)欧盟一体化的主要成果

1. 成立关税同盟

主要采取了以下措施:取消内部关税、统一对外税率、取消数量限制和禁止与数量限制具有同等效力的措施。按照《罗马条约》的规定,成员国应分三个阶段减税,结果原六国之间的工业品和农产品分别提前于1968年7月和1969年1月建成关税同盟。在取消内部关税的同时,1968年7月1日共同体原六国开始对非成员国工业品实行统一的关税,即以六国对外关税率的平均数作为共同的关税率。欧共体1960年5月决定,于1961年提前取消工业品进口限额,农产品数量限制改为共同体配额,适用于所有成员国,同时消除贸易的技术壁垒,协调间接税,简化边境海关监管手续等。

2. 实施共同的农业政策

有对非成员国的农产品进口征收差价税,即按非成员国农产品的进口到岸价格与共同体内同种农产品的最高市场价格的差额征税;统一农业政策和农产品价格,即成立各类农产品的共同市场组织,制定共同价格,使农产品在共同体内自由流通;对农产品出口实行补贴,即各成员国把征收的进口差价税上缴共同体,建立共同的农业基金以补贴农产品出口。

3. 建立欧洲货币体系

1973年成立欧洲货币合作基金,设立欧洲货币计算单位EMUA取代欧洲计算单位,用于各成员国中央银行之间的债务结算和蛇行浮动制的货币业务。EMUA是一种篮子货币,各成员国货币在其中的权重按1969—1973年该国出口额在共同体出口总额中的比重确定,以九国货币当时的汇率决定折算价值。1979年3月,欧共体又设立了欧洲货币单位(ECU),取代欧洲货币计算单位(EMUA),也是一篮子货币。成员国货币的比重是根据各国国民生产总值和在共同体内部贸易总额中的大小来确定的。为了稳定各成员国的汇率,欧共体建立了一种固定的可调整的汇率制度。即以欧洲货币单位为中心,首先规定各成员国货币与欧洲货币单位的中心汇率或平价,然后通过欧洲货币单位确定各成员国货币之间的双边固定汇率,各成员国保证其货币汇率偏离中心汇率的最大波动幅度在±2.25%之间,否则有义务进行干预。

4. 建立内部统一大市场

根据《单一欧洲法令》所确定的目标,欧共体十二国先后采取了282项立法措施,克服了有形壁垒、技术壁垒和财政壁垒,在1992年底以前基本建成了欧洲内部统一大市场。在共同体范围内,实现了商品、劳务、人员和资本无国界的自由流动。

5. 发行单一货币,建立欧洲中央银行,统一货币政策

1999年1月1日,欧盟中的德国、比利时、奥地利、荷兰、法国、意大利、西班牙、葡萄牙、卢森堡、爱尔兰和芬兰11个成员国率先放弃了货币主权,共同采用统一的货币——欧元。2002年1月1日零时,欧元正式流通,并成立了欧盟中央银行,至此,货币政策已经统一。

6. 统一财税政策

欧盟改革成员国不同增值税、消费税等税收制度和财政补贴政策,形成了一整套财政政策协调的法律程序和制度框架。并逐步确立了成员国税收一体化的基本原则:① 禁止以税收方式对本国产品提供保护原则;② 协调成员国税收立法原则;③ 消除重复征税原则;④ 成员国从属原则;⑤ 成员国一致同意原则。此外,建立超国家的共同财政预算制度,财政收入来源于成员国全部进口关税;农产品进口差价税和糖税、成员国增值税提成等。通常,欧盟每年的共同财政预算约900亿欧元。

7. 建立共同体一级的决策机构和执行机构,实施共同的外交和安全政策

欧盟拥有许多共同体一级的决策机构和执行机构,以保证区域一体化的深入推进,主要有:① 欧洲理事会(European Council),即首脑会议。它由成员国国家元首或政府首脑及欧盟委员会主席组成,负责讨论欧洲联盟的内部建设、重要的对外关系及重大的国际问题。每年至少举行两次会议。欧洲理事会主席由各成员国元首轮流担任,任期半年。② 欧盟理事会(Council of European Union),即部长理事会,主席由各成员国部长轮流担任,任期半年。③ 欧盟委员会(Commission of European Union),是欧洲联盟的常设机构和执行机构,负责实施欧洲联盟条约和欧盟理事会做出的决定,向理事会和欧洲议会提出报告和立法动议,处理联盟的日常事务,代表欧盟对外联系和进行贸易等方面的谈判等。在欧盟实施共同外交和安全政策范围内,只有建议权和参与权。④ 欧洲议会(European Parliament),是欧洲联盟的执行监督、咨询机构,在某些领域有立法职能,并有部分预算决定权,并可以三分之二多数弹劾欧盟委员会,迫使其集体辞职。⑤ 欧洲法院是欧盟的仲裁机构,负责审理和裁决在执行欧盟条约和有关规定中发生的各种争执。⑥ 欧洲审计院负责欧盟的审计和财政管理。⑦ 欧洲中央银行负责制定货币政策和发行欧元。

2003年12月12日,欧盟首脑会议通过了欧盟安全战略文件,这是欧盟通过的第一个安全战略文件,为进一步提高欧盟的危机预防和处理能力及独立防务能力奠定了新的理论基础。2004年7月,欧盟外长会议决定正式开始建立欧盟军事装备局。2004年11月,在布鲁塞尔举行的欧盟国防部长会议正式决定,欧盟将于2007年前组建13个能部署到世界上任何热点地区的快速反应战斗小分队。2017年12月11日,欧盟批准了25

个成员国签署的防务领域"永久结构性合作",同意将欧盟卫勤指挥、军事行动、海洋监视以及网络安全等作为首批17个防务合作项目,涵盖军事培训、网络安全、后勤支持、救灾和战略指挥等方面。2018年6月25日在法国总统马克龙的号召下,法国、德国、比利时及英国等九国签订"欧洲干预倡议"意向书,计划组建一支联合军事干预部队。这标志着在新的历史时期欧盟防务一体化迈出实质性的一步。

2004年10月,欧盟25个成员国的领导人在罗马签署了欧盟历史上的第一部宪法条约,标志着欧盟在推进政治一体化方面又迈出重要的一步。2005年1月,欧洲议会全会表决批准了欧盟宪法条约,但该条约随后在法国、荷兰的"公投"中先后遭到否决。为解决欧盟制宪危机,欧盟领导人2007年12月13日在葡萄牙首都里斯本正式签署《里斯本条约》,取代已经失败的《欧盟宪法条约》,该条约已获得欧盟全部27个成员国的批准,并于2009年12月1日正式生效。

从某种意义上讲,欧洲一体化已经成为一个"难以逆转"的进程。不管人们愿意与否,它时刻都在影响着欧盟人们的生活:在欧盟范围内,法规一体化的覆盖率已达60%以上;在经济一体化方面,成员国的主权转让共享已超过85%。

(四)欧盟一体化的主要特点

(1) 循序渐进,从低级形式逐步走向高级形式。最初是关税同盟,逐步发展到经济与货币联盟阶段。

(2) 逐步推进。最初是部门一体化,逐步扩大到全面一体化;成员范围最初仅有六国,现在已经有27国,还会逐步扩大。

(3) 从单纯的商品贸易领域扩大到货币、金融、服务、科技、农业、财政等各个领域。

(4) 经济一体化促进了社会和区域政策的协调,为推进政治一体化打下了基础。

二、北美自由贸易区(NAFTA)

美国与加拿大于1986年5月开始自由贸易区谈判,1987年10月达成《美加自由贸易协定》,1988年1月2日美加正式签署了自由贸易协定,并于1989年1月1日起正式生效,开启了北美经济一体化的历程。

墨西哥总统萨里纳斯上台后,积极寻求与美国、加拿大的自由贸易协定谈判,三方于1992年12月签署了《北美自由贸易协定》。该协定于1994年1月1日起正式生效。该自由贸易区拥有人口约4.2亿,面积2100多万平方公里,整体国内生产总值约23万多亿美元,是典型的南北经济区域集团化模式。

(一)北美自由贸易区的宗旨与目标

《北美自由贸易协定》明确表示美、加、墨三国将根据自由贸易的基本精神,秉承国民待遇、最惠国待遇和透明度的原则,建立自由贸易区。其宗旨是:取消贸易壁垒,创造公平竞争的条件,增加投资机会,对知识产权提供适当的保护,建立执行办公室和解决争端的有效程序,以及促进三边的、地区的和多边的合作;其目标是经过15年的过渡期,到

2008年建成一个取消所有商品和贸易障碍的自由贸易区,实现生产要素在区内的完全自由流动。

(二)《北美自由贸易协定》的内容

其内容主要包括:降低与取消关税;汽车产品;纺织品和服装;原产地规则;能源和基本石化产品;农业;放宽对外资的限制;开放金融保险市场;公平招标;服务贸易;知识产权保护。

除上述主要内容外,《北美自由贸易协定》还就三国的海关管理、卫生和植物卫生检疫措施、紧急措施、技术标准、公共部门的采购、竞争垄断和国有企业、商务人员的临时入境、反倾销和补偿配额的争端解决、例外及保留条款等专门作了详细规定。作为补充,美、加、墨三国在1998年又就取消500种关税达成协议。此协议实施后,大约93%的墨西哥商品能享受到美国的免税优惠,大约60%的美国商品直接免税进入墨西哥市场。

(三)北美自由贸易区的特点

1. 南北共存性

区域经济集团一般由社会经济发展水平相对接近的有关国家组成,这样可以大大降低实际运行中的调整成本,如欧盟。北美自由贸易区则不然,其中既有当今世界上的第一经济大国美国和发达国家加拿大,又有发展中国家墨西哥,经济发展水平迥异。因此,在北美自由贸易区中既存在着美、加之间的"水平形态的经济合作与竞争",又存在着美、墨与加、墨之间的"垂直形态的经济合作与竞争",而且二者相互交织在一起。

2. 一国主导性

在北美自由贸易区的三个成员国中,美国的经济发展水平最高,综合国力最强,在双边贸易、直接投资、技术转让及金融、保险等生产性服务业诸领域都有雄厚的经济实力,加拿大、墨西哥的总体经济实力远不能同美国相比。经济发展水平和总体经济实力方面的巨大差异造成美国和加拿大、墨西哥之间尤其是美、墨之间相互依赖的不对称性,由此导致了美国在北美自由贸易区中占据主导和支配地位。美国既是建立北美自由贸易区的积极倡导者,也是北美自由贸易区得以正常运行的主要支撑力量,可以说北美自由贸易区是以美国为核心的区域经济集团。形象地说,北美自由贸易区的构成是"一个大块头带着两个小个子"。

3. 经济互补性

美、加、墨的经济互补关系在三国的经济运行中随处可见,如墨西哥和加拿大拥有丰富的能源资源,而美国是世界上的能源消费大国,每年需要进口大量石油,三国在能源领域有很强的互补关系;墨西哥作为一个人口大国,拥有大量的廉价劳动力,美国则有先进的技术设备和雄厚的资本实力,二者的结合必将从整体上提高北美地区制造业竞争力。

根据《北美自由贸易协定20周年》的总结报告,1993—2011年,区内贸易翻了三倍多,从2970亿美元增加到10000亿美元,三国之间每天的贸易量就有30亿美元之多。可以说,北美自由贸易区的建立使北美地区成为世界上一个极具经济竞争力和经济最为繁荣的区域。

三、亚太经合组织(APEC)

1989年11月5日—7日,澳大利亚、美国、加拿大、日本、韩国、新西兰和东盟6国在澳大利亚首都堪培拉举行亚太经济合作会议首届部长级会议,这标志着亚太经济合作会议的成立。1993年6月改名为亚太经济合作组织,简称亚太经合组织或APEC。

自1989年起,亚太经合组织每年举行一次由各成员国外交部长和经贸部长参加的年会,并召开3至4次高级官员会议,还可就某一专题举行部长级特别会议。领导人非正式会议是亚太经合组织最高级别的会议,首次领导人非正式会议于1993年11月20日在美国西雅图举行,会议发表了《经济展望声明》,揭开了亚太贸易自由化和经济技术合作的序幕。此后,领导人非正式会议每年召开一次,在各成员间轮流举行。

APEC成员位于环太平洋地区,分布在美洲、亚洲和大洋洲,总人口占世界人口的45%,国内生产总值占世界总额的60%,贸易额占60%(2020年数据),在全球经济活动中具有举足轻重的地位。

1991年11月,中国同中国台湾和中国香港一起正式加入亚太经合组织。该组织目前共有21个成员:澳大利亚、文莱、加拿大、智利、中国、中国香港、印度尼西亚、日本、韩国、墨西哥、马来西亚、新西兰、巴布亚新几内亚、秘鲁、菲律宾、新加坡、中国台湾、泰国、美国、俄罗斯和越南。

APEC具有以下几方面特点:

(1) 开放性。成员间的所有优惠性措施或安排也适用于非成员国。《茂物宣言》强调APEC"坚决反对建立一个不谋求实现全球自由贸易的内向性贸易集团"。因而,APEC在推进内部自由化的同时,也将推进与非APEC成员国间的贸易与投资的自由化。

(2) 灵活性。允许各成员根据各自的经济发展水平、市场开放程度和经济承受能力对具体部门的贸易和投资自由化进程作出灵活有序的安排,并不强求一致。

(3) 多层次性。亚太地区地域辽阔,经济、社会、文化差异极大,因此,次区域经济合作蓬勃发展,如北美自由贸易区、南太平洋自由贸易区、东盟自由贸易区等。

(4) 渐近性。APEC成员间巨大的差异性,决定了其不可能在短期内形成像欧盟或北美自由贸易区那样的一体化组织,而要经过先易后难、先初级后高级的、渐近的、长期的发展过程。《茂物宣言》宣布发达国家不迟于2010年、发展中国家不迟于2020年在亚太地区实现贸易和投资自由化的长远目标。

四、东盟(ASEAN)

东南亚国家联盟(简称东盟)的前身是马来西亚、菲律宾和泰国于1961年7月31日在曼谷成立的东南亚联盟。

1967年8月7日至8日,印尼、泰国、新加坡、菲律宾和马来西亚在曼谷举行会议,发表了《曼谷宣言》,正式宣告东南亚国家联盟成立。

目前，东盟成员国有10个：文莱、柬埔寨、印度尼西亚、老挝、马来西亚、缅甸、菲律宾、新加坡、泰国、越南。总面积约450万平方公里，人口约5.12亿。

东盟自由贸易区于2002年1月1日正式启动，目标是实现区域内贸易的零关税。文莱、印度尼西亚、马来西亚、菲律宾、新加坡和泰国六国已于2002年将绝大多数产品的关税降至0~5%。越南、老挝、缅甸和柬埔寨四国于2015年实现这一目标。

2009年5月3日，东盟10国和中日韩（10+3）三国财长在巴厘岛会议上就规模为1200亿美元的亚洲区域外汇储备库的主要要素达成共识，并决心在2009年年底启动这一被称作"亚洲货币基金"雏形的多边货币交换机制。这一合作行动，对维护亚洲地区经济、金融稳定具有重大意义，并将对改革和完善国际金融体系产生积极影响。

2015年12月31日，东盟轮值主席国马来西亚外长阿尼法发布声明说，东盟共同体当天正式成立。在同年11月举行的第二十七届东盟峰会上，东盟领导人宣布将在2015年12月31日建成以政治安全共同体、经济共同体和社会文化共同体三大支柱为基础的东盟共同体，同时通过了愿景文件《东盟2025：携手前行》，为东盟未来10年的发展指明方向。

五、区域全面经济伙伴关系（RCEP）

区域全面经济伙伴关系（Regional Com-prehensive Economic Partnership，RCEP）构想最早由东盟十国在2011年提出并发起，它以东盟—中国、东盟—日本、东盟—韩国、东盟—澳大利亚—新西兰以及东盟—印度五个自由贸易协定（FTA）为基础，寻求建立一个覆盖亚太主要国家的大规模自贸区，以改善亚太自贸区建设的碎片化效应。2012年11月，上述16个国家在东亚峰会上共同发布《启动〈区域全面经济伙伴关系协定〉谈判的联合声明》，从而正式启动RCEP谈判进程。2020年11月15日，东盟十国以及中国、日本、韩国、澳大利亚、新西兰15个国家正式签署区域全面经济伙伴关系协定（RCEP），标志着全球规模最大的自由贸易协定正式达成。RCEP覆盖人口超过22.7亿，经济总量达到26万亿美元，出口额5.2万亿美元，均占全球总量的30%。协议文本最终包含20个章节，除了货物贸易、服务贸易、投资准入等自贸协定基本内容外，还涵盖了电子商务、知识产权、竞争政策、政府采购等新兴贸易议题的规则内容。可见，RCEP不仅致力消除成员国内部贸易壁垒，创造并完善更加自由的贸易投资环境，而且也在制定下一代国际经贸新规则方面做出了重要探讨。

首先，RCEP在自贸协定基本规则特别是贸易投资自由化方面取得了突出成果。RCEP的货物贸易整体开放水平将达到90%以上，各成员之间的关税减让也多以立即降至零关税或是十年内降至零关税的承诺为主；而在投资方面，RCEP成员国以负面清单方式进行投资准入谈判，进一步为外国投资者提供实质性开放待遇。RCEP采用区域原产地累积规则，支持区域产业链供应链的发展。而在海关程序与贸易便利化等方面，RCEP也引入了更透明有效的规则进一步降低非关税壁垒，助力区域内生产要素和商品的自由流动。

美国彼得森国际经济研究所测算，到2030年RCEP有望带动成员国出口总额净增长 5190 亿美元,带动国民收入净增加 1860 亿美元。

六、跨太平洋伙伴关系协定(TPP)

跨太平洋伙伴关系协定(Trans-Pacific Partnership Agreement,TPP),也被称为"经济北约",前身是跨太平洋战略经济伙伴关系协定,由新西兰、新加坡、智利和文莱等四国于 2002 年发起,原名亚太自由贸易区。2015 年 10 月 5 日,美国、日本和其他 10 个泛太平洋国家就 TPP 达成一致。12 个参与国加起来所占全球经济的比重达到了 40%。2016 年 2 月 4 日,美国、日本、澳大利亚、文莱、加拿大、智利、马来西亚、墨西哥、新西兰、秘鲁、新加坡和越南 12 个国家在奥克兰正式签署了跨太平洋伙伴关系协定(TPP)协议。2017 年 1 月 23 日,美国总统特朗普正式决定退出"跨太平洋伙伴关系协定"。

根据 TPP 的协议,TPP 成员国家的政治体制必须是尊重自由、民主、法制、人权、普世价值观,而且 TPP 统一监管标准包括:贸易和服务自由、货币自由兑换、税制公平、国企私有化、保护劳工权益、保护知识产权、保护环境资源、信息自由(包括新闻自由、互联网自由等)。这个协定条款包含政治方面的内容,明显体现了美国打压、孤立中国的意图。

七、跨大西洋贸易与投资伙伴协议(TTIP)

2013 年 6 月 17 日,欧盟与美国正式启动双边自由贸易协定谈判,即跨大西洋贸易与投资伙伴协议(Transatlantic Trade and Investment Partnership,TTIP)。欧美两大经济体占全球经济总量一半、全球贸易额三分之一。据欧盟估计,一旦欧美自贸协定生效,每年将分别给欧盟和美国经济创造 1190 亿欧元和 950 亿欧元产值,同时也将对国际经贸规则的制定产生深远影响。该协定将不仅仅涉及关税减免,更重要的是削除非关税贸易壁垒,让欧美市场融为一体,包括相互开放银行业、政府采购等,统一双方的食品安全标准、药品监管认证、专利申请与认证、制造业的技术与安全标准,并实现投资便利化等。欧美期待此举能为各自的经济发展注入活力。

第四节 区域经济一体化的影响

根据比较优势理论,自由贸易能使世界福利达到最大化。区域经济一体化在成员之间减免关税、消除贸易壁垒,趋向自由贸易,这种趋势必然导致成员国福利的增加。而对其他国家而言,区域经济一体化影响则比较复杂,利弊皆有。

一、对区域集团内部成员国经济贸易的影响

概括来说,区域经济一体化作为一种扩大了的市场,将对集团内成员国的贸易和经济发展产生积极影响。

(一)市场扩大,能获得规模经济效益

区域经济一体化能把分散的小市场统一起来,集结成大市场,实现规模经济等技术利益。内部生产要素可以自由流动,也便于生产资料集中使用,有利于实现规模节约。规模经济有内部规模经济与外部规模经济之分。内部规模经济主要来自内部贸易的开辟或创造而引起的生产规模扩大和生产成本降低。外部规模经济主要来源于区域经济的发展,区域性经济结合可导致区域内部市场扩大,带来各行业、各部门经济的相互促进和发展。

(二)促进了集团内部的贸易自由化和投资自由化

区域经济一体化的实现过程,也是成员国之间贸易壁垒逐步撤销、贸易自由化不断推进的过程,还是取消投资限制的过程。贸易自由化后,各国厂商失去了本国的保护,必须迎接集团内其他国家厂商的竞争,从而刺激劳动生产率的提高和成本的下降,并刺激新技术的开发和利用。产品成本和价格下降了,再加上人们收入水平随生产发展而提高,过去只供少数富人消费的高档商品将转为多数人的消费对象,市场竞争程度提高,经济效率提高,出现大市场、大规模生产、大量消费的良性循环。投资自由化以后会导致生产要素的自由转移,经济资源配置也就趋于最优状态。

(三)促进集团内部的国际分工和技术合作

为应付市场的扩大和竞争的加剧,集团内各企业必然增加投资,更新设备,采用新技术,所以,区域经济一体化的发展会促进区域内的科技一体化,欧盟的"尤里卡"计划就是例证。一体化的创建还给区域内各企业提供了重新组织和提高竞争力的机会与条件。通过企业兼并或企业间的合作,加快地区分工和产业结构调整,促进了企业经济效益的提高,实现了产业结构的高级化,提高国际竞争力。对于发展中国家来说,发展区域经济一体化可以充分利用现有的资金、技术、设备和各种资源,建立起新兴的工业部门,逐步改变单一的经济结构,逐步改变出口商品单一的状况。近年来,发展中国家通过经济一体化发展工业生产,工业品的自给率已有较大幅度的提高。拉美经济一体化组织中60%的机器、运输设备,35%的化工产品以及40%的钢材都是从区内贸易获得的。

(四)促进了区域内部贸易的迅速增长和就业的增加

尽管区域经济一体化的层次有所不同,但其寻求的基本目标都是贸易自由化。成员国之间相互取消或削减关税并减少非关税壁垒为彼此之间产品的相互出口创造了良好的条件,从而会使区域内的贸易迅速增长,区域内部贸易占成员国对外贸易的比重明显提高。从1958年欧洲经济共同体成立以来,欧盟内部贸易的增长速度就一直高于对外部贸易的增长速度,欧盟成员国间贸易在外贸总额中的比重大约上升近30个百分点;2003年欧盟15国的区域内贸易比重已经高达60%;随着中东欧国家的加入,这一比重增加至76%。

根据《北美自由贸易协定20周年》的总结报告,1993—2013年,美国对墨西哥的出口从416亿美元增长到2262亿美元,增长了444%;对墨西哥的进口从399亿美元增长到2805亿美元,增长了603%。同期,美国对加拿大的出口从1002亿美元增长到3002亿

美元,增长了200%;对加拿大的进口从1109亿美元增长到3321亿美元,增长了200%。

区域内部贸易的迅速增长增强了区域内部的经济活力,带动了经济增长,也创造出更多的高薪就业职位。在加拿大,出口相关行业的小时工资比非出口行业高出35%;在墨西哥,出口行业的工资水平比非出口行业高出近40%;在美国,1993—2000年期间,向区内出口行业的就业增加了90多万个职位,这些职位的工资高出美国平均工资水平的13%~18%不等。世界银行2005年特别指出,如果没有NAFTA,墨西哥2004年的出口会比现在少25%,FDI会少40%,人均年收入将从2002年的5920美元降到5624美元。

(五)有利于吸引外资

由于区域经济一体化组织内外有别——对内采取自由贸易,而对外则采取歧视性做法,迫使区域外国家的企业向区域内投资,以绕过贸易壁垒。投资的增加无疑会有力地推动区域经济集团国家的经济增长。1994—2001年,流入北美自由贸易区的外国直接投资占同期全世界外国直接投资总额的28%,其中美国每年吸收1102亿美元的外国直接投资,加拿大年均吸收外资额达到214亿美元,比《北美自由贸易协定》生效前7年的总额多了2倍。1994—2004年,墨西哥共得到1240亿美元的外国投资,每年平均吸纳120亿美元的外国直接投资,这比墨西哥在1984—1994年所得到的FDI高出4倍以上。根据欧盟委员会的统计,欧盟在全球FDI流量中的份额从1982—1987年的28.2%迅速提高到1991—1993年的44.4%,而其在发达国家中的份额从36.1%急剧提高到66.3%。这说明单一市场对全世界的投资者有更大吸引力。[①]

(六)增强和提高了区域经济集团在世界经济中的地位和谈判力量

团结就是力量,对小国而言更是如此。区域经济一体化使得区域经济集团的实力大大增加,提高了在世界经济中的地位和"发言权",尤其是增强了在国际贸易中的谈判力量。最典型的当数欧盟,在成员国扩充到25个之后,其经济总量已与美国不相上下,贸易规模更是远远大于美国。在乌拉圭回合和多哈回合的谈判中,法国敢就农产品市场开放问题与美国"叫板",空客敢与波音竞争,就是因为欧盟在背后"撑腰"。

二、对区域集团外部非成员国经济贸易的影响

传统观点认为,区域经济一体化对区域集团外部非成员国经济贸易的影响主要是消极的、不利的,其实不然,实践证明既有积极影响,又有消极影响。

(一)积极影响

区域经济一体化组织对外贸易的迅速增长直接带动了世界贸易的增长,促进了各国尤其是区域内成员国的经济增长,从而长期为区域外国家扩大出口创造了条件。区域经济一体化消除了成员国之间的贸易障碍,甚至消除了生产要素流动的障碍,从而产生了"贸易创造效应""贸易转移效应"和"贸易扩大效应",成员国之间的对外贸易得以迅速增

[①] 尹翔硕.欧洲单一市场对欧盟成员国贸易流动和产业区位的影响.欧洲,2001,(2).

长。从1950年到1995年,欧盟15国出口与进口贸易额的年均增长率分别为11.5%和11.1%,均高于同期世界贸易出口年均增长11.1%和进口11.0%的增长速度。同欧共体一样,其他区域经济一体化组织的对外贸易也获得了较快的发展。这样在区域经济一体化的推动下,世界贸易得到了较快的增长。如世界商品贸易额1950年为607亿美元,1980年为2万亿美元,2003年达到7.3万亿美元,2018年达到19.475万亿美元。战后世界贸易的年增长速度一直超过世界生产平均增长速度。又如在1981—2001年的21年中,我国对欧盟的进出口总额增长了13倍,其中出口增长了15倍,进口增长了12倍,进出口贸易差额从逆差2亿多美元到顺差近50亿美元。可以说,我国这段时间对欧盟贸易的发展使欧盟成为我国对外贸易三大市场之一。

(二)消极影响

1. 对区域外国家的贸易份额下降

由于区域内的优惠并不给予区域外的国家,从而导致贸易转移,使其对区域外国家的贸易份额减少,表现出排他性的特征。如欧共体在1958年成立时,对发展中国家的出口额占其出口总额的比重为30.3%,2003年已经下降到11.1%。又如1994年1月1日NAFTA成立前,我国纺织品在美国纺织品进口市场占第一位,墨西哥占第四位,NAFTA成立后,墨西哥、加拿大纺织品立即取代了我国纺织品的市场地位,我国沦为第三位。1988—1993年,美国从中国进口纺织品总额年均增长率为9%,但自NAFTA生效以来,这一数字逐年减少,1995年美国从中国进口的纺织品总额减少了13%,1996年上半年又减少了36%。

2. 对发展中国家引进外资不利

前已述及,由于区域经济一体化组织内外有别——对内采取自由贸易,而对外则采取歧视性做法,迫使区域外国家的企业向区域内投资,以绕过贸易壁垒,从而有利于吸引外资。目前,区域经济一体化最成功的是发达国家的区域经济一体化,全球外资的主要来源地也是发达国家。发达国家的跨国公司(全球直接投资的主体)为了绕过贸易壁垒,抢占对方市场,主要是互相投资,而对区域外的发展中国家引进外资非常不利。如NAF-TA生效后,美国和加拿大为降低生产成本,将一些劳动密集型的制造业生产迁往墨西哥,从而增加了对墨西哥的投资,减少了对我国的投资。1995年,加、美两国在墨投资达到42亿美元。此外,由于在墨西哥生产的产品出口美、加两国时关税降低,而且不受配额限制,亚洲一些国家和地区包括我国在内已经考虑在墨西哥投资建厂,1994—1995年间流入墨的外国直接投资达143亿美元。

第五节　中国与区域经济一体化

区域经济一体化已经成为当今世界经济发展的一个潮流,对我国既有积极的一面,又有消极的一面。积极的一面如在一个成员国投资生产的产品可以方便地进入整个区域市场,单一货币发行带来的好处等;消极的一面主要是指贸易转移效应和投资转移效应等,另外在多边贸易谈判中势单力薄,孤掌难鸣。鉴于区域经济一体化对我国经济存在正负两方面的影响,我们要认真研究对策,扬长避短,为我国的改革开放和经济发展服务。

一、中国对区域经济一体化的基本态度

（一）顺应潮流,积极参与

党的十六大报告就已指出,中国应适应经济全球化和加入WTO的新形势,在更大范围、更广领域和更高层次上参与国际经济技术合作和竞争,充分利用国际国内两个市场,优化资源配置,以开放促改革促发展。因此,中国在加入WTO后,应积极参与区域经济一体化,拓展对外经济和贸易增长空间,发挥比较优势,加快经济发展。这既符合世界经济发展的潮流,也为我国的现代化建设创造一个良好的国际环境。要顺势而为,不可逆潮流而动,以免被历史抛弃。

（二）循序渐进,积极稳妥

区域经济一体化在给参加国带来好处的同时,也会要其支付相应的代价。由于现代经济运行的复杂性,任何精确的计量模型和理论预测都难免出错,即使是欧盟的成功经验也不是"放之四海而皆准",因此,为了少走弯路,为了确保国内产业的发展和对外开放的平稳运行,我国要深入研究区域经济一体化带来的影响,权衡利弊,按照由近及远、先易后难、循序渐进的方针,有步骤、有层次、由低到高逐步推进区域经济一体化,尽可能避免贸易转移和投资转移带来的不利影响,切忌"贪大求洋""跳跃式前进"。根据我国的实际,最应该首先采用的是与周边地区签订优惠贸易协定或自由贸易协定。

（三）未雨绸缪,提高实力

区域经济一体化创造的机遇能否抓住、能否充分利用,带来的冲击能否化解,完全取决于一国政府的管理能力和企业的竞争能力。为此,我们要未雨绸缪,提前做好准备。首先,要加强政府的宏观调控能力和驾驭经济的能力。这是因为,一方面,区域贸易协定将对中国的市场开放程度提出更高的要求,可能会对国内产业带来一定程度的冲击。另一方面,区域贸易协定所涉及的贸易自由化进程一般要快于WTO,一旦参加无疑会增加宏观经济管理工作的难度。其次,要大力推进经济结构的战略性调整。要根据中国的具体情况和比较优势,利用WTO提供给的有利规则,积极调整产业结构,实现产业结构高级化,提高出口商品的竞争力。再次,要加大改革力度,促进中国跨国公司的成长。跨国公司是推动经济全球化和区域经济一体化的主体。我们应鼓励企业通过联合、兼并、收购、改组、控股、参股等方式组建大型企业集团,建立现代企业制度,规范治理结构,实行国际化经营战略,使其在国际竞争中发挥主力军的作用。

二、中国参与的区域经济一体化组织

近年来,在以习近平同志为核心的党中央英明领导下,我国政府审时度势,与时俱

进,在参与区域经济合作方面取得了积极进展,不但促进了我国的经济发展,而且有效化解了美国对我国的封锁、打压。除了积极参与亚太经合组织、上海合作组织、大湄公河次区域开发、"一带一路"等区域经济组织的贸易投资便利化和经济技术合作进程外,又在参与双边贸易自由化(free trade agreement,FTA)方面取得了新的成绩。迄今为止,我国已经签署 19 个自贸协定,涉及 26 个国家或地区,正在谈判的自贸区有 10 个,正在研究的自贸区有 8 个。

(一)中国—东盟自由贸易区

2002 年 11 月 4 日,中国国务院总理朱镕基和东盟十国领导人签署了《中国—东盟全面经济合作框架协议》,决定到 2010 年建成中国—东盟自由贸易区。从 2005 年 1 月 1 日起,开始实施正常产品的降税。到 2010 年,中国与东盟老成员建成自由贸易区,东盟新成员则可享受最多 5 年的过渡期,到 2015 年建成自由贸易区。目前已形成一个拥有 20 余亿消费者、17 万多亿美元国内生产总值、5 万多亿美元贸易总额的经济区。

(二)内地与香港特别行政区、内地与澳门特别行政区更紧密经贸关系安排

2003 年 6 月 29 日,中央与香港签署了《内地与香港关于建立更紧密经贸关系的安排》(简称 CEPA),CEPA 文本共 23 条,包括货物贸易、服务贸易和贸易便利化三方面,总目标是贸易自由化。CEPA 规定:内地自 2004 年 1 月 1 日起,对原产香港进口金额较大的 273 个税目的产品实行零关税,内地将不迟于 2006 年 1 月 1 日起对全部港产品实行零关税;自 2004 年 1 月 1 日起,内地将进一步向香港开放 17 项服务业,包括管理咨询、会展服务、广告、会计服务、建筑及房地产、医疗、分销服务、物流、货代服务、仓储服务、运输服务、旅游服务、视听服务、法律服务、银行业、证券业、保险业;贸易投资便利化七大领域,主要包括贸易投资促进、通关便利化、商品检验检疫、食品安全、质量标准、电子商务、法律法规透明度、中小企业合作和中医药产业合作[①]。为了促进澳门经济发展,同时适当保持港澳之间的平衡,内地与澳门也于 2003 年 10 月 17 日签署了《内地与澳门关于建立更紧密经贸关系的安排》。

(三)《曼谷协定》

曼谷协定签订于 1975 年,全称为《亚太经社会发展中成员国贸易谈判第一协定》,是在联合国亚太经社会主持下,发展中成员国之间达成的贸易优惠安排。其核心内容和目标是:通过相互提供优惠关税和非关税减让来扩大相互间的贸易,促进成员国经济发展。现有成员国为印度、韩国、孟加拉国、斯里兰卡和老挝。我国于 2001 年 5 月正式加入《曼谷协定》,并于 2002 年 1 月 1 日开始实行《曼谷协定》税率。《曼谷协定》是我国参加的第一个具有实质意义的区域性优惠贸易安排。2003 年 2 月,中国代表团与印度代表团通过积极的双边磋商,在北京达成了《中国与印度关于〈曼谷协定〉的双边磋商纪要》,成功解

---

① CEPA 精要,http://www.sc168.com,2004-03-19.

决了我国与印度在《曼谷协定》中的相互适用问题,进一步增强《曼谷协定》的活力。

(四)《中国—巴基斯坦优惠贸易安排》

《中国与巴基斯坦优惠贸易安排》于2003年11月3日签订,自2004年1月1日起正式实施。这是我国与外国政府签署的第一个双边优惠贸易安排,在我国参与区域经济合作的进程中具有重要的意义。根据该《安排》,我国将对巴基斯坦893个8位税目的商品实行在《曼谷协定》承诺的优惠税率,整体优惠幅度为18.5%。巴基斯坦对我国出口商品参照印度在《曼谷协定》的承诺实行优惠关税安排,整体优惠幅度为31.7%。

为进一步发展中巴双边经贸关系,促进双赢和共同发展,2005年12月9日我国与巴基斯坦政府又在北京签署了《中国—巴基斯坦自由贸易协定早期收获协议》,该协议将从2006年1月1日起对一系列产品实施降税。自实施之日起,两国政府间先前签署的优惠贸易安排将废止。根据早期收获计划,中巴两国将对3000种商品实施降税:其中中国向巴出口的486种商品将享受零关税,主要包括蔬菜、水果、石材、纺织机械和有机化学品等;中方将向原产于巴基斯坦的769个8位税目的产品提供零关税待遇,主要涉及蔬菜、水果、石料、棉坯布和混纺布。上述产品的关税将在两年内分3次降税,到2008年1月1日全部降为零。此外,从2006年1月1日起,中方将对原产于巴基斯坦的1671个8位税目产品实施优惠关税,平均优惠幅度为27%;巴方将对原产于中国的575项6位税目产品实施优惠关税,平均优惠幅度为22%。[1]

(五)《中国—智利自由贸易协议》

2005年11月18日,中国和智利两国政府在韩国釜山签署了《中国大陆—智利自由贸易协议》,该协议是继中国大陆—东南亚FTA之后中国大陆对外签署的第二个FTA,也是中国大陆与拉丁美洲国家签署的第一个FTA,智利成为第一个与中国建立自由贸易区的拉美国家。

根据该协议,两国将从2006年7月1日起,全面启动货物贸易的关税减让进程,其中占两国税目总数97%的产品进口关税将于10年内分阶段逐步取消。据估计,在中智自由贸易协定生效后,智利92%的出口产品(铜和纸浆)即可零关税进入中国,7%的产品的降税期为5年或10年,只有1%的产品排除在降税清单之外。中国的汽车、重型机械在协定生效后可立即零关税进入智利市场,水泥、外科手套以及部分纺织品、鞋和化工产品的降税期都是10年;而中国的小麦、糖、轮胎、服装、家电产品等152种产品排除在降税清单之外。[2] 两国还将在经济、中小企业、文化、教育、科技、环保、劳工和社会保障、智能财产权、投资促进、矿产、工业等方面进一步合作。[3]

(六)《中国—新西兰自由贸易协定》

中国和新西兰政府于2008年4月7日在北京签署了《中华人民共和国政府和新西兰

---

[1] 中国—巴基斯坦早期收获计划将于2006年起开始实施,http://www.kashi.gov.cn,2005-12-15。
[2] 中国与智利两国签署自由贸易区协议,http://www.cnltr.com,2005-11-26。
[3] 中国与智利签署自由贸易协议,http://www.cnknitworld.com,2005-12-03。

政府自由贸易协定》。《协定》涵盖了货物贸易、服务贸易、投资等诸多领域,是我国与其他国家签署的第一个全面的自由贸易协定,也是我国与发达国家达成的第一个自由贸易协定。

根据《协定》,新方承诺将在2016年1月1日前取消全部自华进口产品关税,其中63.6%的产品从《协定》生效时起即实现零关税;中方承诺将在2019年1月1日前取消97.2%自新进口产品关税,其中24.3%的产品从《协定》生效时起即实现零关税。此外,双方还就服务贸易做出了高于WTO的承诺,并对包括技术工人在内的人员流动做出了具体规定。

根据新西兰发行量最大的《新西兰先驱报》报道,在该FTA实行之后,新西兰的对外贸易将增长2.25亿美元,同时将在关税上节省1.2亿美元的支出。对中国企业来说,对新西兰出口产品或者到新西兰投资,都将逐步享受更为优惠的关税或国民待遇,从而降低出口成本。新西兰官方曾预计,双方FTA的形成将缩小目前的顺差,在未来20年新西兰对华出口将增长39%,而中国对新出口会增长11%。

(七)《中国—新加坡自由贸易协定》

中国和新加坡政府于2008年10月23日在北京签署了《中华人民共和国政府和新加坡共和国政府自由贸易协定》。同时,双方还签署了《关于双边劳务合作的谅解备忘录》。

《协定》涵盖了货物贸易、服务贸易、人员流动、海关程序等诸多领域,是一份内容全面的自由贸易协定。双方在中国—东盟自贸区的基础上,进一步加快了贸易自由化进程,拓展了双边自由贸易关系与经贸合作的深度和广度。根据《协定》,新方承诺将在2009年1月1日取消全部自我国进口产品关税;中方则承诺将在2012年1月1日前对97.1%的自新进口产品实现零关税,其中87.5%的产品从《协定》生效时起即实现零关税。双方还在医疗、教育、会计等服务贸易领域做出了高于WTO的承诺。

(八)《中国—秘鲁自由贸易协定》

2009年4月28日两国在北京签署了《中国—秘鲁自由贸易协定》,于2010年3月1日起实施,中秘自贸协定覆盖领域广、开放水平高。在货物贸易方面,中秘双方将对各自90%以上的产品分阶段实施零关税;在服务贸易方面,双方将在各自对世贸组织承诺的基础上,相互进一步开放服务部门;在投资方面,双方将相互给予对方投资者及其投资以准入后国民待遇、最惠国待遇和公平公正待遇,鼓励双向投资并为其提供便利等。与此同时,双方还在知识产权、贸易救济、原产地规则、海关程序、技术性贸易壁垒、卫生和植物卫生措施等众多领域达成广泛共识。

(九)《中国—哥斯达黎加自由贸易协定》

2010年4月8日中国与哥斯达黎加在北京共同签署了《中国—哥斯达黎加自由贸易协定》,于2011年8月1日起正式生效,成为中国达成并实施的第10个自贸协定。中哥自贸协定覆盖领域全面、开放水平较高。在货物贸易领域,中哥双方将对各自90%以上的产品分阶段实施零关税,共同迈进"零关税时代"。在服务贸易领域,在各自对世贸组织承诺的基础上,进一步互相开放。双方还在知识产权、贸易救济、原产地规则、海关程序、技术性贸易壁垒、卫生和植物卫生措施等众多领域达成广泛共识。

(十)《中国—冰岛自由贸易协定》

2013年4月15日中国与冰岛在北京签署《中国—冰岛自由贸易协定》,于2014年7月1日正式生效。《协定》是我国与欧洲国家签署的第一个自由贸易协定,涵盖货物贸易、服务贸易、投资等诸多领域。

(十一)《中国—瑞士自由贸易协定》

2013年7月6日中国与瑞士在北京签署《中国—瑞士自由贸易协定》,于2014年7月1日正式生效。《协定》是我国与欧洲大陆国家签署的第一个一揽子自贸协定,是一个高质量、内涵丰富、互利共赢的协定。不仅货物贸易零关税比例高,还在钟表等领域为双方合作建立了良好的机制,并涉及环境、知识产权等许多新规则,将进一步提升中瑞双边经贸合作水平,深化中欧经贸合作。

(十二)《中国—韩国自由贸易协定》

中韩自贸区谈判于2012年5月启动,是中国对外商谈的覆盖领域最广、涉及国别贸易额最大的自贸区,2015年12月20日正式生效。以2012年数据为基准,中方实现零关税的产品最终将达到税目数的91%、进口额的85%,韩方实现零关税的产品最终将达到税目数的92%、进口额的91%。协定范围涵盖货物贸易、服务贸易、投资和规则共17个领域,包含了电子商务、竞争政策、政府采购、环境等"21世纪经贸议题"。

(十三)《中国—澳大利亚自由贸易协定》

2005年4月启动谈判,2015年6月17日正式签署,2015年12月20日正式生效。在内容上涵盖货物、服务、投资等十几个领域,实现了"全面、高质量和利益平衡"的目标,是我国与其他国家迄今已商签的贸易投资自由化整体水平最高的自贸协定之一。

在货物贸易领域,双方各有占出口贸易额85.4%的产品将在协定生效时立即实现零关税,澳方最终实现零关税比例是税目100%,贸易额100%。在服务领域,澳方承诺自协定生效时对中方以负面清单方式开放服务部门,成为世界上首个对我国以负面清单方式作出服务贸易承诺的国家。中方则以正面清单方式向澳方开放服务部门。在投资领域,双方自协定生效时起将相互给予最惠国待遇;澳方同时将对中国企业赴澳投资降低审查门槛,并做出便利化安排。

(十四)推进"一带一路"合作

2013年9月和10月,中国国家主席习近平在出访中亚和东南亚国家期间,先后提出共建"丝绸之路经济带"和"21世纪海上丝绸之路"的重大倡议,被简称为共建"一带一路"倡议,共涉及65个国家。习近平总书记在十九大报告中指出,(中国将)积极促进"一带一路"国际合作,努力实现政策沟通、设施联通、贸易畅通、资金融通、民心相通,打造国际合作新平台,增添共同发展新动力。在合作领域上,"一带一路"建设以寻求与沿线国家利益契合点为重点,以"五通"作为合作重要内容,逐步形成区域合作新格局。"一带一路"建设秉承共商、共享、共建原则。坚持开放合作、和谐包容、市场运作和互利共赢。2020年,我国对"一带一路"沿线国家进出口9.4万亿元,占进出口总额的29.1%。我国企业在"一带一路"沿线对58个国家非金融类直接投资177.9亿美元,同比增长18.3%。对外承包工程方面,我国企业在"一带一路"沿线的61个国家新签对外承包工程项目合同5611份,新签合同额1414.6亿美元,占同期我国对外承包工程新签合同额的55.4%;完成营业额911.2亿美元,占同期总额的58.4%。中欧班列全年开行1.24万列,发送货物113.5万标准箱,分别增长50%和56%,综合重箱率达到98.4%。在2018年美国总统特朗普对我国发动贸易战、进行封锁打压时,"一带一路"倡议给我国提供了极大的缓冲空间,有效地化解了美国的压力,充分证明了习总书记的高瞻远瞩。

中国还与毛里求斯、格鲁吉亚、马尔代夫签署了自贸协定,正在积极推进与海湾合作委员会、斯里兰卡、以色列、挪威、摩尔多瓦、巴拿马、巴勒斯坦自由贸易谈判,正在研究与哥伦比亚、斐济、尼泊尔、巴布亚新几内亚、加拿大、孟加拉国、蒙古建立自贸区的可行性。

基本概念

区域经济一体化(regional economic integration)

经济全球化(economic globalization)

自由贸易区(free trade area)

关税同盟(customs union)

共同市场(common market)

经济同盟(economic alliance)

贸易创造效应(trade creation)

贸易转移效应(trade diversion)

复习思考题

一、论述题

1. 目前欧盟发展面临的主要问题是什么?对后来的一体化组织有何借鉴意义?
2. 分析英国脱欧的原因及对我国的启示。
3. 什么是自由贸易区、关税同盟、共同市场、经济同盟?它们之间有何联系及区别?
4. 简述区域经济一体化的形式及其原因。
5. 论述区域经济一体化与经济全球化的关系。
6. 简述关税同盟理论和协议性国际分工理论。
7. 分析区域经济一体化对国际贸易的影响。

二、实例分析题

分析欧债危机发生的原因及与经济一体化的关系。

第九章

跨国公司与要素跨国流动

本章学习重点

1. 跨国公司的经济效应
2. 国际资本流动的动机及福利效应
3. 国际资本流动的形式
4. 技术国际流动的形式和内容
5. 劳动力国际流动的福利效应分析

　　要素跨国流动是指资本、劳动力、技术等生产要素在不同国家之间的转移。在现实中,除了土地资源以外,资本、劳动、技术等生产要素总是可以在某种程度上以一定方式进行着跨越国界的流动,如国际直接与间接投资、移民、国际技术合同等。在某种程度上,商品的国际交换和要素的国际流动是可以相互替代的。如果一个国家缺乏资本这种要素而拥有丰富的劳动力资源,那么,该国要获得资本密集型产品也存在着不同的途径:可以通过国际贸易用本国的劳动密集型产品去交换他国的资本密集型产品,或者采用资本要素的国际流动取代资本密集型产品的国家交换。当然也可以通过劳务输出或移民向他国输出劳动力以生产劳动密集型产品,这样一来,生产要素的国际流动就取代了劳动密集型产品的国际交换。

　　国际贸易与生产要素的流动对所涉及的国家、地区产生不同的影响。在生产要素的跨国流动中,跨国公司是重要载体。本章第一节,我们将介绍跨国公司存在的原因以及资本在国际间的流动;第二、三节,我们将分别介绍要素跨国流动的另外两种形式:国际技术转移和国际劳动力流动,并对目前这些要素跨国流动中的一些特点和现象进行分析。

第一节 跨国公司与国际资本流动

一、跨国公司

(一) 跨国公司的概念

跨国公司(transnational corporation)作为当今世界上一个普遍存在的组织形式,国际上对其有不同的叫法,如全球公司、国际公司、多国公司等。不同的机构和学者根据不同的标准对跨国公司下了不同的定义。

1. 业绩标准

这种标准是指跨国公司在国外的产值、利润额、资产额或雇佣人员必须达到一定比例以上。比例具体是多少目前还没有统一的认识,实践中通常采用 25% 作为衡量标准的情况比较多。

2. 结构标准

在这种标准体系下,跨国公司应该满足下列条件之一:

(1) 在两个以上的国家经营业务;
(2) 公司的所有权为两个以上国籍的人所有;
(3) 公司的高级管理人员来自两个以上的国家;
(4) 公司的组织形式以全球性地区和全球性产品为基础。

3. 行为标准

这种标准是指跨国公司应该具有全球战略目标和动机,以全球范围内的整体利益最大化为原则,以一视同仁的态度对待世界各地的商业机会和分支机构。

综合以上观点,我们可以认为,跨国公司是指这样一种企业,它在两个或两个以上的国家从事经营活动,有一个统一的中央决策体系和全球战略目标,其分布世界各地的不同实体分享资源和信息并承担相应的责任。

表 9.1.1 2021 年《财富》世界 500 强排名前 20 位企业名单

排名	企业名称	营业收入（百万美元）	利润（百万美元）	总部所在地
1	沃尔玛(WALMART)	559 151	13 510	美国
2	国家电网有限公司(STATE GRID)	386 617.7	5 580.4	中国
3	亚马逊(AMAZON.COM)	386 064	21 331	美国
4	中国石油天然气集团有限公司(CHINA NATIONAL PETROLEUM)	283 957.6	4 575.2	中国
5	中国石油化工集团有限公司(SINOPEC GROUP)	283 727.6	6 205.2	中国

续 表

排名	企业名称	营业收入（百万美元）	利润（百万美元）	总部所在地
6	苹果公司（APPLE）	274 515	57 411	美国
7	CVSHealth 公司（CVS HEALTH）	268 706	7 179	美国
8	联合健康集团（UNITEDHEALTH GROUP）	257 141	15 403	美国
9	丰田汽车公司（TOYOTA MOTOR）	256 721.7	21 180.1	日本
10	大众公司（VOLKSWAGEN）	253 965	10 103.5	德国
11	伯克希尔-哈撒韦公司（BERKSHIRE HATHAWAY）	245 510	42 521	美国
12	麦克森公司（MCKESSON）	238 228	−4 539	美国
13	中国建筑集团有限公司（CHINA STATE CONSTRUCTION ENGINEERING）	234 425	3 578.4	中国
14	沙特阿美公司（SAUDI ARAMCO）	229 766.2	49 286.8	沙特阿拉伯
15	三星电子（SAMSUNG ELECTRONICS）	200 734.4	22 116.4	韩国
16	中国平安保险（集团）股份有限公司（PING AN INSURANCE）	191 509.4	20 738.9	中国
17	美源伯根公司（AMERISOURCEBERGEN）	189 893.9	−3 408.7	美国
18	英国石油公司（BP）	183 500	−20 305	英国
19	荷兰皇家壳牌石油公司（ROYAL DUTCH SHELL）	183 195	−21 680	荷兰
20	中国工商银行股份有限公司（INDUSTRIAL & COMMERCIAL BANK OF CHINA）	182 794.4	45 783.4	中国

资料来源：https://www.fourtunechina.com/fourtune500/c/2021-08/02/content_394571.htm.

（二）跨国公司存在的原因

跨国公司存在的基本原因是其在全球的生产和销售网中具有竞争优势，而竞争优势通常来源于跨国公司多种多样的经营模式，通常包括横向一体化、纵向一体化和混合一体化。

1. 横向一体化

许多大公司往往具有一些独特的生产知识和管理技能，很容易在国外经营获利，而这些公司也希望保留对产品独特技能的直接控制权。在这种情况下，母公司就会在东道国设立子公司生产和母国相同的产品，这就是横向一体化（horizontal integration）。这些子公司是彼此独立的生产单位，设立它们的目的就是在海外市场生产和销售母公司的产品。有时，跨国公司在海外设立生产工厂是为了避免严厉的国外关税和非关税壁垒，否则，不仅产品难以进入国外市场，即使产品能够进入国外市场，也将在竞争中处于劣势。母公司喜欢把工厂设在靠近消费者的地方，因为不同国家偏好不同，可能需要对产品进行特殊设计。规模经济也是很多跨国公司采用横向一体化的原因,由于规模经济的存在,较大规模生产者的平均单位生产成本低于较小规模的生产者。这样,那些不能把生产规模扩大到足够程度的厂商就会因为生产成本过高,而在市场竞争中处于不利地位。因此,跨国公司追求企业规模的目标使得横向一体化成为一种重要的经营模式。很多大企业拥有独特的生产或管理技术,为了避免这些核心技术外流,它们会选择在国外直接投资控制生产,占领国外市场。例如,IBM拥有一种独特的计算机技术,为了保持该商业机密和专利权,确保产品质量和服务体系的稳定,不愿意采取许可证形式转让此项技术,而是选择对国外进行直接投资,生产相同产品以实现横向一体化。

2. 纵向一体化

跨国公司为了获得生产所需原材料、中间品、销售环节的控制权,以保证按尽可能低的成本得到不间断的原材料供给并销售产品时,就会选择纵向一体化(vertical integration)。纵向一体化的本质是把原先由市场承担的交易转变为公司内部受到管制的交易,使得跨国公司内部母公司与子公司之间、子公司相互间的技术、资源的互补性得到加强,从而节约了总生产费用,提高生产效率。如果生产者向所需原料部门的环节扩展,为后向一体化;如果生产者把产品销售环节并入自身,则属于前向一体化。对于石油精炼和钢铁等行业,实施后向一体化就会进入原材料的提取和加工领域,这是在发展中国家和一些矿产丰富的发达国家中大多数外国直接投资形成的原因。国际石油大公司是在世界范围内实施后向一体化的典型例子。它们把生产石油的子公司设在中东等地区,而精炼和销售环节则在西方发达国家进行。跨国公司也可以朝着最终消费者市场的方向实施前向一体化。例如,美国的一些公司拥有加拿大、牙买加、委内瑞拉、澳大利亚等国的矿井,就可以以低廉的成本直接从国外获取优质的原材料;汽车制造商建立国外子公司,销售母公司的制成品。在实践中,大多数的纵向对外投资都是后向的。跨国公司通常希望实现经营活动的纵向一体化,以节约交易成本和取得国际专业化分工的收益。

3. 混合一体化

除了横向一体化和纵向一体化以外,跨国公司还可以选择在不相关的市场实施多元化战略,也就是所谓的混合一体化(conglomerate integration)。推动企业走混合一体化道路的主要动力是范围经济,企业在经营上的多样化可以为其成长提供新的发展空间。范围经济是由厂商的范围而非规模带来的经济,也就是当同时生产两种产品的费用低于分别生产每种产品,前提是企业产品与经营的多样化,本质是多种产品的共同要素得到了更充分的利用。例如,20世纪80年代,预计开采石油和天然气的未来投资机会将减少,美国的石油公司加速并购了非能源行业的企业。埃克森公司在智利并购了一家外国铜矿开采子公司,在田纳科购买了一家生产汽车废气排放装置的法国公司。

(三) 跨国公司的经济效应

1. 跨国公司对东道国的影响

跨国公司对东道国的影响是双重的,一方面,给东道国提供了发展所需的资金以及伴随的技术、管理经验和就业机会,促进了东道国经济的发展;另一方面,通过跨国公司内部市场的"转移价格"(transfer pricing)来进行逃税、避税的活动,损害了东道国的税收利益。此外,外国直接投资还会给东道国带来环境污染、文化冲突等一系列社会问题。因此对于发展中国家来说,虽然吸收国外投资对本国经济具有一定的积极作用,可以在一定程度上弥补国内建设资金的不足,引进较先进生产技术和管理经验等。但如果外资利用不当,对外资调控不力,外资进入反而会抑制民族工业的发展,使国内市场受到外国资本的操控。

2. 跨国公司对母国的影响

当前,跨国公司对母国就业的影响最有争议:一方面,跨国公司对外投资,使得母国处于竞争劣势的非熟练或半熟练工人的工作岗位减少;另一方面,跨国公司由于对外投资,使得管理部门会相应地增加一些文秘、管理和技术方面的工作岗位。跨国公司的对外投资究竟使母国的就业机会增加还是减少目前依旧没有定论,主要取决于对外直接投资的类型和投资发生环境的差异。

从具体的实践来看,作为跨国母公司所在地的发达国家一方面对跨国公司对外直接投资采取鼓励的政策,比如为其提供出口信贷、建立国外投资担保制度、与东道国签订投资保护协定、提供信息服务等;另一方面,又对跨国公司的国外业务加强监督和管理,以降低风险、加强本国的经济安全,例如对外流资本和技术进行审查、防止避税和逃税、加强财务审计等。

3. 跨国公司对世界经济的影响

跨国公司对当今世界经济发展具有决定性的影响,它在一定程度上具有缩小发展中国家和发达国家之间差距的作用。虽然跨国公司对外直接投资的目的是追求公司利润最大化,但其投资行为所造成的生产过程就技术扩散的方面来说是有利于东道国经济发展的。特别是对于相对落后的发展中国家来说,由于国内资本的稀缺,资本收益率高,往往成为跨国公司对外直接投资的首选目的地。随着跨国公司的进入,这些国家中的绝大多数经济会呈现出快速发展的态势,从而对缩小这些国家与跨国公司母国在经济发展上的差距具有重要的作用。另外,由于跨国公司主要动机是利用各种生产要素的国际差价,通过对外直接投资进行套利活动,因此跨国公司的发展还能够促进要素的国际流动,进而加速要素价格的均等化。

(四) 21 世纪跨国公司发展的新趋势

进入 21 世纪以后,随着科学技术的迅猛发展和经济全球化的推进,跨国公司发展呈现出新的发展趋势。

1. 通过并购实现全球性战略重组

从 1994 年开始,跨国公司通过并购进行战略重组之风越来越盛,这股并购之风从美国兴起,迅速扩展至欧洲和亚洲。1999 年全球企业并购交易总额 3.4 万亿美元,比 1998 年增长了 36%,2006 年全球宣布的企业并购交易总额达到 4 万亿美元。近年来,跨国并购事件的发生不仅越来越频繁,而且并购的规模也越来越大,速度越来越快。特别是在汽车、石油化工等技术密集且规模经济效应明显的行业,例如德国的戴姆勒并购了美国的克莱斯勒,英国大英石油并购了美国的阿莫科石油等。金融、通信、保险和零售等服务业的并购发展迅猛,1998年仅银行、通信行业的企业并购额就占到全世界并购额的60%。并购一度占到国际直接投资的80%以上,2000年甚至达到91.7%。2019年以来,受全球经济增速放缓以及新冠肺炎疫情影响,企业并购交易规模大幅下滑。《2021年全球并购市场报告》显示,2020年,全球企业共签署超过28500桩并购协议,交易总额达到2.8万亿美元,两者较2019年分别下滑11%和15%,但高科技、电信、数字媒体和制药等行业的并购活动却迅猛增长。

2. 以知识为基础的服务业将迅速发展

随着知识经济的兴起,金融、保险、咨询、医疗等以知识为基础的服务业也将迅速发展。这既包括服务业的跨国公司积极在国外开拓业务,也包括传统产业的跨国公司在东道国内设立自我服务的分支机构。目前,服务业在国际直接投资中的比重已经超过60%,而且呈现不断上升的趋势。与美国等发达国家相比,我国服务贸易不论是数量、质量还是服务行业种类上都存在着巨大的差距。在美国,服务贸易的增长率已接近货物贸易增长率,并有超过货物贸易增长率的趋势,其服务贸易总额超过我国的3倍多。

3. 发展中国家吸收国际直接投资的比重将逐步增加

从资金的流向看来,迄今为止以并购为主的国际直接投资主要是在发达国家之间进行,流向发展中国家的外资只占整个世界的20%左右。但是在跨国公司的全球战略重组基本完成之后,基于获取资源、争夺市场、降低成本、转移技术等方面的考虑,将会不断加强在发展中国家的业务活动。随着发展中国家经济的发展和投资环境的改善,其吸收国际直接投资的比重将呈现逐步增加态势。根据联合国贸发会议(UNCTAD)的统计数据显示,2019年流入发展中经济体的FDI规模为6950亿美元,占全球FDI流量规模超过50%,成为当前吸引外资流入的主要目的地。

4. 在组织结构上将更强调灵活性和应变能力

随着技术进步及经济发展,跨国公司将更加强调组织的灵活性和应变能力。一个组织要想在错综复杂的环境下生存和发展,就必须能够从外部准确而及时地获取信息,迅速调整自己的内部结构。在21世纪的跨国公司中,拥有所需的专业知识和相应的工作技能、目标明确、能自主管理、不断学习和创新、注重工作质量、强调自愿择业的知识工人将发挥越来越重要的作用。因此,在组织方式上将出现更多无固定边界的非正规组织、层次很少的扁平型组织、成员之间能有效沟通的网络状组织、有利于鼓励内部创新的半自治式组织等。此外,因跨国并购带来的文化冲突,也会对跨国公司的组织结构产生重大的影响。

二、国际资本流动的动机及福利分析

(一)国际资本流动的动机

国际资本流动是指一个国家(地区)与他国(地区)之间以及与国际金融组织之间的资本转移、输出与输入。在当今世界经济活动中,很明显地存在着大量资本跨越国界的流动,其动机都体现了资本具有追逐更高收益率的特性。但具体来看,不同的资本流动形式导致其动机有所差异。国际资本流动的形式主要有两种:证券投资和对外直接投资。下面将就这两种国际资本流动形式的产生动机进行解释:

1. 国际证券投资的动机

国际证券投资(portfolio investment)是指通过在国际债券市场购买中长期债券,或者在国际股票市场上购买外国公司股票来实现的投资。证券投资者可以是国际金融机构、政府,也可以是企业和个人。国际证券投资的基本动机是国外的证券投资具有更好的收益率。如果一国的债券收益率高于其他国家,资本追逐更高收益率的特性会使得他国的证券投资者都会来购买该国的债券,结果将导致世界各国的债券收益率趋于一致。如果一国的居民预期另一国的公司未来的获利能力比国内公司大,他们就会购买这个外国公司的股票。

这里很好地说明了资本从一国流向另一国的原因,但在现实中我们可以观察到资本存在着双向流动的问题,资产组合理论对这一现象进行了很好的解释。资产组合理论(portfolio theory)最早由纽约市立大学巴鲁克学院的经济学教授马科维茨于20世纪50年代提出,是指通过投资于收益负相关的数种证券,在收益水平一定时风险较小,或在风险水平一定时收益更大。那么,到底什么是风险呢?债券的风险可能是银行的破产,也可能是市场的变动不定。股票的风险包括企业破产、市值较大的波动、收益低于预期收益率。因此,风险在很大程度上会影响投资者的预期利润,这就使投资者在投资时不仅对报酬率的高低感兴趣,同时会密切关注与每项投资相关联的风险大小,力求在既定的风险水平下,取得收益的最大化。由于国外不同的经济环境很可能使其证券收益与国内的证券收益率负相关,而且不同国家的人对同一种证券的预期可能不同,因此,建立一个既包括国内证券又包括国外证券的资产组合,就能比只包含国内证券的资产组合获得更高的平均收益或是具有更低的风险水平。

对国际证券投资双向流动的另一解释是:投资者对投资股票的不同预期。在前面的分析中,我们隐含了这样一个假设,即每个投资者都能够准确地预测股票的收益及其风险程度。而事实上,这很难预先知道,每个投资者依据自己对市场的了解和直觉来判断他们所购买股票的平均收益率和风险。由于不同的投资者可能对同一种股票有不同的预期,因而每一国都有一些投资者会觉得另一国的股票更好一些,于是出现了国际证券投资的双向流动。

2. 对外直接投资的动机

投资是决定一个国家经济增长和创造就业的重要因素,取得对外直接投资一方面能够产生溢出效应,提高管理水平,引进先进技术;另一方面对外投资密集的企业与部门往往具有较高的平均劳动生产率,支付较高的工资,这些原因使得各国竞相争取对外直接投资。对外直接投资(foreign direct investment)的典型形式包括母公司购买某一外国公司足够多的普通股,以获得公司的控制权;母公司在海外购买或者建造新的工厂和设备;母公司向海外转移资金;外国子公司的利润作为投资重新进入子公司,用来扩张生产规模。对外直接投资的主体是跨国公司,从跨国公司的角度来看,其投资活动往往具有周密的计划,虽然预期的未来利润是对外直接投资的强大推动力,但公司的管理人员依旧会考虑到很多其他的因素,包括需求因素、竞争因素、成本因素和国家政策等。

其一,需求因素。对利润的渴求促使跨国企业不断寻找新的市场和需求。当跨国公司发现它们的生产能力已经充分满足了国内需求时,如果想让公司进一步扩张,就必须出口,或者建立海外生产基地。有些跨国公司在海外设立子公司,开拓不能完全靠出口来维持的国外市场。有时候公司采取这样的做法是因为对国外的分销技术不满意,因此通过先设立一个外国营销部门然后再设立生产工厂。当跨国公司意识到当地存在不同的口味和设计偏好时,这种动机也会特别强烈,因为对一个成功的营销计划而言,最重要的就是熟悉当地情况,国外生产工厂的选址会受到当地需求的强烈影响。例如,通用汽车在英国、法国和巴西等国家设立了制造子公司,这些外国市场的强劲需求足以让通用的子公司生存。相反,波音公司把它的生产活动集中在美国,而向其他国家出口。这是因为相对于大多数国外市场的规模,有效率的喷气式飞机的生产工厂是一笔相对过大的投资。

其二,竞争因素。市场竞争同样会影响一家企业建立海外工厂的决策。如果企业的战略目标是保持市场份额,避免现存和潜在的竞争,其战略在本质上就是防御型的。为了防止国外竞争者变成一股强大的力量,最有效的办法就是并购国外企业。美国就曾在20世纪60年代和70年代掀起了一股并购外国企业的狂潮。以通用汽车为例,它在全世界范围内购买和成立汽车生产企业,成功获得了很多大型外国汽车公司的控制权。而当时的一些小型汽车公司没有被其列入收购目标,如丰田、日产和大众等,现在已经成为通用公司的主要竞争对手。

其三,成本因素。跨国公司经常通过降低生产成本来寻求利润水平的增长。获取关键的原材料是企业实施多国化的最初动因,尤其是在提炼行业和特定的农产品行业。例如,联合水果公司在洪都拉斯建立香蕉生产基地,以获取当地的气候和种植条件带来的自然贸易优势。

生产成本中除了原材料以外,还包括很多其他的因素,如劳动力成本和运输成本等。不同国家的劳动力成本存在很大的差别。将部分或全部的生产工厂设在海外能够降低跨国公司的成本。例如,美国的许多电子企业在国外生产它们的产品,至少是在海外组装,以利用廉价的外国劳动力。对于那些产品产值中运输成本占了很大比例的产业,当原材料的运输成本远远超过把制成品运往市场的成本时,跨国企业一般会将生产工厂安排在靠近原材料产地的地方,而不是接近市场,木材、初级化工产品、钢铁等产品都符合这一模式。相反,当运输制成品的成本要比运输原材料的成本高很多时,跨国公司就会在临近市场的地方建立生产基地。最为人所熟知的就是可口可乐和百事可乐,这些跨国公司将浓缩糖浆运到世界各地的工厂,在糖浆里加水装瓶后,再卖给消费者。如果运输成本只是产品价值的一部分,跨国公司在选址时就会综合考虑原材料、劳动力和其他投入要素的可得性和成本,将工厂设立在综合制造成本最低的地方。生产电子元件、服装和鞋类的跨国公司是这种灵活选址的典型例子。

其四，国家政策。一些国家为了吸引外国制造商在其境内建立工厂，提供就业岗位，会给跨国企业提供补贴，如优惠的税收待遇或便宜的厂房。但在更多的情况下，对外直接投资是跨国公司避开进口关税壁垒的一种方式。巴西对进口汽车征收高额关税，如果想在巴西市场销售汽车的外国生产商就不得不在该国投资设厂。欧盟组建后，降低了成员国之间的贸易壁垒，却对非成员国征收共同对外关税。美国企业为了绕开这些贸易壁垒，就得在欧盟的成员国设立子公司。20世纪80年代和90年代，由于美国贸易保护主义压力日益攀升，日本企业明显增加了设在美国的汽车装配工厂的数量。

表 9.1.2　世界部分国家的资本流动情况

国家和地区	外商直接投资（亿美元）			对外直接投资（亿美元）		
	2000年	2010年	2019年	2000年	2010年	2019年
中国	407	1147	1412	9	688	1171
印度	36	274	506	5	159	121
以色列	70	70	182	33	79	86
日本	83	−13	146	316	563	2266
韩国	115	95	106	48	282	355
马来西亚	38	91	77	20	134	63
菲律宾	22	13	50	1	29	7
新加坡	148	575	921	68	354	333
埃及	12	64	90	1	12	4
尼日利亚	13	61	33	2	9	3
南非	9	36	46	3	−1	31
加拿大	668	284	503	447	347	766
美国	3140	1980	2462	1426	2778	1249
阿根廷	104	113	62	9	10	16
巴西	328	777	720	23	221	155
委内瑞拉	47	16	9	5	25	11
法国	275	139	340	1619	482	387
德国	1983	656	364	571	1255	987
意大利	134	92	266	67	327	249
荷兰	639	−72	842	756	684	1247
俄罗斯	27	317	317	32	411	225
西班牙	396	399	124	582	378	241
土耳其	10	91	84	9	15	28

续　表

国家和地区	外商直接投资（亿美元）			对外直接投资（亿美元）		
	2000年	2010年	2019年	2000年	2010年	2019年
英国	1153	582	591	2327	481	315
澳大利亚	142	368	362	29	198	54
新西兰	13	−1	54	6	7	−2

资料来源：中国统计局网站，www.stats.gov.cn

（二）国际资本流动的福利效应分析

在现实经济生活中，国际资本的大量流动会对各国的产出及要素收益率产生种种影响。在这里，我们用一个模型对国际资本流动的福利效应进行分析。

图9.1.1描绘了国家A和B资本的边际实物产出（MPK）曲线。假设世界上只有两个国家，只有两种生产要素：资本和劳动力，并且两个国家都只生产一种同质的商品，它代表着世界各国生产的所有商品。在微观经济学理论中，资本实物边际产出曲线表示在其他投入都保持不变的前提下，增加1单位资本所带来的产出增加量。在价格不变的条件下，这条曲线构成了由对产品的需求派生出来的对资本投入的需求量。直线AB表示从O点的右边出发的各种资本存量水平下，国家A的边际实物产出曲线MPK_1。同样地，直线A_1B_1表示从原点O_1的右边出发的各种资本存量水平下，国家B边际实物产出曲线的MPK_2。

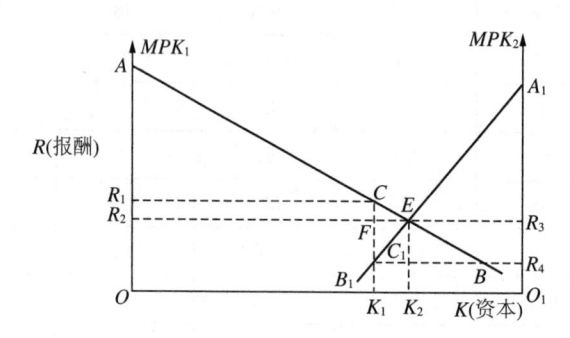

图 9.1.1　国际资本流动的产出与福利效应

假设在初始的情况下（国际间资本移动之前），国家A的资本存量用OK_1的长度来表示，国家B的资本存量用O_1K_1的长度来表示。全球总资本存量是固定不变的，它等于OO_1的长度，即OK_1和O_1K_1的之和。在完全竞争的基本假设前提下，国家A的资本按照其边际产出的水平来支付报酬OR_1，这对应AB线上的C点。同样地，国家B的资本也按照其边际产出的水平来支付报酬O_1R_4，这对应A_1B_1线上的C_1点。由于总产出等于在相应的资本存量规模下边际产出曲线下方区域的面积，因此国家A的总产出等于区域$OACK_1$，国家B的总产出等于区域$O_1A_1C_1K_1$（全球总产出等于这两个区域之和）。国家A的总产出要在两种要素之间进行分配，因此长方形OR_1CK_1是资本的总收益（或者说利润,用收益率OR_1乘以资本量OK_1),而劳动者则获得由三角形R_1AC所组成的剩余的产出部分(或者说收入)。类似地推理,在国家B内,资本获得的总收益(或者说利润)等于$O_1R_4C_1K_1$,而劳动者所得的则为三角形$R_4A_1C_1$。

由于国家A的资本收益率(OR_1)超过了国家B的资本收益率(O_1R_4),因此如果允许资本在国际上流动,情况将会发生变化。如果两国间资本可移动,只要国家A的资本收益率高于国家B的,资本将从国家B流入国家A。为了能够获得较高的收益率,国家B的K_2K_1资本流动到了国家A,从而使国家A的收益率下降到OR_2。另一方面,由于资本正在离开国家B,因此国家B的收益率从O_1R_4上升至O_1R_3。在均衡时,两国的MPK相等,用E点表示,在这里,两国的资本边际实物产出曲线相交。在此均衡点上,两国的资本收益率相等,并且资本没有进一步的动力在两国之间流动。

K_2K_1的资本从国家B流入国家A,对两国的产出以及世界的总产出产生了什么样的影响呢?正如我们所预料的,由于有额外的资本进入国家A并运用于生产过程,因此该国的总产出增加了。在资本流动以前,国家A的产出为区域$OACK_1$,但现在产出增加到$OAEK_2$,因此,国家A的产出增加了K_1CEK_2的面积。而国家B的产出则下降了,产出从资本流动前的$O_1A_1C_1K_1$水平下降到资本流动后的$O_1A_1EK_2$水平,减少量为$K_1C_1EK_2$。然而由于资本的自由移动,世界产出以及全球资源的利用效率却提高了。世界产出之所以会增加,是因为国家A产出的增加量(K_1CEK_2)大于国家B产出的减少量($K_1C_1EK_2$)。世界产出增加的大小用三角形C_1CE来表示。因此,正如商品和服务在国际上的自由贸易会提高世界经济中资源的利用效率一样,一般来说,资本以及生产要素的自由移动也发挥着同样的作用。此外,要素的自由移动会使两国的要素收益率得以均等化。认识到贸易与要素的移动对于资源利用率以及要素收益率具有相同的作用,经济学家们经常强调自由贸易与要素自由流动两者是可以互相代替的。

资本流动前,国家A的资本所有者的总收益是OR_1CK_1,但现在下降到OR_2FK_1(减少了R_2R_1CF)。国家B的资本所有者的收益从$O_1R_4C_1K_1$增加到$O_1R_3FK_1$,增加了$R_3R_4FC_1$。虽然我们知道国家A的资本所有者从资本的流动中受损,而国家B的资本所有者从中获利,但除非我们能够获得有关MPK直线的斜率以及资本流动规模的更多信息,我们才能判断这两种收益加总(以及世界的总利润)的情况。不过,由于世界产出已经增加了,因此从理论上看,通过再收入分配有可能使两国资本所有者的境况都能够比资本流动前变得更好。在国家A,由于资本流动前的工资由区域R_1AC组成,而资本流动后的工资用区域R_2EA表示(工资增加了R_2R_1CE),因此国家A的工人的总工资提高了。在国家B,由于工人现在所能使用的资本减少了,因此工资也下降了。国家B资本流动前的工资额为区域$R_4A_1C_1$,而资本流动后减少到R_3A_1E(减少了$R_3R_4C_1E$)。同样,如果没有更多的资料,我们无法就资本流动对全球总工资产生的影响做出事先的判断,但世界产出(和收入)的增加就意味着,所有工人通过收入的再分配政策都会变得更好。

最后,我们可以就资本流动对各国国民收入的影响做一个肯定的论断。国家A居民的总收入等于总工资加上总利润。我们已经知道资本流动使得总工资提高了 R_2R_1CE，而使资本所有者的收益下降了 R_2R_1CF。将两者进行比较就说明了，在国家 A 工人收入上涨的幅度要大于资本所有者收入下降的幅度。我们由此得出结论，由于资本的流动，国家 A 的国民收入——生产要素的收入增加了（增加量为三角形 FCE）。类似地，国家 B 资本的流出导致总工资下降了 $R_3R_4C_1E$，而资本所有者的总收益提高了 $R_3R_4C_1F$，因此国家 B 的国民收入增加了 C_1FE。各国均从资本的流动中获益。而限制外国直接投资的资本流动的经济代价就是世界经济效率的损失以及各国收入的下降。

三、中国国际资本流动现状

从单个国家的角度来看，国际资本流动可以分为两个部分：利用国外直接投资和对外直接投资。这两部分资本的流动方向是完全相反的，前者是指国家对于由国外流入国内的资本加以有效利用，后者是指资本由国内向国外的流动。自党的十六大提出"引进来"与"走出去"相结合的战略以来，我国对外开放水平得到全面提升。进入到新发展阶段，利用国际与国内两种资源、两个市场，积极参与国际经济技术合作和竞争，仍然是我国对外开放的重点。党的"十四五"规划再次明确提出"坚持引进来和走出去并重，以高水平双向投资高效利用全球资源要素和市场空间，更大力度吸引和利用外资，推进多双边投资合作机制建设，健全促进和保障境外投资政策和服务体系，推动境外投资立法。"通过多种方式利用中长期国外投资，把利用外资与国内经济结构调整、产业链供应链优化升级结合起来，支持外资企业加大中高端制造、高新技术、传统制造转型升级、现代服务业等领域和中西部地区投资。同时，鼓励企业主体创新境外投资方式，优化境外投资结构和布局，支持金融、咨询、会计、法律等生产性服务业企业走出去，提高跨国经营能力和水平。下面我们就我国利用国际直接投资的现状和对外直接投资的发展情况进行阐述：

（一）中国利用国外直接投资的现状

20 世纪 80 年代以来，中国利用国外直接投资经历了 40 多年曲折的发展历程，取得了巨大的成就。目前，我国已经成为世界上利用国外直接投资最多的发展中国家。我国引进外商直接投资的主要目的是通过利用国外的资金、先进的技术和经营管理经验来发挥自身的后发优势，促进国民经济的持续快速增长，不断提高综合国力和国际竞争力，加速实现经济现代化的进程。改革开放以来，我国利用外商直接投资所取得的巨大成就表明，外商直接投资给我国带来了资金、技术、工艺、设备和管理经验，推动了我国相关产业的技术进步和产业结构升级，一定程度上解决了我国就业问题。积极合理、有效地利用外商直接投资，不仅促进了我国国民经济的发展，同时也对促进中国与世界其他国家（地区）的经贸合作起了重要推动作用。

表 9.1.3　1985－2019 年中国利用外资情况

年份	利用外资项目(个)	外商直接投资(个)	实际使用外资金额（亿美元）	外商直接投资（亿美元）
1985	3145	3073	47.6	19.56
1986	1551	1498	76.28	22.44
1987	2289	2233	84.52	23.14
1988	6063	5945	102.26	31.94
1989	5909	5779	100.6	33.92
1990	7371	7273	102.89	34.87
1991	13086	12978	115.54	43.66
1992	48858	48764	192.03	110.08
1993	83595	83437	389.6	275.15
1994	47646	47549	432.13	337.67
1995	37184	37011	481.33	375.21
1996	24673	24556	548.05	417.26
1997	21138	21001	644.08	452.57
1998	19850	19799	585.57	454.63
1999	17022	16918	526.59	403.19
2000	22347	22347	593.56	407.15
2001	26140	26140	496.72	468.78
2002	34171	34171	550.11	527.43
2003	41081	41081	561.4	535.05
2004	43664	43664	640.72	606.3
2005	44001	44001	638.05	603.25
2006	41473	41473	698.76	658.21
2007	37871	37871	783.39	747.68
2008	27514	27514	952.53	923.95
2009	23435	23435	918.04	900.33
2010	27406	27406	1088.21	1057.35
2011	27712	27712	1176.98	1160.11
2012	24925	24925	1132.94	1117.16
2013	22773	22773	1187.21	1175.86
2014	23778	23778	1197.05	1195.62

续表

年份	利用外资项目(个)	外商直接投资(个)	实际使用外资金额(亿美元)	外商直接投资(亿美元)
2015	26575	26575	1262.67	1262.67
2016	27900	27900	1260.01	1260.01
2017	35652	35652	1310.35	1310.35
2018	60533	60533	1349.66	1349.66
2019	40888	40888	1381.35	1381.35

资料来源：中国统计年鉴 2020.北京：中国统计出版社，2020.

与此同时，外商直接投资也在一定程度上加剧了区域经济的非均衡发展，扩大了产业结构偏差，削弱了我国企业自主进行技术研发的能力，抑制了我国某些产业的成长。特别是国外某些淘汰产业和污染行业的进入，给我国环境保护和经济可持续发展带来了不利影响。外商对华直接投资的快速发展，还使我国经济自主和安全面临严峻挑战。外资经济作为一种外来的非公有制经济形式，其在我国的生产经营活动与我国的经济发展目标并不是完全一致的。从当前情况看，随着我国对外开放领域和区域范围的不断扩大，除个别领域外，外资已经分布于我国的绝大多数产业、行业和地区。我们必须高度重视和研究利用外资与维护经济自主和安全的问题，把外商来华投资对我国经济自主性和国家经济安全产生的不利影响降到最低。

（二）中国对外直接投资的发展状况

为了进一步推动中国对外经贸的发展，加快国内产业结构的调整，从 1999 年开始，中国提出了发展海外投资的新战略方针——"走出去"战略，鼓励有实力的国内企业到海外投资，通过开展境外加工装配，就地生产就地销售或向周边国家销售，带动国产设备、技术、材料和半成品的出口，扩大对外贸易；鼓励更好地利用两个市场、两种资源，组建跨行业、跨部门、跨地区的跨国经营企业集团。在积极扩大出口的同时，有领导、有步骤地组织和支持一批有实力、有优势的国有企业走出去，主要是到非洲、中亚、中东、东欧、南美等地投资办厂。

改革开放以来，我国对外直接投资从无到有，从有到多，从多到优，投资规模和质量显著提升。我国对外直接投资净额（流量）从 1982 年的 0.44 亿美元增长到 2018 年的 1430.4 亿美元，年均增速高达 25.19%，其中 2017 年对外直接投资流量为 1582.9 亿美元，首次出现负增长；存量从 1982 年的 0.83 亿美元增长到 2018 年的 19822.7 亿美元，年均增速高达 32.32%。对外直接投资流量和存量世界排名分别从 1982 年的第 29 位和第 48 位上升至 2018 年的第 2 位和第 3 位。2018 年末，中国境内投资者达到 2.71 万家，从其在中国工商行政管理部门登记注册情况看，有限责任公司占 43.5%，较上年增加 2.1 个百分点，依然是中国对外投资占比最大、最为活跃的群体；私营企业占 24.3%，位列次席；股份有限公司占 11.1%；外商投资企业占 5.0%；国有企业占 4.9%；港、澳、台商投资企业占3.7%；个体经营占2.4%；股份合作企业占1.6%，集体企业占0.4%，联营企业占0.2%，其他企业占2.9%。在全球经贸摩擦加剧、投资增长乏力、主要国家或经济体加强投资审查的条件下，我国依托制度与政策红利，充分发挥比较优势，对外直接投资逆势上扬，2018年投资流量占全球比重上升至14.1%，创历史新高，中国资本的全球影响力愈来愈强。

中国对外直接投资可以提高中国在国际竞争和合作中的地位，促进中国更积极地参与国际经济技术合作，同时推动中国国内经济规模的增长、科技水平提升、体制改革深化，推动中国经济结构优化升级，有效利用国外资源弥补国内资源不足。通过将资金直接对外输出，建立生产和营销基地，国内企业成功地绕开了国外的贸易壁垒，巩固、扩大和开拓了海外市场，提高了企业的国际竞争力。

在当今经济全球化竞争中，实施"引进来"战略，尤其是引进外资是促进本国经济快速发展的重要途径，但仅靠引进外资参与全球分工体系，只能被动接受发达国家及其跨国公司的全球战略布局，难以在经济全球化和全球分工格局中占据有利地位。只有主动参与国际分工，实施"走出去"战略，从全球视野考虑资源配置和经济发展空间，从全球范围开拓市场和利用市场，从全球范围促进经济结构调整、转移和升级，才能抓住经济全球化中世界产业结构调整转移的历史机遇，促进本国经济快速、健康、持续发展。因此，实施"引进来"和"走出去"相结合战略，是我国在经济全球化竞争中掌握主动权，打好主动仗的必由之路。通过实施"引进来"与"走出去"相结合的战略，主动参与国际经济竞争和合作，从而不断增强我国经济发展的后劲，使我国在参与经济全球化中做到趋利避害，扬长避短。

第二节 国际技术转移

第三次科学技术革命极大地推动了世界经济的发展，科学技术成为第一生产力。科学技术因此得到各国政府的重视，投入巨额资金进行研发和引进新技术，国际范围内的技术转让也因此发展迅速。本节将对国际技术流动作一介绍并阐述其产生的原因。

一、国际技术转移概述

国际技术转移（international technology transfer）是指技术通过某种方式从一个国家（地区）向其他国家（地区）转移的过程，包括专利的使用、技术秘密的使用、制造技术的传播、专有技术的转让等。与国际资本流动和国际劳动力流动的数量相比，特别是与国际贸易额相比，国际技术转移的数量虽然较小，但这并不意味着国际技术贸易不重要，相反，相对于其他生产要素的国际流动和国际贸易来说，国际技术转移对于经济增长具有更为重要的作用。在发达国家，技术进步对经济增长的贡献率达到70%左右，经济增长主要是依靠技术进步和技术成果的有效利用来实现的。即使在发展中国家，经济增长也越来越依赖于科学技术。因此,各国之间的竞争实际上已经演变为科技实力和科技成果应用的竞争,谁能占有科学技术成果并能积极有效地加以利用,谁就能在国际竞争中立于不败之地。

发展中国家希望通过引进国外的先进技术以加速民族经济发展,提高本国的科学技术水平。据统计,在引进先进科学技术方面特别突出的国家,如巴西、阿根廷等,每年支付的科技引进费用都超过一亿美元。亚洲"四小龙"也高度重视国外先进技术的引进,这也是它们经济迅速发展的重要原因。就发展中国家来看,技术引进费用也在逐年增加,速度也越来越快。日本作为一个经济大国,社会经济高速发展,但其每年仍花费约十亿美元引进国外先进技术。就连美国这样的经济和技术超级大国,现在仍然在不断引进技术,每年在这方面的对外支出达数亿美元。

国际技术的转移方向主要取决于技术转移国和技术受让国的具体情况。但鉴于目前世界上的先进科学技术成果主要掌握在西方发达国家手中,因此,国际技术转移主要在西方发达国家相互之间以及西方发达国家与发展中国家之间进行。一般来说,国际技术转移的形式可以分为商业性技术转让和非商业性技术转让两种。商业性技术转让是按一般的商业条件,在不同国家经济主体之间进行的有偿的技术转让,这种有偿的技术转让也被称为国际技术贸易。而非商业技术转让则是无偿的或是转让条件极为优惠,如友好国家的援助、技术情报交换、学术交流、技术考察等。

二、国际技术转移的原因

(一)提高国家竞争力

科技革命以后,科学技术在经济发展中所起的关键作用使各国政府意识到,一个国家的竞争力说到底是科学技术创新能力和科学技术成果应用能力。各国之间的竞争主要表现为科学技术的竞争、培养创新型人才的竞争、有效利用科学技术成果的竞争。以科学技术为基础的综合国力的竞争已经成为国际竞争的主要领域,科学技术的发展水平决定着各国的力量强弱和在世界格局中的位置。在全球竞争的大环境下,无论是发达国家还是发展中国家,在积极争取利用自身力量促进科学技术进步、大力培养人才的同时,都在千方百计地引进国际技术。对于发达国家来说,引进技术可以节约时间、节约资金、弥补特定方面科技人才资源的短缺,并加速科技的进步。对于发展中国家来说,一方面,可以利用发达国家的科技进步成果,把有限的资金用于技术引进并直接用于生产,利用"后发效应"加快本国经济的发展;另一方面,可以利用国际技术流动的机会,积极培养、训练自己的技术人才,着力消化、吸收已经引进的技术,并在此基础上进行复制、创新,推动本国科学技术的发展。

(二)科学技术发展的不平衡

对国家竞争力问题的重视表明了国际技术转移存在着旺盛的需求,而科学技术发展不平衡的现实进一步说明了国际技术转移的可能性。

科学技术发展的不平衡归结于两个方面的原因。一方面,科学技术的发展具有连续性和继承性。在生产过程和经济活动中,人们不断总结经验,改进技术,知识会变得越来越丰富,对自然界及其发展规律的认识日益深入,到一定程度就会出现科学技术的创新甚至科学技术革命。但是,任何科学技术的进步都是建立在继承前人研究成果的基础上的,历史积累的科学技术成果构成了产生新科学技术的理论基础和物质条件。因此,原来科学技术基础较好的国家,比如,发达国家在科学技术的发展过程中占有较强的优势,其他国家在短期内想要赶超是很困难的。另一方面,经济发展水平和经济实力同样可以导致科学技术发展不平衡。当代科学研究除了需要一支实力雄厚的研究队伍外,还需要巨额的经费预算和极强的抗风险能力。显然,较高的经济发展水平和较强的经济实力成了当代科学技术发展的基本条件。在这一点上,发达国家与发展中国家相比,仍然处于优势地位,发达国家的政府和企业都更具发展科学技术研究的经济实力和承担巨大研究风险的能力。

表 9.2.1　2019 年中国引进国外技术合同金额前 20 位的国家和地区

国别或地区	合同数(项)	合同金额(亿美元)	技术费(亿美元)
美国	1309	84.58	84.43
日本	1594	66.24	63.24
德国	910	46.82	42.71
俄罗斯	20	34.56	5.89
瑞典	148	22.85	22.85
韩国	441	18.6	18.6
瑞士	87	11.76	11.51
中国香港	522	8.85	8.65
中国台湾	423	6.88	6.82
意大利	153	6.08	5.78
英国	210	5.88	5.79
法国	174	4.83	4.68
爱尔兰	60	4.65	4.64
芬兰	27	4.3	4.21
荷兰	143	3.39	3.35
英属维尔京	25	3.34	3.34
新加坡	290	2.46	2.44
奥地利	133	2.11	1.77
丹麦	57	2.03	2.03

资料来源:中国科技统计年鉴 2020.北京:中国统计出版社,2020.

三、国际技术转移的经济效应分析

(一) 国际技术转移对输出国的影响

1. 延长产品生命周期

在不同的国家和地区,由于经济和技术发展的差异性,一项技术在同一时期可能处于生命周期的不同阶段。比如,一项技术在发达国家已处于成熟期,但在发展中国家则可能仍处于成长期,甚至是尚处于开发期。若将该项技术从发达国家转移到发展中国家,意味着它的生命周期延长,发展中国家能够继续发挥这项技术的作用。

2. 为新技术寻找新的出路

技术输出国通常是技术资源大国,一项新开发的技术如果在本国不能迅速纳入生产过程,形成新的生产力,就可能被闲置或被他人的独立开发所掌握,从而导致技术资源的浪费。而如果将该项技术转移到他国,不仅可以使技术获得利用的机会,甚至还可以取得比在本国使用更大的回报,因此,这就形成技术转让的动力,并获得最佳的社会经济效益。

3. 刺激新技术的研究和开发

现代技术研究与开发的成本通常较高,尤其是一些高新技术,需要巨额资金投入。如果投入巨资而形成的技术仅仅局限于本国使用,不仅回收期长,甚至难以收回投资成本。技术的出口一方面可以加速研究与开发费用的回收,或实现研究和开发成本的部分分摊,另一方面通过技术出口而获得的额外收益,还可以作为新技术研究与开发的再投入。因此,通过技术出口可以刺激新技术的研究和开发。

4. 有利于提高技术输出国的科技水平

国际市场激烈的竞争和技术输入国的严格管制要求技术出口国必须保证合同技术的先进性和成熟性。这就要求技术拥有者不断对技术进行完善,消除技术薄弱环节,解决在新的环境下技术使用的各种适用性问题。技术转移有利于输出国技术水平的提高。

5. 有利于利用技术优势提高产品竞争力

目前,国际市场的竞争手段更多地由价格竞争转向了非价格竞争。而非价格竞争的一个重要方面就是利用技术上的优势,不断地提高产品的品质,因为先进的技术是提高产品品质的基本保证。技术输出国一方面可以利用自己的先进技术制造高质量的产品以扩大市场占有率,另一方面还可以利用技术贸易中的工业产权保护以拓展原有市场。

(二) 国际技术转移对输入国的影响

首先,引进技术能够减少重复性研究与开发,从而大大节约技术开发的资金投入。二战后,日本在1950—1975年的26年间共引进国外先进技术1700多项,仅用了50多亿美元,创造了超过2000亿美元的社会财富。如果完全依靠日本本国力量进行研究与开发,将要花费几倍甚至几十倍的投资。其次,引进先进技术能够较快地填补科技空白,节省开发时间,缩短同发达国家之间的技术差距。任何一个国家,即使技术水平很高,也不可能在所有的领域都处于领先地位,总是存在自己的薄弱环节,而解决薄弱环节的最佳途径就是引进技术。二战以后的日本大约落后欧美等先进国家20~30年,从50年代初到70年代初的20年间,通过技术引进,仅用了10年时间就超过了法国,15年超过英国,18年超过联邦德国,成为仅次于美国的经济大国。再次,引进技术有利于输入国培养人才,降低自主开发的风险,实现输入国整体技术的进步。理论和经验表明,在技术引进的过程中应遵从这样的模式:技术引进→消化吸收→发展新产品→出口技术与产品→再引进、再吸收、再创新。从许可证贸易和引进先进设备开始,发展到接受外国技术专家,培训国内技术人员的人才开发阶段,继而通过大规模生产方式、生产工艺的革新,对引进技术加以创新,实现技术本土化,最后进入出口商品和技术的阶段。这种以别国的技术为基础,进行消化、吸收与创新,使之同本国的具体条件与技术优势相结合,从而产生优势互补,有利于促进输入国的生产、制造和管理技术的全面进步。最后,引进新的技术对建立新产业,改造或淘汰老产业,促进产业结构的调整都起到积极作用,并有利于实现产业结构的合理化和高级化;有利于加快企业的技术进步水平,优化资源配置,提高产品质量,增加产品品种;提高劳动生产率和技术装备效率,实现规模经营,降低生产成本,增加利润。

四、当代国际技术转移的特点

国际技术转移近年来得到迅速发展,国际技术转移活动呈现不断增长、日趋活跃的趋势。美国的技术出口遍及全球,日本的技术市场主要在亚洲,法国多向非洲国家出口技术,东欧则是德国的技术市场。他们为了保持原有的技术市场或扩大份额,都在不断进行技术开发。美国为保持对尖端技术的垄断,严格控制本国先进技术的外流,并经常运用国家安全机密法和出口管制法来限制某些先进技术的出口。日本为保持自己在微电子技术等方面的领先地位,也加强了对技术出口的限制。与此同时,英、法、德三国也不甘寂寞,为了争取市场份额,经常联合进行开发与研究,如它们20世纪70年代合作研制的空中客车飞机就已经对美国航空技术的垄断地位提出了挑战。世界范围的新技术革命推动产业结构升级,产业结构朝技术密集的方向发展并带动着技术转移。技术创新、技术转移、经济发展三者之间密切相关,直接影响着全球技术的发展和世界经济格局的变化。其特点主要表现在以下方面:

(一)国际技术转移的速度加快,规模日渐庞大,领域不断拓宽

随着全球科学新发现的日益增多,以及这种科学发现与技术创新之间的时间距离日益缩短,国际技术转移正在全球范围内迅速展开,已经从原始的梯度式转移发展到当代的跳跃式转移。据联合国有关资料统计,20世纪60年代至今,世界技术贸易额的年平均增长率高达15%,大大超过一般商品贸易年增长率3.3%的发展速度。技术贸易额占世界贸易总额的比重,70年代为0.67%,80年代为1.26%,90年代中期为2.3%,呈现明显的上升趋势。

(二)国际技术转移以发达国家为主,发展极不平衡

近30年来,全球80%以上的科技开发及其进展均在发达国家进行和取得。与此相对应,发达国家之间技术贸易额占世界技术贸易总额的80%以上,发达国家与发展中国家之间的技术贸易额仅仅占世界技术贸易总额的10%,而发展中国家之间的技术贸易额则不足10%。20世纪70年代中期,美国、日本和欧洲在国际技术市场上形成三足鼎立的局面。无论是技术出口还是技术产品出口大都集中在工业发达国家,而美国则占有1/3以上的国际市场。在国际技术贸易收支方面,高收入国家获得全球技术转让和许可收入的98%。

此外,发达国家之间转移的技术水平不断提高,合作领域也不断拓宽,有些项目已深入到高科技领域,如航空航天、生物工程、微电子、新材料、海洋开发等。相比较而言,发展中国家之间、发展中国家和发达国家之间的技术转移水平相对较低,合作领域也较为狭隘,大多数局限于一般性技术或常规性技术,如农业技术、加工技术、环境保护、资源开发等。特别是在高技术领域的技术出口和技术合作领域,发达国家占有绝对优势,20世纪80年代末,在这一领域中所占的份额,经济合作与发展组织成员国为83.64%,非经济合作与发展组织国仅为15.03%。其中,美国为20.64%,日本为16.01%,德国为12.52%,欧共体九国为37.38%,亚洲新兴工业国和地区为8.76%,欧美发达国家的技术优势显而易见。

(三)跨国公司成为技术转移的重要组织形式,在国际技术转移中占据着主导地位

目前,近5万家跨国公司及其25万家子公司控制着世界80%的新技术和新工艺,经营着70%的技术转移,控制着全球40%左右的总产值,50%以上的国际贸易。仅世界500强企业的研究开发经费占全球比重的70%。在全球研发费用投入中,美国、欧盟、日本等发达国家占86%。在生物工程、药物等领域,美国、欧盟和日本拥有95%左右的专利。这一趋势客观上推动了生产要素的全球配置,促进了技术全球范围内的流动和技术创新收益的溢出,对科技国际化起了重要的推动作用,大大促进了国际间联合创新以及国际技术转移与技术扩散。跨国公司已经成为国际技术转移中最活跃、最有影响的力量。在跨国企业的技术转移中,东道国究竟能否实际获利及收获多少,尚取决于技术转移的条件以及技术的适用性如何。技术创新和专门知识的很多效用取决于转移给东道国的技术是否适用,为此,引入的技术应当适合于东道国的要素禀赋。

跨国公司近年来的全球战略和国际化生产体系使得它们以各种方式推动国际技术转移。例如,跨国公司通常以技术入股、提供技术设备以及派遣技术专家等方式,在发展中国家进行投资生产,通过技术转移带动资本输出和资本品出口。不过,技术转移内部化仍然是跨国公司技术转移的基本特征。为了获取高额利润,加强对技术的垄断和保护,跨国公司凭借技术优势,以及跨国经营的组织优势和管理优势,把技术资源在公司内部进行调配,使技术转移出国但不出公司。在这种情况下,东道国并不能直接获取这些技术,而主要收益于跨国公司技术转移的溢出效应。

（四）对国际技术转移实施法制化管理

世界各国都对技术的输出与输入实施政策引导和法律调节，制定技术转移有关的法律，实施法制化管理，已经形成了一整套国家法律以及供各国共同遵守的国际行动准则，包括各种关于知识产权保护的法律、协定，以及技术转移程序的协议。技术输出国通常实行技术保护的法律规定和政府管制，涉及尖端技术、军事技术，关系到国家长期经济发展的战略性技术等，均不得实施技术扩散和技术转让。技术输入国通常实行国家保护的法律规定和政府管制，涉及危害环境、不利健康、不利本国经济发展的技术均不得引入。

（五）对外直接投资成为技术转移的重要渠道

实施对外直接投资的企业，多半都以投资为媒介，将技术转移到国外。对跨国公司来说，以对外直接投资的形式进行技术转移相对较容易躲避母国的管制，而对大多数发展中国家来说，以吸引外商直接投资就可以获得所需的新技术，而不必投入巨资进行新技术的开发，因而具有很大的吸引力。自20世纪60年代以来，虽然全球对外直接投资数量持续增长，投资结构也发生了变化，但对外直接投资流向发达国家的比重逐渐上升，而流向发展中国家的比重却持续下降。

（六）战略联盟成为技术转移的新方式

以专题研究、产品开发、技术合作为目的，以协定、条约为纽带，不同国家、企业和科研机构相互联合而结成的战略联盟已经出现，正在发展成为一种新的技术转移方式。由于工业化国家中的大集团公司之间的技术水平、管理水平相近，技术特长、技术诀窍、技术优势等能够互相补充，因此，这种战略联盟主要发生在它们之间，结成联盟后便于形成更强的研究开发和竞争能力。

（七）技术转移中的贸易摩擦增多

跨国技术转移受到技术输出国和技术引进国的法律规范、政治环境、市场结构、企业规模、劳动力素质、文化背景、技术基础、消费能力、开放程度等多方面的影响。随着世界范围内技术转移频率的增多，国际贸易摩擦也增多。例如，知识产权问题、技术保护问题、技术价格问题、技术风险问题、技术适应性问题、市场准入问题、技术垄断问题、技术安全问题、政府管制问题、制裁与反制裁问题、贸易冲突问题等。这些问题常常困扰正常的技术扩散与技术转移，时常引起贸易争端，政府常常被卷入其中，从而使得国际技术转移矛盾与相关问题政治化、国际化。一国的技术转移越活跃，国际贸易摩擦也就越多。

第三节 国际劳动力迁移

一、国际劳动力迁移的动机

劳动力的国际流动有着漫长的历史，自从人类的航海技术发展成熟，欧洲主要国家发现新大陆、开拓殖民地后,劳动力的跨国流动就从未间断过。导致国际劳动力发生迁移的原因很多,有的是出于经济原因,也有的是其他因素所致。发生在19世纪的欧洲移民向国外的流动,有一些是为了躲避政治或宗教迫害。然而更多的国际劳动力迁移,尤其是二战以来,基本是由国外的高工资和高福利所驱动的。西欧各国经济的快速发展对移民产生了极大的吸引力,欧洲由人口迁出区域变为人口迁入区域;美国、加拿大、西欧和大洋洲也成为大量人口的流入地。

在劳动力发生迁移之前,人们首先会比较其成本和收益,通常只有综合收益大于成本的情况下,国际劳动力迁移才会发生。对于移民(migration)来说,其流动并不像资本流动那么自由,成本主要包括移民过程中所要支付的费用以及在新的国家安家和寻找工作方面造成的工资损失。除此以外,还有许多难以量化的成本,如与亲戚、朋友及熟悉环境的分离,甚至需要学习新的习俗,在新的国家寻找工作、住房以及其他的风险。而劳动力迁移的收益则主要表现为移民者在国外工作期间能够获得比国内更高的工资和福利待遇,此外还包括下一代能够受到更好的教育和获得更好的工作机会等。从理论上来说,仅仅从经济因素看收益大于成本还不能促使劳动力国际迁移的发生,只有这种收益净额高于那些与劳动力迁移相关的综合经济成本时,国际劳动力迁移才会发生。但在现实中,由于移民者在很大程度上存在信息不对称的情况,他们不可能对所有的成本和收益进行详细分析。因此,一般来说,劳动力总是从低收入国家流向高收入国家。目前,美国是世界上最大的移民目的国,2019年接收移民总数高达5100万。

二、国际劳动力迁移的福利效应

假设两国的劳动力是同质的、可移动的,劳动力会从充裕的、低工资的国家迁移到稀缺的、高工资的国家。劳动力的这种迁移会导致移出国的工资上涨,移入国的工资下降。在不考虑劳动力跨国迁移成本的前提下,劳动力的迁移将一直持续到两个国家的工资相等为止,见图9.3.1。各国劳动力的数量用横轴的长度来表示,各国的劳动力需求(边际实物产出)用需求曲线D_1和D_2来表示。如果市场是完全竞争并且劳动力可自由流动的话,两国的工资就会停留在OW_0处,国家A雇佣OL_1的劳动力,而国家B的雇佣量是O_1L_1。假设两个市场不是一起达到均衡且国家A的工资一直低于国家B的工资。在这种情况下,国家A的劳动力为OL_2,而国家B仅有O_1L_2的劳动力。如果现在劳动力对工资差异做出反应,劳动力将从国家A流向国家B。当这种情况发生时,国家A的工资就会上涨,而国家B的工资则下跌,直到两国的工资均为OW_0为止。在进行这些调整时,国家A的产出下降而国家B的产出增加。留在国家A的劳动力的境况不论绝对水平还是相对水平都得到改善,而其他要素的生产率却随着劳动力供给的减少而下降了。在国家B情况则相反。在国家B,工资下跌,劳动力也因其工资水平的下降而不那么富裕了。但随着劳动力使用的增加,其他生产要素的生产率提高了,因此,这些要素的所有者的境况变好了。国家B的其他要素获利区域为区域$ABFG$,而国家B的劳动者损失区域为$DBFG$,新移民所挣的收入总量为L_1ADL_2。

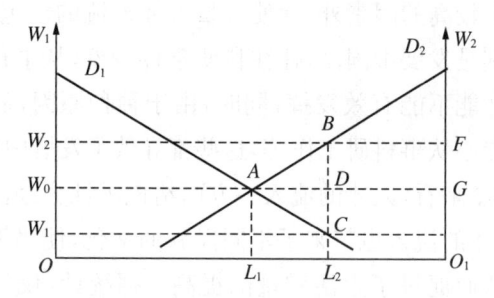

图 9.3.1　国际劳动力迁移的产出与福利分析

劳动力迁移之后,国家 A、国家 B 和世界福利都产生了相应的变化。假设生产中存在劳动力的边际产出递减,那么在其他条件不变的情况下,国家 A 产出下降的速度低于国家 A 劳动力减少的速度,从而导致人均产出增加。在国家 B 产出的增长比劳动力增长慢得多,从而使人均产出下降。最后,世界作为一个整体从这次移民中获利,因为国家 A 总产出的减少量(区域 L_1ACL_2)小于国家 B 总产出的增加量(区域 L_1ABL_2),差额为区域 ABC。

三、国际劳动力迁移的争议

(一)人才外流

随着人类社会由工业经济时代迈向知识经济时代,从事高科技研发及操作的高素质、高智力人才越来越供不应求。就美国来说,现在已经有 100 多万名科学家和工程师在从事研发与创新,高居世界各国之首,但仍认为各类专业人才严重不足。美国劳工部的预测表明,美国尚需要 100 多万名掌握软件技能的人才,而美国国内的培养能力只能满足需求的 1/3。尤其值得关注的是,在 2010 年以前,美国平均每年还缺少近 1 万名具有博士学位的科学家。

在当今的国际移民中,有数百万人接受过高等教育,他们是从人力资本和熟练劳动力水平低下的发展中国家移居到发达国家的。人才外流(brain drain)是指发展中国家的高学历、高技能人才向发达国家流动的现象。这种现象可能会使穷者愈穷,减少全球化的福利效应。一项研究估计,在 2000 年,高技能移民占到了 OECD 国家移民总量的 34.6%,而世界劳动力总量中只有 11.3% 的人接受过高等教育。许多发展中国家对开放的移民政策心存顾虑,担心人才外流会限制发展中国家的增长潜力。这种担心是有道理的,因为从移民输出国来看,它们在人才教育和培训方面承受了巨大的成本,但是人才外流却使它们获益很少,如果存在收益也仅仅是一点移民汇款而已。更为重要的是,人才的流失给移民输出国经济发展和社会进步带来了严重的负面效应。一些经济学家曾经提出应该对移民国外的人征税,征税额大约相当于为他们接受教育而付出的培养费。这个建议具有一定的合理性,因为这种做法一方面对一些信心不足的、具有移民倾向的人才有一定的阻碍作用;另一方面也可以使输出国政府挽回一定的损失。但我们应当看到的是,除了国外工资水平较高的因素外,促使大量人才外流的还包括其他一些因素,比如在一些移民输出国,特别是发展中国家,往往科研条件较差,从事科学研究所需的设备条件跟不上,人才的技术才能不能有效发挥;同时,由于种种原因,从事科学研究的人文环境较差,技术人才难以专心从事科研工作等,这些都导致了发展中国家的人才外流。

从移民输入国的角度来看,人才的流入一方面给该国社会经济发展带来了高素质的人力资本;另一方面,人才的流入也带来了不同民族的文化,使当地居民能够享用多种文化下的饮食和艺术等,从而促进了生活质量的提高。据统计,仅移民一项就使美国节约了大量的教育培养经费。但同时我们可以看到,移民也给输入国带来了一些问题,不同文化背景的移民如果不能融入所移居的社会,就会产生社会中的小集团或类似部落的封闭群体,从而容易产生社会摩擦和集团对抗。此外,高层次人才的流入还可能造成输入国核心技术或技术诀窍的泄露,影响其在国际市场上的竞争力。

(二)客座工人

在谈到国际劳动力迁移时通常都是指永久性的移民,但是在现实生活中,还存在着另一种临时性的国际劳动力迁移,那就是客座工人(guest workers)。在欧盟,这种临时性的劳动力移民很常见。比如在法国等国家,当社会需要的时候,政府会给外国劳动力签发短期的工作许可证,临时允许外国工人移入本国。如果发生了经济衰退,不再需要外国工人的时候,政府就将拒绝发放工作许可证,使外国劳动力回流到劳动力输出国。借助这种做法,法国在经济扩张时期就不会出现劳动力短缺,而在经济衰退时期也不会出现劳动力过剩。但是,这种做法对于劳动力输出国的影响无疑是巨大的,在经济衰退时期法国政府拒绝国外劳动力流入的做法仅仅解决了法国劳动力需求平衡问题,而将压力转嫁给劳动力输出国。当输出国经济状况良好的时候,回流的劳动力就业问题可以在一定程度上得到满足,而当输出国本身就面临经济衰退的时候,回流的劳动力将使输出国经济雪上加霜,面临着严峻的考验。

(三)非法移民

非法移民(illegal migration)通常是指一些文化程度较低,基本不具备或很少具备劳动技能的外国移民通过非法途径进入一些发达国家,希望获取比本国更高的工资和福利待遇。这已经成为美国社会的热点问题之一,数百万的非法移民工作在所谓的"地下经济"中,工资极低,社会福利即使有也微乎其微。据估计,美国目前有 300 万~1500 万的非法移民,其中许多来自墨西哥。对于美国来说,大量非法移民的流入为社会提供了廉价的劳动力和非熟练工人,但同时也影响了美国本土公民的收入再分配,美国非熟练工人的经济收入趋于下降。同时,由于非法移民自身的能力和技术缺陷,如果在进入发达国家后始终无法自力更生,就会引发其犯罪,从而产生一系列的社会问题。美国政府鉴于非法移民的数量庞大,以及他们对美国经济做出的巨大贡献,已经意识到抓捕非法移民不能解决问题,只有使其合法化才是解决之道。由于有生生不息的移民人力资源,美国才会有今天朝气蓬勃的产业大军,使其在二战后登上霸主的宝座,同时,代代移民为美国提供了取之不尽的廉价劳动力。

基本概念

跨国公司（multinational corporation）
横向一体化（horizontal integration）
纵向一体化（vertical integration）
混合一体化（conglomerate integration）
证券投资（portfolio investment）
对外直接投资（foreign direct investment）
资产组合理论（portfolio theory）
国际技术转移（international technology transfer）
移民（migration）

复习思考题

一、论述题
1. 跨国公司存在的原因有哪些？
2. 进入21世纪后，跨国公司的发展出现了哪些新的趋势？
3. 证券投资和对外直接投资的动机有哪些不同？
4. 国际资本流动对流入国和流出国的产出有何影响？
5. 什么是国际技术转移？其产生的原因有哪些？
6. 国际技术转移对输出国和输入国的影响有何差异？
7. 国际劳动力迁移的动机有哪些？利用成本—收益方法进行分析。

二、作图分析题
1. 作图分析国际资本流动所带来的福利效应。
2. 作图分析国际劳动力迁移所带来的福利变化。

第十章

国际收支

本章学习重点
1. 国际收支的定义
2. 国际收支平衡表及各个项目之间的关系
3. 国际收支失衡
4. 国际收支调节理论

当今的世界是开放的世界,国与国之间的经济联系越来越紧密,其中国际收支是国际经济领域中的一个重要课题,它常被作为国际金融研究的起点来看待。因为在国际经济关系中,国与国之间经济、政治、文化和科技等方面的往来,通常都会引起相互间的债权债务关系以及国际货币收支关系。它不仅影响一国的对外经济关系,而且直接影响本国的经济增长、就业和国民收入。例如,商品的进出口、劳务的输入输出、长短期资本的流动等都会引起国际货币收支,从而产生国际收支问题。因此,作为对外的经济往来系统记录的国际收支,对其如何分析和调节无疑成为当前国际经济和金融领域的重要问题之一。

第一节 国际收支及国际收支平衡表

一、国际收支的概念

国际收支(balance of payment,BOF)是人们对国际贸易和其他国际经济、政治和文化往来过程中所发生的收支这一社会现象的本质的反映和概括。世界各国在经济、政治和文化等方面的交往中相互间必然产生债权和债务关系,各国之间的债权债务到期结算就导致货币的收支。

国际收支概念有狭义和广义之分。狭义的国际收支概念仅以现在或将来具有外汇收支的经济交易为对象,并不包括没有外汇收支的交易。广义的国际收支的概念,范围较为广泛，不仅包括具有外汇交易的国际经济交易，而且包括一定时期内全部国际经济交易以及非国际经济往来。

国际货币基金组织（IMF）对国际收支的定义，属于广义的国际收支概念。国际货币基金组织编制的《国际收支手册》对国际收支的定义如下："国际收支是某一时期的统计表，它表明：① 某一经济体同世界其他国家或地区之间在商品、劳务以及收益方面的交易；② 该经济体所持有的货币黄金、特别提款权以及对世界其余国家或地区的债权、债务所有权的变化和其他变化；③ 为平衡不能相互抵消的上述交易和变化的任何账目所需的无偿转让和对应项目。"

IMF对国际收支的定义，概括了国际收支的全部内容，使各国在计算国际收支时有了明确依据。理解国际收支应该注意以下几点：① 国际收支是一个流量指标，流量指标即时期指标；② 国际收支记录的是一个国家居民与非居民之间进行的交易；③ 国际收支不是以支付为基础，而是以交易为基础的系统的货币记录；④ 国际收支记录的是全部的经济交易，主要包括交换、转移、移居和根据推论存在的交易。

二、国际收支平衡表的概念及构成

国际收支平衡表是反映一定时期内，一国同外国的全部经济往来的收支流量表。它是对一个国家与其他国家进行经济技术交流过程中所发生的贸易、非贸易、资本往来以及储备资产的实际动态所作的系统记录，是国际收支核算的重要工具。国际收支平衡表采用复式记账原则，在世界上有统一的编制规范原则。《国际收支和国际投资手册》第六版对国际收支平衡表的内容有了明确的规定，按照这一规定要求，国际收支平衡表标准构成部分主要包括反映货物、服务进出口及净要素支付等实际资源流动的经常项目（current account）和反映资产所有权流动的资本与金融项目（financial account）两大类账户。除了这两大账户外，还有一个错误和遗漏账户（errors and omissions account），这是人为设立的一个平衡账户。

由于各国成员都是在统一的规则下，使用相同的记录原则和分类标准编制国际收支平衡表来反映一国对外经济状况，因而各国在同一时期国际收支可以相互比照，用来进行统计分析、制定经济政策和业务决策。

（一）经常账户

经常账户（current account）主要反映一国与他国之间实际资源的转移，是国际收支中最重要的项目。经常项目包括居民与非居民间发生的所有涉及经济价值的交易，主要包括货物（有形贸易）、服务（无形贸易）、初次收入和二次收入四个项目。

1. 货物

货物（goods）项目主要包括一般商品（包括非货币黄金）、加工品、货物修理以及运输工具在港口获得的货物四项。国际货币基金组织规定，在国际收支统计中，进口价格均按离岸价格计算，把原价中的运费、保险费扣除，并将这些扣除分别列入劳务收支项目。

(1) 一般商品(general merchandise)。除极个别例外,一般商品是指绝大多数居民对非居民进行的可移动商品的进出口,表现为所有权的变更(实际或估算)。

(2) 加工品(goods for processing)。它是指以在国外加工为目的的商品的出口及加工后的商品再进口,或是以本国加工为目的的商品的进口以及加工后的商品再出口。按照加工前、后商品的总价值统计。

(3) 商品修理(repair on goods)。它是指为来自非居民的船舶、飞机等商品提供的维修活动。虽然这些商品的物理移动与上述加工品比较类似,但在统计上按照修理费用的收支计算,而不像加工品那样按照加工前后商品的总价值计算。

(4) 运输工具在港口获得的货物(goods procured in ports by carriers)。它是指居民和非居民的运输工具(如船舶、飞机等)在国外获得的商品(如燃料、供给、仓储、供应)。但它不涉及辅助性供应(如牵引、维修等),这些内容被置于"运输"一栏中。

(5) 非货币黄金(nonmonetary gold)。它是指所有不以官方储备资产(货币黄金)为目的的黄金进出口。非货币黄金的统计处理如同一般商品。

2. 服务

服务(services)涉及看不见的事物的劳动,又称无形贸易(invisible trade)。服务项目主要包括加工服务,维护和维修服务,运输,旅行,建设,保险和养老金服务,金融服务,知识产权使用费,电信、计算机和信息服务,其他商业服务,个人、文化和娱乐服务,别处未提及的政府服务等。

(1) 加工服务(processing service)。加工服务又称"对他人拥有的实物投入的制造服务",指货物的所有权没有在所有者和加工方之间发生转移,加工方仅提供加工、装配、包装等服务,并从货物所有者处收取加工服务费用。

(2) 维护和维修服务(maintenance and repair services)。它是指居民或非居民向对方所拥有的货物和设备(如船舶、飞机及其他运输工具)提供的维修和保养工作。贷方记录居民向非居民提供的维护和维修服务,借方记录居民接受的非居民提供的维护和维修服务。

(3) 运输(transportation)。运输几乎包括所有居民与非居民间相互提供的运输服务。值得注意的是,货物保险不再属于运输的一部分,而单列于保险服务栏目中。运输包括所有形式的货运和客运,以及其他分配性和辅助性服务,同时也包括运输设备的租金。

(4) 旅行(travel)。旅行指旅行者在其作为非居民的经济体旅行期间消费的物品和购买的服务。贷方记录居民向在该国境内停留不足一年的非居民以及停留期限不限的非居民留学人员和就医人员提供的货物和服务。借方记录居民境外旅行、留学或就医期间购买的非居民货物和服务。

(5) 建设(construction)。建设指建筑形式的固定资产的建立、翻修、维修或扩建,工程性质的土地改良、道路、桥梁和水坝等工程建筑,相关的安装、组装、油漆、管道施工、拆迁和工程管理等,以及场地准备、测量和爆破等专项服务。

(6) 保险和养老金服务(insurance and pension services)。此类服务指各种保险服务，以及同保险交易有关的代理商的佣金。贷方记录居民向非居民提供的人寿保险和年金、非人寿保险、再保险、标准化担保服务以及相关辅助服务。借方记录居民接受非居民提供的人寿保险和年金、非人寿保险、再保险、标准化担保服务以及相关辅助服务。

(7) 金融服务(financial services)。金融服务指金融中介和辅助服务，但不包括保险和养老金服务项目所涉及的服务。金融服务包括信用卡、信用证、金融租赁服务、换汇交换、消费和商务信贷服务、经纪人服务、包销服务以及为各种形式的套期保值提供安排等发生的手续费和费用。辅助性服务包括金融市场操作和管理服务、抵押保管服务等。

(8) 知识产权使用费(intellectual property royalty)。此类服务指居民和非居民之间经许可使用无形的、非生产(非金融)资产和专有权，以及经特许安排使用已问世的原作或原型的行为。

(9) 电信、计算机和信息服务(telecommunications, computer and information services)。此类服务指居民和非居民之间的通信服务以及与计算机数据和新闻有关的服务交易，但不包括以电话、计算机和互联网为媒介交付的商业服务。

(10) 其他商业服务(other business services)。此类服务指居民和非居民之间其他类型的服务，包括研发服务、专业和管理咨询服务、技术和贸易相关服务等。

(11) 个人、文化和娱乐服务(personal, cultural and entertainment services)。此类服务指居民和非居民之间与个人、文化和娱乐有关的服务交易，包括视听和相关服务(电影、收音机、电视节目和音乐录制品)，以及其他个人、文化娱乐服务(健康、教育等)。

(12) 别处未提及的政府服务(government services)。此类服务指在其他货物和服务类别中未包括的政府和国际组织提供和购买的各项货物和服务。政府服务包括所有与政府部门(诸如使馆和领事馆的开支)、国际或区域性组织有关的，不能列入上述其他项目的服务。

3. 初次收入

《国际收支和国际投资头寸手册》(第六版)将初次收入(initial income)纳入经常账户。初次收入指由于提供劳务、金融资产和出租自然资源而获得的回报，包括：① 雇员报酬，即根据企业与雇员的雇佣关系，因雇员在生产过程中的劳务投入而获得的酬金回报；② 投资收益，指因金融资产投资而获得的利润、股息(红利)、再投资收益和利息，但不包括金融资产投资的资本利得或损失；③ 其他初次收入，指将自然资源让渡给另一主体使用而获得的租金收入，以及跨境产品和生产的征税和补贴。

4. 二次收入

二次收入(secondary income)指居民与非居民之间的经常转移，包括现金和实物。贷方记录居民从非居民处获得的经常转移，借方记录居民向非居民提供的经常转移。经常转移与资本转移完全不同，后者包括在资本和金融项目中。经常转移是指商品、劳务和金融资产在居民和非居民之间转移之后，并未得到补偿和回报，包括政府(如不同政府间的经常性国际合作、收入和财富的经常性课税支付等)和其他转移(如服务收费很低的工人汇款和奖金、非生命保险的权益)。

(二) 资本和金融账户

资本和金融账户(capital and financial accounts)是对资产所有权在居民与非居民之间流动行为进行记录的账户。它包括资本账户与金融账户两大部分。

1. 资本账户

资本账户(capital account)包括资本转移和非生产、非金融资产的收购与放弃。"资本转移"包括：固定资产所有权的转移；与固定资产的获取或处置有关，或以固定资产的获取或处置为条件的资金转移；债权人对债务进行豁免而不要求任何补偿。非生产、非金融资产的收购与放弃是指各种无形资产如专利、版权、商标、经销权以及租赁和其他转让合同的交易。

2. 金融账户

金融账户(financial account)记录居民与非居民之间对外资产和负债所有权变更的交易。《国际收支和国际投资头寸手册》(第六版)将金融账户分为两部分：非储备性质的金融账户和储备资产。

(1) 非储备性质的金融账户包括直接投资、证券投资、金融衍生工具和其他投资四个组成部分。

① 直接投资(direct investment)。直接投资是指投资者以在本国以外运行企业并获取有效发言权为目的的投资，包括直接投资资产和直接投资负债两部分。相关投资工具可划分为股权和关联企业债务。股权包括股权和投资基金份额，以及再投资收益。关联企业债务包括关联企业间可流通和不可流通的债权和债务。

② 证券投资(portfolio investment)。证券投资包括证券投资资产和证券投资负债，相关投资工具可划分为股权和债券。股权包括股权和投资基金份额，记录在证券投资项下的股权和投资基金份额均应可流通(可交易)。股权通常以股份、股票、存托凭证或类似单据作为凭证。投资基金份额指投资者持有的共同基金等集合投资产品的份额。债券指可流通的债务工具，是证明其持有人(债权人)有权在未来某个(些)时点向其发行人(债务人)收回本金或收取利息的凭证，包括可转让存单、商业票据、公司债券、有资产担保的证券、货币市场工具以及通常在金融市场上交易的类似工具。

③ 金融衍生工具(financial derivatives)。金融衍生工具又称金融衍生工具和雇员认股权，用于记录居民与非居民金融工具和雇员认股权交易情况。

④ 其他投资(other investment)。此项目记录除直接投资、证券投资、金融衍生工具和储备资产外，居民与非居民之间的其他金融交易，包括其他股权、货币和存款、贷款、保险和养老金、贸易信贷和其他。

(2) 储备资产(reserve assets)是指一国货币当局可用于平衡国际收支或其他用途的资产，包括货币黄金、特别提款权、在国际货币基金组织的储备头寸、外汇储备(现金、存款和证券)及其他储备资产。

(三)净误差与遗漏

净误差与遗漏账户(net errors and omissions account)是人为设置的,用于平衡国际收支平衡表的借方和贷方。按照复式记账原则,国际收支平衡表的借方总额和贷方总额应该相等,但在实际中由于种种原因可能导致二者并不相等,如存在走私商品、统计资料不全、统计资料本身的错误或遗漏、银行和海关记录时间不一致等,都会导致一国国际收支平衡表处于非平衡状态。为了将一切统计上的误差纳入账户内,就人为地设立了这一抵消账户——净误差与遗漏。如果经常项目、资本和金融项目两个账户总计出现余额,在净误差与遗漏账户的相反方向记入相同的金额。

表 10.1.1　国际收支平衡表的标准构成

1. 经常账户	1.B 初次收入	2. 资本和金融账户
1.A 货物和服务	1.B.1 雇员报酬	2.1 资本账户
1.A.a 货物	1.B.2 投资收益	2.2 金融账户
1.A.b 服务	1.B.3 其他初次收入	2.2.1 非储备性质的金融账户
1.A.b.1 加工服务	1.C 二次收入	2.2.1.2 证券投资
1.A.b.2 维护和维修服务	1.C.1 个人转移	2.2.1.3 金融衍生工具
1.A.b.3 运输	1.C.2 其他二次收入	2.2.1.4 其他投资
1.A.b.4 旅行		2.2.2 储备资产
1.A.b.5 建设		2.2.2.1 货币黄金
1.A.b.6 保险和养老金服务		2.2.2.2 特别提款权
1.A.b.7 金融服务		2.2.2.3 在国际货币基金组织的储备头寸
1.A.b.8 知识产权使用费		2.2.2.4 外汇储备
1.A.b.9 电信、计算机和信息服务		2.2.2.5 其他储备资产
1.A.b.10 其他商业服务		3. 净误差与遗漏
1.A.b.11 个人、文化和娱乐服务		
1.A.b.12 别处未提及的政府服务		

三、国际收支记账准则和实例

(一)国际收支记账准则

在编制国际收支平衡表时,把国际经济交易分为贷方交易(credit transactions)和借方交易(debit transactions)两大类加以分别记录,简称贷方和借方,并且按照"有借有贷,借贷相等"的原则。这意味着每笔国际交易都被等额地记录两次,一次记入贷方,一次记入借方,这是因为每笔交易都有买卖两个方面。当交易属于单向转移而非其他原因,记账的项目只有一方时,就要使用某个特种项目记账,如"转移"类项目以符合复式簿记

(double-entry bookkeeping)的要求。一笔具体国际经济交易在什么情况下列入贷方,在什么情况下列入借方,其处理原则是:凡属于收入项目或负债增加(资产减少)的项目均列入贷方(credit)或称正号方;相反,凡属于支出项目或负债减少(资产增加)的项目均列入借方(debt)或称负号方。

对于这样一个记账原则有一个便于记忆的经验法则:凡是引起从国外获得货币流入的业务记入贷方;凡是引起本国对外国货币支出的业务记入借方。一个国家商品的进口和出口,劳务的收入和支出,资本的流出和流入通常是不平衡的,所以各个项目的借方和贷方(即收支和收入)相抵后会出现一定的差额,如贸易收支差额、劳务收支差额等,这种差额称为局部差额。如果收入大于支出,产生盈余,这个差额称顺差,可以在顺差前冠以"+"号表示;如果收入少于支出,出现赤字,这个差额称逆差,可以在逆差前冠以"−"号表示。各个局部差额的总计就是国际收支总差额,称国际收支顺差或国际收支逆差,也称国际收支盈余(surplus in the balance of payments)或国际收支赤字(deficit in the balance of payments)。

(二) 记账实例

现以中国为例,列举六笔交易来说明国际收支的记账方法。通过实例对具体记账方法的分析,加深掌握国际收支平衡表中的记账原理,以及了解各账户之间的关系。

例题 1 中国一家公司出口一批价值 100 万美元的货物给日本,并且这家公司将这笔货款存入其在东京银行的活期存款账户。

分析:商品出口会带来货物项目下进账 100 万美元,因此贷记商品出口。付款使对外短期债务下降,记入借方。这笔交易准确记录为:

借:中国在国外的银行存款　　　　　　　100 万美元
贷:商品出口　　　　　　　　　　　　　100 万美元

例题 2 中国居民在英国旅游共花了 50 万美元,这笔费用从该居民在伦敦银行存款账户中扣除。

分析:付款本身应记入资本的借方,因为它代表了外国要求中国付款。特别地,我们把英国人手中的这 50 万美元的旅行服务贷款看成一种证券,它赋予英国向中国要求商品与服务的权利,它等同于在国外的中国资产增加,所以对中国而言,它是资本流入,应记录为资本贷方。整个交易在平衡表中做如下记录:

借:服务进口　　　　　　　　　　　　　50 万美元
贷:在国外银行的存款　　　　　　　　　50 万美元

例题 3 中国政府向巴西提供价值 170 万美元的小麦和 250 万美元外汇的无偿援助。

分析:一国对国外提供无偿援助的实物形式可以看成是该国的出口,而其援助的外汇来源于该国对其官方在国外银行的外汇储备存款取回的隐含行为,因此属于"货币流入",贷记官方储备项目。由于这一对外无偿援助属于单方面对外无偿转移,隐含有"货币流出",因此我们将其记入经常转移和资本转移项目的借方。整个交易在平衡表中做如下记录：
　　借：经常转移　　　　　　　　　　　　170万美元
　　　　资本转移　　　　　　　　　　　　250万美元
　　　贷：商品出口　　　　　　　　　　　170万美元
　　　　　官方储备　　　　　　　　　　　250万美元

例题 4　中国居民动用其在国外的存款在国际资本市场上购买了韩国政府为筹集外汇储备而出售的期限为20年的政府债券，价值1000万美元。

分析：这笔购买国外债券的支付业务属于资本账户下的业务，是资本账户下的证券投资项目且含有"货币流出"的行为，所以借记证券投资；而动用外汇存款含有将钱取回的"货币流入"的性质，因此贷记在外国银行的存款。整个交易在平衡表中做如下记录：
　　借：证券投资　　　　　　　　　　　1000万美元
　　　贷：在国外银行的存款　　　　　　1000万美元

例题 5　德国某跨国公司以价值3000万美元的技术与设备投入其在中国的子公司。

分析：投入中国的设备看成中国的商品进口；而这一业务属于国外对中国本国的投资，并且对本国投资隐含有"货币流入"的性质，因此贷记资本与金融账户下外国对中国的直接投资。整个交易在平衡表中做如下记录：
　　借：商品进口　　　　　　　　　　　3000万美元
　　　贷：外国对中国的直接投资　　　　3000万美元

例题 6　中国某跨国公司将其在阿根廷投资所得800万美元中的300万美元用于当地再投资，500万美元存入其在国外银行的存款账户中。

分析：本国企业在国外投资利润的收回，这一业务是一种"货币流入"，因此贷记国外投资利润收入；而其中300万美元的再投资属于对外的长期投资项目，500万美元的存款业务是借记在国外银行的存款。整个交易在平衡表中做如下记录：
　　借：在国外银行的存款　　　　　　　500万美元
　　　　对外长期投资　　　　　　　　　300万美元
　　　贷：海外投资利润收入　　　　　　800万美元

我们将上述各笔交易绘制成国际收支平衡表如下：

表 10.1.2　国际收支平衡表　　　　　　　　　　（单位：万美元）

	借　方	贷　方	差　额
商品贸易	3000	100+170	-2730
服务贸易	50		-50
收入		800	800
经常转移	170		-170
经常账户合计	3220	1070	-2150

续表

	借方	贷方	差额
资本转移	250		−250
直接投资	300	3000	2700
证券投资	1000		−1000
其他投资	100+500	50+1000	450
官方储备		250	250
资本与金融账户合计	2150	4300	2150
总计	5370	5370	0

第二节 国际收支的平衡与失衡

一、国际收支的平衡

国际收支平衡表是按照复式记账法原则编制的，所以平衡表上的借方和贷方总是平衡的，但这种平衡只是形式上的平衡。判断一国的国际收支平衡与否，仅看平衡表中借贷余额是不够的。为了更好地解决这一问题，首先将国际经济交易分为自主性交易（autonomous transaction）和调节性交易（accommodating or compensatory transaction）两种。

自主性交易是指那些基于商业动机，为追求利润或其他利益而独立发生的交易，经常项目和资本项目都属于自主性交易。这些交易所产生的货币收支并不一定能够完全相抵，由此产生的外汇超额供给或超额需求会引起外汇价格（即汇率）的变动。调节性交易是指国际收支的自主性交易各项目发生缺口时，为补偿这个缺口而需要进行的交易，如短期资本移动、黄金、外汇储备的变动等。

从上述两种不同交易的性质来判断，如果一国国际收支中的自主性交易收支自动相等或基本相等，不必依靠调节性交易来补偿，这说明该国的国际收支是平衡的；如果自主性交易收支不能自动相抵，而需要依靠调节性交易来补偿才能维持平衡，则这种平衡只是形式上的平衡。所以，国际收支是否平衡实际上主要看自主交易所产生的借贷余额是否相等，国际收支平衡表的平衡只是形式上的平衡，是虚假的、暂时的、被动的平衡，是不能长期维持下去的。

二、国际收支失衡的原因及影响

国际收支反映了一国与世界其他各国之间的各种经济交易活动。通过国际商品和资本的流动，国内外商品市场、金融市场（包括证券市场和货币市场）连为一体，相互影响。当一国的经济失衡时，会通过国际收支途径传递到与之联系的其他各国；同样，当外国的商品市场和金融市场失衡时,也会通过国际收支的途径传递给国内的经济。因此,国际收支的变动集中体现着国际经济的震荡或冲击及相互蔓延。我们可以将造成国际收支不平衡的原因分成以下几种:

(一)周期性因素

经济周期对一国国际收支有重要影响,经济周期呈现危机、萧条、复苏、繁荣四个阶段性特征。在经济衰退时,收入减少,需求下降,进口减少,可能引起经常收支顺差;但经济衰退也会造成外资流出,从而引起资本项目逆差。而在繁荣时期可能出现相反的情况。由于国际上各国经济周期所处的阶段不同,在各国经济联系日益密切的今天,国际收支周期性不平衡也会在各国之间相互传播。

(二)收入性因素

它是指受国民收入变化的影响而出现的国际收支的失衡。一般而言,一国的经济增长率高,则其国民收入增长快,自主性交易的支出随之增加,从而引发国际收支逆差;反之,一国的经济增长率低,则其国民收入减少,自主性交易的支出则随之减少,国际收支顺差。

(三)货币性因素

由于一国的价格水平、成本、汇率、利率等货币性因素变动所造成的国际收支失衡,被称为货币性失衡(monetary disequilibrium)。如一国货币发行数量过多出现通货膨胀,该国产品的成本与物价普遍上升,由此导致出口减少,进口相对增加;另外,本国利息率下降,造成资本流出增加,流入减少,使国际收支出现赤字。货币性失衡与经常账户和资本账户收支均有关。

(四)结构性因素

由于国内生产结构的调整难以适应世界市场的变化而引起的国际收支的不平衡称为结构性失衡。在国际市场发生急剧变化的情况下,一国的生产结构一时难以适应,对外贸易和国际收支就会产生失衡的现象。例如,大多数发展中国家出口以初级产品为主,进口以制成品为主。但近年来,由于国际市场上制成品价格大幅上扬,而初级产品的价格增长缓慢,导致这些国家的贸易条件日趋恶化,从而使其国际收支困难。

(五)外汇投机和不稳定的国际资本流动的因素

这是由于实行浮动汇率制后汇率的变动风险所带来的失衡。国际金融市场存在巨额的短期资本即游资(hot money)的频繁移动,常常造成一国国际收支的不稳定,从而影响国内经济。

在西方国家,国际收支均衡作为对外经济的目标,与充分就业、物价稳定和经济增长等国内经济目标具有同等重要的地位。如果出现综合差额赤字,会产生本币对外价格向下浮动的压力,而一国进行干预,就会耗费国际储备,引起本国货币供应的减少,影响本国生产和就业,进而影响对外金融实力,降低国家信用。反之,长期的巨额盈余就会带来国际储备的增加，造成货币供应增加，引发通货膨胀，还可能引起国际摩擦，不利于国际经济关系。因此，保持国际收支平衡成为一国经济发展的重要目标之一。

三、国际收支平衡表的分析方法

对一国国际收支平衡表的分析，通常可以采用以下四种方法：

（1）对表内各个项目逐项进行分析。国际收支平衡表上的每一个项目及其差额数字都代表特定含义，分析它们可以了解该国对他国各种不同项目的经济往来情况。

（2）对表内各项目局部差额进行分析。各项局部差额影响着整个国际收支的情况，从局部差额来分析可以找出国际收支不平衡的原因所在，并进行有针对性的解决。如一个国家国际收支平衡表中的经常项目为小额顺差、资本项目为巨额逆差，从而导致其整个国际收支逆差，若不分析其局部差额，就很难看出"对外经济扩张（资本项目逆差说明输出多于输入）"是引起其国际收支逆差的真正原因。因此，局部差额分析在国际收支平衡分析中很有意义。

（3）对国际收支总差额进行分析。国际收支总差额是国际收支平衡表中的经常项目与资本项目相加后，再加上"错误与遗漏"项目的差额后得出的结果。分析这一差额的大小以及在平衡项目中是如何获得平衡的，能较全面、细致地了解该国国际收支的真实情况。

（4）对一个国家不同时期的国际收支平衡表综合起来进行分析。一个国家某一时期的国际收支平衡表有时不能反映其对外贸易和对外金融的全貌及特征。由于突发性的战争而导致某国国际收支逆差，不能说明该国经济衰退，而很可能是因大量进口军火应付战争造成的。此外，由于战争而使该国资本外逃也可能对该国国际收支产生重大影响。所以，要掌握某一国对外经济交往的全貌和特征，必须连续分析该国不同时期的国际收支平衡表。

第三节　我国的国际收支平衡表分析

新中国成立以来相当长的时间内，我国没有编制国际收支平衡表，只是编制外汇收支平衡表。外汇收支平衡表只反映了对外贸易和贸易的收支情况，而没有反映与国外资金来往的情况，这是因为过去我国与西方国家间的资金借贷关系很少。改革开放以后，单纯依靠外汇收支统计已经不能全面、综合地反映出我国对外经济贸易状况。1980年，我国恢复在国际货币基金组织和世界银行的合法席位后，开始尝试编制国际收支平衡表。1985年9月，国家外汇管理局正式公布了我国1982—1984年的国际收支平衡表。我国的国际收支平衡表基本上是按照IMF的标准格式编制的，但也有自己的特点。下面以2020年我国国际收支平衡表为例进行分析。

总体来看,2020 年,我国国际收支在总体上继续保持"顺差"格局。经常项目顺差 2740 亿美元,较上年增长 166%,主要得益于我国率先控制了新冠疫情,实现复工复产。其中,货物贸易顺差 5150 亿美元,增长 31%;服务贸易逆差 1453 亿美元,下降 44%;初次收入逆差 1052 亿美元,增长 168%;二次收入顺差 95 亿美元,减少 8%。资本和金融项目逆差 1058 亿美元,由 2019 年的顺差 263 亿美元转变为逆差。2020 年末,国家外汇储备比上年末减少 262 亿美元;净误差与遗漏 1681 亿美元,比 2019 年上升 30%。

表 10.3.1　2020 年中国国际收支平衡表（亿美元）

项　目	差　额	贷　方	借　方
1. 经常账户	2740	62479	−58453
1.A　货物和服务	3697	27324	−23627
1.A.a　货物	5150	24972	−19822
1.A.b　服务	−1453	2352	−3805
1.A.b.1　加工服务	127	132	−5
1.A.b.2　维护和维修服务	43	77	−34
1.A.b.3　运输	−381	566	−947
1.A.b.4　旅行	−1163	142	−1305
1.A.b.5　建设	46	126	−81
1.A.b.6　保险和养老金服务	−70	54	−123
1.A.b.7　金融服务	10	43	−33
1.A.b.8　知识产权使用费	−292	86	−378
1.A.b.9　电信、计算机和信息服务	59	389	−330
1.A.b.10　其他商业服务	198	702	−504
1.A.b.11　个人、文化和娱乐服务	−20	10	−30
1.A.b.12　别处未提及的政府服务	−11	25	−36
1.B　初次收入	−1052	2417	−3469
1.B.1　雇员报酬	4	42	−38
1.B.2　投资收益	−1071	2244	−3315
1.B.3　其他初次收入	16	26	−10
1.C　二次收入	95	376	−281
1.C.1　个人转移	4	42	−38
1.C.2　其他二次收入	91	334	−244
2. 资本和金融账户	−1058	—	—
2.1　资本账户	−1	2	−2

续 表

项　目	差　额	贷　方	借　方
2.2　金融账户	**−1058**	—	—
资产	−6263	—	—
负债	5206	—	—
2.2.1 非储备性质的金融账户	−778	—	—
资产	−5983	—	—
负债	5206	—	—
2.2.1.1　直接投资	1026	—	—
2.2.1.1.1　资产	−1099	—	—
2.2.1.1.1.1　股权	−836	—	—
2.2.1.1.1.2　关联企业债务	−263	—	—
2.2.1.1.2　负债	2125	—	—
2.2.1.1.2.1　股权	1700	—	—
2.2.1.1.2.2　关联企业债务	425	—	—
2.2.1.2　证券投资	873	—	—
2.2.1.2.1　资产	−1673	—	—
2.2.1.2.1.1　股权	−1310	—	—
2.2.1.2.1.2　债券	−363	—	—
2.2.1.2.2　负债	2547	—	—
2.2.1.2.2.1　股权	641	—	—
2.2.1.2.2.2　债券	1905	—	—
2.2.1.3　金融衍生工具	−114	—	—
2.2.1.3.1　资产	−69	—	—
2.2.1.3.2　负债	−45	—	—
2.2.1.4　其他投资	−2562	—	—
2.2.1.4.1　资产	−3142	—	—
2.2.1.4.1.1　其他股权	−5	—	—
2.2.1.4.1.2　货币和存款	−1304	—	—
2.2.1.4.1.3　贷款	−1282	—	—
2.2.1.4.1.4　保险和养老金	−33	—	—
2.2.1.4.1.5　贸易信贷	−369	—	—
2.2.1.4.1.6　其他	−149	—	—

续表

项 目	差 额	贷 方	借 方
2.2.1.4.2 负债	579	—	—
2.2.1.4.2.1 其他股权	0	—	—
2.2.1.4.2.2 货币和存款	774	—	—
2.2.1.4.2.3 贷款	−354	—	—
2.2.1.4.2.4 保险和养老金	33	—	—
2.2.1.4.2.5 贸易信贷	76	—	—
2.2.1.4.2.6 其他	51	—	—
2.2.1.4.2.7 特别提款权	0	—	—
2.2.2 储备资产	−280	—	—
2.2.2.1 货币黄金	0	—	—
2.2.2.2 特别提款权	1	—	—
2.2.2.3 在国际货币基金组织的储备头寸	−19	—	—
2.2.2.4 外汇储备	−262	—	—
2.2.2.5 其他储备资产	0	—	—
3. 净误差与遗漏	−1681	—	—

注：本表根据《国际收支和国际投资头寸手册》(第六版)编制。经常账户、资本账户采用全额方式记录贷方和借方发生额，金融账户采用净额方式记录资产负债的净变动。借方金额减贷方金额与差额不等系由四舍五入导致。

数据来源：国家外汇管理局网站(www.safe.gov.cn)。

基本概念

国际收支(balance of payment, BOF)

经常账户(current account)

资本账户(capital account)

经常性交易(autonomous transaction)

调节性交易(accommodating or compensatory transaction)

国际收支盈余(surplus in the balance of payments)

国际收支赤字(deficit in the balance of payments)

复习思考题

一、论述题

1. 简述国际收支平衡表的记账方法。

2. 试述国际收支平衡表的基本构成和各组成部分之间的关系。

3. 论述国际收支平衡表的内容和分析方法。
4. 试述国际收支失衡的原因及类型。
5. 试述国际收支失衡的标准。

二、分析题

分析比较 2000 年以来中国国际收支平衡表。

第十一章

汇率与汇率决定理论

本章学习重点
1. 汇率的基本概念
2. 汇率的表示方法
3. 外汇交易的主要形式
4. 汇率决定理论

在国际贸易部分,我们研究了经济中与货币相对的"实物"部分,货币没有直接被考虑在内,讨论的是关于商品的价格。现在,我们开始讨论国际经济中的货币问题。这里,货币被直接考虑在内,商品价格用本币和外币的形式表示。

在这一章中,我们将定义汇率,考察外汇市场的功能。讨论外汇风险和回避风险的外汇交易,研究即期和远期外汇交易,套汇和套利的交易过程,外汇期货与期权的不同,研究抛补套利和非抛补套利的区别,并介绍套期保值和投机业务。最后,我们将介绍汇率理论。

第一节 外汇汇率

在这一部分中,我们先定义汇率,并给出在浮动汇率制度下它是如何决定的。然后,我们将解释不同货币中心的汇率如何通过套利趋于相等,还要区分即期汇率与远期汇率,并考察其意义。最后,我们将讨论外汇期货与期权。

一、外汇

国际上清偿债权债务,必然要产生国际的货币兑换。这是因为世界上的每一个国家都有自己独立的货币和货币制度,各国货币相互之间不能流通使用,所以必须按照一定的比率进行兑换。

(一) 外汇的定义

外汇这一概念有动态和静态两种表述形式,而静态外汇的概念又有广义和狭义之分。

外汇的动态定义是指一个国家的货币,借助于各种国际结算工具,通过特定的金融机构,兑换成另一个国家的货币,以清偿国际间债权债务关系的一个交易过程。

外汇的静态定义是指在国际经济交易中的支付手段。广义的静态外汇概念,通常用于国家的管理法令之中,它是指一切用外币表示的资产。其主要包括:① 外国货币,包括钞票、铸币等;② 外币有价证券,包括政府公债、国库券、公司债券、股票、息票等;③ 外币支付凭证,包括票据、银行存款凭证、邮政储蓄凭证;④ 其他外汇资金。

国际货币基金组织曾对一国国际清偿力下的外汇,即外汇储备下过一个定义:"外汇是货币行政当局(中央银行、货币机构、外汇平准基金及财政部)以银行存款、财政部库券、长短期政府证券等形式持有的,在国际收支逆差时可以使用的债权,其中包括中央银行之间与各国政府之间协议而发生的不在市场上流通的债券,不论它是用债务国货币还是债权国货币表示的"。这一定义是指外汇储备并不完全等同于我们所说的外汇,因为除货币行政当局以外的个人或机构持有的上述资产也是外汇。

狭义的静态外汇是指以外币表示的可用于进行国际间结算的支付手段。按照这一概念,只有存放在国外银行的外币资金以及将对银行存款的索取权具体化了的外币票据,才构成外汇。具体来看,外汇主要包括以外币表示的银行汇票、支票、银行存款等。人们通常所说的外汇就是指这一狭义的概念。

(二) 外汇的特点

外汇具有三个特点:① 国际性。外汇是用外币表示的国外资产,用本国货币表示的信用工具和有价证券不是外汇。② 可偿性。外汇是能在国外得到补偿的债权,空头支票等拒付的汇票不能视为外汇。③ 可兑换性。外汇是能兑换成其他支付手段的外币资产。不可兑换货币表示的支付手段一般不能视为外汇,只是一种记账单位。

(三) 外汇的种类

(1) 自由外汇。它是指不需发行国货币当局批准,就可以自由兑换成其他货币,或可以向第三方办理支付的外国货币或其支付手段。美元、英镑、欧元、瑞士法郎、日元等属于自由外汇,世界各国普遍接受。

(2) 记账外汇。它与自由外汇相对,指未经货币发行国批准,不能自由兑换成其他货币,或者对第三方进行支付的外汇。只能根据两国间的清算协定,在双方银行开设专门账户记载使用。

(四) 外汇的作用

(1) 外汇作为主要的国际结算的支付手段,在国际贸易中起到重要的作用,能促进国际贸易的发展,扩大国际经济合作。

(2) 利用外汇这种支付手段,通过办理国际长短期信贷可以有效解决国际间资金供需不平衡的矛盾,进行资金的有效调节,促进投资活动与国际资本的流动。

(3) 外汇也是各国政府进行经济干预的重要工具,政府通过制定一些外汇政策,对国内经济进行有效调控;同时,汇率稳定与否以及币值是否稳定,是衡量一国经济地位的重要指标。

二、外汇汇率

汇率(exchange rate)亦称外汇行市或汇价。一国货币兑换另一国货币的比率,是以一种货币表示另一种货币的价格。

(一) 按国际货币制度的演变划分

固定汇率。它是指由政府制定和公布,只能在一定范围内波动的汇率。

浮动汇率。它是指由市场供求关系决定的汇率。其涨落基本自由,一国货币市场原则上没有维持汇率水平的义务,但必要时可进行干预。

(二) 按制订汇率的方法划分

基本汇率。各国在制定汇率时必须选择某一国货币作为主要比对对象,该国货币被称为关键货币。根据本国货币与关键货币实际价值的对比,制订出对它的汇率,这个汇率就是基本汇率。关键货币是指在国际收支中使用较多、通常可以自由兑换、在世界范围内被普遍接受、在该国外汇储备中占较大比重的货币。

套算汇率,也叫交叉汇率(cross exchange rate)。它是指各国按照对美元的基本汇率套算出的直接反映其他货币之间价值比率的汇率。

(三) 按外汇交易交割期限划分

即期汇率,也称现汇汇率。它是指买卖外汇的双方成交当天或两个交易日以内进行交割的汇率。

远期汇率。它是指在未来一定时期进行交割,而事先由买卖双方签订合同、达成协议的汇率。到了交割日期,由协议双方按预定的汇率进行交易。

(四) 按银行买卖外汇的角度划分

买入汇率也称买入价,即银行向同业或客户买入外汇时所使用的汇率。采用直接标价法时,外币折合本币数较少的那个汇率是买入价,采用间接标价法时则相反。

卖出汇率也称卖出价,即银行向同业或客户卖出外汇时所使用的汇率。采用直接标价法时,外币折合本币数较多的那个汇率是卖出价,采用间接标价法时则相反。

汇差即买入与卖出之间的差价,这个差价是银行买卖外汇的收益,一般为1‰~5‰。银行同业之间买卖外汇时使用的买入汇率和卖出汇率也称同业买卖汇率,实际上就是外汇市场买卖价。

中间汇率是买入价与卖出价的平均数。

一般国家都规定,不允许外国货币在本国流通,只有将外币兑换成本国货币,才能够购买本国的商品和劳务,因此产生了买卖外汇现钞的兑换率,即现钞汇率。按理现钞汇率应与外汇汇率相同,但因需要把外币现钞运到各发行国去,由于运送外币现钞要花费一定的运费和保险费,因此,银行在收兑外币现钞时的汇率通常要低于外汇买入汇率。

（五）按银行外汇付汇方式划分

电汇汇率。电汇汇率是经营外汇业务的本国银行在卖出外汇后，即以电报委托其国外分支机构或代理行付款给收款人时所使用的一种汇率。由于电汇付款快，银行无法占用客户资金头寸，同时，国际间的电报费用较高，所以电汇汇率较一般汇率高。但是电汇调拨资金速度快，有利于加速国际资金周转，因此，电汇在外汇交易中占有绝大部分的比重。

信汇汇率。信汇汇率是银行开具付款委托书，用信函方式通过邮局寄给付款地银行转付收款人所使用的一种汇率。由于付款委托书的邮递需要一定的时间，银行在这段时间内可以占用客户的资金，因此，信汇汇率占有的比重比电汇汇率低。

票汇汇率。票汇汇率是指银行在卖出外汇时，开立一张由其国外分支机构或代理行付款的汇票交给汇款人，由其自带或寄往国外取款所使用的汇率。由于票汇从卖出外汇到支付外汇有一段间隔时间，银行可以在这段时间内占用客户的头寸，所以票汇汇率一般比电汇汇率低。票汇有短期票汇和长期票汇之分，其汇率也不同。由于银行能更长时间运用客户资金，所以长期票汇汇率较短期票汇汇率低。

（六）按对外汇管理的宽严划分

官方汇率。它是指国家机构（财政部、中央银行或外汇管理当局）公布的汇率。官方汇率又可分为单一汇率和多重汇率。多重汇率是一国政府对本国货币规定的一种以上的对外汇率，是外汇管制的一种特殊形式。其目的在于鼓励出口、限制进口，限制资本的流出，以改善国际收支状况。

市场汇率。它是指在自由外汇市场上买卖外汇的实际汇率。在外汇管理较松的国家，官方宣布的汇率往往只起中心汇率作用，实际外汇交易则按市场汇率进行。

三、汇率的标价方法

（一）直接标价法

直接标价法（direct quotation），又叫应付标价法，是一单位外币的本币价格。它是以一定单位的外国货币为标准来计算应该付出多少单位本国货币的标价法。它相当于计算购买一定单位外币所应付的本币数量。在国际外汇市场上，包括中国在内的世界上绝大多数国家目前都采用直接标价法。

在直接标价法下，若一定单位的外币折合的本币数额较前期增多，则说明外币升值或本币贬值，称为外汇汇率上升；反之，若一定单位的外币折合的本币数额较前期减少，这说明外币贬值或本币升值，称为外汇汇率下跌，即外币的价值与汇率的涨跌成正比。

（二）间接标价法

间接标价法（indirect quotation），又叫应收标价法，是指一单位本国货币所能兑换的外国货币的数量。它是以一定单位的本国货币为标准，来计算应收若干单位的外国货币的数量。在国际外汇市场上，欧元、英镑、澳元等均采用间接标价法。如2021年某日欧元兑美元汇率为 1.1335，即 1 欧元等于 1.1335 美元。

在间接标价法中，本国货币的数额保持不变，外国货币的数额随着本国货币币值的变化而变化。如果一定数额的本币能兑换的外币数额比前期少，这表明外币币值上升，本币币值下降，即外汇汇率下跌；反之，如果一定数额的本币能兑换的外币数额比前期多，则说明外币币值下降、本币币值上升，即外汇汇率上升，即外币的价值和汇率的升跌成反比。因此，间接标价法与直接标价法相反。

（三）其他汇率

（1）交叉汇率(cross exchange rate)是根据基本汇率套算出来的其他外币与本币之间的汇率。即一旦两种货币与第三国货币的汇率分别确定下来，它们二者之间的汇率便可以很容易确定。例如，1 欧元兑美元为 1.2，1 英镑兑美元为 1.5，则 1 欧元兑英镑为 0.8，即 0.8 英镑可以买 1 欧元。具体说来：

$$R=欧元的美元价/英镑的美元价=1.2/1.5=0.8$$

（2）有效汇率(effective exchange rate)。随着时间推移，一种货币可能会相对某些货币贬值了，而相对于另一些货币却升值了，所以要算出有效汇率。有效汇率是一国货币相对于该国最重要的一些贸易伙伴国的货币汇率的加权平均值。权重由这些国家与本国贸易关系的重要程度而定。

第二节 外汇市场的功能

外汇市场(foreign exchange markets)是个人、公司、银行买卖外币或外汇的市场。如果一个外汇市场的交易货币和交易者不限定于本国或本地区，这个外汇市场就是一个国际性外汇市场，如伦敦、苏黎世、法兰克福、新加坡、香港、东京和纽约等。这些不同的货币中心由电信网络和荧光屏连接起来，实时联系，构成一个单一的国际外汇市场。

随着世界各地直拨电话服务的推行，外汇市场已经成了一个真正的全球市场，因为交易只需要通一个电话，电话 24 小时服务。当旧金山和洛杉矶完成一天的交易时，新加坡开市了，香港、悉尼、东京也开市了；而当这些地方收市时，伦敦、巴黎、苏黎世、法兰克福、米兰又开市了；而它们收市前，纽约、芝加哥又开市了。

一、外汇市场的参与者

（一）进出口商及其他外汇供求者

进出口商从事进出口贸易活动，是外汇市场上主要的外汇需求者和供给者。出口商出口后要把外汇收入卖出，进口商则要为进口产品对外支付而购买外汇，这些都要在外汇市场上进行。外汇供求者还包括银行和进出口商以外的客户，主要指由运费、保险费、旅费、留学费、赠款、外国有价证券买卖、外债本息收付、政府及民间私人贷款以及由其他原因引起的外汇供求者,当然还包括外汇投机者。

(二) 外汇银行

外汇银行又叫外汇指定银行,是指经过本国中央银行批准,可以经营外汇业务的商业银行或其他金融机构。外汇银行可以分为三种类型:① 专营或兼营外汇业务的本国商业银行;② 在本国的外国商业银行分行;③ 其他经营外汇买卖业务的本国的金融机构,如信托投资公司等。外汇银行在外汇市场上既可以代客户进行外汇买卖,给客户提供尽可能全面的服务并从中获益,也可以用自身的外汇资金或银行信用在外汇市场上直接进行买卖,调整本身的外汇头寸或进行外汇投机买卖,使外汇资产保持在合理的价格水平上,赚取投机的利润收入。

(三) 外汇经纪人

外汇经纪人是指为外汇交易双方介绍交易以获得佣金的中间商人。他的主要任务是利用已掌握的外汇市场各种行情和与银行的密切关系,向外汇买卖双方提供信息,以促进外汇交易的顺利进行。外汇经纪人一般有三类:① 一般经纪人,指那些既充当外汇交易的中介又亲自参与外汇买卖以赚取利润的经纪人;② 跑街经纪人,指那些本身不参与外汇买卖只充当中介赚取佣金的经纪人;③ 经纪公司,指那些资本实力较为雄厚,既充当商业银行之间外汇买卖的中介又从事外汇买卖业务的公司。

(四) 中央银行

各国政府为了防止国际短期资金大量的流动对外汇市场的猛烈冲击,往往利用中央银行对外汇市场进行干预,在外汇短缺时大量抛售,外汇过多时大量买入,从而使本币汇率不致发生过于剧烈的波动。因此,中央银行不仅是外汇市场的参与者,还是外汇收支失衡时的最后买卖人。

二、外汇市场的功能

(一) 转移功能

外汇市场的基本功能是把资金和购买力从一个国家和一种货币转移到另一个国家和另一种货币。它常常通过电汇实现,即把支票通过电报而不是信件汇过去。通过它,一家国内银行可以指令它在某个外币中心的外汇代理行支付一定数额的当地货币给某个人、某个公司或账户。

旅游者出国旅游、国内公司需要从外国进口物资、某人想在国外投资等国际经济交易的结果需要债务人向债权人进行支付,若债务人以债务国货币支付,则债权人需要在外汇市场上兑换成债权国货币;若债权人只接受债权国货币,则债务人需要先将债务国货币在外汇市场上兑换成债权国货币再进行支付。由此可见,外汇市场为这种国际清算提供了便利。

(二) 信贷功能

外汇市场的另一个功能是信贷功能。货物贸易常需要信贷,应允许进口商花一定时间卖出货物,以付清货款,一般来说,出口商允许进口商在 90 日内付款。如果进口商通过商业银行的国外分行付款,出口商常给予他折扣优惠。这样,出口商可以立即得到货款。在延期付款的情况下,到了付款日,还是由银行完成收款工作。

(三) 套期保值

套期保值(hedging)是通过卖出或买入等值远期外汇,轧平外汇头寸来保值的一种外汇业务。

进出口商从签订进出口合约到实际支付或收款,通常都要经过一段时间。由于外汇市场中汇率的易变性,因此,外币债权人和债务人都要承担一定的风险。例如,合同货币汇率下跌会使收款人遭受损失,而计价货币汇率上升则会使付款人蒙受损失。他们若不愿投机,只想用本币保持资产,那么就需要对这些货币资产进行套期保值,以确保该项资产没有净头寸。收款人可以卖出远期外汇,而付款人则可以买入远期外汇,通过套期保值业务使风险降到最低。

(四) 投机功能(speculation)

外汇投机是指根据对汇率变动的预期,有意保持某种外汇的多头或空头,希望从汇率变动中赚取利润的行为。它的主要特征是投机者进行外汇交易,并没有商业或金融交易与之相对应。外汇投机利润具有不确定性,当投机者预期准确时可以赚取利润,但如预期失误则要蒙受损失。

第三节 外 汇 交 易

在这一部分,我们将考察外汇风险的含义,以及那些主要从事商务和投机的个人与公司如何避免或消除这一风险的方法。然后,我们再讨论投机者如何试图通过预测未来汇率的变动而获利。

外汇风险(foreign exchange risk)是指一定时期的国际经济交易中,以外币计价的资产(或债权)与负债(或债务),由于汇率的变动而引起其价值涨跌的不确定性。狭义外汇风险是指汇率风险和利率风险,主要包括交易风险、会计风险和经济风险。广义的风险包括利率风险、汇率风险,也包括信用风险、会计风险、国家风险等。我们是从狭义的角度来讨论风险。

交易风险,又称营业风险,是指由于外汇汇率变化而引起的应收外汇资产或应付外汇债务的本币价值发生变化所产生的风险。它是国际经济活动中最主要的一种风险,即在运用外币进行计价收付的交易中,在合同签订之日到债权债务得到清偿这段时期内,由于汇率变动而使这项交易的本币价值发生变动的可能性。这些外汇债权债务在汇率发生变化之前就已经产生,并在汇率变化之后进行实际收付。

折算风险又称会计风险,是指经济主体在对资产负债进行会计处理的过程中,由于汇率变动而产生的账面上的损益。折算风险在跨国企业中表现得尤为突出，跨国公司的海外分公司或海外子公司一方面在日常经营中使用的是东道国的货币，另一方面，它属于母公司，需要将东道国货币折算为母国货币，编制资产负债表呈报给母公司。某些外汇项目因换算的外汇汇率不同，计算的结果也不一样。

经济风险又称经营风险，指意料之外的汇率变动使国际企业未来收益产生变化的一种潜在风险。意料之外的汇率变动通过对企业生产成本、销售价格，以及产销数量等的影响，使企业的最后收益发生变化。外汇经济风险的特点具体表现在：经济风险不能被准确识别和测量，经济风险在很大程度上取决于销售量、价格或成本的变动对汇率变动的反映程度；经济风险在长期、中期和短期内都存在，而不像交易风险和折算风险是短期的、一次性的；经济风险是通过间接渠道产生的，即使是纯粹的国内企业也会面临经济风险。

防范外汇风险的措施也被称为保值措施，主要是通过外汇交易进行的。我们主要介绍即期外汇交易、远期外汇交易、套汇和套利、外汇期货与期权、抛补套利和不抛补套利、套期保值。

一、即期外汇交易和远期外汇交易

（一）即期外汇交易

即期外汇交易(spot exchange transaction)是外汇交易中最普通的一种，是交易达成后，在成交后的两个交易日内完成货币收付的外汇交易。在这里，要遵守交割地的交易原则，如果交割地的银行不营业，交割日应向下顺延；如果交割日是交割双方任何一方的休假日，就顺延一天。

即期外汇交易所依据的汇率也叫即期汇率(spot rate)。

（二）远期外汇交易

远期外汇交易(forward exchange transaction)是买卖双方现在签订买卖契约，仅提供若干保证金，约定在未来某日依照约定的汇率进行交割的外汇交易。例如，发生在5月20日的一笔交易，其即期交割日为5月22日，那么一个月远期交割日就应该是6月22日。如果6月22日在那个交易中心正好是一个假日，或者交割地的银行恰好不营业，那么顺延一日。但是决不能把日期推延到下一个月；如果正好赶上月末，则应提前到交割日期前的第一个工作日。

远期交易中的汇率也叫远期汇率(forward rate)。

（三）远期升水和远期贴水

远期汇率的均衡点是由未来的市场供给和需求曲线的交点决定的，远期外汇的供求是由套期保值、投机和抛补套利引发的。在任何时点上，远期汇率可能等于、高于或低于即期汇率。

如果远期汇率高于即期汇率，则是外币对于本币有一个远期升水（forward

premium)。相反,如果远期汇率低于即期汇率,就是外币对于本币有一个远期贴水(forward discount)。例如,如果即期汇率为 2 美元=1 英镑,三个月远期汇率为 1.98 美元=1 英镑,就是英镑对美元三个月远期要贴水 0.02 美元,或贴水 1%(即年贴 4%)。如果即期汇率不变,而三个月远期汇率为 2.02 美元=1 英镑,则是英镑兑美元三个月远期要升水 0.02 美元,或升水 1%(年升 4%)。

二、套汇

套汇(arbitrage)是利用不同外汇市场的外汇差价,在某一地买进另一地卖出该种货币,以此赚取利润。它分为两角套汇、三角套汇和多角套汇。

(一) 两角套汇

两角套汇就是利用两个外汇市场的外汇差价,低买高卖,赚取利润。

例如,如果在纽约英镑的美元汇价为 1.99 美元/英镑,伦敦为 2.01 美元/英镑,则套汇者(常为外汇交易商或商业银行)将会在纽约以 1.99 美元/英镑购买英镑,再马上在伦敦以 2.01 美元/英镑卖掉,这样,每英镑可以从中赚得 0.02 美元。尽管每英镑的利润看来很小,但数额大时,例如 100 万英镑,短短几分钟便可赚得 2 万美元。当然,套汇利润还要减去相关的电话、电传、网上业务等产生的费用,但由于费用很小,我们可以忽略它。

由于套汇的存在,两种货币之间的汇率在不同货币中心之间将趋于相等。继续上面的例子,我们可以发现套汇将增加纽约的英镑需求,这会给纽约的英镑价格施加向上的压力,同时,伦敦市场由于英镑卖出,英镑价格将受到向下的压力。这种压力将一直持续,直至两地英镑价格趋于一致(例如 2 美元=1 英镑),这样两地之间的套汇就无利润可图了。

(二) 三角套汇

当有三种货币和三个货币中心时,便存在三点或三角套汇。三角套汇不太常见,因为它需要三种货币在三地间接或交叉套汇。例如,假设汇率如下:

纽约:2 美元=1 英镑,伦敦:0.2 英镑=1 欧元,法兰克福:2.5 欧元=1 美元。交叉汇率是一定的,2 美元=1 英镑=5 欧元,没有套利机会。

但若是英镑的美元价格在纽约为 1.96 美元/英镑,其余的都不变,那么在纽约可用 1.96 美元买 1 英镑,再用这 1 英镑在伦敦购买 5 欧元,再把这 5 欧元在法兰克福换成 2 美元,这样每英镑可以赚 0.04 美元。而如果英镑的美元价格在纽约为 2.04 美元/英镑,则与上面的操作正好相反,即在法兰克福用 2 美元买 5 欧元,再在伦敦换成 1 英镑,再在纽约换成 2.04 美元,每英镑仍可以赚 0.04 美元。

像两角套汇一样,三角套汇会增加货币中心便宜货币的需求,增加较贵货币的供给,这样可以很快消除各地交叉汇率的不一致,从而消除套汇的机会。于是,套汇迅速使各种货币在不同地点的汇价趋于相等,使各种交叉汇率也一致起来,从而使得各个国际货币中心成为一个单一的市场。

(三) 多角套汇(multi-point arbitrage)

当有三种以上货币,以及三个以上货币中心时,便存在多角套汇。多角套汇的原则和三角套汇一样,只是过程更加复杂。

三、外汇期货交易

1972年5月16日,美国芝加哥商品交易所开办的外币对美元的通货期货交易是最早的金融期货。由于布雷顿森林体系崩溃,浮动汇率刚刚出现,各国货币汇率大起大落,为保值、投机,最终产生了通货期货交易。1975年利息率期货出台,1982年推出了股价指数期货,有力促进了资本在国际之间的流动,使金融市场出现了新的繁荣。个人与公司还可以买卖外汇期货与期权。外汇期货交易发端于1972年的芝加哥商品交易所(CME)的国际货币市场(IMM)。

（一）外汇期货交易

外汇期货交易(foreign exchange futures)是指在一个有组织的市场(交易所)中交易的,金额与到期日都标准化的外汇远期合约。如IMM中交易的货币品种为日元、加拿大元、英镑、瑞士法郎和澳大利亚元。

（二）外币期货交易与外汇远期交易的区别

期货交易合同规模标准化,是合同额的倍数。例如,英镑合约为每份62500英镑,加拿大元合约为每份100000加元,日元合约为每份12500000日元。外汇远期交易的数额不限,由交易双方根据需要而定。

期货合同有固定的到期日,如芝加哥IMM,每年只有4天可以交割,合同只在3、6、9、12月的第3个星期三到期,远期外汇可以在任何工作日到期。

定价方式不同,期货价格由公开竞价方式确定,IMM对合约的每日汇率波动作出了限制,合约的买卖双方都要交纳佣金和保证金(保证金约为合约金额的4%)。与IMM相似的市场还有伦敦国际金融期货交易所(LIFFE),它成立于1982年9月。各种货币的期货还在纽约的商品交易所(COMEX)和美国交易所(American Board of Trade)交易。远期外汇则由银行以卖价和买价方式报出。

期货合同买方需向卖方预付抵押金或者合同维持费(保证金),执行每日清算制度,市价与合同价之间的差额每天在合同买卖双方之间用维持费现金划拨支付,每天支付的款额称为变动额(variation margin)。而远期外汇交易无须交纳抵押金,也不必每日进行现金交割。

期货有固定的交易场所,交易只在几个特定的地点进行,如芝加哥、纽约、伦敦、新加坡。期货市场只交易几种货币,远期外汇交易没有固定场所。

期货交易需支付佣金,而远期外汇不必向银行支付佣金,银行从买卖差价中获利。期货合约通常比远期合约金额小,因此,它对于小公司来说比大公司更有用,但也更贵。

四、外汇期权交易

外汇期权交易1978年产生于荷兰,1982年加拿大蒙特利尔、美国费城等相继开办,

20世纪80年代中期以后,在主要国际金融中心盛行起来。1982年以来,投资者、公司和银行都购买外汇期权(交易的货币有澳元、英镑、加元、欧元、日元和瑞士法郎),交易场所有费城股票交易所、芝加哥期权交易所(1984年开始)和银行。

(一)外汇期权交易

外汇期权交易(foreign exchange option)是期权交易的一种,是一个合约,它给购买者一个在事先约定的日期(或在此之前),按规定的价格,买入或卖出一定标准化金额外汇的权利。期权的持有者在该项期权规定的时间内有选择买或不买、卖或不卖的权利,他可以实施该权利,也可以放弃该权利,而期权的出卖者则负有期权合约规定的义务。

如果得到的为"买"的权利,就称作看涨期权;如果得到的为"卖"的权利,则称作看跌期权。如果期权只有在到期日才可以执行,就是欧式期权;如果期权在到期日之前都可以执行,则为美式期权。

(二)期权交易与期货交易的比较

相同点:二者都在规范化、法制化的交易所进行交易;目的都在于转移风险,进行保值或投机,而不在于实现所有权的转移。

不同点:① 交易对象不同。期货可进行实物交割,买卖实际商品或金融资产;期权只是权利的买卖,权利可执行,也可放弃。② 权利和义务不同。期货是双向合约,双方各自享有权利并承担义务;期权是单向合约,只赋予买方权利,卖方接受期权费后无任何权利,仅承担相应的义务。③ 费用不同。期货是交易双方都交纳保证金,并随时追加保证金;期权是买方交纳期权费。④ 盈亏和风险。期货是双方承担无限的盈亏风险,价格无限上涨,买方盈利无限,卖方亏损无限;价格无限下跌,卖方盈利无限,买方亏损无限。而看涨期权是价格无限上涨,买方盈利无限,卖方亏损无限;价格无限下跌,买方亏损有限,卖方盈利有限。看跌期权是价格无限上涨,买方亏损有限,卖方盈利有限;价格无限下跌,买方盈利有限,卖方亏损有限。

五、套利

(一)套利

套利是指投资者或借贷者同时利用两地利息率的差价和货币汇率的差价,运用流动资本在国际间流动以赚取利润。

(二)非抛补套利

非抛补套利是指银行不求外汇头寸平衡,只买不卖或只卖不买。套利者仅仅利用不同货币的利率差,将利率较低的货币转变成利率较高的货币以赚取利润。由于把资金用于国外以获得较高的利率时,先要把本币兑换成外币,之后在到期时还要再把外币兑换成本币,于是便有了投资期间本币贬值的汇率风险。如果采取措施覆盖掉部分风险,我们便说这是抛补套利,否则便是非抛补套利。尽管利率套利通常是抛补的,我们还是先讨论较简单的非抛补套利(uncovered interest arbitrage)。

假如中国的一年期存款利率为4%,而美国的一年期存款年利率为10%,当前汇率为1美元=8元人民币。投资者便可以按照当前汇率用8元人民币兑换成1美元,到美国存入一年期定期存款,一年可以多赚6%的利息。一年到期后得到1.1美元,按照当初汇率,可以换取8.8元人民币,比在国内存款本息和8.32元多。然而一年后美元汇率可能发生变动,投资者每美元只能换回较少的人民币。如果美元贬值,一年后汇率为1美元=7.56元人民币,投资者就只能换回8.316元人民币,比在国内存款亏损0.004元人民币。当然,如果美元升值,投资者便可以同时从高利率和美元升值中获利。

(三) 抛补套利

抛补套利(covered interest arbitrage)是指在即期市场上买入准备投资的外币,同时卖出远期外汇(相当于互换)以避免汇率风险。

把短期资金投资于国外的人一般都希望规避汇率风险。因此,利率套利通常是抛补的。投资者在即期外汇市场购得外汇,以购买外国国库券获取高利率回报,同时他卖出本金与利息的远期外汇,与到期时的金额匹配。因此,当国库券到期时,投资者得到与到期时外币本息等值的本币,而没有汇率风险。

作为说明,我们继续前面的例子。中国的一年期存款利率为4%,而美国的一年期存款年利率为10%,当前汇率为1美元=8元人民币。为进行抛补套利,投资者必须以当前汇率把人民币兑换成美元到美国进行高利率存款,同时,卖出一年后到期可得的美元本息的远期,汇率是当前的一年期远期汇率。只要当前美元的远期汇率高于7.5636元人民币,投资者就可以在回避汇率风险的同时获得两国之间利率差的收益。

(四) 套利对经济的影响

提高资本的使用效率;使不同国家的利息率水平趋于相等;利率较高国家通货的即期汇率上升,远期汇率下降。

六、套期保值和投机

在充满汇率风险的现实中,从事国际贸易的交易者和投资者希望能够减少或消除汇率风险,在外汇交易中,套期保值能减少或消除汇率风险,促进国际贸易和投资活动。而一些投机者则愿意追逐风险,甚至希望汇率风险的存在,如果自己的判断正确,就能获得盈利。

(一) 套期保值

套期保值(hedging)又称对冲交易,是指买入或卖出等值远期外汇,以平衡头寸避免外汇风险的交易。

从事套期保值业务的大多是进出口企业。对于出口企业,签订出口合同以后,该企业在未来某一时点将得到一笔外币并需要换成本币。为了规避风险,该企业应在签订出口合同的同时在外汇市场上卖出数量相等的外币交易合约。这一过程就是套期保值交易,这样企业的利润将大致得到锁定,不受汇率波动影响。进口企业的操作与出口企业相反,在签订国内销售合同的同时在外汇市场上买进数量相等的外币交易合约。

套期保值通常通过远期交易进行。例如,美国进口商签订了一份10万英镑的三个月商品交易合同,三个月后付款。他以当前三个月远期汇率1英镑＝2美元买入三月期的远期英镑,到时支付20万美元得到10万英镑,用于支付货款。当三个月后美元贬值,比如1英镑＝2.5美元,套期保值避免了5万美元的损失。出口商同样可以在本币升值的环境下卖出远期外币货款以避免风险。

套期保值还可以通过即期外汇交易、期货或期权市场来完成。用即期外汇交易避免汇率变动风险需要公司或投资者占用自己的资金,代价则是借款与存款的利息之差。

（二）投机

1. 投机

投机(speculation)与套期相反。套期者希望避免汇率的风险,而投机者接受甚至希望汇率风险或者暴露头寸的存在,因为这样才可能盈利。如果投机者准确预测了汇率走势,他便能盈利;否则,便会亏损。与套期一样,投机可以发生于即期、远期、期货与期权市场,而多数是在远期市场。我们先看看即期市场的投机活动。

如果投机者预计某种货币未来的汇率会上升,他可以现在先买下这种货币,存入银行,留待将来卖出。如果汇率果然上升,他便赚得利润,每单位外币的利润为到时和现行汇率的差额。如果预测是错的,即期汇率到时下跌了,他将亏损,因为他只能以较低的价格卖出外币了。

如果是另一种情况,即投机者确信即期汇率将下跌,他借外币三个月,马上以现行汇率兑换为本币,存入银行,获得利息。三个月后,如果即期汇率降低,他将由于以较低的价格买回外币(用于还债)而获利(当然,汇率要降得足够低,能够补偿由于外币比本币的利息高而造成的损失)。如果三个月后汇率不降反升,那他就会亏损。

2. 远期投机

在上面两例中,投机者都是在即期市场中操作,因此他必须占用自己的资金,或者借入资金。为了避免这一缺陷,像套期保值一样,投机也多在远期市场上进行。例如,如果投机者确信某种货币三个月后的即期汇率高于现行的三个月远期汇率,他将买入一定量的三个月远期的这种货币,到时交割。三个月后,如果他判断正确,他会以较低的合约价格获得这种货币,然后马上以较高的即期汇率卖出,赚取利润。当然,如果他判断错误,即期汇率低于合约时的远期汇率,便会亏损。

假如英镑的三个月远期汇率为1英镑＝2.02美元,投机者确信三个月后即期英镑汇率为1英镑＝1.98美元,他便按照2.02美元的价格卖出三个月远期英镑。三个月后,如果这一预测正确,他在即期市场中以1英镑＝1.98美元的价格买入英镑,再马上用于远期市场交割,而合约价格为2.02美元。这样,他每英镑可以赚得0.04美元。如果三个月后汇率为1英镑＝2.00美元,投机者每英镑便只能赚得0.02美元;如果三个月后,汇率为1英镑＝2.02美元,他不亏不赚;如果即期汇率三个月后比合约时的远期汇率还要高,投机者每英镑亏损的数额等于两个汇率之差。

3. 期权投机

上例中的投机者(预计英镑贬值)还可以购买英镑的看跌期权(三个月后到期,执行价格是 2.02 美元/1 英镑)。如果他是正确的,三个月后即期汇率果然变为 1.98 美元/1 英镑,他便会执行期权,即期市场上以 1.98 美元/1 英镑买入英镑,执行期权可以以 2.02 美元/英镑卖出。这样,他每英镑可赚 4 美分(再扣除期权价格便是他的净利润)。这样,结果与用远期合约相同,只是期权价格可能要比订立远期合约费用高,从而净利润少一些。相反,如果投机者预测错误,三个月后的英镑即期汇率要比他预计的高许多,他将不执行期权,损失的只是期权价格。而如果采用远期方式,他就必须履行合约,损失会大得多。

4. 稳定性的投机和不稳定性的投机

投机可以分为"稳定性"的和"不稳定性"的。稳定性的投机(stabilizing speculation)是指当外币的本币价格(即汇率)下跌或很低时买入外币,期待着汇率在不久后上升再卖出而获利。或者当汇率上升或较高时卖出外币,期待着它会很快降下来再买入以获利。稳定性的投机可以抑制汇率的过度波动,作用是较大的。

不稳定性的投机(destabilizing speculation)是指汇率下跌或较低时还卖出外币,期待着它降得更低,或者当汇率上升或较高时仍买入外币,期望它升得更高。这样,不稳定性的投机会加剧汇率的变动,会对国际贸易和投资产生破坏性的影响。投机究竟是稳定性的还是不稳定性的是个重要问题,一般认为,在"通常"情况下投机都是稳定性的,我们也这样假设。

投机者常常是富裕的个人或是公司,而不是银行。然而,任何将来要以外币付款的人如果预期汇率上升便可以做加速付款的投机;而如果预测汇率下降,便可以做延迟付款的投机。而在未来将收款的人则可以采取相反的策略。例如,一名预测汇率很快会上升的进口商会愿意马上订货,马上付款。相反,预测汇率将很快上升的出口商则愿意延迟发货,延长付款期限。这些已知的率先或滞后也是投机的一种形式。

第四节 汇率决定理论

在这一节中,我们介绍有关汇率决定的理论,汇率决定理论是货币经济理论的国际延伸,它主要研究汇率是如何决定和变动的。早期的汇率理论可以追溯到中世纪的"公共评价理论",金本位制度下汇率是由两国货币的法定含金量决定的。几百年来,人们在汇率理论方面不断取得突破和进展,形成了许多富有特色的学说和流派。汇率决定理论主要有国际借贷学说、购买力平价学说、利率平价学说、国际收支说、资产市场说。资产市场说又分为货币分析法与资产组合平衡分析法。货币分析法又分为弹性价格货币分析法和粘性价格货币分析法。

一、汇率决定的国际借贷论

国际借贷论(theory of international indebtedness)以金本位制度为背景,较为完善地阐述了汇率与国际收支的关系,是在金本位制度下阐述汇率理论的重要学说,由英国经济学家戈森于1861年提出。当时,英国发生的汇率理论演进中影响极其深远的"金块论争"尚未完全结束,任职于英格兰银行董事会的戈森出版了《外汇理论》,系统阐明了自己的观点,并且改变了当时人们研究汇率的主要方向。

国际借贷学说主要观点是:外汇汇率是由外汇的供给与需求所决定。外汇供求产生的原因是由于国与国之间存在借贷关系,借贷关系是产生外汇收支的原因,因而是汇率变动的主要依据。国际借贷关系并不仅仅是由于商品的输出或输入而发生,其他如股票、公债的买卖、利润、捐赠的收支、旅游收支,以及资本交易等都会引起国际借贷关系。国际借贷分为固定借贷与流动借贷:前者指借贷关系已形成,但未进入实际支付阶段的借贷;后者指已进入支付阶段的借贷。只有流动借贷的变化影响外汇的供求关系。流动借贷与外汇汇率的关系:如果流动借贷中的债权大于债务,外汇的供给就会大于外汇的需求,引起本币升值、外币贬值。相反,如果一定时期内进入实际支付阶段的债务大于债权,外汇的需求就会大于外汇的供给,最终导致本币贬值、外币升值。戈森认为物价水平、黄金存量、利率水平和信用关系等也对汇率产生影响,但它们都是次要因素。

该学说以金本位制度为前提,把汇率变动的原因归结为国际借贷关系中的债权与债务变动导致的外汇供求变化,在理论上具有重要意义,在实践中也有合理之处。不足之处在于戈森仅仅说明了国际借贷差额不平衡时,外汇供求关系对汇率变动的影响,而未说明国际借贷平衡时汇率是否会变动,更没有说明汇率的变动是否存在着一个中心,即汇率的本质是什么。因此,在金本位制度转变为纸币本位制度后,国际借贷学说的局限性就日益显现出来了。

二、汇率决定的购买力平价理论

购买力平价理论(theory of purchasing power parity, PPP)是第一次世界大战以来,诸多汇率理论中最有影响力的理论之一。它的历史可以追溯到16世纪西班牙萨拉蒙卡学派关于货币购买力的论述。1922年,瑞典学者卡塞尔(Cassel)出版了《1914年以后的货币和外汇》一书,系统地阐述了购买力平价学说,被认为是购买力平价理论的创立者。购买力平价说分为两种形式:绝对购买力平价和相对购买力平价。

卡塞尔认为,本国人之所以需要外国货币,是因为这些货币在外国市场上具有购买力,可以买到外国人生产的商品和劳务;外国人之所以需要本国货币,是因为这些货币在本国市场上具有购买力,可以买到本国人生产的商品和劳务。因此,货币的价格取决于它对商品的购买力,两国货币的兑换比率就由两国货币各自具有的购买力的比率决定。购买力比率就是购买力平价理论。进一步说,汇率变动的原因在于购买力的变动,而购买力变动的原因又在于物价的变动。这样,汇率的最终变动取决于两国物价水平变动的比率。

假设各国的同类商品之间差异很小,具有均质性,而且没有任何贸易关税和运输等费用,在完全竞争的国际市场上自由买卖,那么,这种商品在不同地方使用同一种货币表示的价格应当相等,我们称这一价格为国际均衡价格。这就是所谓的"一价定律"(law of one price),它表示在自由贸易条件下,世界市场上的每一件商品不论在什么地方出售,扣除运输费用,其价格都是相同的。那么,本国价格水平就等于以外国货币表示的本国货币价格与外国价格水平的乘积。例如,一种衬衫在美国卖10美元,在英国卖4英镑,根据一价定律,两国的汇率即为1英镑=2.5美元,此时英国衬衫的价格与美国衬衫的价格是相同的。

一价定律的公式可表示为:

$$P = EP^*$$

其中,P 为贸易商品的国内价格,P^* 为同一商品用外币表示的价格,E 为两国货币的即期汇率。

无论考察某一时点或一段时间内的变化,只要自由贸易充分发展,一价定律对于大宗可贸易商品都是成立的,商品套利将使得各地该商品实现"一价"。如果一价定律对所有产品都成立的话,那绝对购买力平价也成立。

(一)绝对购买力平价

绝对购买力平价(absolute purchasing power parity)是指本国货币与外国货币之间的均衡汇率等于本国货币与外国货币购买力或物价水平之间的比率。一国货币的价值及对它的需求是由单位货币在国内所能买到的商品和劳务量决定的,即由它的购买力决定的,因此两国货币之间的汇率可以表示为两国货币的购买力之比。而购买力的大小是通过物价水平体现出来的。

由于货币的购买力可表示为一般物价水平(通常以物价指数表示)的倒数,绝对购买力平价的公式可以写为:

$$E = \sum P_A / \sum P_B$$

其中,E 为绝对购买力平价形式下的汇率,$\sum P_A$ 为A国的一般物价水平,$\sum P_B$ 为B国的一般物价水平。

公式中的一般物价水平是指国家的价格总水平,即一个国家在市场上出售的全部商品的价格总水平。价格总水平代表一国货币的购买力,如果仅仅限于进出口商品的价格商品,那是不能代表一个国家货币的购买力的。

绝对购买力平价理论的局限性:绝对购买力平价理论只考虑了货币供给量、利率、国民收入等决定一般价格水平的因素对汇率的影响,忽略了相对价格的变动和成本等因素的影响;一国的商品并非都在国际商品市场上交易,但价格水平显然包含了所有商品的价格。实际上,非贸易品价格的变化并不影响外汇的供求关系,因此对汇率没有影响。

（二）相对购买力平价

相对购买力平价(relative purchasing power parity)是指在一定时期内,汇率的变化要与该时期两国物价水平的相对变化成比例。相对购买力平价在表示一段时期内汇率的变动时考虑到了通货膨胀因素。两国物价水平的变化影响汇率的变化,变化后的汇率取决于两国货币购买力的相对变化率,汇率的变化率是由本国通货膨胀率与外国通货膨胀率之比决定的。

E_o 代表过去或基期的汇率,E_t 代表 t 时期的汇率,$P_{A(o)}$ 代表 A 国基期物价指数,$P_{A(t)}$ 代表 A 国 t 时期的物价指数,$P_{B(o)}$ 代表 B 国基期物价指数,$P_{B(t)}$ 代表 B 国 t 时期的物价指数,由相对购买力平价决定汇率的公式是:

$$E_t = E_o \times \frac{P_{A(t)}/P_{A(o)}}{P_{B(t)}/P_{B(o)}}$$

如果假设 $i_{A(t)}$ 为 A 国物价在经过 t 时间后,比基期物价水平上升的幅度(通货膨胀率),$i_{B(t)}$ 为 B 国物价在经过 t 时间后,比基期物价水平上升的幅度,则有:

$$\frac{P_{A(t)}}{P_{A(o)}} = 1 + i_{A(t)}$$

$$\frac{P_{B(t)}}{P_{B(o)}} = 1 + i_{B(t)}$$

这样,由相对购买力平价决定汇率的公式又可表示为:

$$E_t = E_o \times \frac{1 + i_{A(t)}}{1 + i_{B(t)}}$$

对于 E_o 的选择,卡塞尔指出,不是过去任何一个时期都可以用来做基期的,必须选择正常的时期,即选择汇率等于绝对购买力平价的时期。如果基期选择不当,对目前均衡汇率 E_t 的计算就会发生系统偏离。

（三）对购买力平价理论的评价

购买力平价理论产生于第一次世界大战刚刚结束时期,是世界经济动荡不安的产物。当时,各国相继从金本位制改行纸币流通制度,通货膨胀现象十分严重,提出该理论是适时的,并有一定道理的。购买力平价理论在提出后的几十年中,一直受到国际学术界的高度重视。人们围绕它的争论旷日持久,证明了这个理论既有合理的一面,又有不足的一面。

购买力平价理论的合理性具体表现在以下几方面:

(1) 解释了长期汇率变动的原因。该理论较令人满意地解释了长期汇率变动的原因,通过物价与货币购买力的关系去论证汇率的决定及其基础,这在研究方向上是正确的。由于纸币作为金银的符号代表一定的价值,并且有一定的购买力,在给定商品价值的条件下,纸币购买力的国际差异实际上就是纸币所代表的价值量的差异。

(2) 引入了通货膨胀因素。该理论直接把通货膨胀因素引入汇率决定的基础之中,这在物价剧烈波动、通货膨胀日趋严重的情况下,有助于合理地反映两国货币的对外价值。相对购买力平价理论在物价剧烈波动、通货膨胀严重时期具有相当的意义。因为它是根据两国货币各自对一般商品和劳务的购买力比率,作为汇率决定的基础,能相对合理地体现两国货币的对外价值。另外,从统计验证来看,相对购买力平价很接近均衡汇率,是两国确定汇率的重要基础。

(3) 对国家制定经济政策有参考意义。该理论有可能在两国贸易关系新建或在战争等原因造成两国间贸易关系中断之后,重建或恢复这种关系时,提供一个可参考的均衡汇率。

(4) 该理论把物价水平与汇率相联系,这对讨论一国汇率政策与发展出口贸易具有重要的参考意义。它是西方国家最重要的、唯一的传统汇率决定理论,为金本位制度崩溃后各种货币定值和比较提供了共同的基础。

购买力平价理论的不足具体表现在以下几方面:

(1) 理论基础存在错误。其理论基础是货币数量论,但货币数量论与货币的基本职能是不相符合的。该理论只是从事物的表面联系出发,认为货币的交换比率取决于货币的购买力之比,这实际上是把货币所代表的价值看成是由纸币的购买力决定的,这种本末倒置的想法使得该理论无法揭示汇率的本质。

(2) 将汇率变动的原因完全归咎于购买力的变化,忽视了其他因素。该理论强调货币数量或货币购买力对汇率变动的影响,而忽视了生产成本因素、投资储蓄、国民收入、国际资本流动、生产成本、贸易条件、政治经济局势等对汇率变动的影响。同时,该理论也忽视了汇率变动本身对货币购买力的影响。事实上,货币的购买力只是影响汇率变动的重要因素之一,而不是全部。

(3) 该理论的运用有严格的限制和一定的困难。该理论在计算具体汇率时,存在许多困难。它要求两国的经济形态相似,生产结构和消费结构大体相同,价格体系相当接近,不然的话,两国货币的购买力就没有可比性。同时,在物价指标的选择上,是以参加国际交换的贸易商品的价格为指标,还是以国内全部商品的价格为指标,很难确定。即使能够确定,由于经济活动千变万化和商品权重在各国不一致,在计算汇率时也会面临一些技术性的困难。

(4) 该理论的推论"一价定律"没有现实基础。因为经济生活中的贸易关税、运输费用、产业结构和技术进步等的变动都会引起国内物价的变化,使得一价定律无法实现,被称为"未经证明的经济假设"。

三、汇率决定的利率平价理论

利率平价理论(interest rate parity)最早出现于20世纪20年代。英国经济学家凯恩斯是古典利率平价理论的主要代表人物,他于1923年出版的《货币改革论》一书首先提出该理论。而完成古典利率平价理论体系并为现代利率平价理论开辟新道路的是英国经济学家保罗·爱因奇格。

利率平价理论认为,汇率的本质是两国货币的相对价格,在开放经济条件下,两国货币之间的汇率由金融资产市场上两国货币资产的收益来决定。理性的投资者将比较本国或外国资产的投资收益率,据此制定投资策略,由此产生了对外币和本币的相对供求,进而决定两国汇率。当本国利率低于外国时,投资者为获得较高收益,会将其资本从本国转移到外国,以进行套利活动,获取利息差额。但他要达到此目的,必须以两国货币汇率保持不变为前提条件;如果汇率发生对其不利的变动,他不仅不能获得较高收益,反而会遭受损失。为避免这种情况,投资者会在远期外汇市场,按远期汇率将其在外国投资所得收益卖为本国货币,并将此收益同在本国投资所得收益进行对比。这种对比的结果,便是投资者确定投资方向的依据。两国投资收益存在差异,形成了资本在国际间的移动。直到通过利率的调整,两国的投资收益相等时,国际资本移动才会终止。套利分为抛补套利和非抛补套利。在抛补套利的情形下,利率平价理论认为,与即期汇率相比,利率低的国家货币的远期汇率会上升,而利率高的国家货币的远期汇率会下跌,远期汇率同即期汇率的差价,约等于两国间的利率差。在非抛补套利的情形下,则表现为预期汇率与即期汇率的差价约等于两国间的利率差。

利率平价学说从资金流动的角度指出了汇率与利率之间的密切关系,有助于正确认识现实外汇市场上汇率的形成机制,具有特别的实践价值,它主要用于短期汇率的决定。利率平价学说不是一个独立的汇率决定理论,与其他汇率决定理论之间是相互补充,而不是相互对立的。

但这一理论也存在一些缺陷,主要表现在:

(1) 利率平价说没有考虑交易成本,然而交易成本却是很重要的因素。如果各种交易成本过高,就会影响套利收益,从而影响汇率与利率的关系。如果考虑交易成本,国际间的抛补套利活动在达到利率平价之前就会停止。

(2) 利率平价说假定不存在资本流动障碍,假定资金能顺利地、不受限制地国际流动。但实际上,资金的国际流动会受到外汇管制和外汇市场不发达等因素的阻碍。目前,只有在少数国际金融中心才存在完善的期汇市场,资金流动所受限制也少。

(3) 利率平价说还假定套利资金规模是无限的,故套利者能不断进行抛补套利,直到利率平价成立。但事实上,从事抛补套利的资金并不是无限的,这是因为:第一,与持有国内资产相比较,持有国外资产具有额外的风险。随着套利资金的递增,其风险也是递增的。第二,套利还存在机会成本,由于套利的资金数额越大,则为预防和安全之需而持有的现金就越少。而且,这一机会成本也是随套利资金的增加而递增的。基于以上种种因素,在现实世界中,利率平价说往往难以成立。

四、汇率决定的货币主义理论

货币主义汇率决定理论(monetary approach)最早可追溯到18世纪休谟的货币数量论,直到20世纪70年代实行浮动汇率制度以后,货币主义汇率决定模型才真正建立。它一度成为国际货币基金组织、世界银行等重要经济组织制定汇率政策、分析和预测汇率变化的主要依据之一。

与传统理论相比,货币主义学者认为汇率是两国货币的相对价格,而不是两国商品的相对价格,运用了一般均衡的分析方法来分析汇率的决定。根据不同市场在受到冲击后价格调整快慢的不同假定,货币主义模型可以分为弹性价格模型和粘性价格模型。

（一）货币主义的弹性价格模型

货币主义的弹性价格模型(flexible price monetary approach)形成于20世纪70年代中期,是由芝加哥大学亨利·约翰逊为首的一批经济学家提出,并由佛兰克等人加以系统阐述。

(1) 内容。该理论是在绝对购买力平价基础上发展起来的,强调货币市场在汇率决定过程中的作用,把汇率看成是两国货币的相对价格,而不是两国产品的相对价格。它认为,汇率是由货币市场上存量均衡条件,即由各国货币供给与需求的存量均衡决定的。当两国货币的存量同人们愿意持有的量相一致时,两国货币的汇率可达到均衡。

弹性价格模型的许多内容实际上是对购买力平价理论的补充,但它与购买力平价理论有着显著的区别,它可以很好地避免购买力平价检验中选择不恰当的物价指数或不恰当的基期的可能,将难以真实测量的物价因素考虑在货币的需求之中。

(2) 公式。该理论的研究方法是把货币数量论与购买力平价理论结合起来,分析汇率决定和变动的主要原因。它的假设是：① 存在着自由的资本市场和较强的资本流动性,使国内外资产具有充分的替代性;② 存在着有效的市场,使人们对未来汇率的预期可以强烈地影响汇率;③ 存在着充分的国际资金和商品套购套买活动,使"一价定律"得以实现,并且各国的名义利率将等于实际利率加预期通货膨胀率,各国的实际利率也将是相同的;④ 市场参与者能够根据信息和理论模式,对汇率作出合理的预测。

在不考虑货币机会成本的情况下,货币数量方程可表示为：

$$M = KPY$$

式中,M 为货币供应量,Y 为实际产出,P 为商品价格水平,K 为以货币形式持有的现金量占名义总收入的比例(可以看成是货币流通速度的倒数)。上式即为著名的剑桥方程式,又称狭义的货币数量方程式,由英国经济学家庇古于1920年最早提出。若上述货币数量方程式对外国来说同样成立,以带"*"的变量表示相应的外国变量,则：

$$M^* = K^* P^* Y^*$$

代入购买力平价公式,最终它的数学公式是：

$$E = \frac{P}{P^*} = \frac{K^*}{K} \times \frac{M}{M^*} \times \frac{Y^*}{Y}$$

一国汇率的变动取决于两个方面的因素：一是本国货币供给存量相对于外国货币供给存量的变化;二是外国实际收入相对于本国实际收入的变化。当本国国内货币供给增加时,国内的价格水平就会上涨,由于购买力平价的关系,本币将会贬值。当本国实际国民收入增长时,国内就会出现对货币的超额需求,在名义货币供给存量不变的情况下,使得国内价格下跌,并通过购买力平价的作用,最终导致本币升值。如果是外国经济变量发生变化,对本国货币的汇率则会有相反的影响,即外国货币供给增加,实际收入下降,或名义利率上升时,本国货币将会升值。

(二) 货币主义的粘性价格模型

货币主义的粘性价格模型(sticky price monetary approach)又称汇率"超调模型",是由美国经济学家多恩布施提出的。与弹性价格模型相比,这一模型的最大特点在于它认为商品市场与资产市场价格的调整速度是不同的,商品市场上的价格水平具有粘性的特征,购买力平价在短期内不能成立,经济存在着短期平衡向长期平衡的过渡过程。由于在一段时期后,价格才开始调整,所以长期平衡就是价格充分调整后经济的平衡。由此可以看出,粘性价格模型中所得出的结论实际上是超调模型中长期平衡的情况。

1. 超调模型的基本假定

粘性价格模型的大部分假定条件与弹性价格模型的假定条件相同。但由于它认为商品市场价格存在粘性,这导致它在假定前提上,在以下两个方面与弹性价格模型不同:第一,购买力平价在短期内不成立。作为一种资产价格,汇率的调整是迅速的,而价格水平的调整是滞后的,这样在短期内不能满足购买力平价的要求,实际汇率会在短期内发生变化。在长期,价格水平可以充分调整,购买力平价则可以较好成立。第二,总供给曲线在短期内不是垂直的。由于价格粘性的存在,总供给曲线在不同时期内有着不同的形状。

2. 超调模型的调整过程

粘性价格模型的一个最大特点就是认为货币市场与商品市场对外部冲击的调整速度存在差异,汇率对冲击的反应较快,是即刻完成的,而商品价格的反应较慢,成粘性状态。比如,假设本国的货币供给量在某一时刻突然发生了10%的意外增长,随后货币供给量的增值率又恢复到投资者的预期值。由于开始时存在商品价格粘性,货币供给的增长将会促使国内名义和实际利率下降。随着国内利率的下降,若外国利率保持不变,本外币资产的投资收益差使得外汇资产更受青睐,投资者重新配置资产组合并转向持有外币资产的意愿,导致对外币的需求增加,外币迅速升值,升值幅度将超过10%。汇率对外部冲击做出了过度调整,即汇率预期变动偏离了在价格完全弹性情况下调整到位后的购买力平价汇率,这种现象叫作汇率超调。而随着时间推移,商品价格逐步调整到位,汇率也就从初始的均衡水平变化到新的均衡水平。

(三) 货币主义汇率理论的评价

货币主义汇率理论的合理性主要在于:

(1) 该理论突出地强调了货币因素在汇率决定过程中的作用,这是很有见地的。因为作为货币的一种特殊价格比例,汇率与货币本身的价值及其影响这种价值的诸多因素有着直接和紧密的联系。忽略和回避货币因素,就不可能正确解释汇率的决定与变动。

(2) 该理论指出,一国的货币政策和通货膨胀水平与该国的货币汇率走势直接相关,这是符合实际情况的。货币供给过多,通货膨胀严重,正是20世纪70年代实行浮动汇率制后,一些西方国家货币汇率不断下跌的主要原因。

(3) 该理论把"一价定律"放在汇率研究的重要位置上,有其合理之处。由于世界市场的形成,各个国家生产的同样产品,在世界市场上都被当作具有相同的国际价值量,并在此基础上形成它们的世界市场价格。从长期看,不同国家生产的同样产品,将具有相同的国际市场价格。货币主义经济学家把"一价定律"作为其研究汇率的基本点之一,表明他们已经意识到价值规律在国际经济活动中所起的作用。

货币主义的汇率理论也有不足之处:

(1) 这两个模型都是建立在购买力平价和利率平价的基础之上的,但随着现实经济的改变,购买力平价和利率平价本身在检验中受到很大挑战,这也就使得货币主义模型的可信度有所降低。

(2) 货币主义模型还假设本国和外国资产完全替代,且本国居民只持有本国货币,这一严格的假定条件在现实中也是很难成立的。

(3) 货币主义汇率决定模型在分析过程中认为货币需求函数是稳定的,并且本国和外国的货币需求函数及货币需求函数中的系数都是相同的。而在现实经济中,20 世纪 80 年代以来,工业化国家出现了金融自由化意识的货币需求函数不再稳定,并且不同发展程度、不同制度的国家之间货币需求的主要决定因素及货币需求的表现形式也有所差别,这也使得货币主义模型的成立受到质疑。

五、汇率决定的资产组合平衡理论

尽管货币主义理论有其道理,但总的来说它仍不能解释 1973 年以来主要货币的汇率变动情况。它过分强调了货币的作用,低估了贸易对汇率的重要作用,特别是长期作用。而且,它还假设国内外的金融资产如债券等具有良好的替代性,而实际情况并非如此。

资产组合平衡理论(portfolio balance approach)出现于 20 世纪 70 年代中后期,由勃莱逊(W.Branson)提出了一个初步模型,后经霍尔特纳(H.Halttune)和梅森(P.Masson)等人进一步充实和修正。资产组合平衡理论在现代汇率研究领域中占有重要地位。

(一) 资产组合平衡理论的内容

1. 资产组合平衡理论的内容

该理论的主要特点是它综合了传统的和货币主义的分析方法,把汇率水平看成是由货币供求和经济实体等因素诱发的资产调节与资产评价过程所共同决定的。它认为,国际金融市场的一体化和各国资产之间的高度替代性,使一国居民既可持有本国货币和各种证券作为资产,又可持有外国的各种资产。这一理论的特点是假定本币资产与外币资产是不完全替代的,风险等因素使非套补的利率平价不成立,从而需要对本币资产与外汇资产的供求平衡在两个独立的市场上进行考察。二是将本国资产总量直接引入了模型。本国资产总量直接制约着对各种资产的持有量,而经常账户的变动会对这一资产总量造成影响。这样,这一模型将流量因素与存量因素结合了起来。各种资产之间(本国资产和外国资产之间)并不是可以完全替代的,因此,存在着资产收益率的差别。人们一般最愿意选择的是三种资产:本国货币、本国债券、外国债券。当然,这三种资产在各投资者财富总额中所占的比例大小,取决于各种资产收益率和财富总量的大小。汇率是在两国资本相对流动过程中有价证券市场上达到均衡时决定的,一切影响资产收益率的因素都会通过影响证券市场上资产的组合而决定汇率水平及其变动。一旦利率、货币供给量以及居民愿意持有的资产种类等发生变化,居民原有的资产组合就会失去平衡,进而引起各国资产之间的替代,促使资本在国际上的流动。国际上的资产替换和资产流动,势必会影响外汇供求,导致汇率的变动。

2. 资产组合平衡理论的假定

第一,必须是可以自由兑换的货币;第二,该国具有比较发达的国际金融市场且拥有提供全能金融服务、保证金融工具具备高度流动性的设施;第三,在金融市场上,存在着多种金融工具、多种金融机构和比较健全的监督管理部门;第四,各种金融资产之间可以相互替代(但不要求完全替代);第五,市场参与者可以自由选择他们各自的资产组合,而不受任何外来强制性因素的干扰;第六,对国外投资者不存在外汇管制、税收歧视或其他形式的歧视。资产平衡论与当今发达国家的具体情况比较符合,也表明理论必须随着客观实际情况的变化而变化。

3. 资产组合平衡理论的特点

资产组合平衡理论与货币主义理论的不同之处在于:它认为国内外的债券不是良好的替代品,并且汇率被认为是由每个国家平衡其全部金融资产(货币仅仅是其中一种)的总供求过程决定的。它还把贸易作为直接因素来分析。这样,资产组合平衡理论可以被认为是一种更现实、更令人满意的汇率决定理论。

由资产组合或金融与贸易的平衡状态开始,资产组合平衡理论假设货币发行国的货币供应增加会导致该国利率的下降,资金会由国内债券流向国外债券,或由债券形式转化为本国货币。流向外国的债券会使本币贬值。一段时间后,这一贬值会刺激该国的出口,抑制进口,导致贸易盈余,货币升值,从而抵消掉一部分原来的贬值。这样,这一理论也解释了汇率的过度变动,但与前一个理论不同,它把贸易作为一个直接的长期原因来考虑。

(二)资产组合平衡理论的评价

作为结论,我们可以说,因为金融市场在不断地调整着自身的不平衡,或者说比商品市场调整得快,汇率对于日与日或周与周之间资本市场的不平衡比对于商品市场和贸易的不平衡更为敏感。

资产组合平衡理论的合理性主要在于:

(1) 一方面承认经常项目失衡对汇率的影响,另一方面也承认货币市场失衡对汇率的影响。这在很大程度上摆脱了传统汇率理论和货币主义汇率理论的片面性,具有积极的意义。

(2) 它提出的假定,如各国资产间的"高度"替代性,而不是"完全"替代性等,与其他汇率理论中的假定相比，更加贴近现实，具有较大的普遍性。

资产组合平衡理论的不足之处主要在于：

（1）在论述经常项目失衡对汇率的影响时，只注意到资产组合变化所产生的作用，而忽略了商品和劳务流量变化所产生的作用，而商品市场的不平衡才是决定中长期汇率走势的关键。

（2）它只考虑目前的汇率水平对金融资产实际收益产生的影响，而未考虑汇率将来的变动也会对金融资产的实际收益产生影响。因此，尽管资产组合平衡理论已经成为分析汇率决定论中的重要理论，但就它现有的形式来说，仍不能提供一个完整的、成体系的汇率理论，来全面、一致地解释金融和商品市场的长期与短期行为。

（3）实践性较差，因为有关居民持有的财富数量及构成的资料是有限的和不容易取得的。这样，已经完成的检验得到的结果是不明确的，特别是汇率的变动比商品价格的变动要厉害，要想预测一个月、半年或是一年后的汇率水平很难实现。在很大程度上，汇率是随机的、不可预测的，它的短期变动受到事件的影响很大，而长期水平的预测只受到购买力平价的略微影响。

基本概念

汇率(exchange rate)

有效汇率(effective exchange rate)

即期外汇交易(spot exchange transaction)

远期外汇交易(forward exchange transaction)

外汇期货交易(foreign exchange futures)

外汇期权交易(foreign exchange option)

套汇(arbitrage)

抛补套利(covered interest arbitrage)

套期保值(hedging)

稳定性的投机(stabilizing speculation)

购买力平价理论(theory of purchasing power parity)

一价定律(law of one price)

相对购买力平价理论(theory of relative purchasing power parity)

货币主义理论(monetary approach)

汇率超调(exchange rate overshooting)

资产组合平衡理论(portfolio balance approach)

复习思考题

一、计算题

1. 假设汇率如下：纽约 1 英镑 = 1.3354/1.3358 美元，伦敦 1 英镑 = 150.46/150.57

日元,东京 1 美元＝114.16/114.21 日元,现有一套汇者用 100 万美元进行套汇,写出三角套汇的过程和得益。

2. 假设 3 个月 FR＝2.00 美元/英镑,一投机者预测 3 个月后的即期汇率将会是 SR＝2.05 美元/英镑,他该如何在市场上投机？如果他投资 100 万美元,且预测正确,将获利多少？

二、论述题

1. 外汇的作用有哪些？
2. 外汇市场的参与者有哪些？
3. 外汇市场有哪些功能？
4. 论述国际借贷论的内容及其评价。
5. 论述购买力平价理论的内容及其评价。
6. 论述货币主义理论的内容及其评价。
7. 论述资产组合平衡理论的内容及其评价。

第十二章

国际收支调节机制

本章学习重点
1. 国际收支调节机制
2. 弹性分析法
3. 吸收分析法
4. 乘数分析法
5. 货币分析法

国际收支调节理论是国际经济学的重要组成部分,它主要针对国际收支平衡的原因,研究如何进行国际收支调节。早期的重商主义就从贸易差额的视角研究了贸易收支引起的国际收支问题。后来,大卫·休谟又分析了金本位制下的价格——黄金流动机制具有自动调节国际收支的机制。在20世纪30年代金本位制崩溃后,各国纷纷实行浮动汇率制,国际收支调节的新理论不断出现:国际收支的弹性分析法在20世纪30年代出现;20世纪50年代到60年代,随着凯恩斯主义的流行,国际收支的吸收分析法和乘数分析法又在学术界占据了主导地位;到了20世纪60年代末期和70年代初期,由于资本主义世界的"滞胀",凯恩斯主义失灵,货币主义重新占据了支配地位,国际收支的货币分析法开始广泛流传。

第一节 国际收支调节的弹性分析法

国际收支调节的弹性分析法(elasticity approach),是根据进出口需求弹性来分析如何利用贬值改善国际收支。其核心思想是一国本币贬值的相对价格效应(本币贬值所引起的进出口产品之间以及贸易品和非贸易品之间的相对价格变动)及其对该国贸易收支的影响——在什么样的供需弹性下,本币贬值才能增加出口或者减少进口,从而改善贸易收支进而最终改善国际收支。简而言之,国际收支的弹性分析法主要考虑货币贬值取得成功的条件及其对贸易收支和贸易条件的影响。这一分析方法首先由微观经济学集大成者马歇尔(Alfred Marshall)提出,勒纳(Abba Lerner)在其基础上进行了补充,后来,英国剑桥大学经济学院的琼·罗宾逊(Joan Robinson)于1937年加以系统化,加上哈勃格(A.C. Harberger)等人所做的一些局部改进和发展,最终形成了国际收支的弹性分析法。

一、弹性的基本概念

(一)弹性

根据经济学的基本原理,价格变动会影响需求和供给数量的变动。需求数量变动率与价格变动率之比即为需求的价格弹性,简称需求弹性。供给数量变动率与价格变动率之比即为供给的价格弹性,简称供给弹性。

(二)进(出)口需求(供给)弹性

(1)进口需求弹性(E_M)=进口商品需求量的变动率/进口商品的价格变动率;

(2)出口需求弹性(E_X)=出口商品需求量的变动率/出口商品的价格变动率;

(3)进口供给弹性(S_M)=进口商品供给量的变动率/进口商品的价格变动率;

(4)出口供给弹性(S_X)=出口商品供给量的变动率/出口商品的价格变动率。

由上述公式可知,进出口需求(供给)弹性作为一种比例关系,说明了价格变化时,进出口总量的变化。在国际经济中,汇率的贬值或者升值会影响进出口的价格。根据需求法则,汇率的贬值导致进口下降,出口增加。同时,弹性越高,说明汇率变化对进出口的影响越大。当今大多数商品的供给具有完全弹性,因而,汇率贬值(升值)对进出口的影响主要取决于需求弹性。

二、马歇尔—勒纳条件

一国货币贬值的时候,虽然能够带来出口数量的上升和进口数量的减少,但同时也意味着出口价格的下降和进口价格的上升。这时,经济学常识显示,贬值对贸易收支余额影响的方向不确定。马歇尔—勒纳条件(the Marshall-Lerner condition)研究的就是在什么情况下贬值能够改善贸易收支。

(一)马歇尔—勒纳条件的前提假定

马歇尔—勒纳条件(简称M-L条件)能够改善贸易收支,必须满足以下假定:① 两国国内收入水平和物价水平不变且充分就业;② 两国初始国际收支是平衡的;③ 没有资本流动;④ 贸易商品的供给弹性无穷大;⑤ 其他条件不变,只考虑汇率变化对进出口商品的影响;⑥ 贸易对象国不进行报复,即不采取同样的货币贬值行动。

(二)马歇尔—勒纳条件的具体表述

马歇尔、勒纳和罗宾逊等人在这些假设条件下,探讨了汇率变动对国际收支的调节作用。由于其理论主要围绕进出口商品的供求弹性展开,所以被称为弹性分析法。他们将调整汇率作为改善国际收支的手段,考察汇率变动对国际收支的影响。在满足以上假定的情形下,马歇尔—勒纳条件可以表述为:当出口需求弹性和进口需求弹性之和的绝对值大于1($|E_M+E_X|>1$)时,一国货币的自然贬值或者法定贬值能够改善其国际收

支;当$|E_M+E_X|=1$时,贬值对国际收支没有影响;当$|E_M+E_X|<1$时,贬值反而会恶化国际收支。(注:具体推导见本章附录)

(三)马歇尔—勒纳条件的作用机制

马歇尔—勒纳条件通过汇率贬值调节国际收支的作用机制是这样的:一国货币贬值后,从出口商品来看,以外币表示的价格下降,根据供需法则,出口增加。当出口数量增加抵消出口价格下降有余时,则出口总值增加,其增加的程度取决于国外的需求弹性;国外的需求弹性越高,出口总值增加越多。而从进口商品来看,贬值后以本币表示价格上升,进口数量减少,以外币表示的进口总值随之下降。综合起来,货币贬值后,出口总值增加,进口总值减少,从而国际收支得以改善。事实上,不同国家不同商品的需求弹性不同,大多数发展中国家出口的多是低弹性商品,因而,希望通过货币贬值来改善国际收支的作用不大。同时,需要指出的是,一国即使满足了马歇尔—勒纳条件,贬值也并不意味着能够立即改善国际收支,因为还存在着J曲线效应。

(四)有关马歇尔—勒纳条件中进出口需求弹性的估计

当进出口需求的弹性之和绝对值大于1时,由马歇尔—勒纳条件可以判定外汇市场是稳定的。这时,可以通过贬值来调节国际收支。因而,确定进出口需求弹性的实际值就显得比较重要。

第二次世界大战前,人们普遍认为外汇市场是稳定的,即进出口需求的弹性之和远大于1。二战后,一些学者进行了国际贸易中价格弹性测度的实证研究。他们的分析表明,进出口需求弹性的绝对值之和要么小于1,要么非常接近于1。这样,战前的"弹性乐观主义"(elasticity optimism)就被战后的"弹性悲观主义"(elasticity pessimism)所取代。

对于弹性估计的偏差,后来有一些学者提出了在国际贸易中数量对价格变动反应可能存在滞后的五个观点,以解释对弹性估计的长期和短期差异。这五个滞后是:价格变动明朗之后的"认知"滞后;利用价格变动的"决策"滞后;由价格变动引起新订单的"交货"滞后;新订单取代以前存货的"替代"滞后;价格变化导致产品结构变化的"生产"滞后。

三、J曲线效应

现实中,国际贸易的短期弹性比长期弹性小得多,而且在货币贬值后,一国的国际收支得到改善之前,反而会先恶化。

(一)J曲线效应

经济学家把一国货币贬值后,其国际收支先恶化再改善的趋势,称作J曲线效应(J-curve effect)。也就是说,贬值对国际收支的有利影响要经过一段时滞后才会显现。因为贬值对国际收支影响的轨迹类似于英文大写字母J,所以将货币贬值对国际收支初期恶化、长期改善的时滞效应称为J曲线效应,如图12.1.1所示。

图 12.1.1　J 曲线效应

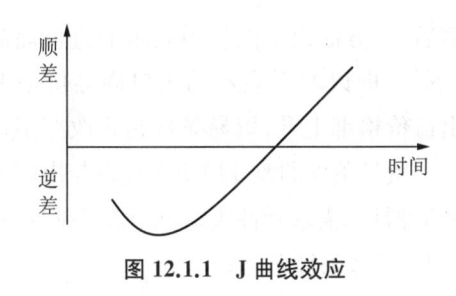

（二）J 曲线效应发生的原因

J 曲线效应发生的原因在于贬值后出口额和进口额的短期反应较慢,长期反应较快。存在这种不同反应的原因是消费者、生产者都具有反应时滞,不完全竞争的存在更是使得这些时滞延长了。

（1）消费者反应滞后。汇率贬值后,消费者需要经过一段时间来调整自己的消费行为。

（2）生产者反应滞后。汇率贬值虽然增强了本国出口商品的竞争力,但生产者也需要时间来调整生产扩大出口。进出口合同的执行也存在滞后,原先的合同只能按照原来的数量和价格进行交易。

（3）不完全竞争。在国外市场上获得一席之地需要耗费时间和成本,在这种情况下,外国出口商就不会轻易放弃它在贬值国家已经占有的市场份额。它们也许会通过降低出口商品的价格来对他们可能丧失的竞争力做出反应。与此类似,外国进口竞争行业也会针对贬值国可能增加的对它的出口威胁,而做出降低在国内市场上出售商品的价格的反应。从某种程度上讲,这些努力取决于不完全竞争状态,即外国厂商是否有超额利润可以削减,以使它能够降低商品的价格。如果厂商处在高度竞争状态而仅能获得正常利润,那么,它就无力降低商品的价格。

（三）J 曲线效应和修正的弹性估计

J 曲线效应提出后,一些经济学家对此进行了实证检验。这些研究总的来说确认了 J 曲线效应的存在,但也提出了长期弹性值大约是 20 世纪 40 年代那些研究结果的两倍。因而,他们的研究结论修正了弹性估计:现实世界的弹性很有可能足够大,马歇尔—勒纳条件在大多数情况下能够得到满足。

四、贬值对贸易条件和国内价格的影响

（一）贬值对贸易条件的影响

贸易条件(term of trade)又称交换比价,是指一个国家出口价格指数与进口价格指数之比。即 $T = P_X/P_M$,其中 T 为贸易条件,P_X 为出口价格指数,P_M 为进口价格指数。贸易条件反映了一国在国际贸易中价格变动对实际资源的影响程度。当贸易条件 T 上升时,我们称为该国的贸易条件改善,它表明该国出口相同数量的商品可以交换更多数量的进口商品;当贸易条件 T 下降时,我们称该国的贸易条件恶化,它表明该国出口相同数量的商品可以交换的进口商品数量减少。由此可知,贸易条件恶化时,实际资源流失。

一般情况下,货币贬值后,一方面以本国货币表示的进口商品价格上升,另一方面以外币表示的出口商品价格下降,即以本币表示的出口商品价格上升。从而,以本币表示时,本币的贬值将导致进出口价格都上升,贸易条件是否改变不确定。也就是说,贸易条件可能上升、下降或者不变。贸易条件的改变取决于进口与出口价格上升的相对百分比幅度;这个幅度是由商品的供给弹性和需求弹性决定。经数学推导,可以得出以下三种情况:

$S_X S_M > E_X + E_M > 1$,贸易条件恶化;

$S_X S_M < E_X E_M$,贸易条件改善;

$S_X S_M = E_X E_M$,贸易条件不变。

以上结论也可以用表12.1.1来表示。

表12.1.1 本币贬值对贸易差额和贸易条件分析

需求弹性	供给弹性	贸易差额	贸易条件
$E_X + E_M > 1$	$S_X S_M > E_X + E_M$	改善	恶化
	$S_X S_M = E_X E_M$		不变
	$S_X S_M < E_X E_M$		改善

一般说来,货币贬值会导致一国贸易条件恶化,贸易条件改善的情形不多见。

(二) 贬值对国内价格的影响

一国货币的贬值除了影响一国的贸易条件外,对以本币表示的国内商品价格同样有着重要的影响。随着本币贬值,进口商品价格相对上升导致进口减少,引起进口替代产品生产增加;同时,出口商品价格以外币计算下降导致出口需求增加,引起出口商品生产增加。这一过程由于进口替代品和出口品的生产增加引起国内需求增加,在供给不变的情况下必然导致国内物价上升,从而可能产生通货膨胀。这一过程持续下去,会部分抵消本币贬值的价格优势。

1997年东南亚金融危机期间,韩国、泰国、马来西亚和印度尼西亚面对严重的金融和经济危机,其货币迅速贬值,但同时也出现了通货膨胀。表12.1.2清楚地显示,这些国家通过货币贬值所取得的价格优势的1/3又被通货膨胀抵消了。当然,经济学告诉我们,通货膨胀是由多种原因引起的。

表12.1.2 东南亚国家货币贬值和通货膨胀(1997年第二季度—1999年第三季度) (%)

国家	货币贬值	通货膨胀
印度尼西亚	67.4	49.0
马来西亚	40.0	8.6
韩国	25.4	8.1
泰国	32.1	9.3

资料来源:IMF. International Financial Statistics. Washington,D.C.:IMF,2000.

五、弹性分析法的评价

(一) 弹性分析法的贡献

国际收支的弹性分析法对于贬值是否能够改善一国国际收支问题给出了明确的答案,澄清了经济学界长期争论不休的问题,对国际收支理论做出了重要贡献。

(二) 弹性分析法的局限性

弹性分析法出现在凯恩斯主义宏观经济学产生之前,只能运用微观经济学作为其分析的基础,其局限性主要体现在:

(1) 弹性分析法建立在微观经济学局部均衡分析法基础之上,仅仅局限于分析汇率变化对进出口的影响,而忽视了汇率的变化会对社会总支出和总收入产生的影响。

(2) 弹性分析法的弹性值难以估算。一方面是因为当今社会进出口商品的种类繁多,另一方面是由于弹性值会随着时间变化而变化。

(3) 弹性分析法忽视了预期的作用。该理论事实上是假定贬值是一次性的,但在现实生活中,一旦政府采取贬值政策,便会造成人们对汇率变动的预期,而这样的预期对贬值的效果会产生很大的影响。

(4) M-L 条件关于贸易收支初期是平衡的假定也不符合实际情况。

第二节　国际收支调节的乘数分析法

国际收支调节的乘数分析法,又称收入分析法(income approach),是运用乘数分析法(multiplier approach)来分析一国自发性吸收变动的收入效应及其对贸易收支的影响。其基本精神是运用一般均衡的比较静态分析法,依据凯恩斯主义的乘数理论分析一国自发性吸收的变动怎样通过乘数效应来改变国民收入,从而最终改变国际收支。

乘数分析法是随着 20 世纪 30 年代凯恩斯主义的诞生而逐步形成的。凯恩斯主义宏观经济理论诞生后,经济学家很自然地把凯恩斯主义的宏观经济分析方法推广到开放经济领域,用以分析国际贸易与国民收入以及吸收之间的关系。乘数分析方法主要侧重从收入的角度分析国际收支调节问题,第三节的吸收分析方法理论则从吸收和收入两方面(侧重从吸收的角度)分析国际收支调节问题。

一、乘数分析法的前提假定

(1) 不考虑国际资本流动,因而国际收支等同于贸易收支;
(2) 固定汇率;
(3) 价格水平保持不变;
(4) 初始国内经济处于均衡状态(国际收支未必平衡)。

二、乘数分析法的小国模型

（一）封闭经济中的收入决定

1. 封闭经济中均衡国民收入的决定

在不包括政府部门的封闭经济中，均衡国民收入水平(equilibrium level of national income)或产量(Y)等于预期或者计划的消费额(C)加上预期或者计划的投资支出(I)，即：

$$Y = C(Y) + I$$

预期或计划的投资(desired or planned investment)(I)是外生的，即独立于国民收入水平(也就是说，不随国民收入的改变而改变)。相反，预期消费支出(C)是国民收入水平的函数，且 $C(Y) = C_0 + c \cdot Y$。这意味着当收入(Y)上升，预期消费(C)随之上升。进一步，我们定义边际消费倾向(也就是消费函数中的 c)(marginal propensity to consume, MPC)为消费变动 ΔC 除以收入变动 ΔY。由于消费者储蓄部分收入，因而消费的增加小于收入的增加，所以 $MPC < 1$。

在图 12.2.1 中，上半部分以消费以及投资为纵轴，国民收入为横轴。消费函数(consumption function)为直线 $C(Y)$。当收入为 0 时，预期消费为截距，并随收入上升而上升，但预期消费的上升幅度较小。这是因为边际消费倾向 MPC 为消费函数 $C(Y)$ 的斜率。

把上述消费函数的每一收入水平加上一个假设的预期投资支出，得到图中的总支出函数 $C(Y)+I$，$C(Y)+I$ 与 45°线相交于 E 点。45°线上的每一点纵横坐标相等。因此，在 E 点，总消费及投资支出(由纵轴给出)等于收入或产量水平(由横轴给出)，则 Y_E 就是均衡的国民收入水平。

当 $Y > Y_E$ 时，预期支出小于产出，企业存在非计划的未销售商品存货，因而会削减产量。相反，当 $Y < Y_E$ 时，预期支出超过产出，非计划的存货减少，因而会增加产量。从而，无论预期支出超过还是小于产出值，在其他任何地方的国民收入水平都会移向均衡的国民收入水平 Y_E。也就是说，国民收入均衡水平 Y_E 是稳定的。

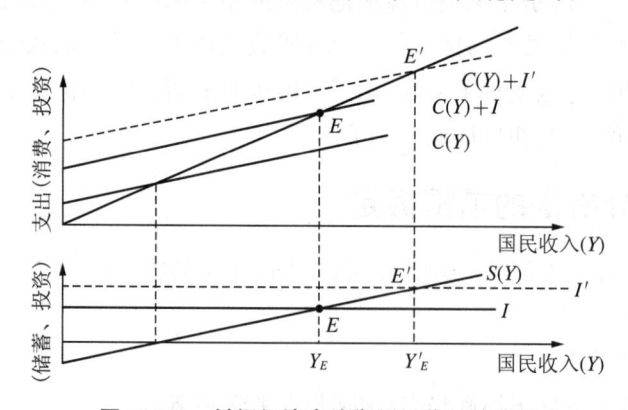

图 12.2.1　封闭经济中均衡国民收入的决定

在图 12.2.1 中的下半部分,以储蓄和投资水平为纵轴,横轴为国民收入水平。预期投资水平是外生的,即无论收入水平怎样,预期投资水平总为 I。但是,预期储蓄是收入的函数,储蓄函数(saving function)为 $S(Y)=Y-C(Y)$。

当收入增加时,预期储蓄也增加。进一步,我们定义边际储蓄倾向(marginal propensity to save,MPS)为储蓄变动(ΔS)除以收入变动(ΔY)。在封闭经济条件下,由于收入的任何变动(ΔY)总是恒等于消费变动(ΔC)加上储蓄变动(ΔS),因而 $MPS+MPC=1$。

从图 12.2.1 中可以看出,收入的均衡水平在储蓄函数与投资函数(investment function)的交点 E 处。当 $Y>Y_E$ 时,过度的预期储蓄超过预期投资,代表着存在非预期或非计划的存货投资。因此,产量与收入向 Y_E 下降方向移动。相反,当 $Y<Y_E$ 时,预期投资超过预期储蓄,代表着非计划或未计划的存货投资的减少,收入或产量向 Y_E 上升方向移动。

从而,国民收入的均衡水平由图中 $C(Y)+I$ 函数与 45°线的交点或图中下半部分 $S(Y)$ 与 I 函数的交点确定。在两种情况下,均衡的国民收入水平都是 Y_E,而且我们假定它低于收入的充分就业水平。

2. 封闭经济中的乘数

如果因为某种原因,投资从 I 上升至 I',总支出函数从 $C(Y)+I$ 变为 $C(Y)+I'$。此时,有新的均衡点 E'(上图),决定了新的均衡的国民收入 Y'_E。同样,投资函数与储蓄函数交于 E' 点(下图),同样决定了新的均衡的国民收入 Y'_E。在封闭经济条件下,新增的投资和新增的储蓄相等,即:

$$\Delta I=\Delta S=MPS\times\Delta Y$$

因此,

$$\Delta Y=\frac{1}{MPS}\Delta I$$

定义封闭经济中的乘数(multiplier)k 为:

$$k=\frac{\Delta Y}{\Delta I}=\frac{1}{MPS}=\frac{1}{1-MPC}=\frac{1}{1-c}$$

即封闭经济中的凯恩斯乘数(k)等于边际储蓄倾向的倒数,或是 1 减去边际消费倾向的倒数。由于 $0<MPS<1$,所以封闭经济中的凯恩斯乘数大于 1。

凯恩斯乘数作用的机理是这样的:当投资支出上升时,生产者扩张生产,雇佣更多的工人,并使用更多的资本及其他要素。由于生产过程中产生的收入等于产出的价值,所以投资增加的直接结果是收入也上升同等数量。但是收入的增加消费者会花掉其中的部分(由边际消费倾向 MPC 决定),结果收入上升 ΔY,消费支出上升 $MPC\times\Delta Y$。消费导致生产的进一步扩张,并产生额外的收入 $\Delta Y'$。新增的收入又导致消费的进一步增加……每一步收入都增加一个递减的数目,这个过程持续下去。最终,按照凯恩斯的乘数理论,所有的收入增加总和为:

$$\Delta Y=\frac{1}{MPS}\Delta I$$

（二）小型开放经济中的收入决定

为了分析的深入，现在我们从封闭经济扩展到小型开放经济，即一国的国际交易并不明显影响其贸易伙伴或世界其他国家的国民收入。从另一角度说，所谓小国，指的是价格的接受者。在这里，我们先定义一国的进口函数，然后分析小型开放经济中均衡国民收入是如何决定的，最后推导出对外贸易乘数。在第三部分，继续放松小国的假定，讨论大国的对外贸易乘数。

为了分析的简便，我们仍然假定经济在低于充分就业的水平下运行。

1. 进口函数

一国的进口函数(import function)$M(Y)$表明该国进口与国民收入之间的关系，$M = M_0 + m \cdot Y$。当收入上升时，进口也随之上升。我们把进口变动ΔM除以收入变动ΔY称为边际进口倾向(marginal propensity to import, MPM)，即进口函数中的m，或者说MPM是进口函数的斜率，边际进口倾向是固定不变的。同时，我们定义进口与收入之比为平均进口倾向(average propensity to import, APM)，它随收入上升而下降；定义边际进口倾向和平均进口倾向之比为进口收入需求弹性(income elasticity of import)，因此有：

$$n_y = \frac{\Delta M}{\Delta Y} \bigg/ \frac{M}{Y} = \frac{\Delta M}{M} \bigg/ \frac{\Delta Y}{Y}$$

2. 小型开放经济中均衡国民收入的决定

对封闭经济均衡国民收入的决定，通过放松其假定，可以扩展到包含对外贸易的小国情形。在开放条件下，出口就像封闭经济中的投资一样，是对该国收入流的注入，而进口就像储蓄一样，代表着收入流的漏出。

特别地，对小型开放经济来说，出口被看成外生的，即独立于该国收入水平（就像投资一样）。因而，出口函数(export function)是水平状的。这意味着该国出口是其贸易伙伴国或者世界其他国家的进口，这样一来，该国出口依靠的不是自己的收入水平，而是贸易伙伴或者世界其他国家的收入水平。相反，进口（像储蓄一样）是该国收入的函数。

在小型开放经济中，收入与支出的均衡条件是：

$$I + X = S + M$$

或者

$$X - M = S - I$$

上面这个式子表明，在均衡的国民收入水平上，该国可能有一贸易顺差（从国外的净注入）等于储蓄超过国内投资部分（国内净漏出）。相反，该国贸易逆差在国民收入均衡水平下，一定伴随着一个等量的国内投资超过储蓄。

进一步，移项后有：

$$I + (X - M) = S$$

其中 $(X-M)$ 代表净的对外投资。因而,上式表明在国民收入均衡水平下,国内投资加上净对外投资等于国内储蓄。如果进口超过出口,则 $(X-M)$ 为负,国内投资超过储蓄。

在图 12.2.2 的上半部分中,纵轴为 $I+X$ 以及 $S+M$,横轴为国民收入 Y,均衡的国民收入 $Y_E=1000$ 由 $I+X$ 函数和 $S(Y)+M(Y)$ 函数的交点决定。在图 12.2.2 的下半部分中,纵轴为 $X-M$ 以及 $S-I$,横轴为 Y。均衡的国民收入水平也为 $Y_E=1000$,由 $X-M(Y)$ 函数和 $S(Y)-I$ 函数的交点决定。

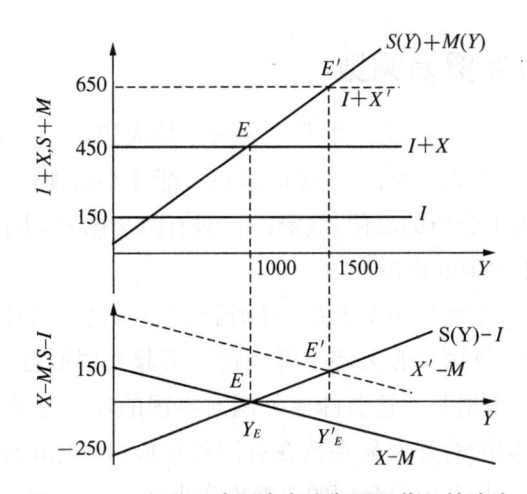

图 12.2.2 小型开放经济中均衡国民收入的决定

运用图 12.2.2 的下半图和等式 $X-M=S-I$,可以直接得出贸易余额,从而可以方便地分析某一扰动(比如出口或者投资的自主变动)是如何影响一国的均衡国民收入水平的变动以及自动的收入调节机制的运作机制。

3. 小国的对外贸易乘数

凯恩斯主义的乘数分析可帮助理解本国或外国居民的支出变动如何影响均衡的国民收入,以及国际收支与收入的关系,具体推导如下:

$$Y=(\overline{C}+cY)+I+G+X-(\overline{M}+mY)$$

上式整理变为:

$$(1-c+m)Y=\overline{C}+I+G+X-\overline{M}$$

等式两边同时除以 $(1-c-m)$,得到:

$$Y=\frac{1}{1-c+m}(\overline{C}+I+G+X-\overline{M})$$

所以,开放经济乘数 $k'=\dfrac{1}{1-c+m}$。定义 B 为贸易差额,则有:

$$B=X-M=X_0-M_0-\frac{m}{1-c+m}(C_0+I_0+G_0+X_0-M_0)$$

由于 $1-c$ 就是边际储蓄倾向 s，所以

$$B = X_0 - M_0 - \frac{m}{s+m}(C_0 + I_0 + G_0 + X_0 - M_0)$$

从上式可以看出小国对外贸易乘数的含义：如果一国出现国际贸易逆差，政府可以通过紧缩性的货币政策和紧缩性的财政政策来减少国民收入（减少 $C_0 + I_0 + G_0$），借助于乘数效应减少进口，从而减少贸易逆差。反之，当出现国际贸易顺差的时候，政府可以通过扩张性的货币政策和扩张性的财政政策增加国民收入，借助乘数效应增加进口支出，减少贸易顺差。

三、大国的对外贸易乘数

进一步，我们放松小国的假设。如果一个国家是大国，那么该国的出口（外国的进口）就会影响外国的国民收入。所以，大国的出口不能像小国那样作为外生变量，而是外国国民收入的函数。为了分析的简便，假定：① 只有两个国家，本国和外国，两国均为大国；② 本国的出口等于外国的进口。

此时，本国出口的自主增长来源于并等于外国进口的自主增长。如果外国进口的自主增长代替了国内生产，外国的收入将下降。这会引起外国的进口下降，因而抵消掉一部分自主进口的最初自主增长。这意味着外国对本国的反应抵消了一部分其出口的最初自主增长。因此，本国的对外贸易乘数在有国外反应（foreign repercussion）的情况下小于没有国外反应的情况，其贸易余额的改善也变小了。

用"*"表示外国的变量。定义本国出口的所有自主增长代替了外国的国内生产，则有国外反应的条件下，本国相对于出口自主增长的对外贸易乘数 k'' 为：

$$k'' = \frac{s^*}{ss^* + s^*m + sm^*}$$

有国外的反应时，本国相对于投资自主增长得到的对外贸易乘数 k^1 为：

$$k^1 = \frac{s^* + m^*}{ss^* + s^*m + sm^*}$$

显然，$k^1 > k' > k''$。

最后，存在外国的投资自主增长时，有国外的反应条件下，本国相对于外国自主投资增长的对外贸易乘数 k^{**} 为：

$$k^{**} = \frac{m^*}{ss^* + s^*m + sm^*}$$

此时，我们发现 $k^1 = k'' + k^{**}$。（具体推导见附录）

存在国外反应的对外贸易乘数的经济含义是这样的：本国的经济活动扩张推动了进口，由于本国的进口就是外国的出口，本国的扩张传递到了外国。外国出口的上升扩大了其经济活动，并通过从本国进口的增长，把这种经济增长反馈回本国。反之亦然。世界经济的周期就这样在国际上传递。

四、乘数分析法的政策主张

乘数分析法认为一国可以通过鼓励出口的政策改善贸易收支,但由于出口主要取决于世界市场的需求,一国难以自主决定,所以,乘数理论的主要政策是通过需求管理政策(财政政策)来调节一国的贸易收支。对于贸易收支逆差,一国政府可以通过紧缩性的财政政策来降低国民收入,以减少进口支出,改善贸易收支。而对于贸易收支顺差,政府当局则可以通过扩张性的财政政策来提高国民收入,以增加进口支出,从而减少贸易盈余。这种通过财政政策来调节一国贸易收支的效果大小,取决于该国边际进口倾向(MPM)的大小——MPM越大(小),财政政策对贸易收支的调控效果越大(小)。

五、乘数分析法的总体评价

(一)乘数分析法的主要贡献

乘数分析法运用一般均衡分析法,克服了弹性分析法局部均衡分析的局限性,依托凯恩斯主义乘数原理阐释了国际收支与国民收入之间的关系,这在当时是一大进步。

乘数分析法揭示了对外贸易对于一国经济增长的重要性,对外贸易作为经济增长的"发动机"是有一定道理的,在存在需求约束的情况下尤其如此。此外,乘数分析方法特别是有国外反应的乘数表明,国际经济的传导不仅是经济的传导,也是经济增长的传导,各国经济的发展是相互联系,相互依赖,相互促进的。

(二)乘数分析法的局限

乘数分析法也有着很大的局限性,主要表现在:第一,它仍然忽略了国际资本流动,把国际收支等同于贸易收支;第二,它假定价格水平和汇率固定不变,这些假定是为了应用乘数原理的需要,但因此也造成了它的严重局限性——不能分析通货膨胀情况下的贸易收支调节问题。

第三节 国际收支调节的吸收分析法

国际收支调节的吸收分析法(absorption approach)也叫支出分析理论或者支出分析法,是20世纪50年代初期由美国经济学家詹姆斯·米德(James Meade)和西德尼·亚历山大(Sidney Alexander)等人在凯恩斯主义宏观经济学的基础上提出。这一分析方法从凯恩斯的国民收入方程式入手,考察总收入和总支出对国际收支的影响,从吸收的角度探讨了国际收支变化的原因,并提出了相应的政策主张。

一、吸收分析法的基本理论

按照凯恩斯的宏观经济理论,国民收入与国民支出的关系可以表述如下:

$$Y(国民收入) = E(国民支出)$$

在封闭经济条件下,由于全部最终商品和劳务均由本国产出,因而从支出和收入两个角度来衡量的国民收入,可以表述为:

$$C(消费) + I(投资) + G(政府支出) = Y = C(消费) + S_p(私人储蓄) + T(政府税收)$$

在开放经济条件下,如果把对外贸易也考虑进去,则可以表述为:

$$Y = C(消费) + I(投资) + G(政府支出) + X(出口) - M(进口)$$

移项后有:

$$X - M = Y - (C + I + G)$$

上式中,$X-M$ 为贸易收支差额,以 B 表示,$C+I+G$ 为国内总支出,即国民收入中被国内吸收的部分用 A 表示,则上式变为:

$$B = Y - A$$

这表明,一定时期一国国际收支的差额为国民收入与国内吸收之差。当国民收入大于国内吸收时,国际收支为顺差;当国民收入小于国内吸收时,国际收支为逆差;当国民收入与国内吸收相等时,国际收支平衡。

进一步,国内吸收可以分为自主性吸收和引致性吸收两个部分,分别标记为:

$$A = \bar{A} + \alpha Y$$

其中,α 代表边际吸收倾向,即国民收入增量中用于国内吸收部分的比例。

对 $B = Y - A$ 求导数,则有:$dB = dY - dA = dY(1-\alpha) - d\bar{A}$

上式的含义是,货币贬值对国际收支的影响取决于贬值对国民收入、国内吸收以及边际吸收倾向的影响。从这个意义上说,贬值改善国际收支的条件是 $dY(1-\alpha) > d\bar{A}$,即自主性国内吸收增量小于非引致性国内吸收的收入增量。否则,国际收支恶化。

二、吸收分析法下的货币贬值对收入和吸收的影响机制

吸收分析法认为,货币贬值对收入和吸收的影响通过以下两个效应体现:收入的间接效应和吸收的直接效应。

(一)收入的间接效应

所谓间接效应是指 $dY(1-\alpha) - d\bar{A}$ 中的 $dY(1-\alpha)$,即贬值后由于国民收入增加而导致进口增加从而对国际收支产生的影响。吸收分析法下的间接效应又可以分解为以下三个效应:

1. 资源闲置效应

贬值改善国际收支,要区分两种经济情况。在非充分就业情况下,贬值可以刺激国外对出口商品的需求,使得闲置资源转向出口部门,从而扩大出口,改善国际收支。同时,出口增加引起国民收入和国内吸收的增长。此时,对国际收支的总体影响如何,还得看 $(1-\alpha)$ 的符号是正还是负。只要边际吸收倾向 α 小于1,即吸收的增加小于收入的增加,国际收支就可以改善。

而在充分就业情况下,由于没有闲置资源用来扩大生产,因而国民收入不能增加,此时,贬值只能通过压缩直接吸收来改善国际收支。吸收减少一方面使得进口商品的国内需求下降,从而进口减少;另一方面,使得出口商品国内需求下降,从而增加出口数量。

2. 贸易条件效应

贬值对收入的间接效应还体现在一国贸易条件的变化上。包括亚历山大等人都认为,贬值会使得一国的贸易条件恶化,原因在于贬值导致以外币计算的出口价格下降大于以外币计算的进口价格下降。由于贸易条件的恶化,贬值使得实际的国民收入将遭受损失。

3. 资源再分配效应

在考察贬值对收入的间接效应时,还需考虑贬值对一国资源重新配置的影响。如果贬值后资源从生产效率低的部门转移到了生产效率高的部门,那么,生产效率的提高可以抵消贸易条件恶化带来的负面影响,最终导致国民收入的提高。

(二) 吸收分析法的直接效应

所谓直接效应是指 $\mathrm{d}Y(1-\alpha)-\mathrm{d}\overline{A}$ 中的 $\mathrm{d}\overline{A}$,即由于贬值导致进口品价格上涨引起国内物价上涨,而物价上涨被吸收到消费、投资等支出中从而对国际收支产生影响。这里假定满足 $M-L$ 条件,贬值国已经处于充分就业情况。吸收分析法下的直接效应又可以分解为以下几个效应:

1. 现金余额效应

所谓现金余额,是指人们愿意以一定货币数量余额形式持有固定比例的实际收入。在假定货币供给不变时,人们总是想把自己资产的一部分以货币形式持有。那么,在物价上涨时,人们持有的实际货币余额随之减少,为了保持总的货币余额不变,必将减少支出。在吸收分析法中,当一国发生货币贬值导致物价上升时,由于现金余额效应的存在,人们也将减少支出或者出售资产,从而减少消费、投资的支出以便维持原有货币余额不变。这时,总吸收下降,国际收支得以改善。

2. 货币幻觉效应

所谓货币幻觉,是指人们比较注重名义货币收入而对物价的变化并不敏感的心理现象。当物价水平和收入都上升的情况下,人们不会按照相应的比例增加名义货币消费,而总是减少消费。由于货币幻觉效应的存在,一国发生货币贬值会导致直接吸收减少,从而国际收支得以改善。

但是,货币幻觉也可能产生相反的作用。在一国货币贬值时,人们也可能会感觉自己收入提高,因而增加自己的消费支出,结果是直接吸收扩张,导致国际收支恶化。

3. 收入再分配效应

所谓收入再分配效应,是指货币贬值会导致收入在不同的阶层中重新分配;而由于各阶层的边际吸收倾向不同,导致国际收支发生变化。亚历山大认为,贬值导致物价上涨促进的收入再分配,主要包括以下几种:① 物价上涨使得收入从固定收入集团转移到社会的其他集团;② 由于物价上涨先于工资的提高,物价上涨使得收入从工资收入者转移到利润收入者,比如企业家手中;③ 物价上涨使得收入从纳税人转移到政府。对于第一种转移来看,由于固定收入者一般有较高的边际吸收倾向,而变动收入者具有较低的边际吸收倾向,所以贬值的结果是减少了直接吸收;对于第二种转移来看,由于利润收入者的边际吸收倾向较低,加上利润的增加,会刺激投资,从而直接吸收增加;对于第三种转移来看,大多数国家的政府边际吸收倾向较低,政府收入的增加会导致吸收的减少。

4. 其他直接效应

吸收分析法的其他直接效应还包括通货膨胀预期效应和替代效应等。在价格水平上升时,人们还会形成对未来的通货膨胀的预期,反而刺激人们加紧消费。从这个意义上说,本币贬值后具有正的直接吸收效应,从而不利于改善国际收支。

替代效应是指一国货币贬值后导致进口品价格高于国内产品价格,促使国内消费者用国内产品替代进口品。同时,货币贬值还会对进口品和国产品的相对价格产生影响,从而导致国内生产者在国内销售和国外销售之间进行替代。总之,国内供求的变化和资源转移引起的价格相对变动,可能对吸收水平进而对国际收支产生影响。

总体而言,其他直接效应中有的对改善国际收支有利,有的不利。比如说,当一国的投资品如果大量来自国外时,本币贬值后会比贬值前减少进口,从而有利于改善国际收支。

综上所述,吸收分析法下的贬值只有在增加产量(收入)或减少吸收(支出)时,才能有效地改善国际收支。

三、吸收分析法的政策主张

根据上述理论分析,国际收支的吸收分析法认为国际收支的调节政策无非就是改变总收入与总支出(总吸收)的政策,即支出转换政策(expenditure-switching policies)与支出增减政策(expenditure-changing policies),或者同时改变两者。

支出增减政策主要通过支出水平的变动来调节社会需求的总水平,包括财政政策和货币政策;支出转换政策主要通过支出方向的变动来调节社会需求的内部结构,主要调节总需求内部外国商品和劳务与本国商品和劳务的结构比例,支出转换政策主要包括汇率政策与直接管制政策。

当一国处于国际收支逆差时,按照吸收分析法,意味着国内吸收超过了该国的国民收入,即总需求大于总供给。此时,减少国内吸收就可以达到国际收支平衡。减少国内吸收可以运用支出增减政策来调节社会总需求水平,比如说,采取紧缩的财政货币政策就能够使得总需求下降。具体而言,可以通过政府支出的减少、税率的提高、央行提高准备金率、再贴现率和公开市场业务等政策组合缩减居民和企业的消费需求以及投资需求,进而压缩进口需求来改善国际收支。当然,逆差国也可以通过支出转换政策来达到同样的目的。

四、吸收分析法的总体评价

(一) 吸收分析法的理论意义

吸收分析法的主要理论贡献在于把国际收支当作宏观变量,运用凯恩斯主义宏观经济分析方法,从总收入和总支出两者之间的相对关系来解释国际收支失衡的原因,并在此基础上提出了国际收支的调节政策。吸收分析法使得国际收支和整个宏观经济联系起来,超越了弹性方法机械的相对价格关系,这是吸收分析法与弹性分析法的重大区别。

从理论基础与分析方法而言,吸收分析法是建立在凯恩斯的宏观经济学之上的,它采用的是一般均衡的方法;而弹性分析法是建立在马歇尔等人建立的微观经济学基础之上的,采用的是局部均衡分析法。

(二) 吸收分析法的局限

(1) 吸收分析法的假定并不符合实际情况。在亚历山大等分析贬值对贸易收支的影响时有两个重要假定:其一是贬值是出口增加的唯一原因;其二是生产要素能够自由流动。这两个假定与实际情况不完全符合。

(2) 吸收分析法忽视了资本流动。吸收分析法将国际收支简化为贸易收支,没有考虑资本项目。20世纪70年代以来,国际游资急剧增长,资本流动日益频繁,资本项目在国际收支平衡表中的地位日益重要,吸收分析法没有考虑这些因素。

(3) 吸收分析法忽略了相对价格在国际收支调整中的作用。在贬值作用的分析中,由于贬值后价格的变化会导致国内资源的重新配置,贬值后对进口的需求不一定减少。吸收分析法没有对此给予回答。

(4) 吸收分析法的理论分析中没有明确回答在收入、吸收和国际收支之间哪一个是自变量、哪一个是因变量,只是人为地认为收入、吸收是自变量,国际收支是因变量。这在理论分析上不能不说是一个缺陷。

第四节 国际收支调节的货币分析法

国际收支的货币分析法(the monetary approach)是随着货币主义在20世纪70年代兴起而出现的。它的主要代表人物有芝加哥大学的罗伯特·蒙代尔(Robert Mundell),伦敦经济学院的哈里·约翰逊以及他的学生雅哥布·弗兰克尔(Jacob Frenkel)。货币分析方法的核心思想是通过调节国内货币供给来调控国内需求,进而调整国际收支的变动。货币分析法侧重长期均衡,强调货币均衡对国际收支均衡的重要性。货币分析法认为,资金在国际上流动的原因与商品在国际上流动的原因是一样的,都是为了对一国的货币存量进行自发调整;国际收支不平衡本质上是货币现象,对货币的需求是存量需求;

国际收支逆差代表货币供求间的存量不均衡;传统的调节手段只有消除了货币供求存量不均衡时才能起作用。正如这一派经济学家所提出的,要了解国际收支最好是从货币市场开始,从观察货币供求之间是否均衡开始。

国际收支的货币分析法的理论渊源可以追溯到英国经济学家大卫·休谟提出的"价格—黄金流动机制"。货币分析法只是前者的重新组成,它反映了宏观经济观点的一种变化,在很多方面又回到了古典的传统经济思想。

一、货币分析法的基本假定

货币分析方法有三个关键性的假设条件:第一,总供给曲线是垂直的,这意味着一国已经达到了充分就业,产出不可能再增加;第二,货币需求稳定,这意味着货币市场已经无法容纳过多的货币供给;第三,购买力平价始终成立,这意味着影响汇率水平变动的决定因素是物价水平。具体分析如下:

1. 垂直的总供给曲线

货币分析方法假定价格在短期内可以灵活调整,经济始终保持在充分就业状态。也就是说,国内价格水平的提高不会引起国内产量的增长。

2. 稳定的货币需求函数

货币分析方法认为,一国货币需求是国民收入和利率等变量的稳定函数,即欧文·费雪(Oven Fisher)货币需求函数,可以写成下式:

$$M_d = P \cdot L(y, i)$$

式中,M_d 为名义货币需求,它是实际收入和利率的稳定函数,P 为用本币表示的国内价格水平,y 为实际收入,i 为利率,$L(y,i) = \dfrac{M_d}{P}$ 为实际货币余额需求。名义货币需求与实际收入同方向变动,与利率反方向变动。

3. 购买力平价长期成立

购买力平价的成立,即汇率进行调整可以维持下式的平衡:

$$E = \frac{P}{P^*}$$

式中,E 是汇率,P 是国内价格水平,P^* 是外国价格水平。该式表示各种商品价格构成的一国价格水平与外国价格水平用同种货币表示是相同的,即国内商品的价格和利率与世界市场的价格和利率是一致的。

此外,为了分析的简便,货币供给的变化只限于官方外汇储备余额和央行购入国债余额的变化。

二、货币分析法的基本模型

（一）货币供给与货币需求函数

根据以上前提假设条件，货币分析方法的基本模型可以表述如下：

一国的货币需求函数为：$M_d = P \cdot L(y,i)$

为简化，令 $L(y,i) = k \cdot Y$，其中 k 为参数，Y 为国内实际收入水平，则货币需求函数（demand for money）等式可以写成：

$$M_d = k \cdot P \cdot Y$$

式中，PY 表示名义的国民收入或产出（国内生产总值），参数 k 是名义货币余额对名义国民收入的意愿比率，在 V 为货币流通速度时 k 等于 $1/V$，V 取决于制度因素，因此一般假定它是一常数。

例如，如果 $GDP = PY = 20$ 万亿人民币，$V = 5$（这样，$k = 1/V = 1/5$），那么 $M_d = (1/5)PY = 4$ 万亿人民币。

另一方面，一国的货币供给（supply of money）可以用下式表示：

$$M_s = m(D, F)$$

其中，M_s 为名义货币供给，m 为货币乘数，D 为货币供给的国内部分，即货币当局创造的国内信用或支持货币供给的国内资产，F 为货币供给的国外部分，即国际储备，其增加或减少取决于国际收支盈余或赤字。

$(D+F)$ 叫作国家的基础货币（monetary base），或者叫作"强力货币"。在一个部分储备银行体系中，新储存到任何商业银行中的 1 美元 D 或者 F，都将导致国家货币供给的成倍扩张。这就是货币供给函数中的 m（货币乘数）。

例如，如果法定存款准备金（LRR）比率为 20%，那么存在商业银行的 1 美元将有 0.80 美元被允许用作贷款（即创造了 0.80 美元活期支票存款用于借贷）。被第一个银行借出去的 0.80 美元通常被借款人用来进行支付（即为借款人创造了需求存款），并且最终以存款的形式进入另外一家银行系统，而这家银行仍然可以把这 0.80 美元的 80% 用来向外借贷（即 0.64 美元），而另外的 20%（即 0.16 美元）留下作为法定准备金。这样的过程持续下去，直到 1 美元完全变成 $1.00 + 0.80 + 0.64 + \cdots = 5$ 美元的需求存款准备金。5 美元这个数字是通过最初的 1 美元存款除以法定准备金率 20% 得到的，即 1 美元/$0.20 = 5 = m$。当然，由于超额储备和漏出的存在，实际的货币乘数可能要小一些。为了分析的简便，我们假定货币乘数 $m = 1$，从而 $M_s = D + F$。

（二）货币分析法的理论分析模型

经过上面的分析，我们有货币需求函数、货币供给函数以及国内价格水平的表达式：

$$\begin{cases} M_d = k \cdot P \cdot Y \\ M_s = D + F \\ P = E \cdot P^* \end{cases}$$

货币需求恒等于货币供给有：
$$M_d = M_s = D + F$$
即：
$$F = M_d - D$$

这就是货币分析法的最基本方程式。其经济含义是：国际收支问题实际上反映了货币供应量对货币需求的调整过程。国际收支逆差就是一国国内的名义货币供应量 D 超过了名义货币需求量（M_d）所导致的。反之亦然。

货币分析法认为国际收支顺差与逆差是由于货币市场供求失衡而发生的货币流动，国际收支逆差是因为货币供给量过多，而国际收支顺差是由于货币需求过多引起的货币流动。因此，按照货币分析法，国际收支失衡仅仅是货币市场失衡的反映。

正是基于这一理念，货币分析法在进行国际收支分析时，采取了与传统理论完全不同的分析思路。第一，传统理论注重分析经常账户交易，认为它反映了国际收支最基本的情况；而货币分析法则侧重于全面分析包括国际资本流动在内的综合交易，认为它才能全面反应国际收支的整体情况。第二，传统理论是从线上项目（经常账户或贸易项目）的分析，自上而下地说明其线下项目收支失衡的成因，认为线下项目差额是线上项目交易的结果，经常账户交易是基础；而货币论则是从线下项目（国际储备项目）的分析，自下而上地说明其线上项目收支失衡的成因，认为线上项目差额是线下项目交易的结果，国际储备才是交易的基础——进一步说，国际储备交易之所以会出现收支失衡则是国内货币市场的一时失衡和寻求再度平衡的结果。

三、货币分析法的国际收支调节机制

（一）固定汇率制下的货币法

货币分析方法认为，在固定汇率制下，一国的货币需求是既定的，其货币供给必须或者只能被动地适应其既定的货币需求，即该国货币当局的货币供给政策只能是去被动地适应这一既定的货币需求。否则，如果货币当局的货币供给因一时失当而造成了货币供需失衡的话，则必将破坏原有的经济均衡，引起该国商品市场和国际收支的短期失衡以及国际储备的相应调整。而后者的失衡和调整则又会自动地反过来影响或纠正货币供给的失衡，迫使其重新恢复到既定的均衡水平上来，进而使得货币供需和内外经济也随之恢复一致均衡。最终，从长远来看，被改变的只是货币供给的来源结构，而均衡的货币供给总额却并没有改变。这意味着，在固定汇率制下，一国货币当局并无主动地制定其货币政策（这里是指货币供给总额）的自主权。于是人们有时会说，在固定汇率制下，货币政策无效。

具体说来，假定原来一国处于一致均衡状态，如果其他条件都保持不变而发生了货币供给失衡，比如出现了货币供给大于货币需求的情况，在固定汇率制下，情况会怎样呢？这时，由于货币的供大于求，基于现金余额效应，人们会扩大投资和消费，因为实际供给保持不变，从而会引起商品市场的需求过热，超过实际供给能力，导致本币价格水平上升，暂时偏离了本币的购买力平价。价格水平的上升，一方面会使商品市场的需求降温重新回到既定的实际供给水平上；另一方面，会使货币需求也跟着暂时上升，短期偏离其既定的均衡值。同时，还会使该国产品的国际竞争力下降，出现短期性国际收支逆差——在固定汇率制下，这意味着货币当局不得不抛售外汇来填补市场上的外汇需求缺口以稳定汇率。于是，货币当局把原先超额供给的货币又收回去了，直至货币供给重新恢复到原来既定的均衡值为止。但此时，因为前期的价格上升已经导致货币需求也随之短期上升，偏离了既定的均衡值，因而又会形成货币供不应求的情形。基于反向的现金余额效应，人们又会缩减投资和消费，以致商品市场需求乏力，低于实际供给能力，使得本币价格水平重新回落，直至恢复其购买力平价为止。这一价格水平的回落，会产生三个作用：其一，使得商品市场的需求重新升温，再次恢复到既定的实际供给水平上；其二，使得货币需求也随之回落，重新恢复到原来既定的均衡值，从而货币市场恢复到原来的既定均衡状态；其三，使得该国产品的国际竞争力也重新恢复，国际收支也重新实现平衡。至此，货币供需与内外经济的一致均衡得以恢复。

当然，如果反过来出现货币供给小于货币需求的情况会怎样呢？实际上，通过类似的分析容易得知：在固定汇率制下，一时性的货币供给仅具有改善国际收支的短期作用；但从长期来看，由于市场力量的自动调节机制最终会使其重新恢复到原有的均衡，所以这一作用不能长期维持。

总而言之，货币分析法认为，在允许资本自由流动的固定汇率制下，长期来看，一国货币当局并无主动地制定货币政策（这里指货币供给总额）的自主权。具体来说按照货币主义理论，在允许资本自由流动的固定汇率制下，如果货币需求保持不变而发生国际收支失衡的话，则其根源必定在于货币供给的短期失当。或者换句话说，货币供给的短期失衡必将引起短期性的内外经济失衡（即国内价格水平失衡与国际收支失衡），同时会引起国内货币供给来源结构的重组（即国内信用余额和国际储备余额的比例调整）。长期看来，市场力量在固定汇率制下必然会自行将这些暂时性的经济失衡统统加以纠正，结果除了货币存量的来源结构会有所调整外，一切都会恢复到其原来的均衡水平。从这个意义上说，在固定汇率制下，货币政策无效。

（二）货币分析法的贬值分析

货币分析法认为，贬值只有影响货币需求（相对于货币供给）才能影响国际收支。

短期来看，本币贬值会立即使得国内产品竞争力增强，国外产品竞争力相对减弱，这会导致出口增加和进口减少，从而使得国际收支改善。但是，从长期看，由于国际收支改善而出现的国际收支顺差的不断积累必然会形成本币升值的压力。为阻止本币重新升值而稳定在新的贬值后汇率上，该国货币当局不得不在外汇市场上进行操作，干预外汇市场，利用新的基础本币来购买外汇。这一过程一方面导致了本国的国际储备增加，另一方面增加了货币供给。而货币供给的增加，又会产生现金余额效应，使得人们扩大实际投资和消费，从而出现商品市场上短期需求过热，最终引起国内价格水平上升。此时，商品市场的需求降温并重新回到既定的实际供给水平，本国产品的竞争优势也随之消失,国际收支也重新恢复了平衡。

总之,货币分析法认为,贬值对一国国际收支只有一种暂时性的有利影响,并且受到货币当局不采取扩张性的公开市场活动的约束,即在贬值时国内名义货币供给不能增加。长期来看,由于市场力量的自动调节机制最终会使其达到新的内外一致均衡,所以通过贬值改善国际收支的作用不可能长期维持。

(三) 浮动汇率制下的货币分析法

货币分析法认为,在浮动汇率制下,国际收支的失衡可以由汇率的变化,即本国货币升值或贬值加以自动调整,货币当局无须对外汇市场的交易进行干预,也就没有国际收支逆差或顺差,国际储备也不发生变化。在浮动汇率制下,不会出现国际收支严重失衡问题,因为汇率的即时应变会自动调节国际收支的平衡。不同于固定汇率制的情况,在浮动汇率制下,扩张性的货币政策所造成的货币存量的增加会长期得到保持。这是因为初期的货币供给过剩会通过现金余额效应使得人们扩大消费和投资,由于此时实际产出未发生变化,这将导致商品市场上的过度需求,从而引起国内价格水平随着汇率同比上升。长期看来,国内价格水平的上升,会导致货币需求的增加,直至与货币供给相平衡。

总之,在固定汇率制下,当局不能保持对货币供给的控制;而在浮动汇率制下,当局可以决定货币供应量。

四、货币分析法的政策主张

(一) 所有国际收支不平衡在本质上都是货币现象

从这个角度上说,国际收支的结构性顺差或者逆差实际不存在。只有在实际变化与国际储备同时减少的时候,实际变化才会导致国际收支差额发生变化。

(二) 国际收支的不平衡是暂时的

国际收支的货币分析法认为,所有国际收支失衡都是由于货币供需一时失衡所造成的,并且只是一种短期现象;从长期来看,自由市场的自动调节机制最终会使国际收支恢复平衡,从而无须政府去进行经济调控。当然,政府也可以设法弥补逆差,但是这样做的结果是国际储备的减少,或者是国外借入资金的增加。

货币分析法认为,在固定汇率制下,国际收支失衡的市场自动调节过程可能需要较长的时间,同时一国需要有足够的国际储备去干预外汇市场才能确保维持固定汇率。而在浮动汇率或者有管理浮动制下,一国就可以不必或不必经常去干预外汇市场,从而也就不必需要有太多的国际储备,此时,更多的是让汇率的自由浮动来调节国际收支平衡。因而,货币分析法主张浮动或者有管理的浮动汇率制。

(三) 所有的国际收支不平衡都可以由国内货币政策来解决,而不需要改变汇率(贬值或者升值)

按照货币主义的观点,货币贬值只是国内信贷紧缩的替代,货币贬值的目的在于降低一国货币供给的世界价值。货币主义认为,紧缩性的货币政策具有改善国际收支的短期作用,这对固定汇率制和浮动汇率制都有效。对于固定汇率制来说,紧缩性的货币政策可以在一定程度上减轻国际储备严重流失的压力,但同时也具有紧缩经济的短期副作用。对于浮动汇率制来说,紧缩性的货币政策可以在一定程度上减轻本币贬值的压力,但这一政策也同时具有紧缩经济的长期副作用。

当然,对于固定汇率制来说,公开贬值政策是另一个代替紧缩性货币政策的,同样可以在短期内改善国际收支的可供选择的政策。究竟何时该选择哪种调节政策,货币论认为,这需要根据具体情况进行分析,不能一概而论。包括要考虑经济周期所处的阶段、价格和工资的刚性因素等,这些因素往往会影响紧缩性货币政策的效果。

此外,为平衡国际收支而采取的进口限额、关税、外汇管制等其他干预措施,只有当他们的作用是提高货币需求,尤其是提高国内价格水平时,才能改善国际收支。同时,这种影响也是暂时的,这些干预措施的限制条件不能同时引起国内货币供给的扩张。

(四)较快的经济增长率可以通过增加对货币的需求改善一国国际收支

货币分析法认为,较快的经济增长率会增加对货币的需求从而改善一国国际收支。随着国际收支总额的改善,又可能导致贸易逆差和外国资本的流入。

综上所述,国际收支的货币分析法认为:一国如果面临长期国际收支逆差,尽管可以采取传统的国际收支政策,但它们只能暂时有效。按照货币主义分析法,一国货币当局手中的长期策略应该是降低国内货币供给的扩张速度,从而改善国际收支状况。

五、货币分析法的评价

(一)货币分析法的贡献

货币分析法的主要贡献在于强调了人们在国际收支研究中长期忽视的货币因素,从货币需求与供给的独特视角对国际收支问题进行了分析研究。货币分析法除了可以补充传统理论的缺陷之外,还强调了国际收支差额将诱导货币存量的变化,而货币存量的变化至少在短期将影响经济行为。

总之,货币分析法考虑了国际资本流动对国际收支的影响,并且在国际收支中强调了货币因素,使得自凯恩斯主义兴起以来已经被人淡忘的货币因素在调节国际收支中的重要作用得到了应有的重视,比弹性分析法和吸收理论有了极大的进步。另外,货币分析方法还有一个优点,那就是它还可以用来分析汇率的确定问题,这也是弹性分析方法所不具备的。

(二)货币分析法的缺陷

货币分析法也存在许多缺陷和局限性,主要表现在以下几个方面:

(1)货币分析法假定一国的货币需求是其价格水平、利率和实际收入的稳定函数,这一假设不一定成立。因为经济学家的实证研究表明,这一假设只有在长期时才可能成立,而短期甚至中期来看,货币需求函数是很不稳定的。实际上,货币分析法的货币需求函数稳定假设,购买力平价假设和利率稳定假设等都是从长期来看才能近似成立,其短期动态分析未必符合实际情况,从而无法得出令人信服的解释。

(2) 货币分析法关于实际收入始终保持不变的假设也只具有中短期意义,而不具有长期意义。这是因为,从长期来看,实际收入一般是会增长的。实际收入增长后,就会影响到货币需求。

(3) 货币分析法认为货币是唯一解释国际收支不平衡的变量,认为货币理论是传统国际收支理论的完全替代,这显然夸大了货币以及货币理论的作用。我们知道,影响一国国际收支既有货币的因素,也有实际因素等其他因素,不能说货币因素就一定是自变量,而其他因素就是因变量。

基本概念

马歇尔—勒纳条件(the Marshall-Lerner condition)
J曲线效应(J-curve effect)
贸易条件(term of trade)
乘数(multiplier)
基础货币(monetary base)

复习思考题

一、计算题

1. M-L条件的推导。
2. 大国对外贸易乘数的推导。
3. 给定 $C=100+0.6Y, M=150+0.20Y, I=100, X=350$。用代数方式决定 Y。
4. 假设 A 国和 B 国都是大国,从 A 国国民收入均衡水平及贸易差额平衡开始,给定: $MPS_1=0.20, MPS_2=0.15, MPM_1=0.20, MPM_2=0.10$。求 A 国出口自主增长为 200,代替 B 国的国内生产时 A 国贸易差额的变动。

二、简答题

1. 简述马歇尔—勒纳条件及其经济学含义。
2. 试述"J曲线效应"及其形成原因。
3. 弹性分析法的基本理论、政策主张及其局限性有哪些?
4. 简述乘数理论及其总体评价。
5. 简述吸收分析法的基本理论和政策主张及其评价。
6. 简述货币分析法的基本理论和政策主张及其评价。

三、作图题

1. 作图说明J曲线效应。
2. 作图说明封闭经济中均衡国民收入的决定。
3. 作图说明小型开放经济中均衡国民收入的决定。

附录

1. M-L 条件的推导

设 X 和 M 分别为实际出口量和实际进口量，P_X 和 P_M 分别为出口品的本币价格和进口品的外币价格，R 为汇率，B 为以本币表示的贸易收支差额。则有：

$$B = X \cdot P_X - M \cdot P_M \cdot R$$

对上式两边同时关于 R 取微分，则有：

$$dB = P_X dX - R \cdot P_M dM - M \cdot P_M dR$$

$$= M \cdot P_M \left(\frac{R}{X} \cdot \frac{dX}{dR} \cdot \frac{XP_X}{RMP_M} - \frac{R}{M} \cdot \frac{dM}{dR} - 1 \right) \cdot dR$$

$$= M \cdot P_M \left(E_X \cdot \frac{XP_X}{RMP_M} + E_M - 1 \right) \cdot dR$$

注意到原来的贸易收支是平衡的，即 $B = X \cdot P_X - M \cdot P_M \cdot R = 0$，从而有：

$$X \cdot P_X = M \cdot P_M \cdot R$$

即：

$$\frac{X \cdot P_X}{M \cdot P_M \cdot R} = 1$$

从而 $dB = M \cdot P_M (E_X + E_M - 1) \cdot dR$

若想 $dB/dR > 0$，则必须有：$E_X + E_M > 1$

2. 大国对外贸易乘数的推导（方法一）

用"*"表示外国的变量，假定：① 只有两个国家，本国和外国，两国均为大国；② 本国的出口等于外国的进口。则，本国和外国的国民收入恒等式分别为：

$$Y = \frac{1}{1-c+m}(C_0 + I_0 + G_0 + X_0 - M_0)$$

$$Y^* = \frac{1}{1-c^*+m^*}(C_0^* + I_0^* + G_0^* + X_0^* - M_0^*)$$

由假定②，有：$X = M^*$，又 $M^* = M_0^* + m^* \cdot Y^*$，$X = X_0$，所以，$X_0 = M_0^* + m^* \cdot Y^*$

同理有：

$$X_0^* = M_0 + m \cdot Y$$

又因为 $s = 1-c$，同理，$s^* = 1-c^*$。

将 $X_0^* = M_0 + m \cdot Y$ 代入 $Y^* = \frac{1}{1-c^*+m^*}(C_0^* + I_0^* + G_0^* + X_0^* - M_0^*)$ 有：

$$Y^* = \frac{1}{1-c^*+m^*}(C_0^* + I_0^* + G_0^* + M_0 + m \cdot Y - M_0^*)$$

将该式代入 $X_0 = M_0^* + m^* \cdot Y^*$ 有：

$$X_0 = M_0^* + \frac{m^*}{1-c^*+m^*}(C_0^* + I_0^* + G_0^* + M_0 + m \cdot Y - M_0^*)$$

再将该式代入 $Y = \frac{1}{1-c+m}(C_0 + I_0 + G_0 + X_0 - M_0)$,有:

$$Y = \frac{s^* + m^*}{ss^* + ms^* + sm^*}(C_0 + I_0 + G_0 + M_0^* - M_0)$$

$$+ \frac{m^*}{ss^* + ms^* + sm^*}(C_0^* + I_0^* + G_0^* + M_0 - M_0^*)$$

对其分别求导有:

$$\frac{\partial Y}{\partial C_0} = \frac{\partial Y}{\partial I_0} = \frac{\partial Y}{\partial G_0} = \frac{s^* + m^*}{ss^* + s^*m + sm^*} = k^1$$

$$\frac{\partial Y}{\partial C_0^*} = \frac{\partial Y}{\partial I_0^*} = \frac{m^*}{ss^* + s^*m + sm^*} = k^{**}$$

$$\frac{\partial Y}{\partial X_0} = \frac{\partial Y}{\partial M_0^*} = -\frac{\partial Y}{\partial M_0} = \frac{s^*}{ss^* + s^*m + sm^*} = k''$$

大国对外贸易乘数的推导(方法二)

用"$*$"表示外国的变量,假定:① 只有两个国家,本国和外国,两国均为大国;② 本国的出口等于外国的进口。

本国和外国的国民收入均衡水平的变动分别为:

$$\Delta I + \Delta X = \Delta S + \Delta M$$

$$\Delta I^* + \Delta X^* = \Delta S^* + \Delta M^*$$

又 $\Delta S = s\Delta Y, \Delta S^* = s^*\Delta Y^*, \Delta M = m\Delta Y, \Delta M^* = m^*\Delta Y^*$,

由假定②有 $\Delta X = \Delta M^* = m^*\Delta Y^*$ 以及 $\Delta X^* = \Delta M = m\Delta Y$

将它们代入 $\Delta I + \Delta X = \Delta S + \Delta M$ 与 $\Delta I^* + \Delta X^* = \Delta S^* + \Delta M^*$ 有:

$$\Delta I + m^*\Delta Y^* = s\Delta Y + m\Delta Y$$

$$\Delta I^* + m\Delta Y = s^*\Delta Y^* + m^*\Delta Y^*$$

本国投资自主增长时,由于外国无投资自主增长,所以 $\Delta I^* = 0$,从而

$$m\Delta Y = s^*\Delta Y^* + m^*\Delta Y^* = (s^* + m^*)\Delta Y^*$$

$\frac{m\Delta Y}{s^* + m^*} = \Delta Y^*$,把它代入 $\Delta I + m^*\Delta Y^* = s\Delta Y + m\Delta Y$,有:

$$\Delta I + m^* \frac{m\Delta Y}{s^* + m^*} = s\Delta Y + m\Delta Y$$

$$\Delta I = [(s+m) - \frac{m^* m}{s^* + m^*}]\Delta Y$$

进一步有:

$$k^1 = \frac{s^* + m^*}{ss^* + s^*m + sm^*} = \frac{\Delta Y}{\Delta I}$$

同理,可以推导出外国有投资自主增长时,由于本国无投资自主增长,所以 $\Delta I = 0$ 时,

$$k^{**} = \frac{m^*}{ss^* + s^*m + sm^*} = \frac{\Delta Y}{\Delta I^*}$$

现在,推导有外国反应的本国对外贸易乘数:

$$k'' = \frac{\Delta Y}{\Delta X} = \frac{s^*}{ss^* + s^*m + sm^*}$$

显然,$k'' = k^1 - k^{**}$

第十三章

开放经济下的宏观经济均衡

> **本章学习重点**
>
> 1. 开放经济条件下的宏观政策目标
> 2. 内部均衡、外部均衡及其相互关系
> 3. 支出调整政策与支出转换政策;丁伯根法则、有效市场分类原则
> 4. IS-LM-BP 模型;固定汇率制下的财政政策与货币政策效果
> 5. 浮动汇率制下的财政政策与货币政策效果
> 6. 经济内外失衡的调整与国际协调

前面几章我们已经分别论述了汇率和国际收支及其调整问题,并指出了自动调节机制存在的缺陷和它们所包含的政策主张,使我们认识到市场经济的有效运行离不开政府宏观调控。内部经济与外部经济的运行紧密相连且相互影响,所以单纯依靠自动调节机制难以实现内外同时均衡。这就迫使政府在制定宏观政策时,不但要考虑国内经济目标的实现,还要注意外部经济的平衡。在开放经济条件下,宏观经济政策的主要目标包括经济增长、充分就业、物价稳定和国际收支平衡四个方面。为了实现这些目标,一国可以选择不同的财政政策、货币政策、汇率政策和管制政策,而有效的政策组合则是解决这一问题的关键。

第一节 开放条件下的政策目标与政策工具

与封闭经济条件下的宏观经济政策不同,开放条件下宏观经济政策的制定需要考虑更多的因素,政策环境和政策目标也更加复杂。在封闭条件下,政府的宏观调控目标可概括为:经济增长、充分就业和物价稳定。其中经济增长是一个长期动态的过程,短期内政府更多考虑的是如何实现充分就业和保持物价稳定这两个目标。但是对于开放经济而言,这仅仅是实现了内部经济的均衡,外部经济是否均衡还要考察国际收支是否平衡。所以,宏观开放经济的政策目标可以分为两大类:内部均衡(internal balance)和外部均

衡(external balance)。

一、开放经济条件下的宏观政策目标

（一）内部均衡(internal balance)

在封闭条件下,经济增长、物价稳定和充分就业是政府追求的宏观经济目标,这三个目标概括了能使经济合理运行的主要条件。充分就业是指一国的生产资源被充分利用的状态,通常用失业率来衡量,一般认为,失业率长期维持在4%~5%左右就算充分就业了。因为在一个动态经济中,由于经济结构调整、市场信息不完全和劳动力转移的成本,不可避免地会存在一定比例的结构性失业、摩擦性失业和自愿失业,即弗里德曼的自然失业率。

另一方面,生产性资源的利用不足或过度使用都会造成资源的浪费和经济的不稳定。经济的不稳定主要表现为社会总体价格水平的频繁波动。当对劳动和产出的需求超过了充分就业水平时,工资和物价的上升会推动总体价格水平上涨,物价水平的波动会导致货币单位实际价值的不确定,从而使经济决策缺少有力的依据,降低整体经济运行的效率。因此,政府总是力图防止总需求相对于充分就业水平发生较大的波动,以保持物价水平的稳定和可预见性。所以,内部均衡一般可以定义为一国内部经济保持充分就业和物价稳定的状态,即实现没有通货膨胀的充分就业。米德指出:"内部均衡的目标仅仅是保持足够高的对各国国内产品的总需求水平,以维持充分就业,但总需求水平又不致高到使货币价格和成本出现持续的膨胀。"在米尔顿·弗里德曼提出自然失业率假说后,内部均衡就在一定程度上成为与自然失业率意义相同的概念。

（二）外部均衡(external balance)

外部均衡是指一国的国际收支处于平衡状态,既无国际收支逆差,也无国际收支顺差。但外部均衡的内涵随着汇率体制的演变经历了一个发展过程。在布雷顿森林体系下,各国对资金流动采取了严格的管制措施,经常账户的逆差很难通过汇率变动或吸引资金流入的方法加以解决,因此,这时外部均衡通常被视为经常账户的平衡。20世纪70年代以来,随着浮动汇率体制的实施和国际间资金流动数量的日益增加,人们逐渐认为可以依靠外汇市场来自发调节或弥补经常账户差额,因此,外部均衡问题不存在了。80年代以来,外部均衡的含义又有了深刻的变化。一方面,国际资金流动问题日益突出,资金在国际上自发流动过程中导致汇率变动非常剧烈,诱发债务危机与货币危机等严重问题,人们发现在国际资金流动的条件下总差额的平衡并不能说明问题,一国仍有必要对经常账户乃至整个国际收支的结构进行控制;另一方面,理论研究的深入使人们认识到简单地要求经常账户达到平衡是不必要的,一国应利用经常账户调节储蓄与投资差额的性质,根据经济的不同特点、不同发展阶段确定相应的经常账户余额目标,进而确定合理的国际收支结构。因此,我们可以将外部均衡定义为与一国宏观经济相适应的、合理的国际收支结构。现代政策制定者充分注意到了国际收支状况的重要性,并致力于外部平衡的实现。若国际收支逆差太多,该国则难以支付国外债务,本币面临贬值压力;若顺差太多,又使外国难以支付该国债务,本币面临升值压力。尽管一般情况下多数国家都优先考虑内部均衡,但当一国政府面临持续的、严重的外部不均衡时,也不得不改变轻重缓急的顺序,优先考虑外部均衡问题。

（三）内部均衡与外部均衡的关系

作为开放经济的主要政策目标,内部均衡与外部均衡是相互影响的,它们之间存在着非常复杂的关系。当我们采取措施实现内部均衡时,可能会同时对外部均衡问题造成干扰或破坏,从而产生内外均衡之间的冲突。英国经济学家詹姆斯·米德(J. Meade) 1951年在其名著《国际收支》中最早提出了固定汇率制下的内外均衡冲突问题。他指出,在汇率固定不变时,政府主要运用影响社会总需求的政策来调节内外均衡,这将导致一国内部均衡与外部均衡之间的冲突,这种情况被称为米德冲突(Meade's conflict)。这样,在开放经济运行的特定区间,便会出现内外均衡难以兼顾的情形,如表13.1.1所示。

表 13.1.1 固定汇率制下的内外均衡的矛盾

	内部经济状况	外部经济状况
1	经济衰退/失业增加	国际收支逆差
2	经济衰退/失业增加	国际收支顺差
3	通货膨胀	国际收支逆差
4	通货膨胀	国际收支顺差

例如,在内部经济出现经济衰退和失业增加时,外部经济面临国际收支逆差的局面。当政府采取调节社会总需求的扩张性财政或货币政策刺激经济,降低失业,以实现内部均衡时,扩张性的财政和货币政策会导致进口增加,在出口保持不变时带来经常账户逆差的增加,导致外部经济更加远离均衡目标。反之,当政府采用紧缩性政策来平衡国际收支时,又会使失业增加。如果内部经济处于通货膨胀而外部经济处于国际收支顺差的局面,政府采用紧缩性政策控制国内通货膨胀时,会导致进口减少,从而使国际收支顺差的额度更大。因此,在米德的分析中,内外均衡的冲突一般是指固定汇率制下,失业增加、经常账户逆差或通货膨胀、经常账户盈余这两种特定的内外经济状况的组合。

固定汇率制下造成内外均衡冲突的原因主要有：

(1) 国内经济条件的变化。例如,在一国经济处于内部均衡时,该国消费者的消费偏好发生了更倾向于购买本国产品的转变。这种转变一方面增加了国内产品的需求,造成通货膨胀的压力,另一方面又导致了经常账户顺差的增加。

(2) 国际经济波动的传递。这种波动又分为实物性与金融性波动两类。从实物性波动来看,假定A、B两国互为贸易伙伴,当B国发生国内吸收的自发性收缩,经济陷入衰退时,B国对A国产品的进口就会下降。对于A国来说,这会导致经常账户赤字的增加,同时出口下降又会造成需求不足,带来经济衰退。从金融性波动来看,如果国际金融市场上利率上升,则本国为了维护资金流动和汇率稳定,势必要求提高国内利率,利率的提高会对国内经济产生紧缩作用,给内部均衡目标带来干扰或破坏,从而产生内外均衡相互冲突的问题。

(3) 国际资金的投机性冲击。20世纪80年代以来,国际投机性资金的流动对一国经济的内外均衡产生着越来越大的影响。如20世纪90年代末的泰国金融危机就始于国际游资的冲击。在货币危机理论中,当预期一国货币将贬值时,政府必须提高利率以补偿预期的贬值率,维持资金流动的稳定,但这会给国内经济带来很大的冲击,影响内部均衡目标的实现。这种资金的投机性流动往往与经济基本面无关,具有自我实现的特点。

米德的分析主要针对固定汇率制的情况,没有考虑资金流动对内外均衡问题的影响。在浮动汇率制下,政府同样面临着外部均衡问题,完全利用外汇市场自发调节国际收支是不可能的。在汇率变动受到政府管制的条件下,通过国内总需求的变动来调节内外均衡仍是常见的做法。因此,浮动汇率制下也会出现许多与固定汇率制相类似的内外均衡冲突现象。例如,通过调节国内需求来实现内部均衡目标时,国内需求的变动会通过多种途径造成汇率的变化,汇率又会通过一系列机制影响内部均衡。更严重的是,活跃在国际金融市场上的巨额资金不仅导致各国汇率的动荡不定,而且直接影响各国的宏观经济,使各国的国内经济政策受到更多的制约,一国同时实现内外均衡目标会变得更加困难。因此,内外均衡冲突始终是开放经济面临的重要问题。

内外均衡冲突问题的存在说明,在开放经济条件下,单纯运用调节社会总需求这一封闭经济的政策工具是不足以同时实现内外均衡目标的。开放经济的调控需要有新的政策工具,对政策工具要有新的运用方式。

二、开放经济条件下的政策工具

为了实现内外经济同时均衡,一国政府可采用财政、货币、汇率、管制、调节社会总供给、提供融资等政策工具。

(一) 调节社会总需求的工具

由于社会总供给的变动相对缓慢,因此,对宏观经济的调控主要是通过调节社会总需求实现的,所以宏观调控常被称为"需求管理"。对总需求的调节可分为支出调整政策(expenditure-changing policy)、支出转换政策(expenditure-switching policy)和直接管制(direct control)三种。

1. 支出调整型政策(expenditure-changing policy)

所谓支出调整是指政府通过改变社会支出,对总需求加以调节的一种需求管理手段,它包括财政政策和货币政策。财政政策是政府利用财政收入、财政支出和公债对经济进行调控。政府通过增加支出和(或)减少税收,采用扩张性的财政政策,通过乘数效应增加国内产出和收入,调节内部经济;同时,收入的增长又会通过边际进口倾向导致进口增加,减少国际收支顺差。但这种效应会由于扩张性财政造成的利率上升引起资本流入而被抵消一部分。紧缩性财政政策可通过压低总需求的方式,减少产出和收入并导致进口减少,但会由于利率的下降引起资本外流而被抵消一部分。

货币政策是货币当局通过调节货币供应量与利率来影响宏观经济活动水平的经济政策。它分为公开市场业务、再贴现和改变法定存款准备金率三种。扩张性的货币政策通过增加货币供给,降低利率,带来投资和收入水平的上升并导致进口增加。同时,利率下降引起的资本外流会进一步加强货币政策对外部经济的作用效果。反之,紧缩性的货币政策会阻碍投资、收入以及进口的增长,并且引起资本流入。

因此,财政和货币政策都可以通过直接影响社会总需求来调节内部均衡。同时,社会总需求的变动又可以通过边际进口倾向影响进口和通过利率影响资金流动,由此调节外部均衡。

对于调节社会总需求的支出调整型政策,我国通常会根据经济的形势作出对应的调整。2021年12月,中央经济工作会议提出,要继续实施积极的财政政策和稳健的货币政策,保持对经济恢复的必要支持力度,政策操作上要更加精准有效,不急转弯,把握好政策时度效。积极的财政政策要提质增效、更可持续,保持适度支出强度,增强国家重大战略任务财力保障,在促进科技创新、加快经济结构调整、调节收入分配上主动作为,抓实化解地方政府隐性债务风险工作,党政机关要坚持过紧日子。稳健的货币政策要灵活精准、合理适度,保持货币供应量和社会融资规模增速同名义经济增速基本匹配,保持宏观杠杆率基本稳定,处理好恢复经济和防范风险关系,多渠道补充银行资本金,完善债券市场法制,加大对科技创新、小微企业、绿色发展的金融支持,深化利率汇率市场化改革,保持人民币汇率在合理均衡水平上的基本稳定。

2. 支出转换政策(expenditure-switching policy)

支出转换政策是指通过影响本国贸易商品的国际竞争力,改变支出结构从而使本国收入相对于支出增加的政策,如汇率调整、关税、出口补贴等都属于支出转换政策。狭义的支出转换政策专指汇率政策。在不进行管制的条件下,汇率政策主要通过确定汇率制度与汇率水平对经济产生影响。汇率政策对社会总需求的转换机制在于:通过汇率贬值,使本国产品在外国市场变得相对便宜,外国产品在本国市场上相对昂贵,这将诱使本国居民将需求由外国产品转向本国的进口替代品,从而减少进口需求。同时,还刺激外国居民增加对本国产品的需求,促使本国出口增加。可见,汇率政策首先作用于净出口$(X-M)$,并在此基础上作用于社会总需求,对社会总需求的结构与数量都有影响。

支出转换政策的实质是在总需求的内部进行结构性的调整,使得总需求的构成在国内吸收与净出口之间保持恰当的比例。在固定汇率制(如布雷顿森林体系)下,当国际收支发生"根本性失衡"时,政府可通过调整平价变动汇率。但在浮动汇率制下,由于汇率是根据外汇市场的供求而自发变动的,所以,政府汇率政策的实施主要通过干预外汇市场来主动调节汇率水平,从而达到转换支出方向,调节内外经济运行的目的。

3. 直接管制(direct control)

直接管制是指政府采取直接的行政控制来影响经济运行的政策手段。它具体可细分为贸易管制(如关税、配额和其他国际贸易流动数量方面的限制)、金融或汇率管制(如国际资本流动方面的限制和多重汇率制度)以及国内价格和工资的管制。从性质上来讲,直接管制也应属于支出转换政策,因为它是通过改变各种商品的相对可获得性来达到支出转换的目的。虽然直接管制具有立竿见影、灵活易行的特点,但是它不可避免地使市场产生扭曲,导致资源配置低效率,同时还会引起黑市交易和走私等非法活动,引起其他国家的报复,因此,经济学家和国际经济组织大多不赞成采用直接管制来调控经济,但在历史上,发达国家和发展中国家都不同程度地采用过直接管制。

(二)调节社会总供给的工具

宏观经济是在社会总需求与社会总供给的相互作用中运行的,供给方面的因素对内外均衡也会产生影响。调节社会总供给的工具一般可以称结构政策,它包括产业政策和科技政策等,旨在改善一国的经济结构和产业结构,提高产品质量,降低生产成本,增强社会产品的供给能力。供给政策的特点是长期性,短期内难以有显著的效果,但它可以从根本上提高一国的经济实力与科技水平,从而为实现内外均衡创造条件。

(三)提供融资的工具

融资政策是在短期内利用资金融通的方式,弥补国际收支出现的超额赤字以实现经济稳定的一种政策。融资政策包括官方储备和国际信贷的使用。对外部均衡调控的首要问题是"融资还是调整":如果国际收支偏离外部均衡标准是临时性、短期性的冲击造成的,那么就可以用融资方法弥补,以避免调整的痛苦;而如果是国内经济原因等中长期因素所导致的,就需要运用其他政策进行调整。可见,融资政策与调节社会总需求的支出政策的选择具体还要看外部均衡偏离的性质。

三、开放经济条件下的政策协调原理

在开放经济下,政府面对多重政策目标和多种政策手段,必须选择合适的政策工具来实现每一个目标。有时一个政策工具应用于一个特定的目标时,可能会帮助政府接近另一个目标,也有可能会偏离另一个目标。如当一国处于通货膨胀和顺差并存的情况时,支出变动政策的实施将处于两难的境地。当外部均衡要求实行扩张政策,而内部均衡却要求实行紧缩政策时,一种政策手段是难以兼顾两个政策目标的,无论是达到内部均衡还是外部均衡,都势必以加剧另一种失衡为代价。荷兰经济学家、首届(1969年)诺贝尔经济学奖得主简·丁伯根(Jan Tinbergen)提出了"经济政策组合理论"。他认为,政府需要的有效政策工具的数目通常与它独立目标的数目大体相同。即,如果政府有两个目标,它就需要两个政策工具;如果有三个目标,就需要三个政策工具,依此类推。这一理论又被称为"丁伯根法则"。对于开放经济而言,这一结论具有鲜明的政策含义:只运用支出调整政策难以同时实现内外均衡目标,必须寻找新的政策工具并进行合理搭配。

丁伯根法则指出了应运用 N 种独立的工具进行配合来实现 N 个独立的政策目标,这一结论对于经济政策理论具有深远意义。但这一法则也存在缺陷:一是假定各种政策工具可以供决策当局集中控制,从而通过各种工具的紧密配合实现政策目标;二是没有明确指出每种工具有无必要在调控中侧重于某一目标的实现。这两点与实际情况是不相符的。

针对这一缺陷,1999年诺贝尔经济学奖获得者、美国经济学家蒙代尔(Robert Mundell)于20世纪60年代提出了"政策搭配理论"(police mix theory),其核心是"有效市场分类原则"(principle of effective market classification)。蒙代尔对政策指派研究的出发点是:在许多情况下,不同的政策工具实际上掌握在不同的决策者手中,如货币政策隶属于中央银行,财政政策则由财政部掌握,如果决策者不能紧密协调而是独立进行决策的话,就难以达到最佳的政策目标。蒙代尔的结论是:如果每一工具被合理地指派给一个目标,并且在该目标偏离其最佳水平时按规则进行调控,那么,在分散决策的情况下仍有可能得到最佳调控目标。这一原则的含义是:每一目标应指派给对这一目标有相对最大影响力的机构,因而在影响政策目标上有相对优势的工具。如果在指派问题上出现错误,经济则会产生不稳定性,会距均衡点越来越远。根据这一原则,蒙代尔区分了财政政策、货币政策影响内外均衡的不同效果,提出了以货币政策实现外部均衡目标、财政政策实现内部均衡目标的指派方案。财政政策一般通过商品市场的调节对就业与物价进行调控,并且通过经常账户对国际收支产生影响;货币政策一般通过对商品市场和货币市场的调节对就业与物价进行调控,且通过经常账户和资本账户对国际收支产生影响。由此可见,货币政策在外部均衡目标上具有比财政政策更大的影响力,且对国际收支而言影响力更大。因此,按照有效市场分类原则,应当将货币政策用于实现外部均衡目标,而财政政策用于实现内部均衡目标。

蒙代尔的"有效市场分类原则"与丁伯根法则一起确定了开放经济下政策调控的基本思想,即针对内外均衡目标,确定不同政策工具的指派对象,并且尽可能地进行协调以同时实现内外均衡。这一政策间的指派与协调就是所谓的"政策搭配"。

对于开放经济下的政策协调,我国基于当下的国内外形势明确提出了国内国际双循环这一概念,加快构建以国内大循环为主体、国内国际双循环相互促进的新发展格局。构建基于"双循环"的新发展格局是党中央在国内外环境发生显著变化大背景下,推动我国开放型经济向更高层次发展的重大战略部署。这一部署要求协调好三方面:首先要从长期大势把握当前形势,加快形成新发展格局;其次要兼顾短期应对和中长期发展,实现稳增长和防风险长期均衡;此外还要更好统筹疫情防控和经济社会发展,巩固经济回升转好势头。

第二节 IS-LM-BP 模型

一、国际收支的平衡及 BP 曲线

(一) 国际收支函数

每个国家在一定时期都可能产生经常账户的顺差或逆差,以及资本账户的顺差或逆差。当然,这两个项目也可能分别出现平衡,但这种情况大多是偶然的。我们将净出口和净资本流出的差额称为国际收支差额,并用 BP 表示,即:国际收支差额=净出口-净资本流出($BP=nx-F$)。

一国的国际收支平衡就是外部均衡,即一国的国际收支差额为零,$BP=0$。如果一个国家发生了经常账户的赤字,即在国外的花费比从国外得到的收入多,那么就需要向国外出售资产或从国外借债来平衡。而这种资产出售或借债意味着该国出现了资本账户盈余。因此,任何经常账户赤字要由相应的资本流入来抵消。如果国际收支差额为正,即 $BP>0$,称国际收支顺差,也称国际收支盈余。如果国际收支差额为负,即 $BP<0$,则称国际收支逆差或国际收支赤字。

当国际收支平衡,即 $BP=0$ 时,有:$nx=F$。净出口函数为 $nx(y)=q-\gamma y+n\dfrac{EP_f}{P}$,其中 q,γ 和 n 为正参数。净资本流出函数为 $F(r)=\sigma(r_f-r)$,其中 $\sigma>0$ 为常数,r_f 为外国利率,r 为本国利率。分别代入此式,则有:$q-\gamma y+n\dfrac{EP_f}{P}=\sigma(r_f-r)$,化简为:

$$r=\frac{\gamma}{\sigma}y+\left(r_f-\frac{n}{\sigma}\frac{EP_f}{P}-\frac{q}{\sigma}\right)$$

此式表示,当国际收支平衡时收入 y 和利率 r 之间的关系.该表达式也称为国际收支均衡函数,简称国际收支函数。在其他有关变量和参数既定的前提下,在以利率为纵坐标、收入为横坐标的坐标系中,国际收支函数的几何图形表示即 BP 为国际收支曲线,或称 BP 曲线。从国际收支函数表达式可知,BP 曲线的斜率为正,即 BP 曲线向右上方倾斜。

(二) BP 曲线

1. BP 曲线的推导

BP 曲线可以用几何图形的方法推导出来,具体过程如图 13.2.1 所示。

其中,(A)图为净资本流出曲线,它是向右下方倾斜的。(B)图是横纵坐标的转换线,即 45°线,它表示净资本流出额与净出口额相等,两个项目的差额正好相互补偿,国际收支达到平衡。(C)图为净出口曲线,它与收入成反方向变化。在(A)图中,当利率从 r_1

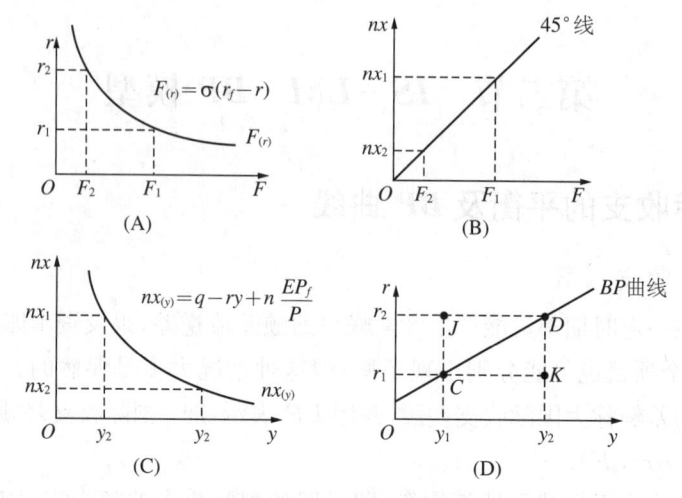

图 13.2.1 *BP* 曲线的推导

上升到 r_2 时，净资本流出量从 F_1 减少到 F_2。如果资本账户原来是平衡的，这时将出现顺差。为了保持国际收支平衡，根据 45° 线，净出口必须从 nx_1 减少到 nx_2，按照净出口曲线，国民收入要从 y_1 增加到 y_2。这样，在保持国际收支平衡的条件下，利率和收入有两个对应点 C 和 D，当然还可以找到其他对应点，把这些点连接起来就得到了国际收支曲线。如(D)图中 *BP* 曲线所示：曲线上每一点都代表一个使国际收支平衡的利率和收入的组合。而不在 *BP* 曲线上的每一点，都是使国际收支失衡的利率和收入的组合。① 在 *BP* 曲线左上方的所有点均表示国际收支顺差，即 $nx > F$。例如，在 *BP* 曲线左上方取一点 J，与均衡点 D 相比，点 J 利率相同，收入较低。因此，其相应的净出口 nx 值较高，即在该点 $nx > F$。② 在 *BP* 曲线右下方的所有点均表示国际收支逆差，即 $nx < F$。在 *BP* 曲线下方任取一点 K，与均衡点 C 相比，K 利率相同，收入较高，故相应的净出口较低，即有 $nx < F$。

从上述 *BP* 曲线的推导中可以看出，净出口减少使 *BP* 曲线左移，净出口增加使 *BP* 曲线右移。当汇率提高，本币贬值时，*BP* 曲线向右移动；反之，汇率降低时，*BP* 曲线向左移动。

2. *BP* 曲线的形状

(1) *BP* 曲线的斜率

BP 曲线的形状取决于该曲线的斜率。从前式中可知，*BP* 曲线的斜率为 γ/σ，其中的 σ 是净资本流出函数 $F = \sigma(r_f - r)$ 中的一个参数，σ 实际反映的是国家间资本流动的难易程度。σ 值越大，表示资本流动性越强，国内与国外的极小利率差都会引起大量的资金流动。反之，如果 σ 值越小，则表示资本流动性越弱，该国的金融市场还不太成熟，资本流动还有一定的限制或困难，从而国内利率与国外利率不相等，也不会造成很大的资金流动。而 σ 的值越大，在其他因素不变时，*BP* 曲线的斜率越小，即 *BP* 曲线越平坦。反之，σ 的值越小，*BP* 曲线的斜率越大，即 *BP* 曲线越陡峭。

(2) 资本完全流动和资本完全不流动时的 BP 曲线

在资本完全流动的假定下,如果国外利率 r_f 是既定的,那么,当国内利率高于国外利率时,资本就会无限地流入本国,出现大量的资本账户以及国际收支的盈余。反之,当本国利率低于国外利率时,资本会无限外流,出现国际收支赤字。由此可知,BP 曲线是一条位于国内利率与国外利率($r=r_f$)相等位置上的水平线。在该水平线以上的点对应国际收支盈余,在该水平线以下的点对应国际收支赤字,如图 13.2.2 所示:

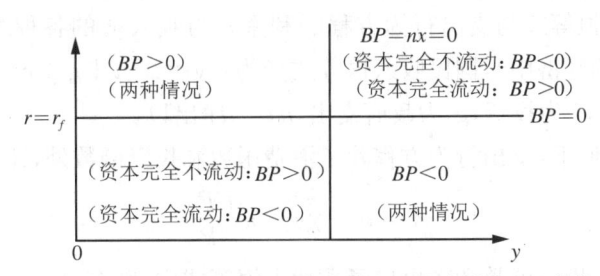

```
              │  BP=nx=0
  (BP>0)      │  (资本完全不流动: BP<0)
  (两种情况)   │  (资本完全流动: BP>0)
r=r_f ────────┼──────────── BP=0
              │
  (资本完全不流动: BP>0) │  BP<0
  (资本完全流动: BP<0)   │  (两种情况)
            0 │                    y
```

图 13.2.2　资本完全流动和资本完全不流动时的 BP 曲线

在资本完全不流动的假定下,将不存在资本流动造成的净资本流出,也就是说,在资本项目中不会产生国际收支的变动。所以,国际收支的变动完全来自对外贸易的变化,即取决于净出口的变化。当 $nx=0$ 时,国际收支就处于均衡状态,这时的 BP 曲线是一条位于净出口为零的垂直线,其形状如图 13.2.2 中的垂直线所示。图中 BP 曲线左边各点表示,在任何利率水平上,国民收入都低于国际收支均衡所要求的水平,因而,进口水平将低于国际收支均衡时的进口水平。这时将会出现国际收支顺差,即 $BP>0$。反之,在 BP 曲线右边的各点都表示,在任何利率水平上,国民收入都高于国际收支均衡所要求的水平,因而,进口水平将高于国际收支均衡时的进口水平。这时将出现国际收支逆差,即 $BP<0$。只有 BP 曲线上的点才代表国际收支达到了均衡。

(3) 资本流动性强和资本流动性弱时的 BP 曲线

资本流动性强和流动性弱时的 BP 曲线显然介于上面两种情况之间,因而 BP 曲线既不是水平的,也不是垂直的,而是一条斜率为正的曲线。其倾斜的程度取决于受资本净流出因素和净出口因素影响的程度。一般来说,资本流动性越强,BP 曲线就越平坦;资本流动性越弱,BP 曲线就越陡峭。

BP 曲线右下方的任何一点,都代表本国利率水平低于国际收支均衡所需要的利率水平,和国民收入高于国际收支均衡所要求的国民收入水平的组合。本国利率水平低于国际收支均衡所需要的利率水平,将会导致资本流出;而国民收入高于国际收支均衡所要求的国民收入水平,将会导致进口增加,二者都会使国际收支减少。所以,BP 曲线右下方各点,代表国际收支处于逆差状态。与此相反,BP 曲线左上方的任何一点,都代表本国利率水平高于国际收支均衡所需要的利率水平,以及国民收入低于国际收支均衡所要求的国民收入水平的组合。这时会导致资本流入,进口减少,二者都会使国际收支增加。所以,BP 曲线左上方各点,代表国际收支处于顺差状态。对于更陡直的 BP 曲线,对外贸易差额对国际收支的影响大于净资本流出差额对国际收支的影响;对于更平缓的 BP 曲线,对外贸易差额对国际收支的影响小于净资本流出差额对国际收支的影响。

二、IS-LM-BP 模型及其含义

（一）开放经济中的 IS 曲线

IS 曲线描述了当产品市场达到均衡时,收入 y 和利率 r 的关系。或者说,IS 曲线描述了满足国民收入恒等式与支出行为方程的利率 r 与收入 y 的各种组合。在开放经济条件下(即四部门的经济中),国民收入恒等式变为：$y=c+i+g+nx$,式中 y 为均衡的国民收入,c 为消费,i 为投资,g 为政府支出,nx 为净出口。

在开放经济条件下,支出行为方程除了消费函数和投资函数外,还包括净出口函数

$$nx = q - \gamma y + n\frac{EP_f}{P}$$

现将消费函数、投资函数和净出口函数代入恒等式中,则有：

$$y = \alpha + \beta(y-t) + (e-dr) + g + \left(q - \gamma y + n\frac{EP_f}{P}\right)$$

整理后有：

$$y = \frac{\alpha + e + g + q - \beta t}{1-\beta+\gamma} - \frac{dr - n\frac{EP_f}{P}}{1-\beta+\gamma}$$

或：

$$r = \frac{1}{d}\left(\alpha + e + q + g - \beta t + \frac{EP_f}{P}\right) - \frac{(1-\beta+\gamma)}{d}y$$

上述两个等式都可以作为开放经济中的 IS 曲线的方程。从第一个等式可以看出,引入对外贸易后,开放经济条件下的支出乘数有所变化。从后一个等式可以看出,开放条件下利率 r 与收入 y 仍维持了封闭经济条件下的反向关系,即开放条件下的 IS 曲线仍是向右下方倾斜的。IS 曲线的截距项与汇率成同方向关系。因此,在其他条件不变时,汇率提高会使 IS 曲线向右移动;反之,当汇率降低时,IS 曲线向左移动。

由于宏观经济学在考察开放经济时,通常假定货币需求函数和国内货币供给量保持不变,因此,LM 曲线在开放经济条件下不用修正。

（二）IS-LM-BP 模型

开放经济下的 IS-LM-BP 模型可以用三个方程、三个未知数的方程组表示：

$$y = \frac{\alpha + e + g + q - \beta t}{1-\beta+\gamma} - \frac{dr - n\frac{EP_f}{P}}{1-\beta+\gamma} \quad (IS \text{ 曲线})$$

$$y = \frac{hr}{k} + \frac{1}{k}\left(\frac{M}{P}\right) \quad (LM \text{ 曲线})$$

$$r = \frac{\gamma}{\sigma}y + \left(r_f - \frac{n}{\sigma}\frac{EP_f}{P} - \frac{q}{\sigma}\right) \quad (BP \text{ 曲线})$$

上述三个方程要决定三个未知量 y、r 和实际汇率 EP_f/P。相应地，在以利率为纵坐标、收入为横坐标的坐标系中，这一模型可以用三条曲线，即 IS 曲线、LM 曲线和 BP 曲线来表示，如图 13.2.3 所示：

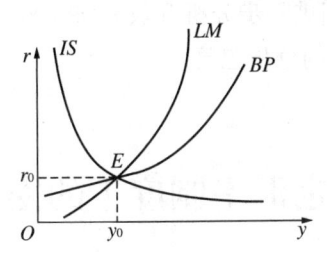

图 13.2.3 IS-LM-BP 模型

在开放经济条件下，IS 曲线与 LM 曲线的交点所对应的状态被称为内部均衡或国内均衡。BP 曲线上每一点所对应的状态，即国际收支平衡被称为外部均衡或国外均衡。因此，图 13.2.3 中的 E 点反映的是国内均衡和国外均衡同时实现的状态。其中，LM 曲线给出了使货币需求与供给相等的利率和收入的组合。BP 曲线给出了在给定的汇率下与国际收支相一致的利率和收入的组合。有了 IS-LM-BP 模型，就能从理论上分析开放经济条件下的若干宏观经济问题。

（三）经济的国内外均衡与失衡

1. 经济的国内外同时均衡

如图 13.2.3 所示，当经济处于国内外同时均衡时，IS 曲线、LM 曲线和 BP 曲线相交于一点。经济的国内外均衡是一国宏观经济所追求的目标之一。

2. 国际收支顺差的失衡

当经济不能达到国内外同时均衡时，我们称之为经济的内外失衡。在 IS-LM-BP 模型中，经济的内外失衡是指三条曲线不能相交于同一个交点，如图 13.2.4 所示。

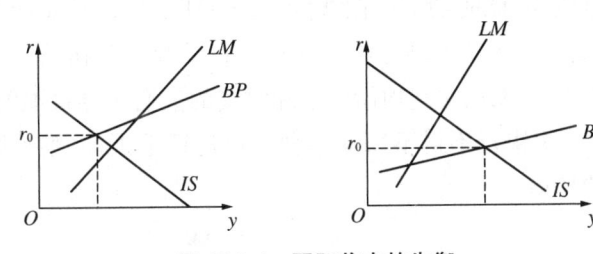

图 13.2.4 国际收支的失衡

图 13.2.4 右图，IS 曲线与 LM 曲线的交点位于 BP 曲线的左上方，说明国内市场已经均衡，但利率水平高于国际收支均衡所要求的水平，而国民收入又低于国际收支均衡所要求的水平。其结果必将导致净出口的顺差和净资本流入的增加，造成国际收支的顺差。

与上面的国际收支顺差的情况相反，如果 IS 曲线与 LM 曲线的交点位于 BP 曲线的右下方,如图 13.2.4 左图,则表示在国内市场已经均衡的情况下,利率水平低于国际收支均衡所需要的水平,而国民收入又高于国际收支均衡所需要的水平。其结果必将导致净出口的逆差和净资本流出的增加,造成国际收支的逆差。

IS-LM-BP 模型为我们进一步分析开放经济条件下的宏观经济变动和宏观经济政策的作用与效果提供了有用的分析工具。

第三节 固定汇率制度下的宏观经济政策

在开放经济中,一国经济一旦发生国际收支的顺差或逆差,就需要进行调整。一般来说,任何影响 IS、LM、BP 曲线变动的因素,都可能直接或间接影响国际收支的变动。如果通过宏观经济政策来影响或改变那些因素,则既能调节国内经济均衡和经济增长,同时也可以对已经出现的国际收支失衡进行调节。在开放经济条件下,除原有的财政政策和货币政策外,还有汇率政策可以调节国际收支的失衡,但前提是该国实行浮动汇率制。在固定汇率制度下,由于不能经常变动汇率,所以谈不上使用汇率政策。下面,我们根据不同的汇率制度和资本流动性不同的条件来讨论开放经济条件下宏观经济政策的调节作用。本节先分析固定汇率制下的宏观经济政策效果。

一、固定汇率制下资本完全流动时的政策效果

在固定汇率制度下,一国的国际收支如果发生了逆差或顺差,从而出现汇率上升或下降的压力时,为维持汇率的固定水平,政府必须通过中央银行对外汇市场进行干预。这会使本国的货币供给发生变动,从而影响已经使用的宏观经济政策的效果。

(一) 财政政策效果

由于资本的完全流动,此时的 BP 曲线为一条水平直线。这意味着,只有在国内利率等于国外利率时,该国才能实现国际收支平衡。只要利率存在差异,就会使资本发生流动,以致该国的国际收支无法实现均衡。国际收支的失衡所导致本国的货币升值或贬值的压力又迫使该国中央银行不得不采取某种政策进行干预,以维持原有的汇率水平,从而导致 LM 曲线的移动。

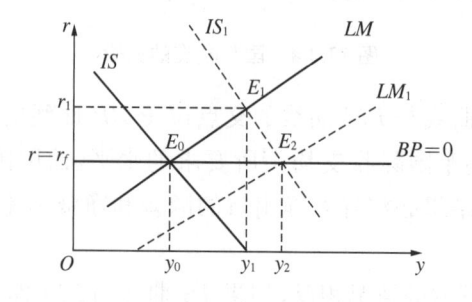

图 13.3.1 固定汇率制度下资本完全流动时的财政政策效果

当政府采取扩张性财政政策时,IS 曲线向右移动到 IS_1,短期均衡点为 E_1,国民收入暂时提高到 y_1,利率暂时上升到 r_1(如图 13.3.1 所示)。尽管国民收入提高会使进口增加,但是由于资本具有完全的流动性,所以,利率的上升使得国外资本流入增加的速度更快,幅度更大。因而净资本流入增大,出现国际收支顺差(E_1 点位于 BP 曲线的上方),这时将出现本币升值的压力。中央银行必须干预外汇市场,购入外汇,抛出本币。这种干预会使 LM 曲线向右移动到 LM_1,最终在 E_2 点达到经济的内外同时均衡,此时产出为 y_2,利率不变。

由此可见,在固定汇率制下,当资本具有完全流动性时,扩张性的财政政策对国民收入的影响和作用很大。因为在资本完全流动时,财政政策所导致的利率上升,可以吸引大量的国外资本流入,国际收支因而出现顺差,本币趋于升值,中央银行为维持汇率固定,必须购入外汇,这样导致货币供给增加,使利率维持在原来的国际利率水平。由此形成的货币供给增加,更增强了扩张性财政政策的效果。在这种情况下,外汇不但没有损失,还会因为中央银行购入外汇而增加。

(二)货币政策效果

如果该国中央银行采取扩张性货币政策(如图 13.3.2 所示),增加货币的供给量,这使得 LM 曲线移动到 LM_1。此时,经济内部均衡的点为 E_2 点。但在 E_2 点上,由于利率降低引起资本外流,导致该国国际收支出现赤字,因而发生汇率贬值的压力。为了稳定汇率,中央银行必须在外汇市场上抛售外币,同时回购本币。这样,本国货币供给减少,LM 曲线向左移动,利率上升。这一过程一直持续到回到 E_1 点的均衡状态为止。如果该国中央银行实行紧缩性货币政策将导致大规模的国际收支盈余,引起本币升值,从而迫使中央银行在外汇市场上购买外币,抛出本币,使货币供给增加。结果,最初实行的货币紧缩政策的效果被抵消。

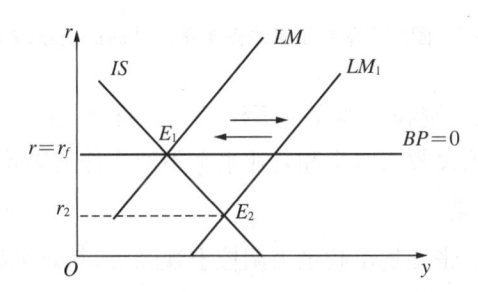

图 13.3.2　固定汇率制下资本完全流动时的货币政策效果

由此可见,在固定汇率制下,当资本完全流动时,采用货币政策调节国际收支对本国国民收入产生影响,最终被证明是无效的。同理,在资本流动性较强的情况下,固定汇率制下,货币政策仍然是无效的。

二、固定汇率制下资本完全不流动时的政策效果

（一）财政政策效果

假如政策当局认为当前的国民收入水平太低,而试图在固定汇率制和资本完全不流动的条件下,采用扩张性的财政政策达到提高产出、增加就业的目标时,其作用机制和效果如图13.3.3所示。初始均衡点在 IS、LM、BP 三条曲线的交点 E_0 处。当政策当局采取扩张性财政政策试图增加国民收入或提高就业水平时,IS 曲线向右移动到 IS_1,新的国内均衡点为 E_1,收入水平暂时提高到 y_1,利率上升到 r_1。由于 E_1 点不在 BP 曲线上,因此,国际收支是失衡的(处于赤字状态)。所以,这也不是经济的最终均衡点。由于资本完全不能流动,所以,利率的上升并不能带来资本的流入。但是,收入的暂时增加会引起进口增加,从而造成国际收支逆差。在本币贬值的压力下,货币当局必须在外汇市场上抛售外币,购回本币,以保持固定汇率。这会减少本国的货币供给量,从而使 LM 曲线向左上方移动,直至最终达到与 IS_1、BP 曲线相交的 LM_1,交点为 E_2,此时,利率上升,但收入没有增加。政府支出的增加由于利率的上升对私人投资产生了完全的挤出效应,从而总产出不变。

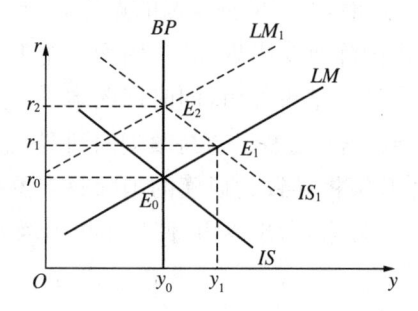

图13.3.3　固定汇率制下资本完全不流动时的财政政策效果

由此可见,在固定汇率制和资本完全不流动的条件下,扩张性财政政策除了使利率上升、外汇流失以外,对国民收入水平和就业水平不产生任何影响。

（二）货币政策效果

如果中央银行采取扩张性货币政策来调控宏观经济,其效果如图13.3.4所示。E_0 点为初始的内外经济均衡点,是 IS、LM、BP 三条曲线的交点。中央银行实行扩张性货币政策增加货币供给时,LM 曲线向右移动到 LM_1,使国民收入暂时提高到 y_1,利率降低至 r_1。新的内部均衡点 E_1 并未处于 IS、LM、BP 三条曲线的交点上,这不是经济的最终均衡点。由于资本完全不流动,所以,利率下降不会使资本流出,但收入的增加会使商品和劳务进口增加,从而形成国际收支逆差(E_1 点位于 BP 曲线的右方)。国际收支逆差使本币趋于贬值,外币升值。为维持固定汇率,中央银行必须在外汇市场上抛售外币,购回本币。这样会减少货币供给量,使 LM_1 曲线再回到原来的 LM 的位置,达到 IS、LM、BP 三

条曲线的共同交点上为止。这时,经济重新回到内外均衡的状态。

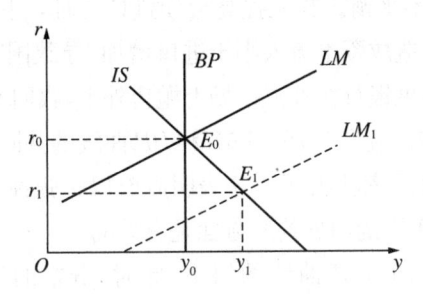

图 13.3.4　固定汇率制下资本完全流动时的货币政策效果

由此可知,在固定汇率制和资本完全不流动条件下,货币政策从最终结果看是完全无效的。同样也可证明,在资本流动性较弱时,在固定汇率条件下,货币政策仍是效果不大或者是无效的。

三、固定汇率制下资本不完全流动时的政策效果

(一) 财政政策效果

假定初始均衡点为 E_0,扩张性财政政策会使 IS 曲线右移,与 LM 曲线形成的交点 E_1 是新的短期平衡点。在这一点上,利率上升,国民收入增加。这一短期平衡点的国际收支状况需分不同情况进行讨论,因为利率上升导致资本与金融账户改善的同时,收入增加却使进口上升,经常账户恶化。此时,国际收支状况取决于这两种效应的相对大小。在边际进口倾向不变的情况下,资本流动性越高,利率上升就能吸引越多的资本流入,就能更多地抵消经常账户的赤字。资本流动性状况体现在 BP 曲线的斜率上,流动性越高,则 BP 曲线越平缓。下面根据 BP 曲线的不同斜率进行分析。

(1) BP 曲线大于 LM 曲线的斜率,此时,资本的流动性比较弱,政府实行扩张性财政政策将会有一定的效果,其作用机制如图 13.3.5 所示。

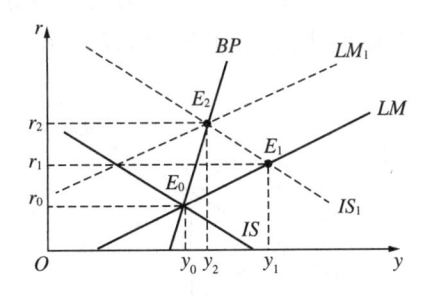

图 13.3.5　固定汇率制下资本流动性较弱的财政政策效果

由于资本的流动性较弱,所以 BP 曲线比较陡峭,斜率高于 LM 曲线的斜率。初始均衡点在 IS、LM、BP 三条曲线的交点,经济实现了内外部同时均衡。扩张性财政政策使 IS 曲

线移至 IS_1，与 LM 曲线交于 E_1。此时，收入提高到 y_1，利率提高至 r_1。内部均衡点 E_1 位于 BP 曲线的右方，国际收支不平衡。收入提高会使进口增加，利率提高会使资本流入增加，但因为资本的流动性较弱，造成资本流入小于进口增加，导致国际收支发生逆差，本币趋于贬值。在固定汇率制下，中央银行在外汇市场上抛售外汇，收回本币，导致货币供给减少，引起 LM 曲线向左移动到 LM_1，最终在 IS_1、LM_1 和 BP 曲线的共同交点 E_2 点恢复均衡。在经济均衡点 E_2，收入和利率水平都上升了。这表明政府以扩张性财政政策推动经济增长、增加就业和调节经济达到新水平的内外均衡方面是有效的。

(2) BP 曲线的斜率小于 LM 曲线的斜率，此时，资本的流动性比较强，如图 13.3.6 所示。

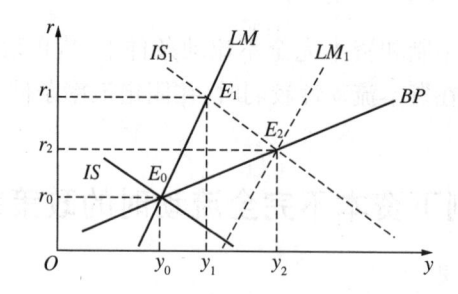

图 13.3.6 固定汇率制下资本流动性较强的财政政策效果

由于资本的流动性较强，所以 BP 曲线比较平坦，斜率小于 LM 曲线的斜率。当政府采取扩张性财政政策时，IS 曲线向右移动到 IS_1，均衡点为 E_1，位于 BP 曲线的上方，这意味着较高的资本流动性使得利率上升带来的资本与金融账户的改善超过收入上升带来的经常账户恶化效应，国际收支处于顺差，本币有升值的压力。在固定汇率制下，中央银行在外汇市场上抛出本币，购买外币，导致本币供给增加，引起 LM 曲线向右移动到 LM_1，最终在 IS_1、LM_1 和 BP 曲线的共同交点 E_2 点恢复均衡。与短期均衡点 E_1 相比，在长期均衡点 E_2，收入从 y_1 增加到 y_2，利率从 r_1 下降到 r_2。这表明政府以扩张性财政政策推动经济增长、增加就业和调节经济达到新水平的内外均衡方面是比较有效率的。

(3) BP 曲线斜率等于 LM 曲线斜率，如图 13.3.7 所示。

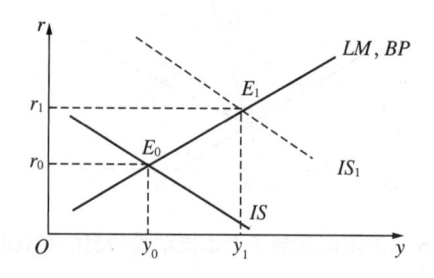

图 13.3.7 固定汇率制下资本不完全流动时的财政政策效果

此时，BP 曲线与 LM 曲线重合，当政府采取扩张性政策使 IS 曲线向右上方移动到 IS_1 时，短期的均衡点为 E_1，E_1 点也位于 BP 曲线之上，利率的上升与收入增加对国际收支的影响正好相互抵消，国际收支处于平衡状态。所以，这一短期均衡点也是长期均衡点，经济不会进一步调整。

(二) 货币政策效果

当中央银行采取增加货币供给的扩张性货币政策时，使 LM 曲线向右移动到 LM_1，与 IS 曲线交于 E_1 点 (如图13.3.8所示)。在短期平衡点上，收入暂时增加，利率水平低于原有的均衡利率。E_1 点位于 BP 曲线的下方，说明国际收支处于赤字状态。由于收入的增加会导致进口增加，净出口下降，恶化经常账户收支，同时，利率下降会使资本流出，恶化资本与金融账户。国际收支的赤字会使本国货币出现贬值的压力，为维护固定汇率，中央银行不得不在外汇市场抛出外汇，购买本币，从而使货币供给减少，LM_1 曲线向左移动，一直到回到原来的位置，与 IS 曲线和 BP 曲线交于原有的均衡点 E_0。此时，外汇储备减少，基础货币的内部构成发生变化，货币的供应量、利率、收入和国际收支都恢复到原来的均衡水平。

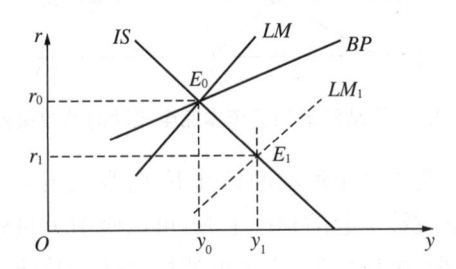

图13.3.8　固定汇率制下资本不完全流动的货币政策效果

在固定汇率制下，当资金不完全流动时，货币供给增加的效果是：在短期内，利率暂时下降，收入暂时增加，国际收支出现赤字；在长期内，利率、收入和国际收支均恢复到期初的水平，但基础货币的内部结构发生了变化，外汇储备减少，所以，货币政策在长期内是无效的。

第四节　浮动汇率制度下的宏观经济政策

在完全浮动汇率制下，汇率由外汇市场的供求决定，政府不需要为维持汇率的稳定而采取干预措施。这时，货币政策和财政政策的效果与固定汇率制的情况有所不同。

一、浮动汇率制度下资本完全流动时的政策效果

（一）财政政策效果

在浮动汇率制和资本完全流动的条件下，政府采取扩张性财政政策的效果如图 13.4.1 所示。E_0 点为 IS、LM、BP 三条曲线的初始均衡点。当政府采取扩张性财政政策时，IS 曲线向右移动至 IS_1，国民收入暂时提高至 y_1，利率上升至 r_1。收入增加虽然会使进口增加，但是由于资本具有完全的流动性，所以，利率的上升会使资本大幅度流入，超过进口的增加。新的内部均衡点 E_1 位于 BP 曲线的上方，国际收支顺差，本币有升值的压力，导致出口减少，进口增加，这又会进一步使 IS_1 曲线向左移动，回到 IS 的位置。最终，重新在 E_0 点恢复内外均衡。

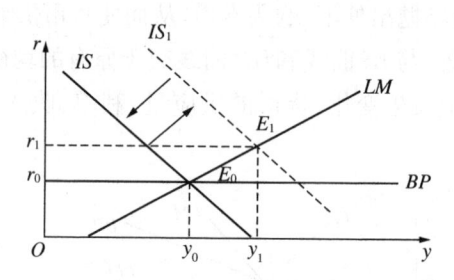

图 13.4.1　浮动汇率制下资本完全流动时的政策效果

所以，在浮动汇率制和资本完全流动的条件下，财政政策完全无效。这是因为，在资本完全流动时，扩张性财政政策引起的利率上升，可以吸引大量资本流入，国际收支会发生顺差，本币升值，出口减少，进口增加，完全抵消扩张性财政政策的效果，以至于财政政策完全失效。

（二）货币政策效果

在浮动汇率制和资本完全流动的条件下，政府采取扩张性货币政策的效果如图 13.4.2 所示。E_0 点为初始的内外经济均衡点。中央银行实行扩张性货币政策增加货币供给时，LM 曲线向右移动到 LM_1，使国民收入暂时提高到 y_1，利率降低至 r_1。由于资

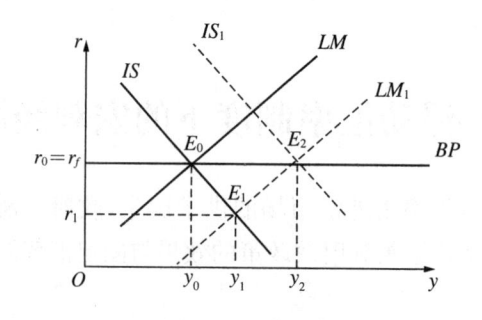

图 13.4.2　浮动汇率制下资本完全流动时的货币政策效果

本具有完全的流动性,所以,利率的下降将使资本流出增加。与此同时,收入增加也会使进口增加、净出口减少。这两方面都会使经济产生国际收支逆差(E_1 点位于 BP 曲线的下方)。在浮动汇率制下,国际收支逆差使本国货币趋于贬值。本币贬值又会促进出口增加,使 IS 曲线移动到 IS_1,与 LM_1 和 BP 两条曲线共同相交于 E_2 点,达到新均衡。此时,利率不变,收入上升至 y_2。

可见,在浮动汇率制和资本完全流动的情况下,货币政策将具有增加国民收入的效果,即货币政策有较好的效果。同理,在浮动汇率制下,当资本流动性较强时,货币政策同样比较有效。

(三) 汇率政策效果

如果一国政府想通过采取汇率政策对浮动汇率制和资本完全流动条件下的国民收入进行调节,增加国民收入,其作用机制和效果如图 13.4.3 所示。

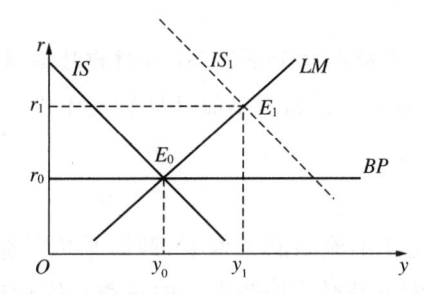

图 13.4.3　浮动汇率制下资本完全流动时的汇率政策效果

初始均衡点 E_0 为 IS、LM、BP 三条曲线的共同交点。如果政府试图以本币贬值的汇率政策在短期内刺激出口,从而促进国民收入的增长,则 IS 曲线将向右移动到 IS_1 的位置,使收入暂时增加到 y_1,利率暂时上升至 r_1。由于资本完全流动,国内利率的上升将引起资本迅速流入,国际收支出现顺差。这将导致本币升值,结果 IS_1 曲线又会向左移动,回到原来的位置,最终与 LM 和 BP 曲线相交于 E_0 点,恢复内外均衡。这时,一切情况都回到采用汇率政策之前。

可见,在浮动汇率制和资本完全流动条件下,汇率政策最终将不具有实际效果。

二、浮动汇率制度下资本完全不流动时的政策效果

(一) 财政政策效果

在浮动汇率制和资本完全不流动的条件下,政府采取扩张性财政政策的效果如图 13.4.4 所示。由于资本完全不能流动,所以 BP 曲线为一条垂直的直线。假定初始的均衡点为 E_0 点。当政府采取扩张性财政政策时,IS 曲线向右移动至 IS_1,与 LM 曲线交于暂时的均衡点 E_1 点,国民收入暂时提高至 y_1,利率上升至 r_1。由于资本完全不流动,利率上升并不能吸引资本流入,但国民收入的增加会促进进口,造成国际收支逆差。在浮动汇率制下,国际收支逆差会促使本国货币贬值,这又会促进本国的出口增加。在马歇

尔—勒纳条件下，IS_1 和 BP 曲线会向右移动到 IS_2 和 BP_1 的位置，最终与 LM 曲线相交于 E_2 点，达到最终的内外均衡。与最初的均衡点 E_0 相比，采取扩张性财政政策的结果是使国民收入增加了，同时，本国的利率也上升了。

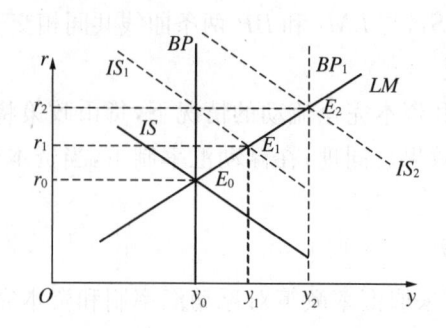

图 13.4.4　浮动汇率制下资本完全不流动时的财政政策效果

可见，在浮动汇率制下，当资本完全不流动时，财政政策是有效的，将使国民收入和利率同时上升。同理，在浮动汇率制和资本流动性较弱条件下，财政政策会使国民收入有所增加，利率有所提高。

（二）货币政策效果

在浮动汇率制和资本完全不流动的条件下，政府采取扩张性货币政策的效果如图 13.4.5 所示。E_0 点为初始的内外经济均衡点。中央银行实行扩张性货币政策增加货币供给时，LM 曲线向右移动到 LM_1，使国民收入暂时提高到 y_1，利率降低至 r_1。由于资本完全不能流动，所以利率的下降不会引起资本的流出。与此同时，由于收入的增加会使进口增加、净出口减少，造成国际收支逆差（E_1 点位于 BP 曲线的右方）。在浮动汇率制下，国际收支逆差使本国货币趋于贬值。本币贬值又会促进出口增加，使 IS 曲线移动到 IS_1，BP 曲线向右移动到 BP_1，最终与 LM_1 相交于 E_2 点，达到最终的均衡。货币扩张的效果是使汇率提高，收入水平增加，利率也变动（利率到底是上升还是下降，取决于 IS 和 LM 曲线的斜率情况），其效果大于封闭经济的情况。

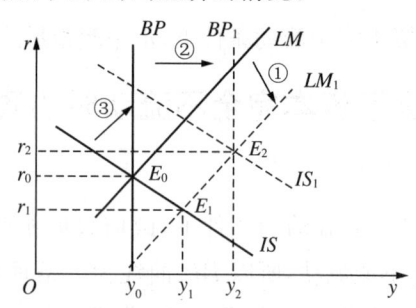

图 13.4.5　扩张性货币政策的效果

可见，在浮动汇率制下，当资本完全不流动时，货币政策是有效的。同理，在浮动汇率制和资本流动性较弱的条件下，货币政策也会是有效的。

同理,我们也可以分析在浮动汇率制下,当资本不完全流动时,扩张性货币政策会导致本国货币贬值,收入上升,对利率的影响难以确定,此时的货币政策是比较有效的。

扩张性财政政策会同时提高收入与利率,这给国际收支账户带来的影响是双重的。一方面,收入提高会恶化经常账户收支;另一方面,利率上升会吸引外资流入,改善资本与金融账户。但国际收支状况如何,取决于这两种效应的比较。当 BP 曲线斜率小于 LM 曲线的斜率时,BP 曲线越平坦,说明资本的流动性越强,利率上升对国际收支的正效应超过收入增加对国际收支的负效应,将使国际收支出现顺差,导致本币出现升值压力,BP 曲线左移。本币升值使净出口减少,导致 IS 曲线左移,直至三条曲线重新交于一点。在新的经济平衡点上,收入、利率都高于期初水平,本币升值。

当 BP 曲线的斜率等于 LM 曲线的斜率时,扩张性财政政策的短期均衡点就是长期均衡点,与封闭条件相比,利率、收入均高于期初水平,但汇率不发生变化。

当 BP 曲线斜率大于 LM 曲线时,在最终的均衡点上,利率与收入均高于期初水平,但本币贬值。

因此,在浮动汇率制下,当资本不完全流动时,政府扩张性财政政策一般会提高收入和利率,但对汇率的影响则必须根据资本流动性的强弱具体分析。此时的财政政策还是比较有效的。

第五节　开放条件下国内外失衡的调整与国际协调

在开放经济体系下,由于有进出口和资本的流入流出,一国政府宏观调控的目标将是在国内实现充分就业均衡的同时,实现国际收支平衡,即内外同时均衡。在坐标系中表现为 IS 曲线、LM 曲线、BP 曲线相交于一点,如图 13.5.1 所示。

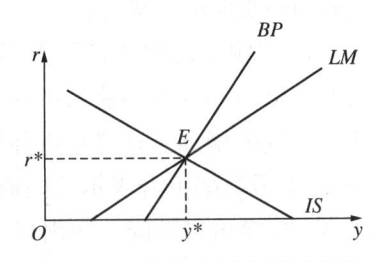

图 13.5.1　国内和国外同时均衡

图 13.5.1 中,y^* 为充分就业的收入水平,r^* 为均衡的利率,IS 曲线和 LM 曲线的交点 E 实现了充分就业的国内均衡,由于 E 点也在 BP 曲线上,所以,国际收支也处于平衡状态。但这种同时均衡的情况只是偶然出现,经常出现的情况可能是:① 国内经济和国际收支都不均衡;② 国内经济均衡,但国际收支处于失衡状态;③ 非理想的国内和国外同时均衡状态。

从宏观经济调控的角度看，这三种情况都没有实现充分就业均衡下的国际收支平衡，即没有实现 IS、LM、BP 三条曲线交于同一点。对内外经济失衡进行调整的政策可以分为三种：第一种是影响或改变总需求量的政策，如财政和货币政策，使 IS 曲线或 LM 曲线发生移动。第二种是调整支出结构的政策，如贸易政策和汇率政策。这些政策主要在于改变或影响经济活动的模式，可以使 BP 曲线移动。第三种是抵消国际收支盈余或赤字的其他金融政策。下面我们具体考察两种情况下宏观经济失衡的调整。

一、国内经济均衡但国际收支失衡的调整

假定一国经济已经实现内部均衡，但国际收支是失衡状态。在图形上表现为，国内经济已处于 IS 曲线和 LM 曲线的交点，但这一交点不在 BP 曲线上，如图 13.5.2 所示。

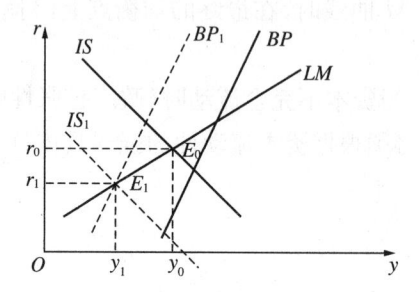

图 13.5.2　浮动汇率制下国际收支顺差的调整

IS 曲线与 LM 曲线的交点 E_0 位于 BP 曲线的左上方，存在国际收支顺差。要消除这种顺差，使三条曲线交于一点，就要求三条曲线中至少有一条发生移动，以便使 y 与 r 的组合处于三条曲线的交点处。应该注意：这种使一条或一条以上的曲线发生移动的调整过程，取决于汇率制度是固定汇率制还是浮动汇率制。

一般说来，浮动汇率制下国际收支顺差的调整过程大多是一种市场自动调节的过程。在该状态下，本国经济从对外净出口和资本净流入中获得的外汇量是正值，即处于国际收支顺差，结果引起该国外汇总量的增加。这会造成外汇市场上外汇供给增加，促使外汇汇率下降，本币汇率上升。本币汇率上升表示该国商品相对于外国商品更加昂贵。于是该国出口减少，进口将增加，净出口下降。净出口的下降会使 IS 曲线向左移动，本币汇率的上升会使 BP 曲线向左上方移动。如图 13.5.2 所示，IS 曲线和 BP 曲线分别移动到 IS_1 和 BP_1。IS_1、LM、BP_1 最终交于 E_1 点。在该收入水平和利率水平上，经济实现内外同时均衡。在浮动汇率制下，这种调整过程中，中央银行不会改变本国的货币供给量，所以，LM 曲线一般不会发生移动。

而在固定汇率制下，当一国经济中出现国际收支顺差时，中央银行可以通过购买外国货币、增加本国货币来减少国际收支顺差，直至经济实现均衡，如图 13.5.3 所示。

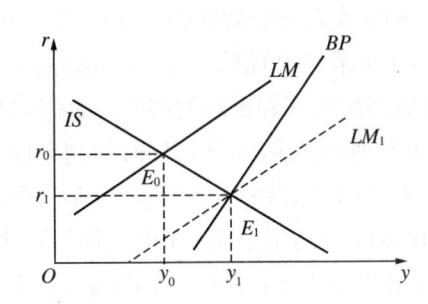

图 13.5.3　固定汇率制下国际收支顺差的调整

在固定汇率制下，假定一国经济初始位于 E_0 点，即 IS 曲线与 LM 曲线的交点，该点是内部平衡点，但它位于国际收支平衡曲线 BP 的左上方，表明存在国际收支盈余，从而本国货币面临升值压力。为维持固定汇率水平，中央银行必须在外汇市场上购买外国货币，抛出本国货币，从而使得本国的货币供给增加。这表现为 LM 曲线向右下方移动至 LM_1，此时，IS、LM_1、BP 三条曲线相交于 E_1 点。结果，国际收支盈余消除，经济同时实现了内部均衡与外部均衡。

浮动汇率制和固定汇率制下国际收支逆差的调整请读者自己参照分析。

二、经济内外失衡及其调整

我们以低于充分就业以及同时发生国际收支逆差的状态进行分析。如图 13.5.4 所示，充分就业的收入水平为 y^*，IS 曲线与 LM 曲线的交点位于 y^* 直线的左边，说明内部经济没有实现充分就业的均衡状态。同时，由于此交点位于 BP 曲线的右下方，说明经济处于国际收支的逆差状态。

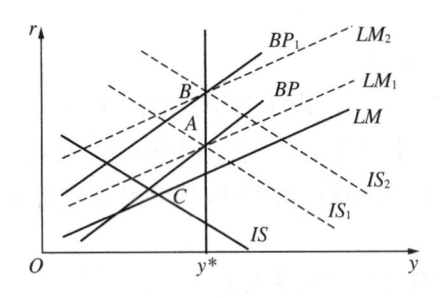

图 13.5.4　经济的内部失衡与外部失衡的调整

如果政府的政策目标仅仅是实现充分就业或国际收支均衡，则政策选择比较容易：只需单独使用货币政策或财政政策就可以实现。例如，为达到充分就业，可以通过扩张性财政政策把 IS 曲线向右上方移动到 LM 曲线与 y^* 垂直线的交点处，或者，通过扩张性货币政策把 LM 曲线沿 IS 曲线向右移动到 IS 线与 y^* 的交点处。为了达到国际收支均衡，可以通过紧缩性货币政策把 LM 曲线沿 IS 曲线左移到 IS 线与 BP 线相交的位置。

如果政府的政策目标是同时实现充分就业和国际收支均衡，则需要将财政政策和货币政策协调使用。如图 13.5.4 所示，BP 曲线与 y^* 垂直线的交点为 A，与 IS 线和 LM 线的交点 C 相比，A 点意味着更高的收入和更高的利率。更高的收入可以通过扩张性财政政策达到：它使 IS 曲线沿 LM 曲线右移至 IS_1，同时使利率提高。更高的利率可以通过紧缩性货币政策达到：它使 LM 曲线沿 IS 曲线左移至 LM_1，同时使收入稍微下降。如果 BP 曲线的位置不变，这种政策配合的结果使 IS 曲线和 LM 曲线的交点最终会达到 A 点。但是，IS 曲线与 LM 曲线的变动会引起总需求曲线从而价格水平的变动。在这里，由于 IS 曲线和 LM 曲线变动的结果是交点向右上方移动，总需求曲线也会向右移动，价格水平上升。价格水平上升造成净出口下降，从而使 BP 曲线向左移，即 BP 曲线与 y^* 垂直线的交点上移。假定 BP 曲线移动至 BP_1，与 y^* 垂直线的交点由于价格水平上升而上移至 B 点。这意味着应当采取更加扩张的财政政策和更加紧缩的货币政策，才能使 IS 曲线与 LM 曲线的交点达到 B 点。

总之，从原理上看，在低于充分就业和国际收支逆差同时出现的情况下，政策调整的方针是：通过紧缩性货币政策提高利率以减少资本净流出，从而实现外部均衡；通过扩张性财政政策扩大总需求以提高收入，从而实现内部均衡。不过，应当注意的是，在达到这两项目标时，有可能使宏观经济政策的实施遭遇其他一些问题。因为作为封闭经济中实现充分就业手段的财政政策和货币政策，其功效是有限的，而在开放经济中，财政政策和货币政策的功效就更加有限了。

三、宏观经济政策的国际协调

在开放经济体系下，各国在制定宏观经济政策实现内外均衡时，由于各国经济政策能够通过国际收支以及汇率的变化相互影响，因此各国的宏观经济政策就需要国际协调。

（一）国际协调的必要性

在浮动汇率制大行其道的今天，由于各国宏观经济及其政策的相互影响，大多数经济学家认为在浮动汇率和资本高度流动的情形下财政政策无效，而货币政策是比较有效的。但如果考虑到其他国家经济政策的影响，其效果也值得怀疑。因此，国际经济政策协调是十分必要的。

1. 宏观经济政策的国际协调可以稳定汇率

很多学者都强调汇率稳定的重要意义。著名金融学家麦金农（M. C. Kinnon）就认为，将汇率稳定在一个固定的水平或者限制在一个狭窄的目标区（target zones）内波动，会有助降低国际贸易和国际投资的波动性。由于在浮动汇率制和资本自由流动的情况下，一国的货币政策可能会引起汇率的波动：扩张性的货币政策会导致本国货币贬值，而紧缩性的货币政策则导致本国货币升值。而货币政策的国际协调可以实现汇率的稳定。

2. 宏观经济政策的国际协调可以达到其他宏观经济目标

宏观经济政策的国际协调可以达到其他宏观经济目标，例如可以避免"以邻为壑"

(beggar the neighbor)政策的出现。当一个国家采取货币贬值来扩大出口,其他国家也采取相同的做法来刺激出口时,结果就可能出现"竞争性贬值"(competitive devaluation)的恶果。而通过宏观经济政策的国际协调,可以较好地避免这一现象。

(二)宏观经济政策国际协调的内容

宏观国际经济的协调有全球性和区域性两种。全球性协调主要由国际货币基金组织和世贸组织等国际组织以及一些主要发达国家(国家集团)参与进行的;而区域性协调一般是在区域经济一体化组织内部(比如欧盟)进行的。

随着全球经济一体化和区域化,国际经济协调既有双边协调,又有多边协调。其协调的主要内容包括货币政策协调、财政政策协调与汇率政策协调三个主要方面。

1. 货币政策协调

各国货币政策协调一般是指利率的协调,这种协调主要针对利率的调整方向。当一个国家希望通过利率的调整来干预经济,以达到控制经济过热或刺激经济走出衰退的目的时,各国需要协调它们之间利率的变动方向、利率调整的幅度。否则,其中任何一个国家的政策目标都不能顺利实现。

在货币主义论者看来,控制利率不如控制货币的增长量。因此,各国货币政策的协调还包括控制货币供应增长率的方式。

2. 财政政策协调

货币政策协调的效果在很大程度上依赖于财政政策的搭配,因而,宏观经济政策的国际协调不仅需要协调货币政策,还需要协调财政政策,在经济关系联系紧密的国家之间尤其如此。

3. 汇率政策协调

在各国将内部平衡和外部平衡作为经济干预的最佳目标时,他们之间不仅需要协调货币政策和财政政策,还要协调汇率政策。

在浮动汇率制下,一国由于汇率的完全自由浮动可以轻易实现外部平衡,从理论上说一国只需关注本国的内部平衡即可。但是为了维持本国经济的稳定发展,特别是为了减少对外贸易的风险,各国大多倾向于采用有管理的浮动汇率制。这意味着一国不但需要关注本国的内部平衡,同时还得兼顾外部平衡。此时,汇率政策的国际协调就显得特别重要。

当然,有关宏观经济政策国际协调的最高阶段是统一各国的货币,形成单一货币区。欧元区欧元的发行和流通,为这一理论提供了一个很好的试验田。但是,由于各国经济发展情况的差异,宏观经济政策的国际协调会遇到许多困难。现实中,各国一般选择比较松散的协调方式。

基本概念

内部均衡(internal balance)

外部均衡(external balance)

支出调整政策(expenditure-changing policy)
支出转换政策(expenditure-switching policy)
有效市场分类原则(principle of effective market classification)
IS-LM-BP模型(IS-LM-BP model)

复习思考题

一、问答题

1. 开放经济下的宏观调控目标有哪些？它们之间的关系如何？
2. 开放经济下的宏观政策工具有哪些种类？
3. 请简述开放经济条件下宏观调控政策协调的原理。
4. 请简述开放条件下的 IS-LM-BP 模型。
5. 宏观经济政策国际经济协调的主要内容有哪些？为什么需要国际协调？

二、作图分析题

1. 作图说明固定汇率制下资本完全流动时的财政、货币政策效果。
2. 作图说明固定汇率制下资本完全不流动时的财政、货币政策效果。
3. 作图说明固定汇率制下资本不完全流动时的财政、货币政策效果。
4. 作图说明浮动汇率制下资本完全流动时的财政、货币政策效果。
5. 作图说明浮动汇率制下资本完全不流动时的财政、货币政策效果。
6. 作图说明浮动汇率制下资本不完全流动时的财政、货币政策效果。

第十四章

国际货币体系

本章学习重点
1. 国际货币体系的含义和内容
2. 金本位制的国际收支自动调节机制
3. 布雷顿森林体系的特点和崩溃的原因

国际货币体系(international currency system)是各国政府为适应国际贸易与国际支付的需要,对货币在国际范围内发挥世界货币职能所确定的原则采取的措施和建立的组织形式的总称。国际货币体系包含的主要内容有:各国汇率制度,包括各国货币比价的确定依据、比价的市场波动界限、调整幅度;各国货币的可兑换性和国际结算原则的确定;国际储备资产的确定和供应方式;国际金融事务的协调、磋商和有关管理工作;国际收支的调节方式,包括逆差和顺差国所承担的责任。

国际货币体系可以根据汇率制度或货币本位的形式进行分类。按照汇率制度可以分为固定汇率制、有管理的浮动汇率制和完全自由浮动的汇率制度;按照储备资产的形式可以分为金本位制、信用货币本位制和介于两者之间的金汇兑本位制。一个好的货币体系应包括三个方面:一是调整国际收支失衡的成本最小、时间最短;二是能够提供足够的储备资产,以使一国可以弥补其国际收支赤字,而不会使本国或世界经济通胀或紧缩;三是具有正常运行的调节机制,能够保持国际储备资产的价值。

19世纪末期以来,国际货币体系主要经历了三大变化,从金本位制到美元本位(布雷顿森林体系),再到"一超(美元)多强(英镑、欧元、日元)"的货币体系(牙买加体系)。伴随着国际货币体系的演变,不同的国际货币体系对世界经济的影响也存在较大差异。

第一节 金本位制

金本位制是指以黄金作为本位货币,实行以金币流通为主的货币制度。英国于1816年制定《金本位制法》,并在世界上首次实行金本位制,标志着黄金成为世界货币。随后,德国于1871年宣布实行金本位制,丹麦、瑞典、挪威等国于1873年实行金本位制,日本也在1897年实行金本位制。法国虽然是1928年正式实行金本位制,但在1873年限制银币自由铸造时,事实上就已经实行了金本位制;美国在1900年正式实行金本位制,但实际上在1873年也停铸银圆。到19世纪末,资本主义各国已经普遍实行了这一货币制度。随着多国货币制度的逐渐统一,金本位制度由国内制度演变为国际制度。

一、金本位制的类型

在历史上曾有过三种形式的金本位制:金币本位制(gold specie standard)、金块本位制(gold bullion standard)、金汇兑本位制(gold exchange standard)。其中,金币本位制是最典型的形式,狭义上的金本位制即指金币本位制。

(一) 金币本位制

金币本位制是金本位货币制度的最早形式,亦称古典的或纯粹的金本位制,盛行于1870—1914年间。自由铸造、自由兑换、黄金自由输出入是它的三大特点。

在该制度下,各国政府规定货币的法定含金量,每单位的货币价值等同于若干重量的黄金(即货币含金量)。当不同的国家使用金本位时,国家之间的汇率由两国货币的法定含金量之比来决定,即铸币平价(mint parity)。实际汇率则是以铸币平价为中心,根据外汇供求关系的变化上下波动,但波动幅度被自动限制在黄金输送点以内。

黄金输送点是金本位制下黄金输出点和黄金输入点的总称。汇率波动的最高界限为铸币平价加上在两个货币中心之间运输一单位外汇对应黄金量的运输成本,即黄金输出点。当汇率波动超过这个界限时,黄金就会从国内输出,流到外汇发行国直接铸造外国货币;汇率波动的最低界限是铸币平价减去黄金的运输成本,即黄金输入点。当汇率波动低于这一界限时,黄金就会从外汇发行国流入本国直接铸造本国金币。由于黄金可以自由输出入,因此,汇率的波幅很小。

例如,1英镑的含金量是113.0016格令的纯金,1美元的含金量是23.22格令的纯金,因此可知,两国货币的兑换比率是1英镑=4.87美元。这是英镑和美元的铸币平价,即基础汇率。但是由于外汇供求的作用,外汇市场上的实际汇率是以铸币平价为基础,在黄金输送点以内上下小幅波动的。假如纽约和伦敦之间运送价值1英镑的黄金需成本3美分,则汇率将会在4.90~4.84之间波动。在美国的外汇市场上,没有人愿意用多于4.90美元的成本来兑换1英镑外汇,因为他随时可以在纽约购买价值4.87美元的黄金,然后花3美分的成本把它运到伦敦,在英国的央行英格兰银行把它兑换成1英镑。此时,美国的英镑供给曲线在汇率为R=4.90美元/1英镑处变得具有无限弹性,因此,4.90就是美国的黄金输出点,汇率的波动将无法超出这一上限。黄金输入点对应的情况正好相反。

1914年第一次世界大战爆发后,各国纷纷发行不兑现的纸币,禁止黄金自由输出,金币本位制随之瓦解。

(二) 金块本位制

第一次世界大战以后,一些资本主义国家经济受到通货膨胀的影响,加之黄金分配的极不均衡,已经难以恢复金币本位制。1922年在意大利热那亚城召开的世界货币会议上,决定根据"节约黄金"的原则,实行金块本位制和金汇兑本位制。

金块本位制是指以具有无限法偿能力的纸币代替金币进行日常流通,只有当支付和流通的规模达到一定数量时,作为本位货币的金币或金块才能参与流通和支付的货币制度。当时实行金块本位制的国家主要有英国、法国等。金块本位制的主要特征是:

(1) 货币单位仍然规定含金量,但黄金只作为货币发行的准备金集中于中央银行,而不再铸造金币和实行金币流通,流通中的货币完全由纸币代替。

(2) 纸币不能自由兑换黄金,只有达到一定数额才可以按含金量兑换黄金。英国兑换黄金的最低限额等于400盎司黄金的纸币(约合1700英镑),低于限额不予兑换。法国规定银行券兑换黄金的最低限额为21500法郎,约为12公斤的黄金。

(3) 中央银行掌管黄金的输出和输入,禁止私人输出或输入黄金。

(三) 金汇兑本位制

金汇兑本位制是指以黄金或金本位制国家的货币为基础,以具有无限清偿能力的纸币代替金币流通的货币制度。当时实行该制度的主要是德国、意大利等国。该制度的主要特征有:

(1) 国内虽有法定的金币单位,但既不铸造也不流通金币,只流通规定的有含金量的纸币。

(2) 纸币不能直接兑换黄金,只能兑换实行金块本位制或金币本位制国家的货币。

(3) 国际储备除黄金外,还有一定比重的外汇,外汇在国外才可兑换黄金,黄金是最后的支付手段。

(4) 实行金汇兑本位制的国家,要使其货币与另一实行金块或金币本位制国家的货币保持固定比率,通过无限制地买卖外汇来维持本国货币币值的稳定。

无论是金块本位制还是金汇兑本位制,都是削弱了的金本位制度。这是因为:第一,国内没有金币流通,流通中的货币又不能自由兑换黄金,黄金不再起自动调节货币流通的作用,从而使得自动调节国际收支的机制被严重削弱;第二,实行金汇兑本位制的国家使本国货币依附于英镑和美元,一旦英美两国经济发生动荡,其他依附国家的货币也随之发生波动,因此是不稳定的货币制度。

二、金本位制下的国际收支自动调节机制

当国际收支发生失衡时,金本位制下的自动价格调整机制会使失衡重归平衡,这一调整机制即大卫·休谟提出的价格—铸币流动机制(又称价格—黄金流动机制)。价格—铸币流动机制调节国际收支失衡的过程如下:

金本位制下国家的货币供给由黄金或黄金为基础的纸币构成,当一国发生国际收支逆差时,货币供给下降,相应地引起逆差国的国内物价下跌。物价的下跌提高了逆差国出口产品的竞争力,促进出口的同时抑制了进口,直到国际收支逆差被消除。当一国发生国际收支顺差时,情形正好相反。

价格—铸币流动机制对国际收支失衡的自发调节依赖几个前提条件：首先，如果国际上没有大量的资本流动，一国国际收支失衡会导致黄金的流出或流入。其次，逆（顺）差国黄金的流失（流入）引起货币供给的减少（增加），导致其国内物价的下跌（上涨）。这一传导过程是由货币数量论决定的。货币数量论的公式 $MV=PQ$ 中，假定了货币周转速度 V 不变，同时假定了 Q 是处于充分就业水平的，因此，货币供给 M 的变化导致物价 P 成比例的变化。再次，物价变化影响了一国进出口量，从而使得国际收支失衡逐渐回归平衡，这一调节过程还依赖于国际收支失衡国较高的进出口价格弹性。最后，失衡国政府不能通过货币政策抵消顺差或逆差的货币供给效应，即国家不进行干预。

三、金本位制的崩溃

自英国 1816 年率先实行金本位制后，到 1914 年第一次世界大战前，主要资本主义国家都实行了金本位制，而且是典型的金本位制——金币本位制。

1914 年第一次世界大战爆发后，各国为了筹集庞大的军费，纷纷发行不兑现的纸币，禁止黄金自由输出，金币本位制随之瓦解。

第一次世界大战以后，1924—1928 年间，资本主义世界曾出现了一段相对稳定的时期，主要资本主义国家的生产都先后恢复到大战前水平，并有所发展。各国企图恢复金本位制。当时除美国以外，其他大多数国家只能实行没有金币流通的金本位制，这就是金块本位制和金汇兑本位制。

金块本位制和金汇兑本位制由于不具备金币本位制的一些特征，也被称为不完全或残缺不全的金本位制。该制度在 1929—1933 年世界性经济大危机的冲击下，也逐渐被各国放弃，转而实行不兑现信用货币制度。

第二次世界大战后，建立了以美元为中心的国际货币体系，这实际上也是一种金汇兑本位制，美国国内不流通金币，但允许其他国家政府以美元向其兑换黄金，美元是其他国家的主要储备资产。但其后受美元危机的影响，该制度也逐渐开始动摇，直至 1971 年 8 月美国政府停止美元兑换黄金，并先后两次将美元贬值，这个残缺不全的金汇兑本位制也崩溃了。

金本位制通行了约一百年，崩溃的原因很多，其中最重要的原因有以下几方面：

第一，黄金生产量的增长幅度远远低于商品生产增长的幅度，黄金不能满足日益扩大的商品流通需要，这就极大地削弱了金铸币流通的基础。

第二，黄金存量在各国的分配不均衡。1913 年末，美、英、德、法、俄五国占有世界黄金存量的三分之二。黄金存量大部分为少数强国所掌握，多数国家的货币发行没有足够的黄金储备，国内纸币对黄金的兑换日益困难，黄金的国际流动日益受到了限制。这一因素必然导致金币的自由铸造和自由流通受到破坏，削弱其他国家金币流通的基础。

第三，金本位制的游戏规则在 20 世纪 30 年代的经济大危机中遭到破坏。如前所述，金本位制的规则之一是各国的黄金与金币的流动应不受限制。这一规则在危机期间，由于资本外逃、黄金大量外流，而许多国家限制黄金自由输出而遭到破坏。各国金融当局应按规定的官价无限制地买卖黄金或外汇的做法也无人响应了。这一切表明：由于世界经济情况的变化，迫使各国不能遵守金本位制游戏规则，因此，金本位制的崩溃是必然的。

第二节　布雷顿森林体系

布雷顿森林体系(Bretton Woods system)是指二战以后建立起来的以美元为中心的国际货币制度。第二次世界大战尚未结束的时候，英、美便开始协商重建战后的世界经济秩序。1943年3月，英国公布了凯恩斯拟定的"国际清算同盟计划"，即称为"凯恩斯方案"。随后，美国发表了以财政部官员怀特为首起草的"国际稳定基金计划"，即"怀特方案"。经过两国代表团在华盛顿的长期磋商，双方决定以"怀特方案"为主，适当吸收凯恩斯方案的部分内容。1944年7月1日至22日，美、英、中、法等44个国家在美国新罕布什尔州的布雷顿森林召开国际货币金融会议，商讨战后国际货币体系的重建问题。由于会议在布雷顿森林召开，因此，会议决定把建立的国际货币体系称为"布雷顿森林体系"。会议代表签署了《联合国货币金融会议最后议定书》，达成了《国际货币基金协定》和《国际复兴开发银行协定》两个附件。参加会议的国家同意建立一个国际货币制度，由新成立的国际货币基金组织及其辅助机构国际复兴开发银行来加以管理。

一、布雷顿森林体系的内容

（一）确立了美元在国际货币体系中的中心地位

布雷顿森林体系确立了以美元为中心的固定汇率制，即美元与黄金挂钩、其他货币与美元挂钩的"双挂钩"制度。

(1) 美元与黄金挂钩。国际货币基金组织各成员国政府均承认美国1934年1月规定的1盎司黄金等于35美元的官价，并有义务协助美国维持美元与黄金的这一官价。美国政府要承担其他成员国用美元兑换黄金的义务。美元与黄金的挂钩，是固定汇率制的基础。

(2) 各国货币与美元挂钩。各成员国货币与美元保持固定汇率，汇率按各国货币的含金量确定，或者不规定含金量而直接规定对美元的直接汇率。各国货币对美元的固定汇率波幅只能在1%以内上下波动，超过这一幅度时，各成员国政府有义务对外汇市场进行干预。货币基金组织允许成员国在国际收支出现根本性失衡时，经过基金组织的批准，改变本国货币的币值。国际收支的根本性不平衡没有明确定义，泛指那些大额的、长期的国际收支逆差或顺差。实际上，本国货币贬值或升值10%以内，成员国可以自行决定，超过10%则需要货币基金组织的批准。

双挂钩制度下，各国货币通过美元与黄金建立起了联系，使美元取得了等同黄金的世界货币地位。布雷顿森林体系下的货币制度实质上是一种以美元—黄金为基础的国际金汇兑本位制,其汇率制度则是可调节的盯住美元的固定汇率制度。

(二)建立永久性国际金融机构——国际货币基金组织

国际货币基金组织是为保持国际汇率的稳定、多边贸易和货币的可兑换性而设立的永久性机构。国际货币基金组织的宗旨是稳定汇率,促进国际贸易的发展,提高就业水平和国民收入的增长。国际货币基金组织的建立,在一定程度上维护了国际金融和外汇交易的秩序,具有监督国际汇率、提供国际信贷、协调国际货币关系三大职能。

(三)国际储备资产的确定

在布雷顿森林体系中,外汇与黄金并列,共同构成国际储备资产的主要部分。"协定"中关于货币平价的规定,使美元处于等同黄金的地位,成为各国外汇储备中最主要的国际储备货币。除黄金和美元外,各国的国际储备还包括少量的可兑换货币和特别提款权。

(四)国际收支的调节

在布雷顿森林体系中,各国国际收支的暂时不平衡由各国用官方储备或向货币基金组织借款等方式消除,根本性不平衡则采取调整汇率的方式平衡。

国际货币基金组织会员国份额的25%以黄金或可兑换成黄金的货币缴纳,另外的75%则以本国货币缴纳。会员国发生国际收支逆差时,可用本国货币向基金组织按规定程序购买(即借贷)一定数额的外汇,并在规定时间内以购回本国货币的方式偿还借款。会员国所认缴的份额越大,得到的贷款也越多。贷款只限于会员国用于弥补国际收支赤字,即用于经常项目的支付。为调整国际收支,基金组织对贷款的档次、方法进行过多次调整,以适应日益复杂的国际经济交易。

二、布雷顿森林体系的特点

(一)货币比价的特点

第二次世界大战后,国际货币制度不是按各国的铸币平价来确定汇率,而是根据各国货币法定金平价的对比,普遍与美元建立起固定的比例关系。

(二)汇率调节机制的特点

二战前,黄金输送点是汇率波动的界限,外汇市场可以自动地调节汇率。第二次世界大战后,人为地规定了汇率波动的幅度,汇率的波动是在国际货币基金组织的监督下,由各国干预外汇市场来调节的。

(三)货币兑换程度的特点

国际金本位制度下,各国货币自由兑换,对国际支付一般不采取限制措施。在布雷顿森林体系下,许多国家不能实现货币的自由兑换,对外支付受到一定的限制。当然,国际货币基金组织规定,一般不得对经常项目的支付进行限制,并规定在条件具备时取消限制,实行货币自由兑换。

(四) 国际储备的特点

金本位制度下,国际储备资产主要是黄金。第二次世界大战后的国际储备资产则是黄金、可兑换货币和特别提款权,其中黄金与美元并重。在外汇储备上,战前除英镑外,还有美元与法国法郎。而布雷顿森林体系下,外汇储备几乎包括资本主义世界所有国家和地区的货币,而美元则是最主要的外汇储备。

(五) 国际结算原则的特点

国际金本位制下,各国实行自由的多边结算。战后的国际货币制度,尚有不少国家实行外汇管制,采用贸易和支付的双边安排。

(六) 黄金流动与兑换的特点

国际金本位下,黄金的流动是完全自由的;而布雷顿森林体系下,黄金的流动一般要受到一定的限制。二战前,英、美、法三国都允许居民兑换黄金,而实行金汇兑本位的国家也允许居民用外汇(英镑、法郎或美元)向英、美、法三国兑换黄金;二战后,美国只同意外国政府在一定条件下用美元向美国兑换黄金,而不允许外国居民用美元向美国兑换黄金,因此,这是一种大大削弱了的金汇兑本位制。

三、布雷顿森林体系的运行与崩溃

布雷顿森林体系自1944年建立后,到1957年都处于稳定运行阶段,然而1950年后美国相继爆发了两次经济危机,动摇了美元国际信用的基础,布雷顿森林体系开始瓦解。1970年后,美国对外贸易状况急剧恶化,经济进一步衰落,布雷顿森林体系失去了稳定的基础,最终在1973年崩溃了。在布雷顿森林体系不到三十年的发展中,作为中心货币的美元从早期的稳定发展到最后危机频发,最终美国不得不将美元与黄金脱钩。

(一) 从"美元荒"到"美元过剩"

布雷顿森林体系确立了美元作为国际货币和国际储备的职能。二战以后,日本和西欧国家急需经济恢复与重建,从美国大量进口而对美国出口很少,这导致了美国国际收支出现大量顺差而其他各国大多为逆差,各国需要向美国支付大量美元,从而导致了"美元荒"。与此同时,美国的黄金储备也在急剧上升,从1945年的201亿美元上升到1949年的246亿美元,占西方发达国家黄金储备的70%以上。

20世纪50年代后期开始,随着美国海外运费的急剧增加和大量的资本输出,国际收支开始趋向恶化,再加上西欧、日本的经济逐渐恢复,各国纷纷抛出美元兑换黄金,出现了全球性"美元过剩"情况,美国黄金开始大量外流,黄金储备下降。但由于美国强大的经济实力,布雷顿森林体系从建立后直到1957年一直能够平稳运行。

(二) 美元危机的爆发

1958—1968年是美国国际收支不断恶化的时期,也是美元的国际信用严重动摇的时期。1957—1961年,美国先后经历了两次经济危机,资本大量外流,国际收支不断恶化,黄金储备继续下降。经济基础的削弱动摇了美元的国际信用,1960年国际金融市场出现了大量抛售美元、抢购黄金的风潮,美元汇率下跌,出现了第一次美元危机。欧美为了稳定国际货币关系,采取了一系列措施。主要发达国家组成10国集团,共同筹资60亿美元贷款来平抑美元危机。同时,美国邀请英国、法国、意大利、荷兰、比利时、瑞士7国建立了黄金总库来共同维持黄金官价。另外,美国与14个主要发达国家的中央银行签订了双边"互惠借款协定",目的是在美元发生危机时相互提供短期借贷资金来干预市场,稳定美元。通过以上措施的实施,美元危机暂时被平息。

20世纪60年代中后期,由于越战开支过高,美国财政连年赤字,国际收支状况恶化。到1968年3月,美国黄金储备仅剩121亿美元,再度引发了抛售美元、抢购黄金的风潮,黄金在欧洲一度涨到了44美元一盎司。美国在两周内流失黄金14亿美元,再也无力维持黄金官价,只好解散黄金总库并改行"黄金双价制"。美国只承担官方按1盎司兑换35美元的官价进行的黄金兑换,自由市场的黄金价格则随市场供求波动。由于自由市场的黄金价格不断上涨,美元实际上变相贬值,以美元为中心的国际货币体系的基础被严重动摇。

(三)美元停止兑换黄金

20世纪70年代,美国经济进一步衰落,并在1971年出现了对外贸易逆差,美国的黄金储备下降到102亿美元,再也支撑不住日益泛滥的美元了。尼克松政府被迫于1971年8月宣布实行"新经济政策",放弃35美元一盎司的官价兑换黄金,实行黄金与美元比价的自由浮动,并暂时征收10%的进口附加税。放弃与黄金的固定比价严重动摇了布雷顿森林体系的基础。1971年12月,10国集团达成"史密森协议",力图保住固定汇率制,协议决定美元对黄金贬值7.8%,从35美元上调为38美元1盎司;其他各国货币对美元汇率的波动幅度从不超过平价的1%上调为2.5%。美元贬值未能扭转美元危机的势头,反而动摇了人们对美元的信心。1973年1月,新的美元危机再次爆发,市场出现抛售美元转购日元、德国马克、瑞士法郎等货币的风潮。1973年2月12日,美国宣布美元再次对黄金贬值10%,每盎司黄金价格从38美元提高到42.22美元。此后几乎所有国家均无法维持固定汇率制,黄金价格大涨,3月份最高在伦敦市场曾经达到96美元1盎司,多个主要金融市场被迫关闭。随后,欧洲经济共同体、日本、加拿大等国宣布实行浮动汇率制,不再承担维持美元固定汇率的义务,美元也不再成为国际核心货币。这标志着布雷顿森林体系的基础已全部丧失,该体系终于完全崩溃。

四、布雷顿森林体系崩溃的原因

布雷顿森林体系崩溃的原因是多方面的,包括直接原因和根本原因。

(一)直接原因

20世纪70年代初期,美国的巨额国际收支逆差和不断爆发的美元危机是该体系崩溃的直接原因。

(二)根本原因

从该体系的制度设计来看,制度设计缺陷导致了"特里芬两难"这一不可克服的内在矛盾,造成了内在的不稳定性,使得该体系在流动性、调节能力和可靠性方面存在着一系列相关联的问题,这是导致其崩溃的根本原因。

布雷顿森林体系的建立,在战后相当一段时间内,确实带来了国际贸易空前发展并使全球经济越来越紧密依存。这种货币体系结合了金本位制的汇率稳定优点和浮动汇率制下各国可独立制定国内经济政策的优点,并促进了成员国在国际金融领域的合作。但布雷顿森林体系存在着自身无法克服的缺陷,美国耶鲁大学教授特里芬1960年在《黄金与美元的危机》中提出了这一矛盾,被后人称为"特里芬悖论",又称特里芬难题。书中是这样描述的:"美元与黄金挂钩,其他国家的货币与美元挂钩,美元虽然因此取得了国际核心货币的地位,但是各国为了发展国际贸易,必须用美元作为结算与储备货币,这样就导致美元在海外不断积淀,美国因而长期贸易逆差;而美元作为国际货币核心的前提是必须保持美元币值稳定与坚挺,这又要求美国必须是长期贸易顺差国。这两个要求互相矛盾,因此是一个悖论。"

布雷顿森林体系下,美国的贸易逆差造成美元大量流失,绝大部分流动性是由美国的国际收支逆差导致的世界外汇增长创造出来的,但是美元外流也使得美元的可靠性不断下降。并且,由于美元要维持与黄金兑换的官价,不能贬值,使得美元无法消除其持续的高额国际收支逆差。布雷顿森林体系下,过分强调汇率的稳定,缺乏一种各国愿意并可以作为各自政策实施的、适当的调节机制。在固定汇率制下,各国不能利用汇率的变动达到调节国际收支平衡的目的,只能消极地实行贸易管制或放弃稳定国家经济的政策目标,但各国也不愿为了保持对外平衡而牺牲内部平衡。布雷顿森林体系因汇率缺乏弹性,造成国际收支调节能力较差。

第三节 牙买加体系

布雷顿森林体系崩溃后,由于国际社会没有立即重建新的国际货币体系,导致国际货币领域出现监管真空。各国实行浮动汇率制,致使各国汇率不稳定,造成国际金融动荡。对汇率稳定和弹性的追求使得国际社会对汇率制度争论不休。

1973—1975年爆发了世界性的经济危机,国际货币制度改革几乎陷于停顿。1974年9月,国际货币基金组织成立了一个"国际货币制度问题临时委员会",由11个发达国家和9个发展中国家的代表组成,继续对国际货币制度改革等问题进行研究。1975年下半年,主要发达国家经济好转,加快了建立新货币体系的步伐。1976年1月8日,国际货币基金组织临时委员会第5次会议在牙买加举行,会议通过了关于国际货币制度改革的协定。4月30日经国际货币基金组织理事会通过,后又经60%以上成员国的85%以上投票通过,《国际货币基金协定第二修正案》(即"牙买加协定")于1978年4月1日正式生效。牙买加协定的生效,标志着在布雷顿森林体系后一个新的货币体系诞生了,即"牙买加体系"(Jamaica system)。

一、牙买加协定的主要内容

（一）实行以浮动汇率制度为中心的多种汇率制度

牙买加协议正式将浮动汇率制合法化，取消法定平价和中心汇率，形成了固定汇率制与浮动汇率制并存的局面，成员国可自由选择汇率制度。同时，IMF继续对各国货币汇率政策实行严格监督，协调成员国的经济政策，促进金融稳定，缩小汇率波动范围。

（二）推行黄金非货币化

牙买加协议作出了逐步使黄金退出国际货币的决定，并规定：① 废除黄金条款，取消黄金官价，成员国中央银行可按市价自由进行黄金交易；② 取消成员国相互之间以及成员国与IMF之间须用黄金清算债权债务的规定。IMF逐步处理其持有的黄金，其中六分之一出售，六分之一由缴纳国购回，其余三分之二由占总数85%的成员国投票决定其处理方式。

（三）增强特别提款权的作用，增加成员国基金份额

这主要是提高特别提款权的国际储备地位，使之与黄金、外汇共同构成国际储备，扩大其在IMF一般业务中的使用范围，并适时修订特别提款权的有关条款。成员国的基金份额从原来的292亿特别提款增加至390亿特别提款，增幅达33.6%，并且各国所占比例也有所调整。

（四）扩大信贷额度，以增加对发展中国家的融资

以出售存金所得利润建立信托基金，援助发展中国家，信用贷款部分的总额从占成员国份额的100%增加到145%，出口波动补偿贷款的限额从占份额的50%提高到75%。

二、牙买加体系的特点

（一）国际储备资产多元化

与布雷顿森林体系下国际储备结构单一、美元地位十分突出的情形相比，牙买加体系下，国际储备呈现多元化局面，美元虽然仍是主要国际货币，但美元地位削弱了，美元垄断外汇储备的情形不复存在。国际储备货币已日趋多元化，而随着1999年作为欧盟单一货币欧元的启动，德国马克、法郎等货币退出历史舞台，美元、欧元、英镑、澳元、日元等成为主要的国际储备货币，黄金、特别提款权也是国际储备资产的主要构成部分。

（二）汇率安排多样化

在牙买加体系下，浮动汇率制与固定汇率制并存。一般而言，发达工业国家多数采取单独浮动或联合浮动，但有的也采取盯住自选的货币篮子的做法。对发展中国家而言，多数是盯住某种国际货币或货币篮子，单独浮动的很少。不同汇率制度各有优劣，浮动汇率制度可以为国内经济政策提供更大的活动空间与独立性，而固定汇率制则减少了本国企业可能面临的汇率风险，方便生产与核算。各国可根据自身的经济实力、开放程度、经济结构等一系列相关因素去权衡得失利弊来选用适合自己的汇率制度。

牙买加协定实施后,发达国家均实行了浮动汇率制。其中,美、日、澳、加、新西兰实行单独浮动,欧共体国家大多实行联合浮动,其他国家实行多种汇率制度,主要有盯住单一货币、盯住特别提款权、盯住一篮子货币等多种汇率制度形式。

(三) 多种渠道调节国际收支

1. 通过汇率变动调节国际收支

在浮动汇率制或可调整的盯住汇率制下,汇率是调节国际收支的一个重要工具。当一国经常项目赤字较大或持续时间较长时,本币趋于贬值。本币贬值则导致外贸竞争力增加,从而出口增加,进口减少,国际收支得以改善。相反,在经常项目顺差时,本币升值会削弱进出口商品的竞争力,从而减少经常项目的顺差。实际经济运行中,汇率的调节作用受到"马歇尔—勒纳条件"以及"J 曲线效应"的制约,其功能往往令人失望。

2. 国际融资

在布雷顿森林体系下,这一功能主要由国际货币基金组织向逆差国提供贷款来完成。在牙买加体系下,IMF 的贷款能力有所提高,同时国际货币基金组织也监督指导国际收支失衡国进行调整,包括制定一系列调整政策并帮助落实,避免对世界经济的冲击。20 世纪 70 年代以后,伴随石油危机的爆发和欧洲货币市场的迅猛发展,各国逐渐转向欧洲货币市场,利用该市场比较优惠的贷款条件融通资金,调节国际收支中的失衡。

3. 加强国际协调

这主要体现在:① 以 IMF 为桥梁,各国就国际金融问题达成共识与谅解,共同维护国际金融形势的稳定与繁荣;② 新兴的七国首脑会议也发挥了一定的协调作用。西方七国通过多次会议,多次合力干预国际金融市场,主观上是为了各自的利益,但客观上也促进了国际金融与经济的稳定和发展。

4. 运用国内经济政策

国际收支作为一国宏观经济的重要组成部分,必然受到其他因素的影响。一国往往运用国内经济政策,改变国内的需求与供给,从而消除国际收支不平衡的状况。比如在资本项目逆差的情况下,可提高利率,减少货币发行,以此吸引外资流入,弥补缺口。不过,运用财政或货币政策调节外部均衡时,往往会受到"米德冲突"的限制,在实现国际收支平衡的同时,牺牲了其他的政策目标,如经济增长、财政平衡等,因而内部政策应与汇率政策相协调,才不至于顾此失彼。

三、牙买加体系的作用与缺陷

牙买加体系自 20 世纪 70 年代后期建立以来在维持世界经济稳定、推动世界经济发展方面起到了积极的作用,但也存在着无法克服的缺陷。

(一) 牙买加体系的积极作用

(1) 多元化的储备结构为国际经济提供了多种清偿货币,克服了美元作为单一国际储备货币和国际清算及支付手段的"特里芬难题",使国际货币制度进入了一个相对稳定的时期。

(2) 多样化的汇率安排适应了多样化的、不同发展水平的各国经济的需求,为维持经济发展与稳定提供了灵活性与独立性,同时有助于保持国内经济政策的连续性与稳定性。各国货币的汇率可以根据市场供求状况进行调整,各国也可以减少为了维持汇率稳定所必须保留的应急性外汇储备。这种以浮动汇率为主的体制可以协调一国宏观经济政策,不会为维持汇率稳定而放弃国内经济目标。

(3) 多种渠道并行,使国际收支的调节更为有效与及时。布雷顿森林体系下的国际收支调节渠道有限、调节机制经常失灵,导致长期出现全球性国际收支不平衡。牙买加体系多种调节机制相互结合、相互补充,在一定程度上解决了布雷顿森林体系调节机制失灵的问题。

(二) 牙买加体系的缺陷

(1) 在多元化国际储备格局下,储备货币发行国仍享有"铸币税"等多种好处,但是,在多元化国际储备格局下,缺乏统一的、稳定的货币标准,这本身就可能造成国际金融的不稳定。

(2) 浮动汇率制导致汇率大起大落、波动不定,汇率体系极不稳定。其消极影响之一是增大了外汇风险,从而在一定程度上抑制了国际贸易与国际投资活动,对发展中国家而言,这种负面影响尤为突出。

(3) 国际收支调节机制并不健全,各种现有的渠道都有各自的局限,牙买加体系并没有消除全球性的国际收支失衡问题。

四、国际货币体系的未来

如果说在布雷顿森林体系下,国际金融危机是偶然的、局部的,那么,在牙买加体系下,经济经过一段较为平稳的运行后,国际金融危机就成为经常的、全面的和影响深远的了。牙买加体系虽然发挥了一定的作用,但对国际范围内频繁出现的金融危机却无能为力。1973年浮动汇率普遍实行后,西方外汇市场汇价的波动、金价的起伏经常发生,小危机不断,大危机时有发生。1978年10月,美元对其他主要西方货币汇价跌至历史最低点,引起整个西方货币金融市场的动荡。这就是著名的1977—1978年西方货币危机。20世纪90年代以后,金融危机的发生更为频繁,到2002年,先后爆发了6次区域性的金融危机,包括1994—1995年的墨西哥金融危机、1997—1999年的亚洲金融危机、1998年的俄罗斯金融危机、1999年巴西金融危机、2001—2002年土耳其和阿根廷金融危机。2008年,在美国次贷危机的影响下,进一步引致了席卷全球的金融危机,影响的广度与深度远远超过了以往任何一次危机。金融危机的频繁爆发影响下,现有的国际货币体系被人们普遍认为是一种过渡性的不健全的体系,需要进行彻底的改革。

牙买加体系虽然具有多元化的国际储备结构,其中,欧元地位也不断上升,但当前美元储备资产占全部储备资产的比例长期以来一直稳定在65%以上。全球外汇交易市场上，2007年美元交易达到43.2%，过高的美元比例使得世界经济发展的风险与美国经济的波动紧密相连。美国次贷危机爆发后，美元不断贬值，汇率失衡和过于频繁的汇率波动严重影响了世界各国的经济发展。国际货币体系本身的不完善，对2008年开始席卷全球的金融危机起到了推波助澜的作用，使得经济进一步低迷。

对于国际货币体系的改革，牙买加体系运行以来国际上一直有不同的主张，发达国家与发展中国家因为利益分歧也无法达成一致的意见。发展中国家中的"二十四国集团"曾于1979年起草了一份《国际货币改革行动计划大纲》，提交给国际货币基金理事会所属的发展委员会。大纲的主旨意在促进实施稳定灵活的汇率制度、以国际集体行动创造国际清偿能力、对发展中国家实施更多的帮助，等等。之后，发展中国家也多次表达了对货币体系进行彻底改革的意愿。发达国家则仅要求对现行国际货币体系进行完善。国际货币基金组织也尝试了多方面改革，改革的方案包括加强国际货币之间联系的透明度、强化新兴市场的银行和金融体制、以特别提款权替代某一国货币作为国际货币等。国际货币基金组织为此做了大量努力，包括在会计、审计、资产结算和支付体系、保险、银行等多个方面制定规范标准，加强监督职能，对遭受动荡的新兴市场提高贷款上限等。这些努力虽然也有一定成效，但总的看来，只是对既有的货币体系所做的局部修补，而没有进行真正意义上的系统性改革。

2008年全球金融危机的爆发，使得国际货币体系的改革迫在眉睫。国际上有声音提出回归金本位，但是目前金本位的回归显然并不现实。在这次危机中，中国对于全球的经济意义更加明显，中国也有意推进人民币的国际化来提升人民币的国际地位、推动国际货币体系更加多元化。2009年7月1日起，中国人民银行等六部门共同制定的《跨境贸易人民币结算试点管理办法》正式实施，标志着跨境贸易人民币结算试点正式启动，也意味着人民币国际化迈出了历史性的一步。随后人民币在跨境贸易投资结算、离岸人民币市场、货币互换政府合作等方面均实现了较快增长。2015年11月30日，IMF执行董事会认定人民币为可自由使用货币，决定将人民币纳入SDR货币篮子，并于2016年10月1日正式生效。这一变革不仅有利于完善国际货币体系，更有利于推进人民币国际化进程。

2017年以后，伴随着国内金融市场改革和与"一带一路"沿线国家经贸合作的加快，人民币国际化也进入了新阶段。2020年，人民币跨境收付金额较快增长，银行代客人民币跨境收付金额合计为28.39万亿元，同比增长44.3%，收付金额创历史新高。2020年，中国与"一带一路"沿线国家人民币跨境收付金额超过4.53万亿元，同比增长65.9%，占同期人民币跨境收付总额的16.0%。截至2020年末，中国与22个"一带一路"沿线国家签署了双边本币互换协议，在8个"一带一路"沿线国家建立了人民币清算机制安排。中国企业在"一带一路"沿线国家的基础设施建设、跨境电子商务、大宗商品贸易方面的快速发展，都对人民币国际化起到了极大的推动作用。与此同时，2018年3月，我国上海期货交易所子公司上海国际能源交易中心推出人民币原油期货。经过两年多的发展，到

2021年4月，上海原油期货的成交量仅次于布伦特Brent和美国WTI原油期货，成为全球第三大原油期货市场之一。人民币原油期货市场功能发挥良好，人民币定价独立性初现。随着我国金融市场的发展，金融产品和规则制度不断创新，人民币国际化的改革方向、发展重心也随之不断调整，从而推动着国际货币体系朝向更合理的方向迈进。

基本概念

国际货币体系(international monetary system)
布雷顿森林体系(Bretton Woods system)
牙买加体系(Jamaica system)

复习思考题

一、简答题
1. 金本位制的三种类型是什么？
2. 简述金本位制下的国际收支自动调节机制。

二、论述题
1. 布雷顿森林体系的主要内容是什么？该体系崩溃的原因是什么？
2. 牙买加体系的特点是什么？

第十五章

世界经济危机与国际经济

本章学习重点
1. 经济危机的时代特征
2. 金融危机的形成与传导机制
3. 金融危机的影响

尽管有许多阻碍经济全球化的因素，但经济全球化已经成为世界经济发展的大趋势。伴随着全球化的进程，国家或区域内的经济危机也会迅速传导到全球范围，对世界经济影响的深度与广度也在不断加深。追溯世界经济发展历程可以发现，全球性的经济危机曾不止一次地发生。早在1825年第一次工业革命还没结束之前，由于商品生产的相对过剩导致经济危机在英国爆发，1929—1933年间发达国家爆发经济危机，对世界经济的发展格局和经济管理理论的发展都产生了巨大影响。本章将重点介绍2008年美国金融危机(次贷危机)形成的背景和原因，以及由次贷危机向金融危机和经济危机发展的路径，同时提出应对此次金融危机的解决方法。

第一节　世界经济危机

一、经济危机概述

经济危机(economic crisis)指的是一个或多个国民经济或整个世界经济在较长时间内不断收缩(即产生负的经济增长率)，是再生产过程或经济发展过程中周期性爆发的生产相对过剩的危机。它是建立在机器大工业基础之上的经济现象，既是前一个经济周期的终结，又是新经济周期的开端。

（一）经济危机特点

经济危机的特点是商品大量积压；市场产品盈溢；物价大幅下降；金融、生产和流通部门大量破产倒闭；社会信用关系严重破坏；失业率高涨；实际工资水平下降等。

自1825年英国第一次爆发经济危机以来,资本主义经济从未摆脱过经济危机的冲击。第二次世界大战后,资本主义各国开始奉行凯恩斯主义政策,政府加强对经济的干预与调控,力求通过财政政策、货币政策和计划管理,谋求经济的平稳发展,力图熨平经济周期的波谷与波峰,延展经济周期的年限,降低危机的影响。

(二)经济危机类型

由于经济危机产生的原因是整个经济系统没有产生足够的有效消费,是生产能力相对消费能力的一种过剩,所以经济危机有被动型危机与主动型危机两种类型。

被动型经济危机是指一国宏观经济管理当局在没有准备的情况下,出现经济的严重衰退或本国货币的大幅度贬值,从而引发消费危机、货币危机、金融危机、生产危机等现象。对于因货币引发的被动经济危机来说,解决危机的过程实际上就是对该国货币价值重新寻求和确认的过程。

主动型危机是指宏观经济管理当局为了达到某种目的而采取的政策行为结果。危机的产生完全在管理当局的预料之中,危机或经济衰退可以视作为改革的机会成本,比如阶段性的产业结构调整与产业转型等。

二、历次主要经济危机

(一)1929年欧美国家的经济危机

第一次世界大战结束后,世界经济出现极不平衡的繁荣:美国依靠对德国贷款和国内信贷消费拉动带来了经济的繁荣;法国依靠外部的巨额战争赔款和贸易保护主义政策取得经济快速增长;英国经济则在国际竞争中呈现不断衰落的态势;德国虽然对外支付巨额战争赔款并失去大量土地,且国内社会形势动荡,但在巨额外债帮助下更新工业设备,优化了产业结构,重新成为世界工业强国,但这种不平衡的经济繁荣最终以发生于1929年的经济大萧条而告终。

1929年的经济危机使世界各主要资本主义国家的经济地位发生了变化。英、德、日等国应对危机的措施及时得当,国际市场份额在危机中得到提升。美、法两国的应对措施迟缓乏力,国际市场份额大幅下降。在这次危机中,美国经济受到严重影响,表现为:
① 美国在世界工业总产量中的比重从1929年的48.5%下降到1938年的32.2%,低于1913年时的36%。② 外国对美国投资大量抽回,到1938年,美国的外国投资存量减少到115亿美元,比1929年减少三分之一。③ 美国在国际贸易中的地位也急剧下降,其中美国的进口份额由1929年的12.2%下降到1938年的8.1%,出口由15.6%降至13.4%。

1929年的经济危机不仅使主要资本主义国家的经济地位发生变化,还使贸易保护主义盛行。英联邦国家(澳大利亚、新西兰、加拿大、南非等)建立了帝国关税特惠制,英国依靠其对殖民地国家的贸易垄断和倾销重新占据国际贸易的首位。德国也在其统治区及殖民地(欧洲大陆及拉丁美洲部分国家)实施贸易封锁和贸易禁运。

(二)20世纪70年代拉美国家的经济危机

20世纪70年代,拉丁美洲国家普遍实施"赤字财政—负债增长"战略,这一战略使该地区的大部分国家比较轻松地避开了当时的世界经济衰退,该地区在1973—1980年的平均经济增长率达到5.5%,大大高于同期世界经济的平均增长水平。但是也正是赤字财政政策的积累,导致了80年代拉丁美洲国家的普遍债务危机,使这一地区的经济在80年代出现了极低的增长,人均经济规模甚至出现负增长。其中1981—1990年,拉丁美洲国家经济年均增长率仅为1.0%,人均年增长率为-1.0%。人们习惯称80年代是拉丁美洲"失去的10年",直到进入90年代后,拉丁美洲经济才出现恢复性增长,1991—1998年,拉丁美洲经济年均增长率为3.5%。但是这种恢复性的增长仍然没有摆脱巨额负债的困扰,致使90年代的经济发展先后两次被1994年的墨西哥金融危机和1999年的巴西货币危机打乱,在进入新世纪后的第一年,阿根廷又爆发了严重的金融危机。80年代以来,拉美国家经济危机频繁爆发的主要原因之一仍是由长期的赤字财政所导致的巨额债务引发的。

(三) 20世纪90年代东亚国家的经济危机

1997年7月从泰国开始的金融风暴,在6个月的时间内席卷东亚广大地区,成为战后该地区最严重的一次危机。其实在1997年早些时候,东亚一些国家就已经出现大型企业和金融机构的破产、国家外汇储备不足等危机征兆。1997年7月2日,泰国政府试图捍卫泰铢对美元汇率稳定的努力失败以后,用浮动汇率制取代固定汇率制。当天泰铢就贬值20%,然后一路持续下跌,泰铢的贬值迅速影响到该地区其他货币的币值,其中,马来西亚林吉特、印尼盾、新加坡元和菲律宾比索等汇率纷纷下调,台湾地区的新台币在10月17日主动贬值。由于香港的地区特殊性,港币承受了更大的压力。10月22日,香港行政当局为捍卫港币的汇率而提高利率,结果引发股市指数狂跌,波及世界各大主要资本市场,纽约的道·琼斯股指狂跌552点,创一日内跌幅历史最高纪录。在1997年5月,韩国已经有5家大财团破产,到11月,多数大财团由于无力清偿高达上千亿美元的短期债务而濒临破产的边缘,依靠国际货币基金组织和美国商业银行提供数以百亿美元计的贷款进行紧急救助,才算稳住了局面。1997年的亚洲金融风暴不仅给该地区国家的经济发展带来严重的灾难,而且对世界经济发展造成了严重影响。据摩根士丹利投资银行统计,1997年7月2日到12月31日的半年时间内,中国香港、韩国、印尼和泰国股市的市值就损失了2010亿美元,使得一大批投资者的亿万财富瞬间蒸发,而许多银行、非银行金融机构和工商企业则陷于深重的债务危机之中。

(四) 2000年美国的经济危机

在经历了近十年的新经济繁荣后,进入新世纪的美国经济再次遭受衰退,2000年是美国经济发展与股市出现重大转折的一年。

2000年3月13日至4月17日,美国股市出现了自1987年股灾以来的最大震荡,以科技股为主的纳斯达克综合指数由3月间的最高值5048点跌至4月15日的3321点,累计跌幅高达34.2%;道琼斯指数在此期间也累计下跌805点,跌幅为8.16%。

在连续九年经济繁荣、股市大幅上涨之后,2000年美国国内生产总值(GDP)增长率由第一季度的 7%，一路下降到第二季度的 5.7%、第三季度的 2.2%、第四季度的 1.4%，表明美国经济进入放缓期，呈现出衰退迹象。到 2001 年，经济衰退进一步加剧，前 3 个季度的经济增长率分别为 -0.6%、-1.6% 和 -0.3%，尽管第四季度和 2002 年第一季度分别恢复到 2.7% 和 5.0%，但第二季度却降至 1.3%。

三、经济危机的时代特征

尽管不同时代的经济危机都具有生产过剩的共性，在经济危机爆发时，一方面资本家的货物堆积如山，卖不出去，另一方面，广大劳动群众却处于失业或半失业状态，生产力水平下降，但不同时代的经济危机也呈现出不同的特征。

二战前，1929—1933 年的大危机震撼了整个资本主义世界，波及所有的殖民地、半殖民地国家，被称为"三十年代的大危机"。它发生于第一次世界大战和俄国十月革命后的帝国主义垄断时期，资本主义世界体系各种矛盾空前激化，危机持续四年之久，生产的下降、失业的增长和生产水平的恶化都达到空前猛烈的程度。这次大危机是在国家垄断资本主义还不够发达，资本主义的所谓"自动调节"还占主导地位的情况下发生的，整个资本主义世界的工业生产倒退了将近 20 年。

二战后，不同区域和国家的历次经济危机有的发生于部分国家，有的属于世界性经济危机：1957—1958 年、1973—1975 年和 1980—1982 年的三次经济危机显现出明显的国际同期性。

（一）同期性与非同期性经济危机交替发生

20 世纪 70 年代以前，资本主义世界同期性与非同期性经济危机交替发生，进入 70 年代以后，经济危机则由非同期性稳定地转向同期性。二战前的经济危机在主要资本主义国家同时爆发，自 1847 年爆发第一次世界性的经济危机以后，1857 年、1866 年、1873 年、1882 年、1890 年、1900 年、1907 年、1920 年、1929 年、1937 年爆发的经济危机，欧美各主要资本主义国家几乎都同时卷入。二战后，只有 1957—1958 年、1973—1975 年、1980—1982 年的危机是世界同期性的经济危机，其他各次危机则是非同期性的或部分同期性的经济危机。例如，1948—1949 年美国爆发战后第一次经济危机时，西欧和日本正处于战后经济恢复时期，并未发生危机。而当西欧各国于 1951—1952 年和 1964—1966 年爆发经济危机时，美国处于侵略朝鲜和越南的战争中，两次战争将美国的经济危机分别推迟到 1953—1954 年和 1969—1970 年才爆发。

（二）经济危机频率加快，但周期缩短

从二战后 1957 年到 20 世纪 80 年代所发生的三次同期性世界经济危机来看，每次经济危机间隔期约为 11 年，而从 1900 年到第二次世界大战前夕的 1937 年，37 年间共发生 6 次世界性的经济危机，危机周期约为 7 年。但如果考虑到非同期的经济危机，危机的周期则大大缩短，如从 1948 年到 1980 年，美国在 32 年间共发生 7 次危机，每次危机的周期约为 5 年零 4 个月。危机次数频繁、周期缩短，一方面表明资本主义生产所固有的矛盾没有因为危机而消失,形成经济危机的内部因素依然存在;另一方面,在国家的多方干预下,能够较好较快地化解危机,所以没有发生像20世纪30年代那样的大危机。

(三)经济危机使得经济发展周期变异

从一次经济危机结束到另一次经济危机开始是一个经济发展周期,经济危机是经济发展周期的起点和终点。第二次世界大战以前,传统的经济周期可以分为四个阶段,由于当时经济周期是在较少国家干预条件下自行运转,所以周期的阶段特征明显。但二战后,在国家垄断资本主义占统治地位的条件下,由于资产阶级政府加强对经济的干预,采取一系列的反危机措施,包括在危机和萧条阶段的膨胀性政策以及在复苏和高涨阶段的紧缩性政策,使周期的阶段发生了变形。它表现为经济危机的来势没有过去那样凶猛,萧条与复苏阶段的界限不清,高涨阶段经济增长乏力,有时还发生曲折和波动。从外在形式看,整个周期由危机、回升和高涨三个阶段组成,而不像传统危机那样由四个阶段组成,萧条阶段和复苏阶段混淆不清。20世纪50年代到80年代初期的危机都大体呈现这一特征。

在1980—1982年的危机中,由于政府加强反危机措施,经济增长竟出现了下降—回升—再下降的W型或几次下降与回升互相交替的锯齿型。这种周期形态变化的新现象,是由周期运动受到国家垄断资本主义的严重干扰所造成的,是资本主义矛盾激化的一种表现形式。

第二节 2008年美国金融危机

2008年9月8日,美国政府宣布接管房地美和房利美公司,9月15日,美国第四大投行雷曼兄弟公司申请破产保护,第三大投行美林证券公司被美国银行收购,发端于美国由金融危机所引发的经济危机开始。在经济全球化背景下,这次起源于虚拟经济的金融危机,迅速传导到实体经济,由美国迅速传导至世界其他国家,其影响程度之深、影响范围之广超过历史上的任何一次。

一、基本概念

(一)次贷危机

美国次贷危机(subprime lending crisis),又称次级房贷危机,也译为次债危机,全称为美国房地产市场上的次级按揭贷款危机。它是指一场发生在美国,因次级抵押贷款机构破产、投资基金被迫关闭、股市剧烈震荡引起的风暴。它致使全球主要金融市场隐约出现流动性不足危机。美国次贷危机是从2006年春季开始逐步显现的,到2007年8月波及美国、欧盟和日本等世界主要金融市场,2008年美国国内银行和非银行金融机构大量倒闭,危机全面爆发。美国银行把能够按时还款的消费者的信用级别定为优级,将那些不能按时还款消费者的信用级别定为劣级或次级,美国的银行等金融机构将钱贷给无力还款的买房人,刺激了房价的上涨,由此带来了还贷危机,美国的这种次贷危机最终演变为金融危机。

(二) 金融危机

金融危机(financial crisis)又称金融风暴(financial storm)、金融海啸(financial tsunami),指一个国家或几个国家与地区的全部或大部分金融指标(如短期利率、货币资产、证券、房地产、土地价格、商业破产数和金融机构倒闭数)的急剧、短暂和超周期的恶化。

由于金融危机的内涵极其丰富,给金融危机下一个定义并非易事。著名经济学家雷蒙德·戈德史密斯(Raymond Goldsmith)就曾经幽默地指出,如同西方文化中的美女一样,金融危机是难于定义但一旦遇见却极易识别的。戈德史密斯本人给金融危机下的定义是"所有或绝大部分金融指标的一次急剧的、短暂的、超周期的恶化,这些指标包括短期利率、资产(股票、房地产)价格、厂商的偿债能力以及金融机构的破产等。"他还特别将外汇短缺排除在金融危机的必要特征之外,而这显然与发生在国际经济金融一体化趋势不断加深背景下的历次金融危机不相符合。另一位货币主义经济学家米切尔·鲍度(Michael Bordo)则是以预期的改变、担心金融机构丧失偿债能力、企图降低真实资产或流动性资产转移成货币等10项关键要素来定义金融危机。

美国哈佛大学教授杰弗里·萨克斯(Jeffrey D.Sachs)认为,扰乱新兴市场经济的金融危机不外乎三种形式,"其一,财政危机,是指政府突然丧失延续外债和吸引外国贷款的能力,这可能迫使该国政府重新安排或者干脆不再履行有关义务;其二,汇兑危机,是指市场参与者突然将需求从本币资产向外币资产转换,这在盯住汇率制度条件下可能耗尽中央银行的外汇储备;其三,银行业危机,是指一些商业银行突然丧失延续其市场工具的能力或遭遇突然发生的存款挤兑,从而导致这些银行的流动性下降并可能最终破产。"萨克斯进而指出尽管金融危机的这三种形式在某些情况下可以被区分得非常清楚,但是在现实中,它们又往往以一种混合的形式出现,这是因为有关政府公债市场、外汇市场和银行资产市场的冲击或预期一般是同时发生的。

二、金融危机的类型及其发展

(一) 金融危机的类型

金融危机可以分为货币危机、银行危机、系统金融危机、债务危机等类型,但近年来的金融危机越来越呈现出多种形式的混合。货币危机(currency crisis)是指由于投机的冲击导致一国货币大幅度贬值,迫使该国金融管理当局动用大量国际储备或急剧提高利率以稳固本币币值。银行危机(banking crisis)是指真实的或潜在的银行破产致使银行纷纷中止国内债务的清偿,迫使政府提供大规模援助以阻止事态的发展,银行业危机极易扩散到整个金融体系。系统金融危机(systemic financial crisis)是指金融市场出现严重混乱的局面,削弱了市场有效性原则,对实体经济产生极大负面效应的危机,一次系统性金融危机可能包括货币危机、银行危机等多种形式,但一次货币危机却不一定使国内支付体系陷入严重的混乱,也就不一定导致系统金融危机的发生。外债危机(foreign debt crisis)是指一国不能支付其外债利息,无论这些债权属于外国政府还是非居民个人。

（二）美国次贷危机的发展

长期以来,美国金融机构一直在市场上操纵美国人的储蓄与投资,不断推出高风险高收益的金融衍生产品,而后又将这种操纵的空间和链条扩大到其他国家。经过近十年不断地膨胀,目前,它涉及的证券金额已高达 62 兆至 70 兆美元,而这次涉及全球的、对世界经济将产生巨大负向影响的金融危机也正是因此而发生的。纵观美国金融危机的发生与发展可以发现,其形成与传导经历如下路径:

第一步是次级房贷的高风险埋下金融危机的隐患。次级房产贷款提高了居民房屋拥有率,同时也带来了巨大信贷隐患。1994—2006 年,美国居民的房屋拥有率从 64% 上升到 69%,在这期间超过 900 万的家庭拥有了自己的房屋,这主要归功于次级房贷。在利用次级房贷获得房屋的群体里,大部分是低收入者或无力购买自有住房者,是次级抵押贷款为他们提供了购买自有住房的机会。但次级抵押贷款是一种高风险的金融产品,随着次贷规模的扩大次贷的集聚风险成倍增加,从而扩大了金融危机的影响力度,因为相比普通抵押贷款 6%～8% 的利率,次级房贷的利率高达 10%～12%。而次贷放贷机构将一级市场的次贷产品进行金融包装后在二级市场发售给其他金融投资机构,使这一风险迅速扩大蔓延,扩大了金融危机的影响范围。

第二步是金融机构次级房贷规模的扩大促进了房地产市场价格泡沫的形成,使次级房贷风险转化为潜在金融风暴。因为金融机构贷款条件的放宽,形成了庞大的次级房贷消费投资群体,也扩大了购房贷款规模,造成了对商品房的虚假有效需求。这一需求迅速传导到房地产市场,推动了房产价格不断上升,而房产价格的上涨又提高了次贷群体未来收入预期,从而为新次贷的形成带来动力。循环反复的房贷在刺激虚假房产需求的同时,也逐步积累了房地产价格泡沫,从而促进了危机的形成。数据显示,次贷发展最快的 2003—2006 年正是美国银行利率最低的时期,到 2006 年末,次贷已经涉及美国 500 万个家庭,规模达到 1.1 万亿至 1.2 万亿美元。

第三步是金融机构间激烈的市场竞争催生了多样化的高风险次级抵押贷款产品,加剧了金融风险危害程度。为了在激烈的市场竞争中寻求生存,金融机构推出的信贷产品五花八门、多式多样。如有的金融机构为了扩大消费群,推出只付利息的抵押贷款品种。这一借贷品种与传统的固定利率抵押贷款不同,它允许借款人在借款的前几年中只付利息不付本金,借款人的还贷负担远远低于固定利率贷款,这就使得一些中低收入者纷纷贷款入市购房。还有些贷款机构甚至推出了"零首付""零文件"的贷款方式,即借款人可以在没有资金和收入保障的情况下购房,且仅需申报其收入情况而无须提供任何有关偿还能力的证明,如工资条、完税证明等,这样就引诱许多无力还贷投资者加入借贷消费行列。2006 年 4 月,弗吉尼亚州的住房抵押贷款资产研究所(mortgage asset research institute),对 100 笔此类"零文件"贷款进行了一项跟踪调研,发现有 90% 的贷款人高报个人收入5%或以上,其中有60%借款人虚报收入超过实际收入一半以上。德意志银行的一份研究报告也认为,在美国2006年发放的全部次级房贷中,通过虚报个人收入等方式所获得的"骗子贷款"占到40%左右,2001年这一比例仅为21%左右。

第四步是房产价格的泡沫引发房产债券的实际价值大幅缩水,成为引爆金融风险危机的导火线。由于美国国内经济环境的变化,如联邦银行的加息政策、经济增长放缓、实际收入下降等,次级房贷群体首先出现还贷危机,还贷危机迫使金融机构提高贷款条件和收回次贷房产,这样就导致贷款消费群体规模下降和房价回落,房产价格的下降带动以房产为实质内容的抵押债券市值下跌,从而引发机构和个人投资者抛售这些抵押债券,导致债券投资机构和发行机构的倒闭与破产。在金融国际化与一体化条件下,其他国家与美国次贷业务相关联的金融机构纷纷陷入危机之中,从而爆发了全球性的金融危机。如2005年到2006年间,美联储先后17次加息,利率从原来的1%提高到5.25%。由于利率增加传导到市场有一定的滞后期,所以,2006年美国次贷规模仍在增加,但2006年底加息效应逐渐显现,房地产泡沫开始破灭,抵押品债券贬值,同时贷款利率上升,次贷的还钱数量增加。由于次贷的贷款人是低收入者,无法归还贷款,贷款机构只能收回贷款人的房子,但是收回的房子不但难以出售,而且不断贬值缩水,贷款机构的资金周转出现问题,从而点燃了金融危机的导火索。

(三)美国次贷危机形成的原因

1. 美元国际化降低了美国借债和进口消费成本,形成了强势货币下的金融危机

二战后的国际时势造就了美元的强势,货币金融的全球化发展浪潮造就了一个主权缺位的全球货币金融体系,美国以无可比拟的经济实力强力支撑着美元强势,使其主宰布雷顿森林体系运行近30年,担当着世界经济发展"稳定者"的角色。布雷顿森林体系崩溃后,美国依靠制度惯性和新经济的发展,仍然保持着国际经济和货币强势地位。作为美国国家货币的美元在同时担负国际货币和国家货币双重职能时,会产生冲突与矛盾。当美国经济与世界经济发展步调一致时,这一矛盾尚能解决,但当两者出现不一致时,冲突和矛盾爆发。在美元国际化过程中,美国不仅获得大量的货币发行铸币税,而且还通过人为促使美元升值或贬值的方法,降低美国自身国际债务成本,或廉价进口消费其他国家的产品。无论是美国政府或居民均认为美国向外输出美元债务、进口其他国家实际消费品的行为是一种自然而然的事情,这样美国就会根据其国家经济发展情况,通过货币政策促使美元升值或贬值,一方面可以通过货币升值降低进口消费成本,另一方面又可以通过货币贬值降低外债成本。但无论是美元的贬值或升值都会扩大美国的国内信用贷款和对外债务规模。

2. 经济自由主义的盛行,增大了政府对金融产品创新的管理与规范成本

经济自由主义备受以美国为代表的西方国家的推崇,经济市场化和自由化在促进资源的市场化合理配置,提高要素的劳动生产率和推进生产方式创新等方面确实具有重要的意义。但自1980年里根政府以来,美国政府对经济运行基本上采取不加约束的自由放任政策,特别是对金融衍生产品的创新、金融机构的信贷标准等方面不加规范,认为这

些商业信贷行为完全可以通过市场需求、银行利率等因素进行自我调节,却忽视了金融创新产品和营销活动中潜伏的巨大风险。当2006年底这一风险逐步积累达到爆发临界点时,政府的挽救与规范成本大大增加,对整个社会的损害已经形成。次贷危机的爆发,让美国民众和精英们开始认真反思市场原教旨主义的弊端,政府对经济发展的调节与规范作用将得到积极认可。特别是在危机之下,政府集中动员全社会资源的能力,对市场进行监管的能力,都会得到非常大的提升。民主党人奥巴马当选美国新一任总统,这种政治意识形态的转化将会进一步加强。

3. 社会平等主义使次级房贷产品具有广阔的市场需求,形成了金融危机的基础

自由、民主和平等是美国社会所追求的最大社会目标,也是美国指责其他国家的口实。但是当美国人将这一社会平等标准运用到经济领域时,迅速地转换与扩大了这一概念的外延,特别是在美国的消费观念上形成了"自由消费""消费平等"的理念。金融机构正是抓住美国人的这一消费平等心理,通过创新金融产品和改进金融产品营销方式等手段,鼓动收入较少的穷人和缺少金融信用的群体通过贷款方式参与房产和其他产品的消费,从而埋下了金融还款危机种子。虽然说金融机构的衍生产品与营销方式创新在此次金融危机中起到直接的作用,但美国人的消费平等主义观念则是金融危机形成的思想基础。

4. 货币政策加速了次贷危机的形成

美国金融监管当局、特别是美联储过去一直实施宽松的货币政策。银行利率从2001年开始持续下降,使很多蕴涵高风险的金融创新产品在房产市场上有了产生的可能性和扩张的机会,其重要的表现形式为浮动利率贷款和只支付利息。与固定利率相比,这些创新形式的金融贷款只要求购房者每月负担较低的、灵活的还款额度。这样虽然减轻了购房者的压力,促进了美国房产的繁荣,但也埋下了次级房贷市场泡沫的祸根。

美联储由松变紧的货币政策,直接导致了次贷危机的出现。利率大幅攀升加重了购房者的还贷负担,连续升息提高了房屋借贷的成本,开始发挥抑制需求和降温市场的作用,促发了房价下跌以及按揭违约风险的大量增加。由于房屋等固定资产价格的下降,倍增了最终损失承受者的总损失规模,而金融工具的复杂性使市场参与者难以准确评估损失,金融机构介入的多元化也使损失的承受边界难以控制。

第三节 美国金融危机的影响

一、金融危机将影响美国的政治与经济生态环境

由次贷危机引发的美国金融风暴破坏了存在已久的美国政治生态环境,让华尔街和华盛顿的关系发生了重大改变。处于巨大金融风暴混乱当中,代表金融资本利益的华尔街精英们不能再像过去数十年所习惯的那样,不但能骄傲地拒绝政治权力的干涉,还可

以对政府指手画脚,以影响美国政府选举和政策决策。目前,在肇始于华尔街的金融危机压力下,华尔街的精英者和银行家们能否在金融危机的阴影下继续生存,已经是他们迫切关注的问题,所以,他们希望能从华盛顿获得资金、政策和精神上的援助。

美国今后的政治经济生态环境会从此次贷危机开始改变,从政治意识形态上说,罗斯福的政府干预主义或将重新替代流行已久的里根经济自由主义。发端于20世纪30年代新政时期的罗斯福主义,其关键在于重视政府的作用,其后50年中,罗斯福主义始终发挥重要作用。自从1980年里根政府主政后,逐步以里根主义替代了罗斯福主义。里根主义的核心理念是政治和经济上的双重自由主义,政府要无为而治,管得越少越好,善意地忽略在经济领域发生的事情,让市场来自行解决。近30年来的美国,正是在里根主义的引导下,市场的力量明显地超过政府的力量,而作为前任美国联邦储备委员会主席的格林斯潘将里根主义的市场放任政策发挥得淋漓尽致。金融危机将会使银行家们认识到市场不是万能的,精美的金融数理模型和工具代替不了现实的实体经济,脱离实体经济的、无限扩大的虚拟经济会吞噬经济发展的成果。但未来美国政府在实施罗斯福主义政策中也将面临新的问题,因为产生于20世纪30年代的罗斯福主义所管理的是以制造业为中心的经济,政府可以通过财政和货币政策调节管理经济发展,而当前美国面临的是以金融服务业为中心的经济,所以,政府如何在新的经济条件下实施干预主义政策将是需要研究和关注的热点。

二、金融危机改变了美国总统选举的历史传统与习惯

美国自建国到2008年11月4日共产生了56届44位总统,民主党候选人贝拉克·奥巴马当选为第56届、第44位总统,这表明美国近300年历史中总统选举的传统与习惯发生了重大变化。美国人通过总结小布什总统以前历任总统的共同点,发现美国总统基本符合"WASPM条件"即,White, Anglo, Saxon, Protestant and Male等几个英文单词的开头字母。其中,White表示白种人,是对美国总统的种族和肤色要求;Anglo表示具有英国血统或英国人的后裔,Saxon表示具有德国血统或德国人的后裔,是对美国总统的种族和出身要求;Protestant表示为基督教或新教徒,是对美国总统的宗教要求;Male表示为男性,是对总统的性别要求。尽管在美国任何种族、血统、宗教、性别或出身的歧视都是违法的,但在2007年底前大部分美国人认为要在2008年的总统选举中接受一名少数族裔的黑人作为总统还需时日,所以,民主党在全会代表大会前对推举奥巴马作为该党候选人心存疑虑。总统选举结果出来后,许多美国人认为不是因为民主党候选人奥巴马比共和党候选人麦凯恩更优秀,而是美国的金融危机帮助了奥巴马。还有许多选民认为,在2008年的美国总统选举中,经济问题成为超过种族、肤色、宗教和血统等问题的重要因素,这也是奥巴马能够胜出的关键因素。

三、金融危机将使美国的国际地位下降

美国在国际社会的地位包括经济、政治和军事地位,其经济地位下降的明显标志是

美元作为国际货币地位的下降。20世纪30年代以来,强势美元的维持是基于美国强大的政治、经济、货币金融基础、代表美国利益的国际金融机制以及国际金融体系中弱势国家对强势国家服从的意愿。在20世纪八九十年代之前,上述条件还部分支撑着美元的强势地位,进入21世纪以来,国际货币金融体系的多元化预示着美元强势地位的衰弱和下降。而本次始发于美国的金融危机,更让世界其他国家看到美元的脆弱性和不稳定性,虽然有限的时间内美元仍会是国际强势货币之一,但美元在世界各国的外汇储备、贸易结算、投资结算中的地位将不可避免地下降。美国的政治与军事地位的下降体现在其以往的政治军事单边主义政策缺少附和者和支持者,由发达国家和新兴发展中国家共同参与的政治、军事多边主义国际格局将会逐步形成。

第四节 美国金融危机的启示及国际经济格局的变化

一、美国金融危机的启示

（一）坚持以先进制造业为主导的产业发展理念

改变经济增长方式,实现科学发展是我国经济发展路径的重大变革,但是在这一变革过程中,千万不能忘记我国的比较优势和竞争优势,更不可违背经济发展的自然规律,实现所谓跨越式发展。要统筹考虑不同区域、不同产业的发展现状与特点,依托比较优势,发挥后发优势,培育竞争优势。这表明在较长时间内,对我国的大多数地区来说,发展先进的工业制造业仍是主要任务。现代服务业是现代生产制造业发展到一定阶段的结果,是为现代制造业服务的一个关联产业,其发展不能离开现代制造业的支撑,不能片面地人为削减实体制造业,去发展所谓的现代服务业。对于东部沿海经济发达地区来说,要在此次金融危机中寻求产业结构升级的突破口,走出长期以来处于加工贸易中价值链低端的境地,跟踪世界经济发展新的增长点,向能源环境、生物工程等产业进军,同时利用资本比较优势,实行对外直接投资,对先进制造业和现代服务业进行品牌收购兼并,迅速融入国际经济分工体系,通过外部技术提升产业结构。

（二）科学管理金融创新产品,将金融风险控制在合理范围内

首先要建立金融风险防范制度体系,包括系统性金融风险的综合分析制度。如信用环境分析、信贷投向分析、跨市场风险分析、交叉性金融工具风险分析等。二是建立金融风险统计监测指标体系。这些指标应包括金融机构资本充足率、不良资产率、信贷流向结构、资产流动性等,通过这些指标对银行、证券和保险等各类金融机构的风险监测分析,为风险预警、防范提供数据支持。三是建立金融风险预警信息发布制度。根据金融风险的分析和监测中发现问题,组织调研、专题分析,预测可能出现的风险,形成报告,及时发布潜在的风险信息。四是建立金融衍生产品的风险评估体制。任何金融产品的创

新都是金融机构创造出来以满足市场需求的产物,金融机构对金融创新产品的收益和风险通常有充分的调研,是信息完全者,但广大的金融产品消费者和政府管理者则是信息不完全者。信息的不对称会促使金融机构产生将产品的收益内部化、风险外部化的行为,美国华尔街银行家的行为全面地诠释了这一理论。为了防止金融机构收益内部化、风险外部化的行为,必须加强对金融创新产品的风险评估,科学管理和规范创新产品。

（三）规范房产市场贷款条件,防止房产价格泡沫

国内外的经验证明,宽松的房产贷款条件是引发对房地产虚假需求和价格泡沫形成的重要因素,而房产价格的虚高又引发大量的实体经济资本流入房地产行业,更加增大房地产行业的投资规模,当国内外宏观经济环境发生变化时,会出现与美国房产次贷危机相同的情况。如美国本轮危机的根源乃是2001年IT泡沫破灭后美联储为抵御经济衰退而大幅降息,宽松的利率条件刺激了房市泡沫,而层出不穷的金融衍生品又加速了泡沫的膨胀,最终泡沫破灭造成金融危机。反观中国过去几年的房地产泡沫程度,与美国有相似之处,需要采取适度紧缩的货币政策,避免加大泡沫膨胀力度,防止泡沫破灭造成较大负面影响。

尽管美国金融危机后我国各级政府出台了刺激房产信贷消费的一系列政策和规定,这对稳定房地产市场的发展有一定的作用,但绝不能因为要稳定房地产行业及相关产业发展,而放松对潜在风险的防范。应该注意到的是,目前,许多地方政府因为急需收回房地产商在2007年前房地产市场过热时竞拍土地的土地使用金,而与房产商形成共同的利益集团,与中央政府进行政策博弈,更应防止房产商绑架地方政府以要挟中央政府,获取政策上的支持,以达到行业利益内部化而风险外部化的目标。

（四）对外直接投资要立足于实体制造业和基础原材料产业

对外直接投资是我国继对外贸易、对外经济合作之后又一参与国际经济分工的重要手段,也是我国经济发展阶段不断深化的结果,但对于大多数中国企业来说,对外直接投资是一个新课题。从我国企业对外直接投资的现状和特征来看,与传统的发达国家对外直接投资的优势不同,我国企业的对外直接投资具有典型发展中国家企业的特征,体现了国家层面的对外直接投资的自然区位优势、天然的所有权优势和中央政府经济国际化战略的政策取向。在国家层面的对外直接投资政策制定中,一方面应坚持发挥自身的比较优势,通过收购兼并国外品牌制造业,不断向产业的上下游延伸,逐步引导投资产业由比较优势产业向规模优势产业和创新优势产业过渡,不断提升对外直接投资投资水平,决不能较深涉足不具有优势的金融等服务业。另一方面还要发挥中央政府在战略性资源产业上对外直接投资的主导作用,抓住此次金融危机中的机遇,参与资源丰裕国家的原料生产基础设施建设,做好战略性资源与能源的投资生产。

（五）要维系金融监管多方共识,捍卫多边金融治理框架

近几年美国热衷于建立一个独立于巴塞尔协议Ⅲ的"美国准则",主要的原因就是美国认为在以往的监管准则体系下自身利益受损。但是,在目前全球经济面临新冠疫情的

巨大冲击下,若美国执意奉行单边主义和利己主义,忘记2008年金融危机的教训,继续放松监管形成风险积聚,无疑会给其他经济体带来巨大隐患。中国作为全球第二大经济体、坚定的多边主义支持者,需要积极主动承担起大国责任,继续维护具有较广泛共识的国际监管和风险控制标准,协同其他经济体共同抵御监管竞次效应(race to the bottom)和金融风险跨境传染,构建一个开放性的全球治理框架,继续推进经济金融全球化进程。同时,捍卫多边金融治理框架对中国也具有两大积极意义。第一,以巴塞尔协议III遭遇挑战为契机,坚定推进金融全球化监管体制,将有助于提升中国在国际金融监管领域的责任担当、话语权和影响力。第二,捍卫多边全球金融治理规则,抵抗美国的单边监管规则,防范全球金融监管套利,亦有助于中国管理资本流动和维系金融稳定。在中美贸易摩擦不断的情况下,监管逐步放松的美国无疑会吸引资金回流,造成资本流动波动程度加大,引发悲观预期,进而影响中国经济金融稳定。美国金融监管的放松,而中国金融监管逐步趋严,这可能会形成监管套利,引发重大风险暴露概率上升。

二、国际经济格局的变化

2008年爆发的美国金融危机,使得如何重建国际经济新秩序,成为各界关注的焦点。在2009年召开的全球瞩目的二十国集团(G20)金融峰会中,各国首脑就如何构建新的国际经济秩序展开了新一轮对话。美国所主导的国际金融体系,已成为美国从其他国家转移财富的机制,其他国家尤其是中国不能一味盲目地帮助美国恢复其经济地位,而应在美国和欧洲之间寻求平衡,寻找符合世界各国的长远利益的国际金融体系。各国应该完善现代国家制度、社会保障体系、金融体系,建立金融多极化世界。

(一)世界多极化趋势的发展

二战后,经济全球化趋势已经出现。然而,由于两大阵营的对抗和两个平行市场的存在,占据世界人口总数三分之一的社会主义阵营并没有加入全球化进程。从这个意义上说,这时的经济全球化仅仅局限在资本主义阵营及其市场经济体系之中,并没有形成真正的全球化。冷战结束,中国、印度以及俄罗斯等国家由原来的计划经济向市场经济转轨,两个平行市场被打破,几乎全世界所有国家纷纷卷入经济全球化进程,真正意义的全球化开始实现。

冷战结束后,两极格局瓦解,世界并没有如美国所愿向单极方向发展,而是出现多极化趋势。① 欧盟一体化深入发展,扩大为拥有27个成员国、GDP总额超过美国的世界最大的国家联合体,特别是欧元诞生后,对美元的国际货币霸权地位形成挑战。② 日本经济在新世纪走出低谷,美日关系发生变化,由冷战时期的"主仆关系"变为相互借重关系,日本确立由经济大国向政治军事大国迈进战略。③ 以中国、印度、俄罗斯、巴西等"金砖四国"为代表的新兴市场经济体崛起,在世界政治经济中的地位和作用不断上升。④ 中东产油国石油产量剧增,石油输出国的顺差累积一半以上来自中东地区。

(二)美元霸主地位的动摇

国际货币体系经历了从金本位体系向布雷顿森林体系再到牙买加体系的过渡,每一次国际货币体系的调整,都伴随着大国经济实力的相对变化。例如,20世纪六七十年代,美国深陷越南战争的泥潭,财政赤字巨大,国际收入情况恶化,美元的信誉受到极大的冲击,爆发了多次美元危机。大量资本外逃,各国纷纷抛售自己手中的美元,抢购黄金,美国黄金储备急剧减少,伦敦金价暴涨。以美元为中心的布雷顿森林体系已经不能适应新形势的需要,因此,一个更为灵活、更能体现世界政治经济多元化格局的国际货币体系应运而生。

经历了金融危机以后,美国经济的债务负担给美元带来了压力,美元兑换主要货币加权平均汇率大幅下降,这对美元在国际货币体系中的地位形成了挑战。金融危机的爆发,使得美元霸主地位进一步下降,新兴经济体的货币将在未来的国际货币体系中占有一席之地。

(三)建立国际性监管机构

金融危机反映出美国金融体系的不稳定性和美国金融监管机制的局限性。美国金融体系在最近20多年金融创新、经济金融化及金融全球化快速发展的同时,暴露出了不少问题和隐患。目前的金融监管机制仍然是20世纪30年代大萧条期间建立起来的金融监管机制,金融监管主要还是存在于各国国内管辖权下的事项,已跟不上时代步伐,无法对现代金融活动进行有效的监管。

因此,需要进一步加强跨国金融监管合作,制定统一的原则和规则,消除各国金融监管的不协调和不一致性。通过实施全面性监管,将监管领域扩大至所有从事金融业务的私营企业。加强监管一些特定类型金融机构,包括对冲基金和评级机构,要求对冲基金更多地披露有关运营信息,以增强透明度;评级机构也应置于有效监管之下,以保证评估质量并避免利益冲突。通过改革国际货币基金组织(IMF)、世界银行等国际组织的机制和职能,重构国际金融协调组织。

(四)构建新的国际金融体系

为了应对金融危机,改革旧的国际金融体系,使国际金融体系向多极化方向发展,需要加强美欧日等发达国家与中俄印巴等新兴经济体以及广大发展中国家之间的协商对话,提升新兴经济体在世界经济增长中的作用及其在国际金融体系中的发言权。目前,各国政府纷纷推出救市方案,阻止经济衰退,各国政府加强应对危机措施的交流协调,增加各国关于危机进展、应对危机计划、救市资金取向、方法步骤等信息的公开和透明度,加强政策协调,防止转嫁危机、损人利己等现象发生。但是要想从根本上解决金融危机,必须要构建新的国际金融体系。在这一过程中,我国也在努力探索新金融体系的构建。在2019年2月的中共中央政治局学习中,习近平总书记就提出了防范化解金融风险特别是防止发生系统性金融风险,是金融工作的根本性任务。要加快金融市场基础设施建设,稳步推进金融业关键信息基础设施国产化。要做好金融业综合统计,健全及时反映风险波动的信息系统,完善信息发布管理规则,健全信用惩戒机制。要做到"管住人、看住钱、扎牢制度防火墙"。要管住金融机构、金融监管部门主要负责人和高中级管理人员,加强对他们的教育、监督、管理,加大金融领域反腐败力度。要运用现代科技手段和支付结算机制,适时动态监管线上线下、国际国内的资金流向、流量,使所有资金流动都置于金融监管机构的监督视野之内。要完善金融从业人员、金融机构、金融市场、金融运行、金融治理、金融监管、金融调控的制度体系,规范金融运行。国际金融新体系的构建是一项长期艰巨任务,需要加强国际协商对话,应该就改革国际金融体系、改革国际货币基金组织、重新构建国际金融新体系必要性等原则性问题达成初步共识,为逐步构建新体系奠定基础。

国际金融体系的改革方向是在考虑发达国家在国际金融体系中的重要地位和作用的同时,兼顾发展中国家正当要求和共同利益,推进国际金融经济关系的民主化,推动包括国际金融体系在内的国际政治经济秩序朝着公正、合理、平等、互利、共赢的方向发展。

基本概念

经济危机(economic crisis)
次贷危机(subprime lending crisis)
金融危机(financial crisis)

复习思考题

1. 简述经济危机的原因与类型及其不同时代的特征。
2. 简述金融危机的分类与特征。
3. 试述美国次贷危机的原因。
4. 试述次贷危机与金融危机的联系。
5. 简述美国金融危机的解决方法。

参考文献

[1] R. Mundell. International Trade and Factor Mobility[J]. *American Economic Review*, June 1957, pp.321—335.

[2] C.P. Kindleberger. *American Business Abroad*[M]. New Haven, Conn.: Yale University Press, 1969.

[3] J. Grunwald and K. Flamm. The Global Factory: Foreign Assembly in International Trade. Washington, D.C.: Brookings Institution, 1985.

[4] E. M. Graham and P. R. Krugmam. *Foreign Direct Investment in the United States*, 3rd ed. Washington, D.C.: Institute for International Economics, 1995.

[5] United Nations World Investment Report 2007. New York: United Nations, 2007.

[6] G. D. A. MacDougall. The Benefits and Costs of Private Investment from Abroad: A Theoretical Approach[J]. *Economic Record*, March 1960, pp.13—35.

[7] R.E. Caves. *Multinational Enterprise and Economic Analysis*[M]. Cambridge University Press, 1982.

[8] R. E. Lipsey, M. Blomstrom, E. Ramstetter. Internationalized Production in World Output. NBER Working Paper 5385, December 1995.

[9] J.N. Bhagwati and M. Parkington. *Taxing the Brain Drain: A Proposal*. Amsterdam: North-Holland, 1976.

[10] Leonie L. Stone. The Growth of Intra-Industry Trade: New Trade Patterns in a Changing Global Economy. Taylor and Francis Book, 2021.

[11] MacCharles Donald C. Trade Among Multinationals (RLE International Business): Intra-Industry Trade and National Competitiveness. Taylor and Francis Book, 2013.

[12] Boris Ricken; George Malcotsis. The Competitive Advantage of Regions and Nations. Taylor and Francis Book, 2016.

[13] Bashir A. Qasmi; Scott W. Fausti. NAFTA intra-industry trade in agricultural food products, Agribusiness, 2001, vol. 17(2), pp 255-271.

[14] Romer P. The Origins of Endogenous Growth[J]. *Journal of Economic Perspectives*，1994(8)：3-22.

[15] UNCTAD. World Investment Report 2021[R]. United Nations Conference on Trade and Development，2021.

[16]〔美〕保罗·克鲁格曼.国际贸易新理论[M].北京：中国社会科学出版社，2001.

[17]〔美〕保罗·克鲁格曼.战略性贸易政策与新国际经济学[M].北京：中国人民大学出版社、北京大学出版社，2000.

[18]〔美〕甘道尔夫.国际经济学[M].北京：中国经济出版社，1999.

[19]〔美〕托马斯·A·普格尔，彼得·H·林德特.国际经济学(第11版)[M].北京：经济科学出版社，2001.

[20]〔美〕保罗·萨缪尔森. 经济学[M]. 北京：人民邮电出版社，2008.

[21]〔美〕杰弗里·萨克斯等. 全球视角的宏观经济学[M]. 北京：中国人民大学出版社，1997.

[22]〔美〕阿普尔亚德等. 国际经济学[M]. 北京：机械工业出版社，1998.

[23]〔美〕卡博. 国际经济学[M]. 大连：东北财经大学出版社，1998.

[24]〔美〕多米尼克·萨尔瓦多.国际经济学[M].北京：清华大学出版社，2008.

[25]〔美〕迈克尔·波特.国家竞争优势(第2版)[M].北京：中信出版社，2012.

[26]〔美〕保罗·R.克鲁格曼，茅瑞斯·奥伯斯法尔德，马克·J.梅里兹.国际经济学：理论与政策(第十一版)[M].北京：中国人民大学出版社，2021年.

[27]〔美〕托马斯·A·普格尔.国际金融(第15版)[M].北京：中国人民大学出版社，2018.

[28]〔美〕大卫·艾特曼，阿瑟·斯通西尔，迈克尔·莫非特.国际金融(第12版)[M].北京：机械工业出版社，2012.

[29] 戴中.国际经济学[M].北京：首都经贸大学出版社，2007.

[30] 国彦兵.西方国际贸易理论：历史与发展[M].杭州：浙江大学出版社，2004.

[31] 杨小凯.经济学原理[M].北京：中国社会科学出版社，1998.

[32] 赵春明.国际贸易学[M].北京：石油工业出版社，2003.

[33] 程珂.环境对贸易的反作用[J].中国社会科学院院报，2007(9).

[34] 何雄，李国平.运输成本、交易成本与交易效率——新古典经济学分析框架的矫正[J].学术月刊，2007—4 第39卷.

[35] 朱钟棣.国际经济学[M].上海：上海财经大学出版社，1999.

[36] 黄卫平，彭刚.国际经济学教程[M].北京：中国人民大学出版社，2004.

[37] 陶涛.国际经济学[M].北京：北京大学出版社，2005.

[38] 邱继洲.国际经济学[M].北京：科学出版社，2005.

[39] 佟家栋，周申.国际贸易学——理论与政策[M].北京：高等教育出版社，2003.

[40] 刘厚俊等.国际贸易新发展——理论、政策、实践[M].北京：科学出版社，2003.

[41] 卢根鑫等.国际贸易导论[M].上海：上海人民出版社，1994.

[42] 高成兴.国际贸易教程[M].北京:中国人民大学出版社,2001.

[43] 张二震,马野青.国际贸易学(第三版)[M].北京:人民出版社,南京:南京大学出版社,2007.

[44] 任烈.贸易保护理论与政策[M].上海:立信会计出版社,1997.

[45] 薛敬孝等.国际经济学[M].北京:高等教育出版社,2005.

[46] 傅江景.国际贸易理论与政策[M].北京:中国财政经济出版社,2002.

[47] 朱钟棣.国际经济学[M].上海:上海财经大学出版社,1999.

[48] 陈同仇,薛荣久.国际贸易[M].北京:对外贸易教育出版社,1997.

[49] 海闻.国际贸易:理论政策与实践[M].上海:上海人民出版社,1996.

[50] 钱荣堃.国际金融[M].成都:四川人民出版社,2000.

[51] 刘思跃.国际金融[M].武汉:武汉大学出版社,2001.

[52] 姜波克.国际金融学[M].北京:高等教育出版社,2002.

[53] 李树侠,王忠涛.国际金融导论[M].武汉:湖北人民出版社,1990.

[54] 裴平.国际金融学[M].南京:南京大学出版社,1994.

[55] 陈雨露.国际金融学[M].北京:中国人民大学出版社,2008.

[56] 陈信华.外汇经济学[M].上海:立信会计出版社,1994.

[57] 何泽荣.中国国际收支研究[M].成都:西南财经大学出版社,1998.

[58] 朱立南.国际资本论[M].北京:中国人民大学出版社,1991.

[59] 李尔华.跨国公司经营与管理[M].北京:清华大学,北京交通大学出版社,2005.

[60] 卢进勇,杜奇华.国际经济合作[M].北京:对外经济贸易大学出版社,2007.

[61] 马艳,朱晓.经济全球化的风险利益分析与对策研究[J].财经研究,2000(11).

[62] 王林生.经济全球化与中国的对外贸易[J].国际贸易问题,2000(10).

[63] 田索华.经济全球化与区域经济一体化[J].上海经济研究,2000(4).

[64] 冼国明,刘翼.跨国公司与经济全球化[J].南开经济研究,2001(4).

[65] 张彤玉,丁国杰.经济全球化的各种理论争论及其评价[J].当代经济研究,2005(1).

[66] 赫国胜,杨哲英,张日新.新编国际经济学[M].北京:清华大学出版社,2003.

[67] 徐永利,张悦.中国与金砖国家产业内贸易水平测度及影响因素[J].河北大学学报,2021(04).

[68] 章丽群.产业内贸易理论演进[J].国际商务研究,2011(05).

[69] 冯德连,邢孝兵.国际贸易教程(第二版)[M].北京:高等教育出版社,2019年.

[70] 蒋琴儿.国际贸易概论(第3版)[M].杭州:浙江大学出版社,2021年.

[71] 韩玉军,郭洪林,于春海.国际贸易学(第二版)[M].北京:中国人民大学出版社2017年版.

[72] 张二震,马野青.国际贸易学(第五版)[M].南京:南京大学出版社,2015年.

[73] 窦祥胜.国际贸易学[M].北京:中国人民大学出版社,2021年.

[74] 靳风.美国出口管制体系概览[J].当代美国评论,2018(2).

[75] 佟家栋.中国自由贸易试验区改革深化与自由贸易港建设的探讨[J].国际贸易,2018(4).

[76] "WTO改革:机遇与挑战"课题组,李波,陈卫东,杨国华.客观认识WTO当前困境以战略思维推进WTO改革[J].行政管理改革,2021(07).

[77] 李双双,卢锋.多边贸易体制改革步履维艰:大疫之年的WTO改革[J].学术研究,2021(05).

[78] 钟英通.WTO改革视角下的诸边协定及其功能定位[J].武大国际法评论,2019,3(01).

[79] 黄建忠.WTO改革之争——中国的原则立场与对策思路[J].上海对外经贸大学学报,2019,26(02).

[80] 贺小勇,陈瑶."求同存异":WTO改革方案评析与中国对策建议[J].上海对外经贸大学学报,2019,26(02).

[81] 刘敬东.WTO改革的必要性及其议题设计[J].国际经济评论,2019(01).

[82] 宋瑞琛.美国关于WTO改革的主张、措施及中国的策略选择[J].国际贸易,2020(08).

[83] 全毅.区域贸易协定发展及其对WTO改革的影响[J].国际贸易,2019(11).

[84] 李雪亚.RCEP与我国在亚太区域供应链的地位[J].开放导报,2021(06).

[85] 张文学,王思敏.RCEP范围内中国贸易潜力与贸易效率探究——基于随机前沿引力模型[J].吉林工商学院学报,2021,37(06).

[86] 杨谊.英国脱欧背后的经济原因[J].现代经济信息,2016(12).

[87] 徐则荣,王也.英国脱欧的原因及对中英贸易的影响[J].管理学刊,2017(1).

[88] 罗黎明,刘东旭.关税同盟理论研究综述[J].合作经济与科技,2013(05).

[89] 周永生.欧盟面临着哪些现实困难与挑战[J].人民论坛,2016(20).

[90] 吴力.中国—东盟自贸区加速迈入3.0时代[N].国际商报,2021-12-01.

[91] 郝梓淇,张航智,赵凯凯."逆全球化"的实质及中国对策[J].广东技术师范大学学报,2021,42(04).

[92] 黄思宇,潘柳燕.人类命运共同体:解决经济全球化问题的新思路[J].北方论丛,2022(01).

[93] 罗皓文,赵晓磊,王煜.当代经济全球化:崩溃抑或重生?——一个马克思主义的分析[J].世界经济研究,2021(10).

[94] 杨辉.经济全球化条件下政府和企业的关系[J].经济师,2004(1).

[95] 孔令丞,郁义鸿.经济全球化与"中国制造":一个基于价值链增值视角的研究[J].科技导报,2005(10).

[96] 刘顺吉.经济全球化条件下中国国家主权的挑战与对策[J].通化师范学院学报,2005(1).

[97] 赵曙东. 国际经济学(第二版)[M].北京:中国人民大学出版社,2021.

[98] 李坤望. 国际经济学(第四版)[M].北京:高等教育出版社,2017.

[99] 张为付.国际贸易学(第二版)[M].南京:南京大学出版社,2016.

[100] 陈雨露.国际金融(第六版)[M].北京:中国人民大学出版社,2019.

[101] 习近平. 把握新发展阶段,贯彻新发展理念,构建新发展格局[J].求是,2021(9).

[102] 江小涓,孟丽君. 内循环为主、外循环赋能与更高水平双循环——国际经验与中国实践[J].管理世界,2021(1).

[103] 冯根福,郑冠群. 中国货币政策非对称干预资产价格波动的宏观经济效应[J].中国工业经济,2016(10).

[104] 洪昊,朱培金. 财政和货币政策协调机制——基于动态随机一般均衡框架单位研究[J].商业经济与管理,2017(03).

[105] 王一鸣. 从长期大势把握当前形势——统筹短期应对和中长期发展[N].经济日报,2020.

[106] 秦天程. 新常态下影响经济转型的制约因素分析[J].当代经济管理,2015(03).

[107] 张金城. 货币政策调控、流动性管理与宏观经济稳定[J].国际金融研究,2014(03).

[108] 田盛丹. 新冠肺炎疫情及其应对政策对我国宏观经济的影响[J].消费经济,2020(03).

[109] 袁志刚,林燕芳.国际货币体系变局的拐点与中国战略选择[J].探索与争鸣,2021(08).

[110] 张明,李曦晨.人民币国际化的策略转变:从旧"三位一体"到新"三位一体"[J].国际经济评论,2019(05).

[111] 金莹,张二震.全球经济新格局下国际货币体系改革问题探讨[J].江苏行政学院学报,2019(01).

[112] 陈中飞,王曦,刘宛昆.人民币汇率制度改革:基于国际规律的视角[J].国际金融研究,2018(12).

[113] 吴晓芳,谢建国,葛秋颖.人民币汇率制度改革影响了中国货币政策的有效性吗?[J].经济评论,2017(01).

[114] 翁东玲.国际货币体系改革进程中的人民币国际化[J].亚太经济,2016(06).

[115] 赵春荣.中国人民币汇率制度改革取向研究[J].宏观经济研究,2015(07).

[116] 管涛,赵玉超,高铮.未竟的改革:后布雷顿森林时代的国际货币体系[J].国际金融研究,2014(10).

[117] 郑宇. 开放还是保护——国家如何应对经济危机[J].世界经济与政治,2018(12).

[118] 蔡凯帆.关于新冠肺炎疫情对经济的影响及应对的文献综述[J].对外经贸,2021(2).

[119] 胡滨.从强化监管到放松管制的十年轮回——美国金融监管改革及其对中国的影响与启示[J].国际经济评论,2020(5).

[120] 中国人民银行.2021年人民币国际化报告[R].北京:中国人民银行,2021-9-18.